# GOUVERNEMENT

### DE LA

# DÈFENSE NATIONALE

#### DU 30 JUIN AU 31 OCTOBRE 1870

L'auteur et l'éditeur déclarent se réserver les droits de traduction et de reproduction.

Ce volume a été déposé au ministère de l'intérieur (section de la librairie) en février 1876.

# GOUVERNEMENT
DE LA
# DÉFENSE NATIONALE

DU 30 JUIN AU 31 OCTOBRE 1870

JOURNÉE DU 4 SEPTEMBRE. — ENTREVUE DE FERRIÈRES
ORGANISATION DE LA DÉFENSE
DÉLÉGATION DE TOURS. — JOURNÉE DU 31 OCTOBRE

PAR

## M. JULES FAVRE

DE L'ACADÉMIE FRANÇAISE

Deuxième Édition

PARIS
E. PLON ET Cie, IMPRIMEURS-ÉDITEURS
RUE GARANCIÈRE, 10

1876
*Tous droits réservés*

# SIMPLE RÉCIT

D'UN MEMBRE

DU

## GOUVERNEMENT DE LA DÉFENSE NATIONALE

---

### CHAPITRE PREMIER.

DU 30 JUIN AU 4 SEPTEMBRE.

Lorsque le 5 septembre 1870 je prenais possession du ministère des affaires étrangères, mon premier soin était de demander les dépêches qui pouvaient me mettre au courant des négociations engagées. Un rapide examen suffit à me convaincre, non-seulement que nous n'avions aucune alliance, ce que je savais, mais que notre diplomatie n'avait tenté aucun effort sérieux pour en obtenir. Témoin de ma surprise, M. le directeur politique me proposa d'entendre le ministre que je remplaçais, M. le prince de la Tour d'Auvergne, qui, disait-il, voulait bien se mettre à ma disposition. J'acceptai avec empressement, et dès le début de ce récit je rencontre un fait assez peu conciliable avec les accusations d'usurpation et de violence tant de fois dirigées contre nous. Le ministre du gouvernement renversé offrait spontanément le concours de ses informations au factieux qui l'arrachait de son poste. Ce factieux, du reste, n'avait point manqué aux égards qu'il devait à un homme estimable et auquel la violence seule des événements l'obligeait à succéder. En arrivant au quai d'Orsay, je ne voulus pas pénétrer dans le cabinet de M. de la Tour d'Auvergne, qui avait quitté le ministère, sans qu'il eût été prévenu et m'y eût autorisé. En cela j'obéissais à un sentiment que tous les honnêtes gens comprendront facilement. M. de la Tour d'Auvergne voulut bien me dire qu'il en était touché, et je ne cite ce fait, très-simple en lui-même, que pour rétablir la vérité morale d'une situation si étrangement défigurée par la passion des partis. Je ne crois pas être téméraire en affirmant que les deux hommes qui étaient en présence n'étaient libres, ni l'un ni l'autre, d'agir autrement qu'ils ne le faisaient. Peut-être celui que la fortune écartait se sentait-il soulagé d'un immense fardeau, mais certainement celui qui entrait en charge, d'une manière si imprévue, ne se dissimulait ni l'étendue de sa responsabilité, ni son insuffisance personnelle. S'il eût pu choisir avec honneur et sans manquer à son devoir, c'est le rôle du ministre renversé qui aurait eu toutes ses préférences.

M. de la Tour d'Auvergne eut la bonté de rester avec moi près de trois heures et de me fournir, avec une courtoisie et une loyauté dont je lui exprimai ma vive reconnaissance, tous les renseignements qui pouvaient m'éclairer. Leur résumé était peu encourageant. La France avait entrepris la guerre, isolée au milieu de l'Europe hostile. Le gouvernement qui l'avait si follement précipitée dans cette formidable aventure n'avait imaginé aucune combinaison, offert aucun traité, prévu aucun rapprochement; que dis-je? il s'était efforcé de rester seul et de liguer contre lui de puissants ennemis. Si, comme il n'en faut plus douter, aveuglé par sa propre infatuation, voulant à tout prix chercher dans les hasards d'une campagne le prestige qui lui échappait, il avait saisi le plus détestable des prétextes pour se jeter sur la Prusse, au moins était-il de prudence élémentaire de ne pas mettre contre lui toute l'Allemagne. Décidé à l'attaque, il devait, et cela était facile, choisir un terrain où il ne rencontrerait qu'un adversaire, et soigneusement désintéresser les États du Sud, qui ne demandaient qu'à demeurer neutres. Ce fut précisément le contraire que fit le cabinet. On aurait dit qu'il s'étudiait à décourager ceux de nos agents qui croyaient à la possibilité de nous assurer cette neutralité.

Voilà sous l'empire de quelles illusions allaient se jouer les destinées de notre pays. D'autres diront ce que valaient les assurances du ministre de la guerre. On peut juger par les faits accablants que je cite la conduite des chefs de notre diplomatie.

Je demandai à M. de la Tour d'Auvergne ce qu'il fallait penser des bruits répandus à dessein sur le concours de l'Autriche, qui aurait promis de mettre en ligne trois cent mille hommes.

« Ce bruit est absolument inexact », me répondit le prince. « Le cabinet autrichien a été sondé. Il a témoi-
» gné un intérêt que je crois sincère, mais il a objecté
» l'attitude comminatoire de la Russie, qui n'est un
» mystère pour personne. Un traité officiel d'alliance
» entre la Russie et la Prusse me paraît peu probable,
» mais il est certain que des engagements ont été con-
» tractés. Ces engagements s'expliquent par les liens
» d'étroite parenté qui unissent les souverains des deux
» pays, et surtout par les sentiments de respect et de
» confiance du czar envers son oncle. »

Ce détail, pour le dire en passant, répond aux allégations souvent reproduites d'une convention par laquelle la Russie se serait obligée à ne pas souffrir le démembrement de notre territoire. J'ai vainement cherché la trace d'un pacte si grave, et je suis autorisé à dire que son existence est une fable. Il n'est pas impossible qu'au moment où la guerre allait être déclarée, l'empereur de Russie n'ait manifesté à notre ambassadeur ses vives sympathies pour la France. Ces sympathies sont réelles, et la loyauté du souverain qui les exprimait en rehaussait singulièrement le prix. Plus tard, comme on le verra par la suite de ce récit, elles ont revêtu à peu près la même forme dans un entretien du czar avec M. Thiers, mais elles n'avaient rien d'inconciliable avec la ligne politique suivie par le cabinet de Saint-Pétersbourg. Sa neutralité est devenue un appui décisif pour la Prusse, puisqu'elle a retenu l'Autriche, et par là déterminé l'abstention des autres puissances.

La France a donc été toujours seule, et son gouvernement, qui en prenant l'offensive contre la Prusse pouvait tenir à l'écart ceux des États de l'Allemagne qui redoutaient le joug de M. de Bismarck, s'est arrangé de manière à les réunir en faisceau, pour donner à son véritable ennemi le secours de l'Allemagne tout entière.

Que de fois cependant la presse indépendante et l'opposition avaient cherché à le mettre en garde contre cette faute grossière ! Le cœur se serre quand on lit les discours prononcés et les articles de journaux publiés depuis la guerre du Mexique et l'abandon du Danemark. Je ne crois pas qu'à aucune autre époque les événements futurs aient été prédits avec plus de précision ; je ne crois pas non plus qu'il se soit jamais rencontré un pouvoir qui ait provoqué les désastres de la nation avec une plus criminelle folie. Mais il semblait en proie au vertige : ceux qui lui montraient les écueils étaient dénoncés à l'opinion publique comme de mauvais citoyens, et la foule, toujours aveugle, accueillait complaisamment ces calomnies. Les feuilles gagées traitaient d'amis de Juarez les orateurs et les écrivains qui, au nom de la justice, de l'intérêt national et du bon sens, signalaient l'expédition du Mexique comme la plus coupable des aventures, ne nous laissant l'option qu'entre une honte et un désastre, et compromettant d'une façon irrémédiable notre situation en Europe. On se souvient de quelles insultes étaient plus tard assaillis ceux qui demandaient qu'on opposât à la Prusse victorieuse de l'Autriche une politique libérale et l'armement de la nation entière. On leur reprochait d'affaiblir notre état militaire, alors qu'ils proposaient d'en tripler les forces. On les accusait de trahir la France, parce qu'ils désavouaient la doctrine de la conquête que proclamaient bruyamment les séides de l'Empire, et dont leur impéritie nous fait subir les cruelles conséquences. C'est à peine si, après les effroyables leçons qui nous ont été infligées, les esprits sont revenus à la raison ; les partis semblent encore conspirer pour les pervertir. Les passions violentes déchaînées contre les hommes qui combattaient la guerre au prix de leur popularité, se coalisent et s'efforcent de les rendre responsables de nos malheurs. On ne leur pardonne pas les défaites qu'ils ont eu le tort de prévoir, on leur fait un crime de leur ferme attitude dans le péril ; et comme ils ont lutté jusqu'à la dernière heure, on trouve commode de rejeter sur eux le poids des fautes qu'ils ont vainement essayé de conjurer.

L'histoire certainement ne ratifiera pas ces iniques récriminations : remontant aux causes, rétablissant le lien des événements, elle n'aura pas de peine à distinguer la part de chacun, et quand elle se posera cette question : Qui **répond** devant Dieu, devant les contemporains, devant la postérité, des désastres de 1870? elle dira sans hésiter : Le seul coupable : c'est l'Empire.

Du reste, il était dans la fatalité de son principe de corrompre la France et de la livrer à l'invasion étrangère. Par les candidatures officielles, il pervertissait les consciences ; par l'abus du pouvoir personnel, il énervait l'armée et y détruisait la discipline. Le mal était d'autant plus dangereux, que rien ne le révélait à la surface, où tout était brillant et régulier. L'Empire n'avait prévu que le succès ! En quelques jours il tombait honteusement, sans comprendre l'inévitable et suprême raison de la chute terrible dans laquelle il nous entraînait.

§

Cette raison, je n'ai point ici à la mettre en lumière. Pour le faire utilement, il faudrait rétrograder jusqu'au coup d'État du 2 décembre, et suivre, sans en omettre aucun, la série des actes qui ont marqué le système impérial. Cette tâche sera remplie ; elle n'est pas celle que je m'impose aujourd'hui, et la France n'en a pas besoin. Au trouble profond qui l'agite, aux difficultés qu'elle éprouve à se ressaisir elle-même, aux divisions funestes qui la déchirent, elle peut mesurer la grandeur du mal qui lui a été fait. Ce ne sera pas trop pour le réparer de l'énergie et du dévouement de tous. Je crois y faire un profitable appel en fournissant à ceux qui voudront y recourir l'enseignement de quelques-uns des événements qui ont accompagné une catastrophe inouïe et à laquelle à peine nous pouvons ajouter foi, quoique nous en subissions les cruels résultats.

Ce que je veux raconter, ce sont les faits auxquels j'ai été mêlé pendant cette tourmente. J'essayerai de les exposer simplement, sans autre passion que celle de la vérité. Je dirai ce que je sais, ce que j'ai vu, moins préoccupé de juger que d'informer, et me tenant pour un témoin qui, placé en face de ses concitoyens, leur doit avant tout la sincérité.

§

Lorsque commençait le mois de juillet 1870, qui devait être une date si fatale dans notre histoire, nul ne pouvait prévoir la tempête prête à éclater sur nous. L'Empire semblait s'être résigné à plier devant les exigences de l'opinion publique, en quittant les régions orageuses du pouvoir personnel. Le ministère du 2 janvier avait été accueilli par d'unanimes espérances. Les partis s'effaçaient devant lui, l'Europe ne lui était pas hostile, le pays ne demandait qu'à se donner. Le succès du plébiscite dépassa toutes ses prévisions, et l'on put croire un instant que, soutenu par un si grand prestige, il allait régénérer le pays par la ferme et sage pratique de la liberté. A l'extérieur, nul embarras ne pouvait l'inquiéter, hors celui du concile, facile à résoudre en ne s'en mêlant point, et celui de l'occupation de Civita-Vecchia, pour lequel il avait la complicité de l'indifférence publique. A l'exception de ces deux points relativement fort secondaires, tout paraissait lumineux à l'horizon. L'homme d'État que la volonté impériale avait placé à la tête du cabinet croyait avoir mérité cette faveur à force de la désirer, et nul ne pouvait raisonnablement craindre qu'il s'avisât de la compromettre par un coup de tête absolument contraire à la politique à laquelle était attachée sa popularité. Il avait en effet éloquemment et toujours défendu l'unité de l'Italie et même celle de l'Allemagne; il était l'apôtre déterminé de la paix, et l'on n'a point oublié que, pressé de faire connaître ses principes ministériels, il s'était écrié avec emphase dans une circonstance solennelle: La paix! la paix! la paix! La veille du premier jour du mois pendant lequel la guerre devait être déclarée, six jours avant l'inexplicable défi jeté à l'Allemagne du haut de la tribune par son collègue M. le duc de Gramont, il affirmait les mêmes idées dans la discussion de la loi du contingent: le gouvernement, on le sait, proposait une réduction de dix mille hommes sur l'effectif ordinaire, et rien ne pouvait mieux prouver sa confiance. M. Émile Ollivier y ajoutait l'autorité de cette déclaration précise:

« Je réponds à l'honorable M. Jules Favre, que le
» gouvernement n'a aucune inquiétude; qu'à aucune
» époque le maintien de la paix en Europe ne lui a paru
» plus assuré; de quelque côté qu'il porte ses regards,
» il ne voit aucune question irritante engagée... »

Et comme j'avais réclamé avec insistance la production des papiers relatifs aux négociations allemandes, le ministre disait : « Nous n'avons pas de documents à
» vous communiquer, parce que depuis que nous
» sommes au pouvoir nous n'avons eu aucune affaire
» inquiétante. »

A ce moment néanmoins, la candidature du prince

dé Hohenzollern au trône d'Espagne était connue de toute l'Europe, et le cabinet estimait qu'il n'avait point à s'en préoccuper. Il n'entre pas dans mon dessein de rechercher par quel brusque revirement il changea soudainement d'opinion et vit une insulte dans un fait tout d'abord jugé insignifiant.

Dans la séance du 5 juillet, quelques membres du centre gauche déposèrent une demande d'interpellation sur l'incident Hohenzollern. Certains journaux s'en emparèrent et le signalèrent comme une provocation de la Prusse. Le Corps législatif n'en était que médiocrement ému, lorsque inopinément, sans avoir averti ou consulté qui que ce soit des membres de la majorité, le ministre des affaires étrangères, au début de la séance du 6 juillet, annonça qu'il venait répondre aux interpellations, et donna lecture d'une déclaration en quelques lignes : « Le gouvernement, y est-il dit, s'abstiendra de s'immiscer dans les affaires intérieures de la nation espagnole, avec laquelle il veut conserver des relations amicales. »

« Mais nous ne croyons pas que le respect des droits
» d'un peuple voisin nous oblige à souffrir qu'une puis-
» sance étrangère, en plaçant un de ses princes sur le
» trône de Charles-Quint, puisse déranger à notre détri-
» ment l'équilibre actuel de l'Europe et mettre en péril
» les intérêts et l'honneur de la France.

» Cette éventualité, nous en avons le ferme espoir, ne
» se réalisera pas, et, pour l'empêcher, nous comptons
» à la fois sur la sagesse du peuple allemand et sur l'ami-
» tié du peuple espagnol.

» S'il en était autrement, forts de votre appui, Mes-
» sieurs, et de celui de la nation, nous saurions accom-
» plir notre devoir sans hésitation et sans faiblesse. »

La lecture de cette pièce sans précédent en diplomatie est accueillie par trois salves d'applaudissements de la majorité. La gauche reste silencieuse, et quand le calme se rétablit, M. Picard demande la communication des documents propres à éclairer la Chambre sur une situation si grave. En l'absence du ministre des affaires étrangères, qui avait précipitamment quitté la salle, M. le ministre de l'intérieur répond : « qu'il n'a aucune » communication à faire », et la majorité applaudit de nouveau. M. Crémieux proteste contre l'acte imprudent qu'il appelle avec raison une déclaration de guerre. « Nous en prenons la responsabilité », s'écrie M. Granier de Cassagnac. M. Émile Ollivier proteste à son tour contre la supposition d'une déclaration de guerre. « Le gouver- » nement, dit-il, veut la paix ; il la désire avec passion. »

Vaines affirmations, qui ne pouvaient tromper personne ! Si le gouvernement avait désiré la paix, il ne l'aurait pas volontairement rompue par un coup de théâtre parlementaire aussi contraire aux convenances qu'à la sagesse politique : une ferme et prudente négociation l'aurait conduit naturellement à obtenir les légitimes satisfactions auxquelles il avait droit. Je vais plus loin : s'il eût été bien inspiré, il aurait répondu aux interpellations du centre gauche que la candidature du prince prussien n'était pas plus inquiétante le 5 juillet qu'elle n'avait paru l'être le 30 juin, et en effet la France n'avait aucune raison sérieuse de s'en alarmer. Cette combinaison malheureuse aurait nécessairement échoué devant les répulsions espagnoles, et si elle en avait triomphé, elle aurait été pour la Prusse un embarras, jamais un secours [1].

---

[1] Telle paraissait être l'opinion de M. de Bismarck, ainsi que nous

On le savait fort bien aux Tuileries; mais on y rêvait une éclatante aventure qui effaçât les hontes du Mexique, et rendît à la couronne impériale le lustre qu'elle avait perdu. Laissé à lui-même, l'Empereur aurait hésité; ses courtisans ne le lui permirent pas. Un moment cependant on put croire que leur criminelle influence échouerait. Justement préoccupés du péril imprévu que leurs étranges conceptions avaient fait naître, les hommes d'État de l'Espagne s'agitèrent. L'un des plus considérables et des plus sincèrement attachés à la France, M. Olozaga, sollicita et obtint la renonciation du prince prussien. Avec elle tout prétexte de guerre disparaissait. M. Émile Ollivier l'annonça publiquement dans les couloirs de la Chambre. Mais cette solution dérangeait les calculs des ambitieux, qui pour satisfaire leurs passions ne reculaient devant aucune folie. Ils entourèrent le chef de l'État et lui persuadèrent que la retraite du prince ne suffisait pas, qu'il fallait y ajouter pour l'avenir la garantie du roi de Prusse. M. Benedetti reçut l'ordre de la demander. Quel est le monarque, quel est l'homme qui aurait cédé à une telle exigence? On l'avait deviné. Le refus était inévitable et prévu. On l'obtint, et l'on put alors arranger la scène lamentable et tragique jouée le 15 juillet dans l'enceinte du Corps législatif.

Je voudrais qu'il me fût possible de transcrire, sans en

la fait connaître le rapport de M. Benedetti du 11 mai 1869. Voici en effet ce que dit à ce sujet notre ambassadeur : « Le président du con- » seil m'a représenté que la souveraineté qui pourrait être offerte au » prince Léopold ne saurait avoir qu'une durée éphémère et qu'elle l'ex- » poserait à plus de dangers encore que de mécomptes. »

M. de Gramont lui-même partageait ce sentiment, car dans sa lettre particulière à M. Benedetti du 7 juillet 1870, il disait :

« Quant au prince, son règne en Espagne ne durera pas un mois. »

omettre un mot, le procès-verbal de cette mémorable et fatale séance. Elle couronne l'Empire, elle en est la plus accablante condamnation; elle prouve comment les destinées d'un grand pays se perdent quand elles sont livrées au pouvoir d'un seul, devant lequel ceux qui devraient le contrôler ne savent que docilement s'incliner. Jamais ministres ne montrèrent plus d'impéritie et de dédain de la vérité. Jamais ils ne rencontrèrent une plus entière complicité de la part d'une majorité parlementaire. Dans la séance du 6 juillet, M. Émile Ollivier avait dit : « Nous ne voulons pas la guerre, nous
» ne poursuivons pas la guerre. Nous ne sommes préoc-
» cupés que de notre dignité. Si nous croyions un jour
» la guerre inévitable, nous ne l'engagerions qu'après
» avoir demandé et obtenu votre concours.

» Une discussion aura lieu alors, et si vous n'adoptez
» pas notre opinion, nous vivons sous un régime parle-
» mentaire, il ne vous sera pas difficile d'exprimer la
» vôtre. »

L'engagement était pris et résultait d'ailleurs de la nature des choses. Comment a-t-il été tenu ? De quel examen, de quelles réflexions, de quels travaux préparatoires a été précédée cette résolution capitale qui allait décréter la mort de centaines de milliers de victimes, la ruine de nombreuses provinces, et, quoi qu'il arrivât après tant de carnage et de destruction, le démembrement de l'un des deux États précipités l'un contre l'autre avec une si aveugle aberration ?

Le *Journal officiel* répond : Sept à huit heures ont suffi; une affirmation du ministère sans preuve, trois essais de discours de l'opposition interrompus à chaque phrase par des insultes, la délibération à huis clos d'une commission irresponsable, ont fait le reste, et lorsque dix voix, dix voix seulement, ont protesté contre cette abdication de toute prudence, de toute raison, de toute indépendance politique, des murmures et des invectives les ont accueillies, et la majorité frémissante a dénoncé comme de mauvais citoyens ceux qui auraient sauvé la patrie si leur avis avait été écouté.

Au début de cette séance du 15 juillet, M. Émile Ollivier donne lecture d'un exposé arrêté en conseil et dans lequel il est expliqué que, ne voulant ni froisser les susceptibilités de l'Espagne, ni s'en prendre au prince de Hohenzollern, couvert par la Prusse, le gouvernement français s'était adressé au cabinet de Berlin, qui aurait décliné toute responsabilité à l'occasion d'une affaire à laquelle il se déclarait complétement étranger.

Le gouvernement français avait alors ordonné à son ambassadeur de se mettre directement en rapport avec le roi de Prusse, qui était à Ems. Le roi de Prusse, à son tour, fit savoir qu'il n'avait été consulté par le prince que comme chef de famille. Plus tard, apprenant sa renonciation intervenue au cours de ces entretiens, il y aurait donné son approbation, mais sans vouloir garantir son action directe et personnelle pour l'avenir.

Malgré ce refus, le gouvernement français était encore disposé à négocier, lorsque hier il a appris, je cite textuellement : « que le roi de Prusse avait notifié par un » aide de camp à notre ambassadeur qu'il ne le recevrait » plus, et que, pour donner à ce refus un caractère non » équivoque, son gouvernement l'avait communiqué » officiellement aux cabinets de l'Europe.

» Nous apprenons en même temps que M. le » baron de Werther avait reçu l'ordre de prendre un

» congé, et que des armements s'opéraient en Prusse.

» Dans ces circonstances, tenter davantage pour la
» conciliation eût été un oubli de dignité et une impru-
» dence. Nous n'avons rien négligé pour éviter une
» guerre ; nous allons nous préparer à soutenir celle
» qu'on nous offre, en laissant à chacun la part de res-
» ponsabilité qui lui revient. »

A cette déclaration était jointe une demande de crédit
de cinquante millions, sur laquelle la majorité s'empresse
de voter l'urgence. Plusieurs membres de la gauche se
lèvent à la contre-épreuve, malgré les injures de la droite
et des centres. M. Thiers monte à la tribune : pour se
faire une idée du parti pris contre lequel il avait à lutter,
il faut lire sa harangue, à chaque instant coupée par des
insultes et des quolibets. Vainement il réclame l'attention, en invoquant la gravité exceptionnelle du débat ; il
rappelle la violence de la Chambre lui imposant silence
en 1866 ; il démontre que la guerre n'a aucun prétexte
sérieux, qu'elle n'a pour cause que la faute du cabinet,
qu'avant tout il faut connaître les dépêches, et qu'on ne
peut prendre une si redoutable résolution sur la lecture
de quelques télégrammes émanés de nos agents ; il s'é-
puise en efforts de patriotisme et de talent, les invectives redoublent.

« Offensez-moi... insultez-moi, s'écrie-t-il, je suis
» prêt à tout subir pour défendre le sang de mes compa-
» triotes que vous êtes prêts à verser si imprudemment...
» Vous ne voulez pas prendre un instant de réflexion,
» vous ne voulez pas demander la connaissance des dé-
» pêches sur lesquelles votre jugement pourrait s'appuyer.
» Je dis, Messieurs, que vous ne remplissez pas dans
» toute leur étendue les devoirs qui vous sont imposés. »

« Gardez vos leçons : nous les récusons! » lui crie M. Jérôme David.

M. le marquis d'Andelarre se joint à M. Thiers pour réclamer la communication des dépêches. M. Émile Ollivier la refuse avec hauteur : « On nous demande, dit-il, » des communications de dépêches, ces communications » sont faites, nous les avons mises dans notre exposé. »

M. Gambetta ne se contente pas de cette réponse : « Ce n'est pas par extraits, dit-il, ce n'est pas par allu- » sions, mais par une communication directe, authen- » tique, que vous devez saisir la Chambre ; c'est une » question d'honneur, il faut qu'on sache en quels » termes on a osé parler de la France. »

Reprenant alors la parole, M. Émile Ollivier cherche à préciser le débat et à démontrer à la Chambre que la preuve de l'offense est faite ; mais à l'appui de son assertion il ne peut produire que des télégrammes de ses agents.

« J'ai rappelé, dit-il, que le roi de Prusse avait refusé » de recevoir notre ambassadeur, et que, pour que cette » décision ne parût pas, ce qu'elle aurait pu être en effet, » un acte sans conséquence, pour que son caractère ne » fût pas équivoque, son gouvernement avait officielle- » ment communiqué cette décision aux cabinets de » l'Europe, ce qu'il ne fait pas assurément pour toutes » les audiences qu'il refuse aux ambassadeurs.

» J'ai entre les mains deux dépêches de deux de nos » agents...

» Voici la première :

» On m'a communiqué ce matin un télégramme du » comte de Bismarck annonçant le refus du roi Guillaume » de s'engager, comme roi de Prusse, à ne plus jamais » donner son consentement à la candidature du prince

» de Hohenzollern s'il en était de nouveau question, et
» le refus, également du Roi, suite de cette demande, de
» recevoir notre ambassadeur... »

Je lis une autre dépêche :

« Je crois devoir vous transmettre la copie à peu près
» textuelle de la dépêche télégraphiée par M. le comte
» de B... : *Après que la renonciation du prince de Hohen-*
» *zollern a été communiquée officiellement au gouverne-*
» *ment français par le gouvernement espagnol, l'ambassa-*
» *deur de France a demandé à S. M. le Roi, à Ems, de*
» *l'autoriser à télégraphier à Paris que Sa Majesté s'enga-*
» *geait à refuser à tout jamais son consentement si les*
» *princes de Hohenzollern revenaient sur leur détermina-*
» *tion. Sa Majesté a refusé de recevoir de nouveau l'am-*
» *bassadeur, et lui a fait dire, par un aide de camp, qu'elle*
» *n'avait pas de communication ultérieure à lui faire...* »

Le langage du Roi a toujours été le même :

« Je ne veux pas intervenir; je ne veux pas insister
» auprès du prince de Hohenzollern; qu'il renonce s'il
» veut, je ne m'y opposerai pas, mais je ne m'engage-
» rai pas à le faire. »

Mais amené à s'expliquer plus catégoriquement sur
la prétendue insulte faite à notre ambassadeur, le ministre est forcé de reconnaître que les dépêches de
M. Benedetti n'en font nulle mention. Les voici, en
effet, telles qu'elles sont empruntées à son discours :

Ems, 13 juillet, 4 heures 25 soir.

« Le Roi a reçu la réponse du prince de Hohenzollern;
» elle est du prince Antoine, et elle annonce à Sa Ma-
» jesté que le prince Léopold, son fils, s'est désisté de sa
» candidature à la couronne d'Espagne. Le Roi m'au-

» torise à faire savoir au gouvernement de l'Empereur
» qu'il approuve cette résolution. Le Roi a chargé un de
» ses aides de camp de me faire cette communication, et
» j'en reproduis exactement les termes. Sa Majesté ne
» m'ayant rien fait annoncer au sujet de l'assurance
» que nous réclamons pour l'avenir, je sollicite une
» dernière audience, *pour lui soumettre de nouveau
» et développer les observations que j'ai présentées ce
» matin.*

» A la demande d'une nouvelle audience, le Roi m'a
» fait répondre qu'il ne saurait reprendre avec moi la
» discussion relativement aux assurances qui devaient, à
» notre avis, nous être données pour l'avenir. Sa Ma-
» jesté m'a fait déclarer qu'elle s'en référait à cet égard
» aux considérations qu'elle m'avait exposées ce matin,
» et dont je vous ai fait connaître la substance dans
» mon dernier télégramme. »

» 13 *juillet* 1870, *dix heures trente du matin*. — J'ai
» demandé au Roi de vouloir bien me permettre de vous
» annoncer en son nom que si le prince de Hohenzollern
» revenait à son projet, Sa Majesté interposerait son
» autorité, et y mettrait obstacle.

» Le Roi a absolument refusé de m'autoriser à vous
» transmettre une semblable déclaration. — J'ai vive-
» ment insisté, mais sans réussir à modifier les disposi-
» tions de Sa Majesté. Le Roi a terminé notre entretien
» en me disant qu'il ne pouvait ni ne voulait prendre un
» pareil engagement, qu'il devait, pour cette éventualité
» comme pour toute autre, se réserver la faculté de
» consulter les circonstances... »

Ainsi tout se réduit à un premier refus du Roi de
prendre un engagement éventuel contre le retour im-

possible d'une candidature abandonnée, et à un second refus de sa part de recommencer un entretien sur un sujet épuisé dans deux conférences successives! Quant à la prétendue dépêche de la Prusse, qui aurait fait connaître ces refus aux cabinets de l'Europe, elle est mentionnée dans les télégrammes de nos agents; le ministre ne paraît pas en connaître le texte, et, dans tous les cas, il ne veut rien communiquer à la Chambre.

Une prétention si exorbitante était inadmissible, et je montai à la tribune pour la combattre. J'essayai de prouver brièvement que les faits connus de la Chambre ne fournissaient aucune raison plausible de déclarer la guerre, et, que dans tous les cas aucune justification n'était faite. J'ajoutais :

« Où est la dépêche officielle? où est le compte rendu
» de la conférence dans laquelle notre ambassadeur a vu
» méconnaître la dignité de la nation? Voilà ce que nous
» avons le devoir d'examiner. Eh bien, on n'a rien ap-
» porté à cette tribune, si ce n'est des télégrammes... et
» ce n'est pas sur des télégrammes qu'on peut décider
» une question de paix ou de guerre.

» Il faut que la Chambre voie les dépêches, et je dé-
» pose sur son bureau une proposition sur laquelle je
» lui demande un vote. Je ne veux pas accepter la res-
» ponsabilité de celui qu'on obtiendrait de nous dans
» l'ignorance de ce que nous devons savoir. »

La proposition était ainsi conçue: « Nous demandons
» communication des dépêches, et notamment de celles
» par lesquelles le gouvernement prussien a notifié sa
» résolution aux cabinets étrangers. »

Malgré les observations pleines de force et de sagesse de M. Buffet, la Chambre rejeta cette proposition par cent cinquante-neuf voix contre quatre-vingt-quatre, et se retira immédiatement dans les bureaux.

Je ne puis parler que de ce qui se passa dans le mien. La discussion y fut courte et triste. — Plus libre qu'à la tribune, je combattis énergiquement la politique ministérielle, et je ne dissimulai aucune des craintes sinistres qu'elle m'inspirait. Malgré la défaveur avec laquelle mon opinion fut accueillie, on ne lui opposa aucun fait précis. Mes collègues me répondirent par de vagues déclarations de confiance. J'insistai particulièrement sur deux ordres d'idées qu'il était difficile de réfuter, l'absence de toute espèce d'alliance, et le danger de voir le commandement en chef entre les mains de l'Empereur. Résolu à dégager complétement ma responsabilité, je m'efforçai de justifier la conviction où j'étais que d'inévitables revers nous attendaient. Je ne rencontrai ni enthousiasme ni colère, mais une résolution arrêtée à laquelle on jugeait inutile de donner l'autorité du raisonnement

A neuf heures et demie du soir la séance fut reprise, et M. le marquis de Talhouët lut, au milieu d'un profond silence, le rapport trop fameux dont voici les principaux extraits :

« M. le ministre de la guerre nous a justifié en peu
» de mots l'urgence des crédits demandés, et *ses explica-*
» *tions catégoriques nous ont montré, qu'inspirées par*
» *une sage prévoyance, les deux administrations de la*
» *guerre et de la marine se trouvaient en état de faire face,*
» *avec une promptitude remarquable, aux nécessités de la*
» *situation.*

» Votre commission a ensuite entendu M. le garde
» des sceaux et M. le ministre des affaires étran-
» gères.

» Des pièces diplomatiques nous ont été communi-
» quées, et sur ces textes, des explications très-nettes
» et très-complètes nous ont été fournies.

» Nous savions répondre au vœu de la Chambre en
» nous enquérant avec soin de tous ces incidents diplo-
» matiques. Nous avons la satisfaction de vous dire que
» le gouvernement, dès le début de l'incident, et depuis
» la première phase de la négociation jusqu'à la der-
» nière, a poursuivi loyalement le même but.

» Ainsi, la première dépêche adressée à notre ambas-
» sadeur, arrivé à Ems pour entretenir le roi de Prusse,
» se termine par cette phrase, qui indique que le gou-
» vernement a nettement formulé sa légitime préten-
» tion :

« Pour que cette renonciation, écrivait M. de Gra-
» mont à M. Benedetti, produise son effet, il est néces-
» saire que le roi de Prusse s'y associe et nous donne
» l'assurance qu'il n'autorisera pas de nouveau cette
» candidature.

» Veuillez vous rendre immédiatement près du Roi,
» pour lui demander cette déclaration. » . . . . .
. . . . . . . . . . . . . . . . . . . . .

» L'ambassadeur de France, intervenu directement
» près du roi Guillaume, n'a recueilli que la confirma-
» tion d'un fait qui ne donnait aucune garantie pour
» l'avenir.

» Malgré ces faits déjà trop graves, votre commission
» a voulu prendre et a reçu communication des dépêches
» émanant de plusieurs de nos agents diplomatiques, dont
» les termes sont uniformes et *confirment*, comme il a été
» déclaré au Corps législatif et au Sénat, *ce que M. de Bis-*
» *marck a fait connaître officiellement aux cabinets de l'Eu-*

» *rope :* Que S. M. le Roi de Prusse avait refusé de rece-
» voir de nouveau l'ambassadeur de France, et lui avait
» fait dire, par l'un de ses aides de camp, qu'elle n'avait
» aucune communication ultérieure à lui adresser.

» En même temps nous avons acquis la preuve que
» dès le 14 juillet au matin, pendant que les négocia-
» tions se poursuivaient, des mouvements de troupes
» importants étaient ordonnés de l'autre côté du Rhin....

» Le sentiment profond produit par l'examen de ces
» documents, est que la France ne pouvait tolérer l'of-
» fense faite à la nation; que notre diplomatie a rempli
» son devoir en circonscrivant les légitimes prétentions
» sur un terrain où la Prusse ne pouvait se dérober,
» comme elle en avait l'intention et l'espérance. . . . .

» Nous vous demandons de voter ces lois, parce
» qu'elles sont prudentes comme instrument de défense,
» et sages comme expression du vœu national. »

Après cette lecture, la majorité insiste avec violence pour qu'on passe immédiatement au vote. C'est avec beaucoup de peine que M. Gambetta obtient la parole : en quelques mots très-nets il fait justice de l'équivoque dont le cabinet et la commission n'ont pas voulu sortir. C'est une dépêche prussienne qui est la raison unique de la déclaration de guerre. Mais cette dépêche, où est-elle? qui l'a vue? Comment la juger si on n'en a pas le texte? et si on ne peut la juger, comment en faire le brandon avec lequel on va allumer un déplorable incendie? La commission a-t-elle vu la dépêche expédiée à tous les cabinets de l'Europe?

« Je déclare, répond M. de Gramont, que j'ai
» communiqué la pièce à la commission et qu'elle l'a
» lue. »

M. le rapporteur confirme cette assertion si grave.

Et cependant, quelques instants après, il la dément d'une manière formelle en ajoutant : « Nous avons eu
» les dépêches de quatre ou cinq de nos représentants
» dans les différentes cours de l'Europe, *qui reproduisent*
» *ce document* PRESQUE EXACTEMENT DANS LES MÊMES
» TERMES. »

Ce n'est donc pas la dépêche elle-même, c'est la relation faite par nos agents que la commission a eue sous les yeux, et si M. de Talhouët a dit vrai, M. de Gramont a trompé la Chambre.

Mais M. Gambetta ne s'arrête pas à ces réponses : il veut préciser encore.

« Est-il vrai, dit-il, que la dépêche ait été expédiée
» à tous les cabinets d'Europe ou simplement à tous les
» cabinets du sud de l'Allemagne? C'est là une différence
» essentielle.

» Dans tous les cas vous avez un devoir, ce n'est pas
» de communiquer simplement cette dépêche à la com-
» mission, c'est de la communiquer à tous les membres
» de cette Chambre, à la France, à l'Europe. . . . . »

Après avoir essayé de passionner le débat par des insultes à la gauche, le ministre de la justice, qui dans cette séance s'était glorifié de faire décréter la guerre avec un cœur léger, est néanmoins forcé de confesser qu'il ne connaît la dépêche prussienne que par ouï-dire; que c'est sur de vagues et incomplètes informations que s'est formée l'opinion de la commission, et que le vote de la Chambre va intervenir.

« Je ne comprends pas, dit-il, en effet, qu'on puisse
» douter, discuter, sur un fait saisissable, manifeste et
» déjà expliqué deux fois, et qu'un esprit aussi éminent

» et lucide que celui de l'honorable M. Gambetta en
» soit encore à répéter : La dépêche! donnez-nous la
» dépêche prussienne! pour prouver que nous avons été
» insultés! Mais qui donc vous a parlé d'une dépêche
» prussienne? Quand donc, pour établir qu'un affront a
» été fait à la France, avons-nous invoqué des proto-
» coles de chancellerie, des dépêches plus ou moins
» mystérieuses?

» Notre langage a été bien autre. Nous vous avons dit:
» A l'heure où nous discutons, il y a un fait, un fait pu-
» blic en Europe ; un fait que pas un ambassadeur, que
» pas un journaliste, que pas un homme politique, que
» pas une personne au courant des choses de la diplo-
» matie ne peut ignorer : *c'est que, d'après les récits de la*
» *Prusse*, notre ambassadeur n'a pas été reçu par le
» roi de Prusse, et qu'on lui a refusé, par un aide de
» camp, d'entendre une dernière fois l'exposé cour-
» tois, modéré, conciliant, d'une demande courtoise,
» modérée, conciliante, dont la justesse est incontes-
» table. »

En vérité, on croit rêver quand on lit un tel discours, et c'est le cœur oppressé qu'on y signale, sous les dehors d'une détestable rhétorique, les contradictions pitoyables qui auraient dû arrêter l'orateur lui-même dans ses développements passionnés. Quoi! il ne s'agit plus d'une dépêche prussienne! Mais quelques heures auparavant, dans la même séance, c'est l'existence même de cette dépêche qui faisait toute la base de l'argumentation ministérielle! C'est cette dépêche envoyée à tous les cabinets de l'Europe qui constituait l'offense! C'est cette dépêche que M. de Gramont a affirmée, quand il a dit quelques minutes auparavant : « J'ai communiqué la

» pièce à la commission, elle l'a lue. » Et maintenant il n'y a plus de dépêche ! on ne s'en soucie plus ; c'est un bruit qui court l'Europe, d'où résulte l'injure. C'est parce que notre ambassadeur n'aurait pas été reçu par le Roi, d'après un récit de la Prusse, que la France va être livrée aux horreurs de la guerre ! Mais il y a quelque chose qui vaut mieux que le récit anonyme répété par les journalistes, les diplomates et les personnes qui dissertent sur la politique, c'est celui de votre ambassadeur, Monsieur le ministre ! C'est le document authentique, officiel, le seul probant, et ce récit ne dit pas un mot de l'insulte prétendue ; il raconte paisiblement que le roi de Prusse a refusé une troisième édition d'observations entendues par lui deux fois, et lorsque votre ambassadeur ne se plaint pas, lorsque vous êtes dans l'impuissance de citer un mot qui atteigne la France, vous osez vous écrier qu'on doit vous croire sur parole, qu'il s'agit d'une question d'honneur, et que sans examen, sans réflexion, sans délai, il faut déchaîner sur votre pays le fléau qui va consommer sa ruine ! Ah ! vous avez eu raison de le dire ! rien ne s'est vu de semblable dans l'histoire, et Dieu veuille que jusqu'aux siècles les plus reculés il ne se rencontre pas un ministre capable d'enlever un vote par de tels artifices, une Chambre capable de le livrer, et avec lui la fortune de la nation !

Après le ministre de la justice, M. Ernest Picard, M. Glais-Bizoin, M. Horace de Choiseul, M. Grévy essayèrent, mais vainement, de faire entendre quelques observations. Leur voix fut étouffée sous une tempête de clameurs furieuses. Accorder quelques instants à examiner la réalité des faits ! allons donc ! Le ministre avait dit : « Votez, votez, votez ! » il n'y avait plus qu'à obéir. —

A minuit, deux cent quarante-cinq voix contre dix adoptèrent le crédit, et la majorité couvrit par ses applaudissements les impuissantes protestations des députés de la gauche.

§

Ainsi finit le premier acte de ce terrible drame. Aujourd'hui que nous l'apercevons à travers la sanglante lueur des événements accomplis, nous avons peine à comprendre tant de légèreté d'un côté, tant d'aveuglement de l'autre. Il semble que par un involontaire mirage cette grande et déplorable scène se reconstruit à nos yeux, que nous en sommes les acteurs, et que, conjurant le sort inexorable qui va nous frapper, nous obtenons de l'Assemblée, une minute attentive, l'heure de réflexion qui aurait été notre salut. Que serait-il arrivé, en effet, si la majorité eût pris le temps de se rendre compte des faits? La déclaration de guerre devenait impossible. On aurait su que nulle offense n'avait été faite à notre ambassadeur, que le roi de Prusse l'avait écouté pendant deux conférences, auxquelles il aurait pu ne pas se prêter; que s'il avait jugé à propos de n'en pas accorder une troisième, il n'y avait eu de sa part nulle intention blessante, et que notre représentant n'avait pas songé un instant qu'il pût se considérer comme froissé.

J'admets, bien qu'à mon sens ce point soit discutable, que la candidature du prince de Hohenzollern à la couronne d'Espagne pût être un *casus belli,* mais alors la renonciation qui en était faite devenait un échec à la politique prussienne; l'honneur et l'intérêt de la France n'étaie t plus en jeu, il fallait s'arrêter. Demander au Roi un engagement direct pour une éventualité chimérique, c'était exiger une condition inacceptable. Il y a mieux ; toute la négociation prouve l'étourderie et l'oubli des convenances, ou la volonté résolue de chercher un prétexte de rupture. Ce n'est pas par une puérile superstition d'étiquette que les traditions internationales ont maintenu la rigueur des formes diplomatiques. Ces formes constituent une garantie de modération et de prudence ; elles préviennent les susceptibilités que feraient naître des contacts directs ; elles obligent à une salutaire lenteur ; elles laissent après elles des traces précieuses, qui rendent impossibles l'exagération et l'erreur. Leur observation est donc un devoir étroit pour les hommes d'État, leur violation une faute et un danger. Rien ne l'établit mieux que l'inqualifiable conduite du cabinet impérial.

S'il avait procédé régulièrement, au lieu de lancer une provocation insolite du haut de la tribune, il aurait demandé par une note des explications qui lui auraient été données, et la renonciation intervenant au milieu de ces communications, aucun amour-propre n'eût été en jeu ; la difficulté se serait évanouie d'elle-même.

Mais au lieu de suivre cette marche simple et naturelle, il ordonne à notre ambassadeur de se mettre en relation directe avec le Roi, et il s'expose volontairement aux graves inconvénients que devaient entraîner ces communications extra-officielles.

Le Roi aurait pu, pour la discussion de cette affaire, renvoyer M. Benedetti à M. de Bismarck, vis-à-vis duquel les choses se seraient passées normalement. Néanmoins il accepte plusieurs entretiens, puis il fait dire que leur continuation lui parait inutile. A-t-il eu en agissant ainsi une intention offensante? Notre ambassadeur, le prétendu offensé, dont l'opinion est de quelque poids, ne l'a pas cru. Si ce soupçon s'était présenté à son esprit, il se serait dissipé le jour même; car ayant exprimé au Roi, qui partait le même jour pour Coblentz, le désir de prendre congé de lui, celui-ci lui fit dire qu'il le recevrait à la gare dans un salon qui lui est réservé; cette entrevue eut lieu en effet, elle fut parfaitement courtoise. M. Benedetti put renouveler ses insistances, auxquelles le souverain répondit qu'il n'avait plus rien à lui communiquer, et que les négociations qui pourraient encore être poursuivies seraient continuées par son gouvernement. C'est ce que notre ambassadeur faisait connaître à M. de Gramont par une dépêche datée d'Ems, 14 juillet 1870. Je doute fort qu'elle ait été placée sous les yeux de la commission. Voilà l'offense que dans sa vivacité, toujours sincère, mais cette fois étrangement exagérée, M. le marquis de Piré ne craignait pas de comparer au coup d'éventail du dey d'Alger!

Quant à la fameuse dépêche expédiée à tous les cabinets de l'Europe, invoquée d'abord par M. Ollivier, affirmée par M. de Gramont, qui l'aurait livrée à la lecture de la commission, elle n'a jamais existé. Le chancelier de la Confédération du Nord a expédié aux cabinets du Sud un télégramme leur annonçant que tout était fini; que le Roi avait approuvé la renonciation du prince; qu'il avait refusé de s'engager pour l'avenir, et déclaré à l'ambassadeur français qu'il était superflu d'insister davantage. L'intérêt des cabinets du Sud à être informés d'une semblable nouvelle n'a pas besoin d'être démontré. On la leur faisait connaître dans des termes qui ne pouvaient amener de conflit, puisqu'ils étaient la reproduction exacte de faits dont notre ambassadeur ne s'était pas montré blessé [1].

Maintenant, que l'opinion, que l'histoire juge les hommes qui, dans de telles circonstances, ont jeté leur pays dans une guerre pour laquelle, malgré leurs assertions, ils n'étaient pas prêts!

§

Six jours après, le 21 juillet, le Corps législatif se séparait. Son président faisait appel au courage et au patriotisme de notre armée, à laquelle il remettait les destinées de la patrie. Il eût été plus sage de les protéger par des délibérations indépendantes. Mais, il faut le reconnaître, si l'émotion publique était grande, plus grande encore était la confiance. En présentant le Sénat à l'Empereur, M. Rouher avait pu faire entendre ces flatteries dignes d'un autre âge :

« Si l'heure des périls est venue, l'heure de la victoire
» est proche. Bientôt la patrie reconnaissante décernera
» à ses enfants les honneurs du triomphe; bientôt l'Alle-
» magne affranchie de la domination qui l'opprime, la
» paix rendue à l'Europe par la gloire de nos armes,
» Votre Majesté qui, il y a deux mois, recevait pour elle
» et pour sa dynastie une nouvelle force de la volonté
» nationale, Votre Majesté se dévouera de nouveau à ce
» grand œuvre d'amélioration et de réformes dont la
» réalisation, la France le sait et le génie de l'Empereur

---

[1] Voir aux Pièces justificatives le texte du télégramme envoyé par le ministère des affaires étrangères prussien.

» le lui garantit, ne subira d'autre retard que celui que
» vous emploierez à vaincre. »

En s'exprimant ainsi, l'orateur choquait certainement le goût et les bienséances, mais il caressait l'illusion générale des esprits, qui ne pouvaient admettre une autre issue que le succès : en douter, c'était faire acte de mauvais citoyen.

Ce fut sous l'empire de ce sentiment, et aussi par défiance, que la majorité, dans la séance du 16 juillet, rejeta l'urgence demandée par M. Picard et M. Latour du Moulin sur le projet de loi qui réorganisait les gardes nationales. Plus tard, celui de M. de Jouvencel sur les francs-tireurs avait le même sort. Nul dans cette phalange compacte de députés accoutumés à suivre le gouvernement ne voulait supposer une éventualité fâcheuse. « Il » n'y a pas péril en la demeure, » disait M. Jérôme David. « Puisque vous prétendez à gauche, s'écriait un autre » orateur, que les circonstances sont périlleuses, atten- » dez que le vol impétueux de nos aigles les ait rendues » glorieuses [1]. »

§

Hélas! l'attente fut courte. La guerre avait été déclarée le 19 juillet. Le 5 août, une nouvelle fantastique se répandit soudainement dans Paris et y produisit une commotion indescriptible. On annonçait une grande victoire du maréchal Mac-Mahon : quarante mille prisonniers, parmi lesquels le prince Frédéric-Charles, des drapeaux, des canons, des munitions de toute sorte

---

[1] M. de Piré. Séance du 21 juillet.

étaient tombés entre nos mains. En un clin d'œil la ville fut pavoisée. L'ivresse de l'enthousiasme allait jusqu'au délire. La déception fut terrible. Un audacieux escroc avait voulu jouer à la Bourse. Il fallut descendre de l'Olympe. La leçon était rude : elle n'était rien auprès de celle que la fortune nous réservait à quarante-huit heures d'intervalle. »

Le dimanche 9, à huit heures du matin, je descendais la rue d'Amsterdam le cœur agité par de lugubres pressentiments, lorsqu'un ami m'aborda, pâle et défait. « Nous sommes battus, dit-il, et l'armée de Mac-Mahon est en pleine déroute; Froissard est battu, de Failly battu! L'Alsace est envahie, et notre première ligne de défense est forcée! »

Atterré par cette communication, je courus chez quelques amis pour m'assurer de son exactitude et prendre un parti. Le seul qui me parut raisonnable était de provoquer de suite la réunion du Corps législatif et de l'investir de l'autorité souveraine, en rappelant l'Empereur. Ce ne fut que vers deux heures qu'il me fut possible de rassembler quelques-uns de mes collègues. Je demandai plusieurs fois à voir M. le président Schneider. Il n'était pas chez lui. Je ne pus le rencontrer que vers cinq heures. Je montai dans son cabinet avec plusieurs de mes collègues, dont j'ai oublié les noms; je me rappelle ceux de MM. Pelletan et Jules Simon.

Je pris la parole, et posai nettement les deux questions de la convocation du Corps législatif et du rappel de l'Empereur. Sur ce second point j'étais fort de l'opinion que j'avais constamment exprimée, et notamment le 15 juillet dans mon bureau. J'énumérai rapidement les raisons qui m'avaient toujours fait croire à un désastre.

Mes amis savent qu'à cet égard je n'ai jamais varié. Dès 1864 j'ai prévu la guerre avec la Prusse, et quand nous avons eu laissé échapper l'occasion de 1866, je n'ai jamais douté que la guerre, si elle s'engageait, ne fût notre perte. La laisser diriger par l'Empereur était un crime contre la France. Je l'avais dit à mes collègues avant que l'événement me donnât si cruellement raison. Je le répétais quand le mal éclatait et que la moindre hésitation pouvait le rendre irréparable. En agissant ainsi, je ne faisais pas œuvre de parti, mais de Français. Je suppliais mes adversaires de prendre le pouvoir, sachant fort bien qu'ils en useraient contre mes idées. Je n'avais point à déguiser mon opinion sur le Corps législatif : les candidats officiels qui le composaient ne représentaient pas le pays ; néanmoins il était l'autorité légale, et je m'inclinais devant lui sans arrière-pensée. Je ne lui demandais qu'une chose : une action immédiate et vigoureuse. L'incapacité de l'Empereur et de ses ministres nous avait mis à deux doigts de notre perte. Il fallait annuler leur autorité. La retraite du cabinet et la déchéance de l'Empereur me semblaient la voie de salut. Je comprenais cependant que cette dernière résolution, à laquelle on viendrait peut-être trop tard, parût excessive ; mais je demandai formellement que le commandement suprême fût confié à un maréchal choisi par un comité exécutif pris dans la majorité de la Chambre, chargé de nommer de nouveaux ministres et de pourvoir aux mesures de défense.

Je m'expliquai avec une grande fermeté, et, malgré sa hardiesse, mon langage ne provoqua de la part de mon honorable interlocuteur aucun signe de malveillance, ni même d'étonnement. Il me concéda de suite la convocation du Corps législatif. Quant à ma proposition relative à l'Empereur, il la combattit en invoquant à la fois la Constitution et la prudence. Malgré leur incontestable gravité, les événements ne lui paraissaient nullement devoir motiver des mesures exceptionnelles. Il ne voulait juger aucun des hommes que les lois du pays plaçaient au-dessus de son contrôle, mais il croyait mes critiques contre eux tout à fait exagérées. L'armée était entamée, non détruite; ses chefs dignes de toute notre confiance. Il fallait se mettre en garde contre des émotions d'ailleurs très-naturelles, et revenir au calme, sans lequel la défense cessait d'être intelligente.

J'essayai de réfuter ses objections, et, sentant fort bien que je ne changeais pas son opinion, je le priai avec instance de reporter notre conversation à la Régente et aux ministres. « Ne vous méprenez pas, lui dis-je,
» sur mes intentions. Je ne songe qu'au salut de la
» France ; nous vous le prouvons, mes amis et moi, en
» nous effaçant complétement. Nous sommes convaincus
» que le Corps législatif doit prendre le pouvoir : c'est
» dire assez que nous n'y prétendons pas. Nous ne de-
» mandons qu'à servir ; mais nous voulons des chefs qui
» ne représentent pas l'ineptie ou la trahison.

» — C'est-à-dire, répliqua M. le président, que vous
» croyez la dynastie impériale incompatible avec le salut
» du pays...

» — Parfaitement, répondis-je.

» — Eh bien, moi, je la considère comme y étant
» étroitement liée.

» — Hélas! lui dis-je en prenant congé, un avenir
» prochain nous montrera lequel de vous ou de moi se
» trompe. »

§

Le lendemain lundi, les députés de l'opposition étaient réunis en grand nombre dans l'un des bureaux de la Chambre. Ceux de la majorité commençaient à affluer dans le palais. L'agitation était extrême, et l'irritation contre le ministère générale. On épiait chaque bruit, on interrogeait avec anxiété tout nouvel arrivant. Les défenseurs du cabinet étaient rares, mais fort entourés ; ils affirmaient que le mal était peu considérable. Nos troupes avaient lutté en nombre très-inégal et fait des prodiges de courage ; les pertes de l'ennemi étaient énormes, et l'on allait prendre de lui une revanche éclatante.

Ces assertions étaient accueillies avec avidité et tristesse. L'assurance de ceux qui les produisaient ne se communiquait pas à l'auditoire inquiet ; on attendait impatiemment l'ouverture des séances, fixée au lendemain mardi.

Pendant ce temps, l'opposition délibérait sur les mesures à prendre. La première était l'armement du pays. Jusqu'alors le ministère s'y était obstinément refusé, et cette attitude courrouçait un grand nombre de citoyens de la ville de Paris. Aux bandes stipendiées qui quelques jours auparavant parcouraient les boulevards en criant : *A Berlin!* avaient succédé dans presque tous les quartiers des groupes menaçants qui demandaient des armes. La moindre imprudence pouvait amener une collision dont les conséquences eussent été funestes : il fallait aviser promptement. Le ministre de l'intérieur avait, le matin même, fait paraître un décret qui limitait la réorganisa-

tion de la garde nationale de Paris à un recrutement parmi les hommes de vingt à quarante ans. Ce projet devait fournir cent quarante mille combattants. La population le tenait pour dérisoire. Il fut convenu dans notre réunion qu'une députation se rendrait chez le ministre pour lui demander une loi plus complète. L'entrevue fut pénible. M. Chevandier de Valdrôme essaya de défendre ses projets en parlant de la vigilance du gouvernement. « Supprimez ce mot, s'écria l'un de nous
» avec impétuosité ; jetez les yeux sur la carte et voyez ce
» que vous avez déjà livré de la France : nous ne vou-
» lons pas que le reste ait le même sort. »

La députation, à sa sortie comme à son entrée au ministère, eut à traverser une foule compacte qui criait : *La levée en masse!* quelques voix : *La déchéance!* Elle fit son rapport à la réunion de l'opposition, qui décida qu'à la séance du lendemain deux propositions seraient présentées, ayant pour objet, l'une l'armement des gardes nationales de France, l'autre la nomination d'une commission de quinze membres chargée de gouverner et de défendre le pays.

La première était ainsi conçue :

« Considérant que l'ennemi a envahi le sol de la
» France ;

» Que si notre armée est debout, toujours prête à le
» repousser, il est du devoir de chaque citoyen de s'unir
» à ses efforts ;

» Qu'il est en droit de réclamer une arme pour l'ac-
» complissement de ce devoir ;

» Considérant que, de l'aveu même du ministre de la
» guerre, l'étranger marche sur Paris ;

» Qu'en présence d'un tel péril, ce serait un crime

» de refuser à chaque habitant de la capitale le fusil qui
» lui est nécessaire pour la défense de son foyer ;

» Que la population tout entière demande à être
» armée et organisée en garde nationale élisant ses chefs ;

» La Chambre arrête :

» Il sera immédiatement distribué, aux mairies de
» chaque arrondissement de la ville de Paris, des fusils
» à tous les citoyens valides inscrits sur les listes électo-
» rales. La garde nationale sera réorganisée en France
» dans les termes de la loi de 1851. »

Voici le texte de la seconde :

« Considérant que, malgré l'héroïsme de notre armée,
» le sol de la patrie est envahi ; que le salut de la France,
» le devoir de la défendre jusqu'à la dernière extrémité,
» commandent au Corps législatif de prendre la direc-
» tion des affaires ;

» La Chambre arrête qu'un comité exécutif, choisi
» dans son sein, sera investi des pleins pouvoirs de gou-
» vernement pour repousser l'invasion étrangère. »

§

Le lendemain, mardi 9 août, M. le président Schneider montait au fauteuil à une heure, et donnait immédiatement la parole à M. Émile Ollivier. Celui-ci la prit
sans émotion apparente, et commença avec l'exposé des
faits la justification des actes du ministère. Mais l'Assemblée l'écoutait avec une défaveur marquée. Les in-
terruptions violentes de la gauche n'y soulevaient plus
d'orages. Elle entendit avec assez de patience la lecture
de nos deux propositions. Seul, M. Granier de Cassagnac
protesta contre la dernière, et demanda au gouvernement

de traduire ses auteurs devant le conseil de guerre. Cette dénonciation eut le succès qu'elle méritait. Le ministère n'avait plus la force de nuire. Écrasé par la réprobation de la Chambre, il tombait misérablement pour n'avoir pas voulu se retirer. L'adoption d'un ordre du jour équivoque de M. Duvernois l'arracha de son banc, et, vers la fin de la séance, M. Ollivier annonça que le comte de Palikao était chargé de former un cabinet. En renversant le ministère, le Corps législatif avait cédé à l'opinion publique et à ses propres répulsions. Mais il reculait devant l'accomplissement du devoir que lui imposaient les événements. Cent quatre-vingt-dix voix contre cinquante-trois repoussaient l'urgence sur la proposition de la formation d'une commission de quinze membres. En entendant proclamer ce vote, M. Gambetta s'écria : « Vous y viendrez. — Oui ! répondis-je à » mon tour ; et quand vous y viendrez, il sera trop » tard ! »

La suite des faits ne nous a donné que trop raison.

Mais nous sommes en droit de retenir cet incident et d'y puiser la réfutation péremptoire des calomnies dirigées contre ceux qu'on appelle les hommes du 4 septembre. On veut en faire des conspirateurs cherchant dans les malheurs de la patrie le succès de leurs combinaisons politiques, des ambitieux vulgaires voulant à tout prix saisir le pouvoir pour la satisfaction de leur vanité ! J'en appelle aux hommes de bonne foi, et c'est leur jugement que je sollicite.

Si les républicains de l'Assemblée n'avaient été mus que par animosité contre l'Empire et par le désir de le renverser pour lui succéder, ils n'avaient qu'à garder le silence et à s'effacer. La fortune aurait fait leur œuvre :

ils le savaient, ils l'ont annoncé à l'avance. Mais ils ont rejeté bien loin cette politique égoïste et captieuse. Ils se sont résolûment opposés à la guerre, qui, dans leur conviction, était la fin de l'Empire. Quand au premier choc il est tombé frappé à mort par nos revers, ils se sont jetés dans la mêlée non pour prendre le pouvoir, mais pour le donner à leurs adversaires et servir sous leurs ordres. Du 9 août au 4 septembre, ils n'ont cessé de renouveler leurs instances toujours méconnues, ne passant pas un jour sans avertir la majorité que, si elle ne se mettait pas à la tête du mouvement, elle serait enlevée par lui. Leurs efforts ont été vains. On n'a pas plus voulu les croire que lorsqu'ils prédisaient les désastres du Mexique, les défaites de 1870. On n'a tenu compte ni de leurs déclarations, ni de leur offre de concours : on a défié l'orage, il a éclaté. Qui leur fera un crime d'y être restés debout ? qui osera les accuser d'avoir déchaîné la tempête alors qu'ils ont tout fait pour la détourner et la contenir ?

§

En acceptant la lourde tâche proposée à leur dévouement, le comte de Palikao et ses collègues entreprenaient l'impossible. Pour eux, il ne s'agissait pas seulement de vaincre et de repousser un ennemi victorieux, il fallait en même temps sauver la dynastie qui l'avait attiré sur notre territoire. Au point de vue militaire, l'effort était presque désespéré ; il l'était complètement au point de vue politique. Peut-être aurait-on pu réussir en ne se préoccupant que du premier ; en les conciliant, on courait au-devant d'un double désastre. Commencée avec des forces insuffisantes que la nullité de commandement achevait de compromettre, cette campagne ne pouvait être relevée que par un élan vigoureux, et le général en chef était aussi incapable de concevoir que d'exécuter. Ses troupes ne manquaient ni de bravoure ni d'abnégation ; mais, outre l'ébranlement des premières défaites, toujours si fatales aux Français, elles avaient à lutter contre mille causes d'affaiblissement, les unes anciennes et profondes, les autres nées de l'imprévoyance, de la légèreté, de l'ignorance qui avaient présidé à cette aventureuse expédition. Le seul plan qui parût raisonnable en présence d'un ennemi dont on connaissait la hardiesse consistait, en couvrant Metz, à faire replier nos armées sur la ligne d'opération la plus favorable à la défense de Paris. On pouvait ainsi disposer de près de deux cent mille hommes, les établir sur un terrain de bataille excellent et leur ménager une retraite sûre, qui avait l'inestimable avantage de fournir à la capitale une armée de secours. Mais en adoptant ce parti, il fallait ou abandonner l'Empereur ou le ramener à Paris, dont on redoutait les ressentiments. Le ministre Palikao crut sans doute pouvoir sauver la couronne et le pays : en réalité il sacrifia le pays à la couronne. L'Empereur resta investi du commandement en chef ; il entraîna vers le nord-est Bazaine et sa vaillante armée, et, ne songeant qu'à son propre salut, il fit perdre, pour gagner Verdun, le temps qui aurait permis à nos soldats d'échapper au prince Frédéric-Charles qui allait les envelopper. Le mal était déjà grand ; le désir de donner à la cause impériale le prestige d'une victoire considérable le rendit sans remède. L'Empereur avait pu juger pendant son séjour au camp de Châlons à quel point en étaient arrivées les colères de la garde mobile et d'une partie de l'armée. Il se retira précipitamment, en envoyant au ministre de la guerre l'ordre de lui expédier de suite, pour sa sûreté personnelle, trente mille hommes destinés à remplacer la partie de sa garde qu'il avait été forcé de laisser à Bazaine. Le ministre eut la faiblesse d'obéir; en même temps le maréchal Mac-Mahon s'acheminait vers Mézières pour donner la main au maréchal Bazaine. La route de Paris était ouverte. Le sort de la France ne semblait plus dépendre que d'une bataille, et, par une fatalité cruelle, la marche de Mac-Mahon, embarrassée, ralentie par des obstacles qu'il fallait éviter à tout prix, permit au prince royal de le gagner de vitesse, de se joindre aux troupes du prince Frédéric-Charles et du général Steinmetz, et de nous écraser sous les murs de Sedan.

Cette lamentable catastrophe était encore loin de toutes les prévisions, lorsque M. le comte de Palikao succédait au maréchal Lebœuf. La Chambre acceptait facilement les nouvelles rassurantes, elle applaudissait lorsque le ministre lui disait, à la séance du 11 août :

« La France est un pays que ne peut abattre un petit
» échec, et nous n'avons subi en réalité qu'un petit échec.
» A la guerre, il faut s'attendre à avoir quelquefois
» des insuccès; mais quand on a affaire à un peuple
» comme le peuple français, quand ce peuple est sou-
» tenu par le patriotisme d'une Chambre comme celle-
» ci, on doit compter sur le succès. Il n'est pas question
» de partis ici ; nous sommes tous unis ; quand on est dans
» ces conditions, on doit compter sur le succès. Nous au-
» rons une affaire avant peu : je suis convaincu qu'avec le
» général qui dirige notre armée, général en qui j'ai la
» plus grande confiance, nous aurons un succès qui effa-

» cera les échecs partiels que nous avons pu essuyer. »

Mais le public n'accueillait pas ce langage avec la même faveur. Bien qu'ayant à la surface conservé sa physionomie habituelle, Paris était en proie à une émotion violente et bien naturelle. Les mairies étaient assiégées de citoyens réclamant des armes, et la lenteur de l'administration donnait lieu de leur part aux plaintes les plus vives. Le soir, des groupes animés remplissaient les boulevards, et discutaient à haute voix les événements du jour. La foule se précipitait aux bureaux des journaux pour avoir des nouvelles. Elle commençait déjà à rêver d'espionnage, et plusieurs étrangers étaient victimes de son aveugle passion.

Réunis en permanence dans un des bureaux de la Chambre, les membres de l'opposition observaient avec anxiété ces redoutables symptômes, et s'efforçaient de trouver, dans les lumières de la délibération non interrompue, le secours qui leur était si nécessaire pour surmonter les périls de la situation. Le malheur de la patrie avait effacé les divergences qui, à l'époque du plébiscite, créèrent deux fractions de la gauche. Le besoin d'unité dominait toutes les dissidences, et chacun cherchait loyalement à concourir à l'œuvre commune. Cette œuvre, je l'ai dit, n'était pas le renversement de l'Empire. Nous considérions l'Empire comme désormais impossible; mais il n'était aucun de nous qui ne s'effrayât à la pensée de recueillir, surtout dans de telles conjonctures, son funeste héritage. Je ne peux être suspect en m'exprimant ainsi. Je n'ai jamais dissimulé mon hostilité au système du 2 décembre; je l'ai attaqué sans relâche, en dépit des insultes des courtisans agenouillés devant sa puissance matérielle et sa fausse gloire, parce que j'avais la conviction profonde qu'il perdait la France. Aucune considération n'aurait pu me déterminer à le servir. Mais, confiant dans la force des principes, je croyais fermement qu'il tomberait sous la condamnation inévitable du scrutin. C'est à obtenir ce résultat pacifique et fécond que pendant près de vingt ans j'ai consacré mon humble et constant effort. Était-ce l'illusion d'un patriotique désir? Je voyais le terme aux élections de 1869, et j'abordais la lutte le cœur plein d'espoir, lorsque la guerre de 1870 fut déclarée. Elle renversait tous mes rêves: vainqueur, l'Empereur confisquait nos libertés; vaincu, il nous entraînait avec lui. Je vis éclater cette guerre avec désespoir, redoutant les plus grandes catastrophes; le dirai-je? plus grandes que celles qui nous ont frappés, pourvu que nous les ayons épuisées. A ce moment suprême, l'idée impériale n'était plus que secondaire: elle ne restait que comme le dernier signe de la fatalité à laquelle notre pays était condamné, alors que ses destinées dépendaient d'une volonté infatuée d'elle-même, et radicalement incapable de les comprendre et de les diriger.

A l'annonce de nos premiers revers, je sentis que tout était fini pour l'Empire, et qu'il ne se relèverait pas du coup qu'il avait laissé porter à nos légions. Ce n'était donc plus d'un adversaire abattu que je me préoccupais, lorsque je courus chez M. le président Schneider pour le supplier d'enlever le commandement en chef à l'Empereur, et d'engager la Chambre à prendre le pouvoir. Je ne songeais qu'à la France, dont les armées venaient de succomber héroïquement, et dont le sol était envahi. Je voulais arrêter le vainqueur, le battre, s'il était possible, et traiter. Dans cet ordre d'idées, l'Empire n'avait aucun rôle à jouer. Telles étaient encore les pensées que j'essayais de faire partager à mes amis, et nul d'entre eux n'y faisait d'objection. Nous n'avions plus à nous irriter contre l'Empire; nous l'écartions comme une chose morte qui gêne l'action de la vie et de la résistance. Mais en déblayant la place, nous ne pensions point à nous; et en ceci nous nous bornions à être sensés, nous ne méritions aucun éloge de désintéressement. Tous, nous mesurions les dangers, les embarras, les responsabilités d'une succession qui tôt ou tard devait appeler les malédictions de la foule sur ceux qui la recueilleraient. A notre estime, le pays seul était assez fort pour braver l'animadversion du pays, et nous demandions que l'Assemblée issue de ses suffrages fût chargée de ce fardeau.

Telle est l'explication simple et sincère des sentiments qui agitaient nos âmes et des résolutions qu'ils nous ont dictées. Permis au vulgaire, disposé à tout rabaisser, de voir dans notre conduite l'inspiration mesquine de l'esprit de parti; permis aux calomniateurs à la suite d'insulter ceux qui n'ont eu d'autre but que de s'effacer pour sauver leur patrie; je ne m'en étonne ni ne m'en indigne. Mais j'ai foi dans le bon sens public, dans la justice définitive de l'opinion, et je suis sans inquiétude sur le jugement de l'histoire.

Notre président, M. Grévy, révélait déjà, en dirigeant nos délibérations, les rares qualités de son esprit ferme et précis. Ennemi de toute exagération, quelquefois un peu enclin à la roideur et au scepticisme, il avertissait, modérait, contenait. Je serais ingrat en ne reconnaissant pas les services qu'il a courageusement rendus. Des autres, le mieux est de n'en rien dire, car il faudrait les nommer et les louer tous, en tenant compte de la diversité de leurs mérites, et en rendant hommage à leur patriotisme et à leur bonne foi. Nous avons traversé ensemble des jours pleins d'anxiétés. Nous avons souvent été divisés sur les partis à prendre, jamais sur la nécessité de rester unis dans l'amour de notre pays, dans l'application de nos principes de droit et de justice; et je crois pouvoir affirmer que lorsque le souvenir de ces orages bravés en commun se présentera à la pensée de chacun de nous, il n'éveillera chez aucun l'amertume ou le regret, car tous, dans la mesure de nos forces, nous avons la conscience d'avoir fait notre devoir.

La proposition relative à l'armement des gardes nationales d'après la loi de 1851 fut votée d'urgence; celle par laquelle nous demandions la nomination d'une commission de quinze membres avait été renvoyée à la commission d'initiative, qui, sans donner aucun motif, concluait à son rejet. Dans la séance du 13 août, le ministre de la guerre déclara que si la proposition était votée, le cabinet serait forcé de se retirer. Ce fut d'après ces paroles que la Chambre, constituée en comité secret, aborda la discussion. Le huis clos me permettait d'être explicite. J'exposai les raisons qui m'avaient fait constamment attaquer l'Empire. Je n'eus pas de peine à démontrer que, né d'un crime, il avait été le mauvais génie de la France. Au dehors, flottant au gré de toutes les aventures; au dedans, s'appuyant sur la corruption et la servitude, il avait isolé et énervé la nation. Maintenant il consommait sa ruine. Comment admettre qu'un homme ignorant de l'art de la guerre pût conduire nos armées et lutter contre des capitaines

éprouvés? Lui laisser son commandement était une faiblesse équivalente à une trahison. Je conjurai la Chambre de le lui retirer et de le confier au maréchal Bazaine. J'insistai également avec la dernière énergie pour qu'elle nommât une commission de gouvernement. La vacance ne pouvait être contestée : l'Empereur, discrédité par ses fautes, n'avait plus d'autorité ; la Régente n'était qu'un nom ; le seul pouvoir constitué était la Chambre. En l'invoquant, je ne faisais pas œuvre de parti, puisque je me livrais à la majorité qui avait accueilli sans murmure la proposition d'un de ses membres, de nous jeter à la barre d'un conseil de guerre. Je savais tout ce qu'on pouvait dire contre les députés sortis des candidatures officielles ; mais le temps pressait : c'était à l'expression, telle quelle, de la souveraineté nationale, qu'il fallait remettre la défense et le gouvernement du pays. Je suppliais la Chambre de ne pas hésiter : « Crai-
» gnez, lui dis-je en terminant, de perdre un jour. Si
» demain le malheur qui semble conspirer contre nous
» continue à nous accabler, ce ne sera pas de votre sein
» que sortira le pouvoir, et si vous voulez le retenir,
» vous vous briserez. »

Mon discours resta sans réponse : aucun des députés que l'Empire avait comblés ne jugea à propos de prendre sa défense ; je ne fus condamné que par le vote.

En agissant ainsi, le Corps législatif commit une faute immense. S'il avait pris le pouvoir, comme je le lui demandais avec instance, l'Empereur n'avait plus d'ordres à donner, Paris était couvert et probablement sauvé. C'est l'opinion que j'ai constamment entendu développer par les hommes de guerre pendant le siége. Nous avons succombé faute d'une armée de secours.

Cent mille hommes auraient empêché l'occupation de Châtillon et de Versailles, et par là même rendu l'investissement impossible.

Mais, comme M. le président Schneider le 7 août, M. de Palikao croyait le salut de la dynastie lié à celui du pays, et quand il a fallu choisir entre Paris et l'Empereur, c'est à celui-ci qu'ont été envoyées les dernières ressources de la France.

Aussi a-t-il toujours, et jusqu'à la dernière heure, repoussé la nomination d'une commission par la Chambre ; et cette proposition était tellement dans les nécessités de cette heure suprême, qu'elle renaissait sans cesse. M. de Kératry la présenta de nouveau dans la séance du 22, sous la forme adoucie de l'adjonction de neuf membres au comité de défense. La Chambre vota l'urgence, et déjà un grand nombre de députés étaient dans leurs bureaux lorsque le ministre monta à la tribune pour dire que le gouvernement s'opposait à la résolution. Malgré cette déclaration, la commission et le cabinet lui-même étaient ébranlés. A chaque heure les circonstances devenaient plus pressantes. Dans la séance du 24, le rapporteur de la commission, M. Thiers, indiqua qu'en écartant la proposition la commission avait demandé un comité de trois membres ; mais que le gouvernement s'y étant refusé, la crainte d'amener une perturbation ministérielle la déterminait à conclure au rejet.

Moins sûr de lui que l'avant-veille, le ministre imagina un moyen terme :

« Voulant, dit-il, que la Chambre ait pleine confiance
» en nous, comme nous avons pleine confiance en elle,
» nous avons apporté une modification à nos derniers

» refus ; nous avons adopté en conseil des ministres que
» trois membres de la Chambre pourraient être désignés
» par nous pour être adjoints au comité de défense de
» Paris...

» Nous sommes prêts à les accepter. »

M. de Kératry combattit éloquemment cette demi-mesure. J'unis mes efforts aux siens. Nous échouâmes avec une minorité de cinquante-trois voix contre une majorité de deux cent une.

M. Glais-Bizoin soutint alors l'amendement qu'il avait présenté, et qui consistait à demander la nomination d'un comité de neuf membres pouvant se mettre en rapport avec le comité de défense.

M. Thiers expliqua nettement que le refus du cabinet avait été le seul obstacle à l'adoption des propositions dont personne ne pouvait nier la nécessité. « Nous
» avons, dit-il, supplié les ministres d'y bien penser,
» et de considérer qu'en repoussant cette proposition
» aujourd'hui, c'était s'exposer à la voir renaître dans
» deux ou trois jours... »

Et comme le ministre du commerce avait objecté l'obligation de se renfermer dans la Constitution, M. Thiers répondait :

« Je fais un sacrifice au pays et à la Chambre en
» ne portant pas la discussion sur ce sujet; mais je
» supplie qu'on ne fasse pas figurer ici un intérêt de ce
» genre. Nous savons tous aujourd'hui pourquoi la France
» combat : elle combat pour son indépendance, elle
» combat pour sa grandeur, pour sa gloire, pour l'in-
» violabilité de son sol. Tous nous le savons, à gauche,
» au centre, à droite; c'est éclatant comme la lumière,
» et tous nos cœurs battent à l'unisson quand vous parlez

» de ces grands, de ces sublimes intérêts de la nation.

» Mais, de grâce, ne nous parlez pas des institutions :
» vous ne nous refroidirez pas, vous ne diminuerez
» pas notre zèle pour la défense du pays; mais sans
» nous refroidir, vous nous frapperez au cœur en nous
» rappelant ces institutions qui, dans ma conviction à
» moi, sont la cause principale, plus que les hommes
» eux-mêmes, des malheurs de la France. »

Ces sincères et nobles paroles exprimaient sans détour les véritables sentiments de l'opposition. Quelques instants auparavant, je m'étais élevé contre l'attitude équivoque du pouvoir, répétant sans cesse qu'il ne voulait pas mêler la question politique à la question de la défense. Or, il la mêlait si bien qu'il compromettait la capitale de la France pour protéger l'Empereur; et Paris, de son côté, s'en inquiétait à ce point qu'on entendait constamment dire que se battre pour consolider le despotisme de l'Empire était une criminelle duperie, et que si l'Empereur n'était pas écarté, toute résistance était impossible. Cet antagonisme cruel me déchirait le cœur. Je sentais tout ce qu'il y avait d'excessif à demander à des citoyens le sacrifice de leur vie pour le maintien de la servitude; mais j'obéissais, sans hésiter, à un devoir supérieur en plaçant au-dessus de toute autre l'obligation de mourir au besoin pour délivrer le sol de la patrie. Seulement, déterminé à la résistance jusqu'au dernier effort, même avec l'Empire, je comprenais si bien la force souveraine donnée à la défense par la chute définitive de ce régime détesté, que je luttais énergiquement pour arracher à mes collègues cet acte viril et sauveur; et du 7 août au 4 septembre je n'ai pas plus varié que je ne l'avais fait de 1857 à 1870. Il ne s'agissait au reste que de consacrer un fait désormais acquis. La Chambre ne crut pas encore le pouvoir, et deux cent quatre voix contre quarante et une écartèrent la proposition de M. Glais-Bizoin, comme l'avait été celle de M. de Kératry.

Cependant la situation s'aggravait rapidement, et ce n'était pas seulement par de demi-concessions parlementaires que se trahissaient les inquiétudes du gouvernement. Cédant à la pression de l'opinion publique, il avait nommé le général Trochu gouverneur de Paris, et ce choix avait été accueilli comme une garantie contre les violences impériales redoutées d'heure en heure. Le général jouissait alors d'une considérable et légitime popularité. La publication de son livre sur l'armée lui avait fait une grande réputation d'esprit éclairé, libéral et généreux. C'est qu'en effet d'un bout à l'autre de ce beau travail règne un souffle de simple et fière simplicité peu habituel dans les œuvres de ce genre. L'homme y domine le soldat sans l'effacer, et les critiques dirigées contre notre système militaire ont la double autorité d'un sentiment profond de justice et d'une rare sagacité expérimentale. Quels malheurs eussent été évités si l'on avait écouté cette voix indépendante! Mais alors, dire la vérité était une faute. Le général s'en aperçut, et si au jour du péril on eut recours à lui, c'est qu'il était habile d'effacer sa disgrâce. L'élévation de M. Trochu, c'était forcément l'abaissement de l'Empire.

La population de Paris le comprit ainsi et lui fit fête de tous ses ressentiments; elle remarqua avec joie que le nom de l'Empereur ne figurait pas dans sa proclamation; et dans le général elle vit dès le premier jour celui qui devait la sauver de la Prusse et de Napoléon.

Il ne dépendait pas de lui d'échapper à ce rôle que la force supérieure des événements lui assignait, et je ne crois pas qu'il s'y soit jamais trompé. Dans le long entretien qu'il voulut bien m'accorder le dimanche 21 août, il s'expliqua avec une entière franchise. J'étais accompagné de mes collègues MM. Picard et Jules Ferry, et de quelques électeurs de Paris, au nombre desquels se trouvaient M. Tirard et le docteur Montanié. La conversation n'avait rien d'intime, et le général presque seul en fit les frais. Nous étions loin de nous en plaindre, car sa parole facile, élégante, colorée, toucha à presque tous les points qui nous préoccupaient en nous en donnant la solution. Il s'étendit longuement sur l'infériorité de notre armée, due surtout à sa vicieuse organisation. Il estimait le soldat français supérieur à l'allemand; mais la défectuosité de son instruction, le relâchement de la discipline, l'absence de respect et de confiance envers ses chefs, étaient pour lui autant de causes de périlleux affaiblissement. Ce n'était pas du reste à l'armée seulement que s'appliquaient ces affligeantes observations; elles caractérisaient la France de l'Empire. « Elle n'est, nous disait-il, qu'un décor derrière lequel est le néant; aussi rien ne peut condamner assez énergiquement la coupable résolution des hommes d'État et des hommes de guerre qui ont entraîné la France dans l'aventure où elle se débat. Quant à Paris, la défense n'y peut être qu'une héroïque folie : je le sais, mais je m'y dévoue; elle sera le dernier acte de ma vie. Je ne suis pas un politique, je suis un brave homme : je ferai mon devoir sans illusion et sans arrière-pensée, et j'irai finir mes jours dans une humble retraite, qu'après une telle entreprise j'aurai bien méritée... »

Cet incomplet résumé ne peut donner qu'une bien faible idée du discours qui nous tint sous le charme pendant près de deux heures. Tour à tour simple et incisif, quelquefois véhément, prodigue d'images, toujours abondant, le général semblait prendre plaisir à soulager son âme par cette éloquente effusion. Il nous témoigna en nous congédiant une affectueuse cordialité.

Nous nous retirâmes consternés. L'inaltérable sérénité avec laquelle nous avaient été faites ces communications désolantes ajoutait à leur gravité quelque chose de fatal qui nous troublait comme un inexorable présage. Bien des fois dans la suite de ces événements nous avons ressenti, mon ami M. Picard et moi, la même impression en entendant sous différentes formes des déclarations pareilles. Ce jour-là, après le premier choc, nous les mîmes sur le compte du calcul involontaire d'un esprit justement alarmé par la grandeur d'une tâche sans précédent, et nous ne voulûmes conserver de cette conférence que le souvenir des qualités éminentes et du caractère chevaleresque qui venaient de se révéler à nous.

Le grand et redoutable problème de la défense de Paris était d'ailleurs l'objet des appréciations les plus diverses. Discuté partout avec une anxiété bien naturelle, il provoquait des argumentations passionnées après lesquelles les juges les plus compétents demeuraient divisés. Tous s'accordaient à reconnaître les immenses difficultés de l'entreprise et la nécessité de prendre sans retard des mesures décisives. La première devait être la formation d'une garnison, par l'appel de tout ce qu'il y avait de soldats et de gardes mobiles disponibles, par l'armement et l'organisation de la garde nationale. La seconde, non moins importante, et sans laquelle le salut devenait tout à fait problématique, était la constitution d'une armée de secours manœuvrant autour de Paris et protégeant les positions les plus menacées de sa banlieue. On sait comment cette dernière combinaison fut abandonnée pour couvrir l'Empereur et lui fournir l'occasion de remporter une grande victoire.

Je me trouvais vers le 21 août dans le cabinet de M. le ministre de la guerre avec mes collègues Picard et de Kératry. Nous y étions venus, délégués par l'opposition, pour demander un armement plus actif. Après nous avoir fourni des explications sur le sujet qui nous amenait, le ministre nous conduisit vers l'embrasure d'une croisée où une carte de France était étalée. Mettant le doigt sur Châlons, il le releva vers Mézières et nous dit : « Mac-Mahon est » en marche; dans quatre jours il aura fait sa jonction » avec Bazaine, et leurs corps réunis écraseront toute » résistance. » Nous ne nous permîmes aucune observation; mais en descendant l'escalier, j'exprimai à mes collègues mon étonnement de la facilité, au moins apparente, avec laquelle M. de Palikao supposait que nous pouvions ajouter foi à une si étrange confidence. Je crus qu'il avait voulu nous tromper, et je lui pardonnai de grand cœur, pensant que le surlendemain les lignes de la Marne et de la Seine seraient fortement occupées par les cent cinquante mille hommes dont il disposait.

Hélas! ce n'était point une ruse, et malheureusement le ministre avait dit vrai. Deux jours après, je recevais par un des membres de la famille du maréchal Bazaine les communications les plus inquiétantes : le maréchal était complétement cerné, et au lieu de chercher à le rejoindre par la ligne la plus directe, celle de Verdun, le maréchal Mac-Mahon remontait vers Mézières. On n'avait pas de nouvelles précises de ses mouvements, mais l'on savait que le prince royal avait brusquement abandonné sa pointe sur la haute Marne, et se dirigeait à marches forcées vers les Ardennes, où très-probablement il nous devancerait. Je courus chez le ministre. Il était au conseil. J'interpellai vivement un de ses officiers, en lui disant que la route de Paris était libre, et que Mac-Mahon étant rejeté au nord, séparé de Bazaine, rien n'empêchait les Prussiens d'y venir *la canne à la main.* « Ils n'oseraient », me répondit-il avec un admirable sang-froid. Certainement mon interlocuteur ne pouvait pas plus que moi soupçonner le désastre qui allait éclater; mais alors qu'on y eût échappé, on n'en avait pas moins, par une faute sans excuse, paralysé les forces qui pouvaient nous sauver, et livré la capitale à la périlleuse éventualité d'un siége.

Les Parisiens n'y voulaient pas croire, et la proclamation du général Trochu les trouvait encore incrédules et railleurs. Cependant le comité de défense déployait une louable activité ; il commençait avec une patriotique ardeur le grand œuvre auquel jusque-là nul n'avait paru songer. Aussi tout était à faire. Et bien qu'il soit aujourd'hui de mode et de bon goût d'accuser d'inertie et d'incapacité les hommes qui se sont voués à cette difficile tâche, il n'en faut pas moins reconnaître qu'ils ont accompli de véritables prodiges, ayant à surmonter des obstacles de tout genre et n'étant soutenus que par le sentiment du devoir. On travaillait nuit et jour à compléter les fortifications; on accumulait d'immenses ressources en matériel et en approvisionnements; on armait les forts; on appelait cent mille mobiles des départements; on se préparait à un grand effort, et néanmoins

on espérait encore que l'ennemi serait arrêté par nos généraux. On avait accueilli avec empressement les assurances du ministre de la guerre disant dans la séance du 22 :
« Je puis affirmer à la Chambre que la défense de Paris
» marche avec une grande activité, et que bientôt nous
» serons prêts à recevoir quiconque se présenterait de-
» vant nous. »

Cependant la catastrophe approchait, précédée de bruits sinistres et de tragiques événements qui en paraissaient les sombres avant-coureurs. Chaque jour on annonçait un coup de force et l'arrestation des députés les plus influents de l'opposition. Les campagnes étaient sillonnées par des agents provocateurs qui accusaient hautement les hommes de l'opposition et les propriétaires aisés d'avoir trahi l'Empereur et livré la France. Ces absurdes calomnies ne rencontraient que trop d'ignorants disposés à les admettre. A Nontron, un citoyen honorable était brûlé dans sa grange par une foule stupide. Dans le Gard, dans la Gironde, dans l'Ouest, les protestants étaient dénoncés aux violences de la populace comme complices des Prussiens. Le ministre de l'intérieur condamnait dans une circulaire ces actes sauvages, qui n'en continuaient pas moins. Les journaux les signalaient comme les derniers excès de la faction bonapartiste, décidée à dévaster la France par une jacquerie pour l'amener à une paix honteuse. Le parti de ceux qui déclaraient qu'ils ne marcheraient pas contre l'ennemi tant que l'Empire subsisterait, grossissait à vue d'œil. On signalait les lenteurs et le mauvais vouloir de l'administration pour l'habillement et l'armement des gardes nationaux. Dans les comités secrets qui se succédaient, l'opposition renouvelait avec passion ses instances pour la nomination d'un pouvoir né de la Chambre. Le 31 août, M. Keller ne le demandait que pour la défense de l'Alsace, et il échouait encore devant la résistance obstinée du ministre de la guerre. Les jours s'écoulaient, et l'on était sans nouvelles de l'armée.

Quelles horribles angoisses! il faut les avoir traversées pour s'en faire une idée. On se pressait le jour dans la salle des conférences, attendant les dépêches qui n'arrivaient pas. Les séances publiques étaient courtes et fiévreuses; les ministres n'y paraissaient plus. Le soir nous assiégions le ministère de l'intérieur. Du 30 août au 3 septembre, aucun renseignement n'y fut publié. L'inquiétude croissait d'heure en heure: nul ne pouvait croire que ce silence fût sincère, et cependant nul ne pouvait soupçonner la grandeur du désastre.

Le 2 septembre au soir, vers onze heures, je rentrais de ma course inutile à la place Beauvau, lorsqu'une personne sûre vint m'affirmer l'arrivée d'un télégramme annonçant la défaite et la blessure du maréchal MacMahon. On ajoutait que l'armée et l'Empereur étaient enfermés dans Sedan et ne pouvaient plus tenir.

Le lendemain, à la première heure, j'étais au ministère. Je ne pus voir M. Chevreau: son chef de cabinet me dit ne rien savoir; mais il était facile de juger à l'attitude des personnes présentes que tout était perdu. Le désarroi était complet; il n'y avait plus rien à espérer de ceux qui n'avaient plus de confiance en eux-mêmes.

A la réunion de l'opposition, qui était en permanence, nous convînmes de porter nos efforts sur une proposition qui investirait le général Trochu du commandement suprême. Nous pensions qu'avant tout il fallait l'enlever à l'Empereur, qui le possédait encore. Cette mesure conduisait droit à la déchéance, dernier mot de la crise, et pour laquelle nous avions rédigé une proposition formelle. Sa présentation et son adoption nous paraissaient inévitables; ce n'était qu'une question d'heure. Pendant que nous délibérions, nous apprimes de source certaine la capitulation de Sedan et la captivité de l'Empereur. C'était la fin de ce lugubre drame, et nous pensions que la Chambre n'hésiterait plus à former le comité que nous lui avions tant de fois et inutilement demandé. La séance s'ouvrit à trois heures; au milieu d'un morne silence, M. le ministre de la guerre prit la parole en ces termes:

« J'ai eu l'honneur de vous déclarer qu'en toute cir-
» constance je vous dirais la vérité, quelque dur qu'il
» puisse être de vous la dire.

» Des événements graves viennent de se passer; des
» nouvelles, qui ne sont pas officielles, je dois le dire,
» mais dont quelques-unes cependant, d'après mon ap-
» préciation, peuvent être vraies, nous sont parvenues.

» Ces nouvelles, je vais vous les donner. La première,
» et une des plus importantes, est celle qui résulte de
» documents qui nous ont fait connaître que le maréchal
» Bazaine, après avoir fait une sortie très-vigoureuse, a
» eu un engagement qui a duré près de huit ou neuf
» heures; et qu'après cet engagement — le roi de Prusse
» lui-même le reconnaît — où les Français ont déployé un
» grand courage, le maréchal Bazaine a été obligé néan-
» moins de se retirer sous Metz, ce qui a empêché une
» jonction qui devait nous donner le plus grand espoir
» pour la suite de la campagne.

» Voilà la première nouvelle importante que je vous
» donne, et qui n'est pas bonne.

» Cependant, bien que le maréchal Bazaine ait été
» obligé de se replier sous Metz, il n'est pas dit qu'il ne
» pourra pas tenter de nouveau une sortie ; mais celle
» qui devait aboutir à opérer une jonction avec le maré-
» chal Mac-Mahon a échoué.

» D'autre part, nous recevons des renseignements sur
» le combat ou plutôt sur la bataille qui vient d'avoir
» lieu entre Mézières et Sedan.

» Cette bataille a été pour nous l'occasion de succès et
» de revers. Nous avons d'abord culbuté une partie de
» l'armée prussienne en la jetant dans la Meuse — diffé-
» rentes dépêches ont dû vous l'annoncer ;— mais ensuite
» nous avons dû, un peu accablés par le nombre, nous
» retirer soit sous Mézières, soit sous Sedan, soit même,
» je dois vous le dire, sur le territoire belge, mais en
» petit nombre. »

En présence de ces graves événements, le ministre
annonce que le gouvernement fait appel aux forces vives de
la nation : deux cent mille gardes mobiles vont entrer dans
Paris, et réunis aux forces qui y sont déjà, ils assureront
la défense et la sécurité de la capitale. Il termine ainsi :

« Nous mettrons toute l'énergie possible à l'organisa-
» tion de ces forces, et nous ne cesserons nos efforts
» qu'au moment où nous aurons expulsé de la France
» la race des Prussiens. »

La majorité couvrit ces dernières paroles d'applaudissements ; mais elles ne pouvaient nous suffire, et ces
vagues promesses ne répondaient nullement aux nécessités suprêmes de la situation.

J'essayai de le faire comprendre par quelques paroles
que je voulus rendre brèves et précises. Je m'exprimai
en ces termes :

« Le temps des complaisances est passé ; les uns et
» les autres nous devons froidement mais nettement en-
» visager la vérité qui nous accable.

» Or cette vérité, la voici : l'armée française a été
» héroïque dans toutes les circonstances où elle s'est
» trouvée en face de l'ennemi. Tout à l'heure encore on
» vous parlait des prodiges de valeur qui ont été accom-
» plis par le maréchal Bazaine, essayant de percer des
» forces quadruples des siennes. Il n'a pas calculé le
» nombre : il a vu que la France avait besoin de son
» épée, et à travers tous les obstacles, il a essayé de se
» faire jour.

» Devant lui, un officier général non moins brave se
» présentait pour l'aider dans cette entreprise de salut
» public ! Il a échoué !

» Assurément ce n'est pas la valeur qui lui manque ;
» ce qui lui a manqué, c'est la liberté du commande-
» ment.

» M. LE MINISTRE DE LA GUERRE : Non !

» M. JULES FAVRE : Il n'est douteux pour personne
» qu'on lui a demandé des forces pour protéger l'Em-
» pereur.

» Il les a refusées, et alors le conseil des ministres a
» cru devoir prendre ces forces sur celles destinées à
» défendre Paris.

» Voilà ce qui a été fait : il ne faut pas qu'un pareil
» état de choses continue.

» Nous devons savoir où nous en sommes avec le gou-
» vernement qui nous régit.

» Où est l'Empereur ? Communique-t-il avec ses mi-
» nistres, leur donne-t-il des ordres ?

» M. le Ministre de la guerre : Non.

» M. Jules Favre : Si la réponse est négative, je n'ai
» pas besoin de longs développements pour faire com-
» prendre à la Chambre que le gouvernement de fait a
» cessé d'exister, et qu'à moins d'un incroyable aveu-
» glement et d'une obstination qui cesserait d'être pa-
» triotique, c'est à vous-mêmes, c'est au pays que vous
» devez demander les ressources qui seules vous peuvent
» et le peuvent défendre.

» Sans insister davantage, car la réponse que vient
» de faire M. le ministre de la guerre me suffit et désin-
» téresse le débat de cette grande question, le gouver-
» nement ayant cessé d'exister...

» M. le président Schneider : En toute occasion je de-
» vrais protester contre de pareilles paroles.

» M. Jules Favre : Protestez tant que vous voudrez,
» monsieur le président, protestez contre la défaite,
» protestez contre la fortune qui nous trahit ! Niez les
» événements, dites que nous sommes victorieux...

» M. le président Schneider : Je proteste en tout cas
» contre tout ce qui pourrait être un affaiblissement.

» M. Jules Favre : Un affaiblissement !... Mais préci-
» sément je cherche la force, la force morale surtout, et
» je me demande où elle peut être. Elle est, Messieurs,
» dans le pays, dans le pays souverain, dans le pays, qui
» ne doit désormais compter que sur lui-même, sur ceux
» qui le représentent, et non plus sur ceux qui l'ont
» perdu.

» Dans cette crise suprême, je n'ai que deux mots à
» dire : que la France et que la ville de Paris, directe-
» ment menacée, unies par une étroite solidarité, déci-
» dées à ne déposer les armes que lorsque l'ennemi sera

» chassé du territoire, avisent par elles-mêmes, car c'est
» sur elles-mêmes, et sur elles seules, dans la liberté
» dont elles doivent jouir, que repose le salut de la pa-
» trie...

» Ce qu'il faut en ce moment, ce qui est sage, ce qui
» est indispensable, c'est que tous les partis s'effacent
» devant un nom représentant la France, représentant
» Paris; un nom militaire, le nom d'un homme qui
» prenne en main la défense de la patrie : car ce nom
» cher et aimé doit être substitué à tout autre.

» Ils doivent tous s'effacer devant lui, ainsi que ce
» fantôme de gouvernement qui a conduit la France où
» elle est aujourd'hui. »

Ces avertissements ne furent pas plus écoutés que les précédents. La foudre seule pouvait briser les résistances obstinées qui se groupaient autour d'un simulacre de pouvoir que la colère nationale allait faire disparaître le lendemain. Le ministre de la guerre renouvela ses refus. La Chambre se contenta de voter l'urgence d'une proposition de M. Argence appelant sous les drapeaux tous les hommes de vingt à trente-cinq ans, mariés ou non mariés. Elle se sépara en proie à une vive anxiété, et s'ajourna au lendemain dimanche, cinq heures.

Mais la marée montait si vite qu'il était impossible de ne pas devancer cette fixation. La nouvelle de la capitulation de Sedan et de la reddition de l'Empereur s'était répandue dans toute la ville et y causait une indignation universelle. Le soir, une foule immense couvrait les boulevards : les agents de police cherchaient vainement à la dissiper par les moyens qui jusque-là leur avaient réussi. Ils ne firent que surexciter la passion populaire. De nombreux cris demandant la déchéance partaient du sein des groupes. Quelques-uns étaient armés : il n'y avait plus d'illusion à se faire, l'insurrection commençait, le gouvernement était tombé ; il n'y avait pas un instant à perdre pour en constituer un nouveau.

C'est là ce que nous exposâmes avec une grande énergie à M. le président Schneider, auprès duquel nous nous rendîmes à neuf heures. Nous le suppliâmes de convoquer de suite l'Assemblée, et je ne lui cachai pas que je voulais, au nom de mes amis et au mien, déposer une proposition de déchéance. Il m'adressa des objections modérées, courtoises et tristes, cherchant encore à se rattacher à la Régente et au Prince Impérial, contestant le caractère désespéré de la situation, et croyant qu'en gagnant du temps on pouvait conjurer une émeute.

Nous le déterminâmes cependant, mais non sans peine, à réunir la Chambre, ce qui était facile, car presque tous nos collègues étaient à la salle des conférences ou dans les couloirs du palais. Nous le revîmes à onze heures et demie ; la conversation fut longue, elle ne put aboutir à aucune conclusion.

Dans l'intervalle, nous avions arrêté notre plan. C'était toujours l'exécution de la même idée, la prise du pouvoir par la Chambre. Nous y ajoutions la déchéance : Napoléon III l'avait signée avant nous en rendant son épée à Sedan.

Nous étions donc à ce moment suprême aussi dégagés d'intérêt personnel que lorsque, le 7 août, je fus trouver M. le président Schneider. Nous n'avions d'autre dessein que de consommer sans révolution un grand acte de justice devenu absolument inévitable. Cette fois encore, si la Chambre avait voté ce que nous lui demandions, l'insurrection du lendemain n'avait plus de raison d'être, et nous étions nécessairement exclus du nouveau gouvernement nommé par la majorité.

Aucun de nous, je le déclare ici sans arrière-pensée, n'aspirait à en faire partie. M. Thiers, M. Picard et moi, nous discutâmes des noms. Nous pensions que M. de Palikao devait être conservé, à raison de la connaissance qu'il avait des opérations militaires engagées. Nous mettions à côté de lui M. Schneider, président du Corps législatif. M. Picard et moi nous cherchions à décider M. Thiers à être le troisième de la commission. Il s'en défendait, et nous proposait d'autres collègues, lorsqu'on vint nous avertir que le président montait au fauteuil. Il était une heure du matin; la journée du 4 septembre était commencée.

Malgré la gravité des nouvelles reçues, malgré l'effervescence qui agitait la population de Paris, le cabinet n'avait pas jugé à propos de se réunir. Ce fut dans son lit qu'on alla chercher le ministre de la guerre, qui, après avoir exposé que Sedan avait capitulé et que l'Empereur était prisonnier, demanda qu'on remît la délibération à midi, en alléguant qu'il n'avait pu s'entendre avec ses collègues. Nous nous serions vainement opposés à ce retard, que la Chambre s'empressait d'accorder; mais nous crûmes de notre devoir de déposer la proposition de déchéance. Il importait que Paris apprît à son réveil que ses représentants ne s'abandonnaient point eux-mêmes. J'emprunte à l'*Officiel* les quelques mots que je prononçai au nom de l'opposition :

« Si la Chambre est d'avis que, dans la situation dou-
» loureuse et grave que caractérise suffisamment la com-

» munication de M. le ministre de la guerre, il est sage
» de remettre la délibération à midi, je n'ai aucun motif
» pour m'y opposer; mais, comme nous avons à provo-
» quer ses délibérations sur le parti qu'elle a à prendre
» dans la vacance de tous les pouvoirs, nous demandons
» la permission de déposer sur son bureau une proposi-
» tion que je vais avoir l'honneur de lui lire, sans ajou-
» ter quant à présent aucune observation.

» Nous demandons à la Chambre de vouloir bien
» prendre en considération la motion suivante :

» Article Ier. — Louis-Napoléon Bonaparte et sa dy-
» nastie sont déclarés déchus des pouvoirs que leur a
» confiés la Constitution.

» Article II. — Il sera nommé, par le Corps légis-
» latif, une commission de gouvernement composée de...

» Vous fixerez le nombre de membres que vous jugerez
» convenable de choisir dans votre majorité...

» Qui sera investie de tous les pouvoirs du gouverne-
» ment, et qui aura pour mission expresse de résister à
» outrance à l'invasion et de chasser l'ennemi du terri-
» toire.

» Article III. — Le général Trochu est maintenu dans
» ses fonctions de gouverneur général de la ville de
» Paris.

» Signé : Jules Favre, Crémieux, Barthélemy Saint-
» Hilaire, Desseaux, Garnier-Pagès, Larrieu, Gagneur,
» Steenakers, Magnin, Dorian, Ordinaire, Emmanuel
» Arago, Jules Simon, Eugène Pelletan, Wilson, Ernest
» Picard, Gambetta, le comte de Kératry, Guyot-Mont-
» peyroux, Tachard, Lecesne, Rampon, Giraud, Marion,
» Léopold Javal, Jules Ferry, Paul Bethmont.

» Je n'ajoute pas un mot : je livre cette proposition à

» vos sages méditations, et demain, ou plutôt aujour-
» d'hui dimanche, à midi, nous aurons l'honneur de
» dire les raisons impérieuses qui nous paraissent faire à
» tout patriote une loi de l'adopter. »

La Chambre se sépara de suite sans faire entendre la moindre protestation, car on ne peut donner ce nom aux trois mots suivants prononcés par M. Pinard (du Nord), et que pour ma part je n'entendis pas.

« Nous pouvons prendre des mesures provisoires,
» nous ne pouvons prononcer la déchéance. »

M. Thiers m'offrit une place dans sa voiture. A la place de la Concorde, une foule compacte nous arrêta. L'excitation y était extrême ; on nous interpella avec violence pour savoir si la déchéance était votée. Nous répondîmes qu'elle le serait à midi. Nous demandâmes à cette population de conserver son calme ; la sagesse et la modération étaient plus que jamais nécessaires : elles nous permettraient d'être fermes et de remplir notre devoir jusqu'au bout. La foule acclama M. Thiers, et nous pûmes aller chercher un peu de repos qui nous était bien nécessaire.

## CHAPITRE II.

### LA JOURNÉE DU 4 SEPTEMBRE.

La journée du dimanche 4 septembre se leva tiède et radieuse, comme une journée de fête, semblant inviter la population de Paris à se répandre dans les rues pour y jouir de son soleil splendide et doux. Dans les premières heures de la matinée tout était calme, et rien ne paraissait changé dans la physionomie ordinaire de la cité. Les abords et la cour du Corps législatif se garnissaient silencieusement de troupes. Six cents gendarmes à cheval étaient enfermés au palais de l'Industrie, prêts à tout événement. Aucun avis ne faisait connaître la résolution que le cabinet avait dû prendre, et à l'heure où j'écris, je ne sais encore par quelle délibération il en arriva enfin à notre proposition, constamment repoussée par lui depuis le 9 août, de la nomination d'une commission investie des pouvoirs du gouvernement : seulement il y ajoutait la dictature de M. de Palikao sous la forme d'une lieutenance générale. Cette tardive et dérisoire conception ne pouvait être accueillie; elle n'avait plus pour elle même la majorité, ouvrant enfin les yeux et reconnaissant, quand il n'était plus temps, le devoir qu'elle avait refusé d'accomplir. La prise du pouvoir lui apparaissait comme une nécessité à laquelle il ne lui était plus possible de se soustraire. Elle hésitait néanmoins, par un scrupule honorable que nous avaient à diverses reprises exprimé plusieurs de ses membres pendant les quelques heures qui précédèrent le dépôt de notre proposition. Elle ne se croyait pas déliée du serment et répugnait violemment à voter la déchéance. Elle craignait d'imiter le Sénat du premier Empire et d'être réprouvée comme lui. Elle cherchait donc une formule qui pût lui permettre de faire la chose en ne prononçant pas le mot. Les députés, divisés en fractions, essayaient différentes rédactions; ils entrèrent de suite en négociation avec nous. Ils nous prièrent avec instance d'abandonner ce qui dans notre proposition blessait leurs consciences. Nous ne demandions qu'à aplanir les difficultés, pourvu qu'on se hâtât. Il nous paraissait de la dernière urgence de prendre immédiatement un parti et de le faire connaître à la population. Sachant fort bien les sentiments et même les passions légitimes avec lesquels il fallait compter, nous étions prêts à renoncer à la déchéance si on faisait entendre qu'elle était virtuellement acceptée. Aussi, après de vifs débats, nous étions-nous ralliés à cette rédaction, qui semblait tout concilier : « Vu la vacance... » C'était l'expression la plus atténuée de l'idée qu'il était indispensable d'émettre. Le projet se couvrait de signatures, nous entrions en séance, où probablement nous aurions été unanimes, lorsque plusieurs des membres de la majorité, revenant sur leur consentement, ramenèrent leurs collègues dans le salon de la Paix, où l'accord était fait. Ils parvinrent à substituer aux mots « Vu la vacance... » ceux-ci : « Vu les circonstances... », qui n'avaient aucune signification. Nous ne pouvions les admettre; il fut convenu que chacun reprendrait son projet, et M. le président Schneider monta au fauteuil. Il était une heure un quart.

Après un incident soulevé par M. de Kératry, demandant que l'Assemblée n'eût autour d'elle que la garde nationale, M. le ministre de la guerre s'exprima en ces termes :

« Je viens, au milieu des circonstances douloureuses
» dont je vous ai rendu compte hier, circonstances que
» l'avenir peut encore aggraver, bien que nous espérions
» le contraire, vous dire que le gouvernement a cru de-
» voir apporter certaines modifications aux conditions
» actuelles du gouvernement, et qu'il m'a chargé de
» vous soumettre un projet de loi ainsi conçu :

» ARTICLE I$^{er}$. — Un conseil de gouvernement et de
» défense nationale est institué. Ce conseil est composé
» de cinq membres. Chaque membre de ce conseil est
» nommé à la majorité absolue par le Corps législatif.

» ARTICLE II. — Les ministres sont nommés sous le
» contre-seing des membres de ce conseil.

» M. JULES FAVRE : Par qui nommés?

» M. LE MINISTRE DE LA GUERRE : Par les membres du
» conseil.

» ARTICLE III. — Le général comte de Palikao est
» nommé lieutenant général de ce conseil.

» Fait au palais des Tuileries.... »

Le *Journal officiel* n'en dit pas davantage, et n'indique pas la signature mise au bas de ce projet de loi, pour lequel l'urgence est demandée.

Je la réclamai pour la proposition de la gauche, qui, suivant moi, devait avoir la priorité, comme ayant été présentée la première et comme étant plus large que celle du gouvernement. Cette motion ne rencontra aucune opposition; M. Thiers la soutint en ces termes :

« Je demande, Messieurs, que la proposition que je

» vais avoir l'honneur de vous lire soit traitée comme le seront celle de M. Jules Favre et celle du gouvernement.

» *Mes préférences personnelles étaient pour le projet présenté par mes honorables collègues de la gauche,* » parce qu'à mon avis il posait nettement la question, » dans un moment où le pays a besoin d'une très-grande » clarté dans la situation.

» Mais comme je mets au-dessus de mes opinions » personnelles le grand intérêt de l'union qui, au mi-» lieu des graves périls où nous sommes placés, peut » seule améliorer notre situation, peut seule nous donner » devant l'ennemi qui s'approche l'attitude qu'il con-» vient que nous ayons, j'ai fait abstraction de mes » préférences, et quoiqu'il ne me soit jamais arrivé de » faire des propositions, j'en ai aujourd'hui formulé une » dont j'ai soumis la rédaction à plusieurs membres » pris dans toutes les nuances de cette Chambre. La » lecture des noms vous le prouvera. La rédaction que » j'ai préparée, et qui est appuyée, autant que j'en » puis juger au premier coup d'œil, par quarante-six ou » quarante-sept députés de toutes les parties de la » Chambre, cette rédaction la voici :

« Vu les circonstances, la Chambre nomme une com-» mission de gouvernement et de défense nationale.

» Une Constituante sera convoquée *dès que les cir-» constances le permettront.*

» Signé : Thiers, de Guiraud, Lefèvre-Pontalis, mar-» quis d'Andelarre, Gévelot, Millet, Josseau, baron de » Benoist, Martel, Mangini, Bournat, Baboin, duc de » Marmier, Johnston, Lejoindre, Monier de la Size-» ranne, Chadenet, Gœrg, Quesné, Houssart, comte » de Durfort de Civrac, de la Monneraye, Mathieu

» (Corrèze), Chagot, baron Alquier, baron d'Yvoire,
» Terme, Boduin, Dessaignes, Paulmier, baron Lespé-
» rut, Carré de Kérizouët, Montjarret de Kerjégu,
» Rolle, Roy de Loulay, Vieillard-Migeon, Germain,
» Leclerc d'Osmonville, Pinart (Pas-de-Calais), Perrier,
» Guillaumin, Calmète, Planat, Buisson, baron Eschas-
» sériaux, Durand, baron de Barante, Descours. »

» M. LE MINISTRE DE LA GUERRE : Je n'ai qu'un mot à
» dire, c'est que le gouvernement admet parfaitement
» que le pays sera consulté *lorsque nous serons sortis des*
» *embarras pour lesquels nous devons réunir tous nos*
» *efforts.* »

Je m'arrête un instant ici, et je pose à tout lecteur impartial cette simple question :

En face des documents qui sont l'histoire d'hier et que la passion d'aujourd'hui s'obstine à défigurer avec tant de hardiesse, quel est le juge de bonne foi qui osera accuser ceux qu'on appelle les hommes du 4 septembre d'avoir renversé l'Empire, dissous le Corps législatif et retardé la convocation d'une Constituante ? Si ce sont là les crimes politiques qui caractérisent les hommes du 4 septembre et les signalent aux colères de la nation, ces crimes sont le fait des quarante-sept signataires de la proposition de M. Thiers ; que dis-je ? des membres du cabinet eux-mêmes ; car tous ont reconnu et proclamé qu'il n'y avait plus d'Empire, plus de Corps législatif, et qu'il fallait repousser l'ennemi avant de réunir les électeurs.

Ils ont reconnu qu'il n'y avait plus d'Empire, puisque les uns et les autres ont proposé de constituer un gouvernement nommé par la Chambre, choisissant ses ministres et dirigeant la défense.

Ils ont reconnu qu'il n'y avait plus de Corps législatif, puisqu'ils ont proclamé la nécessité de convoquer une Constituante, c'est-à-dire qu'ils ont décrété la fin des pouvoirs de l'Assemblée que cette Constituante était appelée à remplacer.

Ils ont reconnu que cette Constituante ne pouvait être nommée et réunie de suite. Les quarante-sept ont dit : « *dès que les circonstances le permettront.* » Et M. le ministre de la guerre : « *lorsque nous serons sortis des embarras pour lesquels nous devons réunir tous nos efforts.* »

Ainsi éclate avec une évidence que l'esprit de parti essayera vainement d'obscurcir, cette triple vérité, qu'aucun des assistants de cette mémorable séance n'avait alors l'envie de contester.

L'Empire avait cessé de vivre : il tombait sous les coups de défaites sans exemple, que sa criminelle incapacité seule avait rendues possibles. Il tombait sous la réprobation de l'opinion publique soulevée, et nul parmi ses adulateurs les plus dévoués ne songeait à provoquer sa résurrection.

Avec lui tombait aussi le Corps législatif, son image, son œuvre, l'auxiliaire de sa politique, le complice de la guerre fatale qu'il avait votée, sans vouloir rien entendre ni rien examiner. Admettre qu'il pût résister à la chute du pouvoir qu'il avait lui-même entraîné par sa docilité, était une chimère à laquelle ne pouvait s'arrêter aucun esprit sérieux. Aussi tous la repoussaient, même le gouvernement, qui abdiquait entre les mains d'une commission de défense.

Tous invoquaient un pouvoir nouveau, librement

nommé par le pays, et devant édifier une constitution sur les ruines de celle qui venait de s'écrouler.

Mais tous reconnaissaient également que, malgré leur grandeur, ces devoirs, ces principes devaient céder le pas à des devoirs, à des principes supérieurs : combattre l'étranger qui foulait notre sol, et nous dévouer tous, jusqu'à la dernière extrémité, à la défense de notre indépendance si cruellement menacée.

C'est le jugement solennel, indestructible, que prononçait la Chambre en se levant tout entière pour voter l'urgence sur les trois propositions, et les renvoyer toutes trois collectivement dans les bureaux, pour être soumises à une seule commission chargée de les résumer dans une résolution unique.

§

Dans le neuvième bureau, dont je faisais partie, le débat s'établit de suite entre la proposition de M. Thiers et celle de la gauche. Personne ne soutint celle du gouvernement. La défaveur marquée avec laquelle avait été en séance publique accueillie la disposition relative à la lieutenance générale de M. de Palikao, avait paru une muette mais suffisante condamnation. Ceux de mes honorables collègues qui combattirent la déchéance renouvelèrent l'expression des sentiments respectables dont j'ai parlé plus haut, et qui me semblaient de leur part une appréciation erronée de leurs devoirs. J'essayai de le démontrer, et la discussion, quoique vive, se poursuivait avec ordre, lorsqu'un grand bruit se fit entendre dans la cour sur laquelle s'éclairait la pièce où nous délibérions. Mon ami M. Pelletan, qui sortit un instant pour en connaître la cause, revint fort agité, reprochant aux chefs de corps d'avoir donné l'ordre d'apprêter les armes et d'engager le feu contre la foule qui s'amassait autour du palais. Bientôt nous vîmes les soldats placés sous nos croisées se former en bataille et couvrir les avenues. Des clameurs éloignées parvenaient jusqu'à nous. Un député entra brusquement et nous annonça que la Chambre était envahie.

Je refusai tout d'abord de le croire, aucun indice n'ayant pu me faire prévoir un si brusque dénoûment. Nous quittâmes tous précipitamment le bureau. Les couloirs étaient déjà remplis d'hommes du peuple qui paraissaient plus embarrassés qu'animés; quelques-uns cependant m'interpellaient pour me demander de faire prononcer la déchéance. « Nous y travaillons, leur ré-
» pondis-je, mais ce n'est pas en interrompant violem-
» ment nos délibérations que vous nous aiderez. » Je les priai avec instance de s'éloigner, de nous laisser voter librement. Je leur promis que tout irait au gré de leurs désirs. Il était difficile d'achever une conversation au milieu du tumulte.

Je courus à la séance.

Le *Journal officiel* constate qu'à deux heures et demie la salle est envahie par la foule qui stationnait sur la place de la Concorde et devant la façade du palais Bourbon; que, pénétrant par les couloirs et les escaliers, cette foule se précipita dans les tribunes publiques en poussant le cri : « La déchéance ! » mêlé aux cris de : « Vive la France ! vive la république ! »

Ici il faut transcrire le compte rendu :

« Douze ou quinze députés seulement sont dans la salle.

» M. le comte de Palikao, ministre de la guerre, est
» au banc du gouvernement.

» M. le président Schneider monte au fauteuil et s'y
» tient longtemps debout, en attendant que le calme et
» le silence s'établissent dans les tribunes.

» M. Crémieux s'adressant au public des tribunes :

» Mes chers et bons amis, j'espère que vous me con-
» naissez tous, ou qu'au moins il y en a parmi vous qui
» peuvent dire aux autres que c'est le citoyen Crémieux
» qui est devant vous.

» Eh bien ! nous, nous sommes les députés de la
» gauche ; nous, nous sommes les membres de la gauche,
» et moi, engagé vis-à-vis de la majorité...

» M. le marquis de Grammont : La majorité, elle est
» aveugle !

» M. Crémieux : ... Vis-à-vis de la Chambre à faire
» respecter la liberté de ses délibérations... (Interrup-
» tions et cris indistincts.)

» Voix dans les tribunes : Vive la république !

» M. Gambetta se présente à la tribune à côté de
» M. Crémieux, dont la voix ne parvient pas à dominer
» le bruit qui se fait dans les galeries.

» M. Gambetta : Citoyens ! (Silence ! silence !) dans
» le cours de l'allocution que je vous ai adressée tout à
» l'heure durant la suspension de la séance, nous
» sommes tombés d'accord qu'une des conditions pre-
» mières de l'émancipation d'un peuple, c'est l'ordre et
» la régularité. Voulez-vous tenir ce contrat ? (Oui !
» oui !) Voulez-vous que nous fassions des choses régu-
» lières ? (Oui ! oui !)

» Puisque ce sont là les choses que vous voulez,
» puisque ce sont là les choses qu'il faut que la France

» veuille avec nous (Oui! oui!), il y a un engagement
» solennel qu'il vous faut prendre avec nous, et avec la
» résolution de ne pas le violer à l'instant même, c'est
» de laisser la délibération qui va avoir lieu se poursuivre
» en pleine liberté.

» Dans les tribunes : Oui! oui!

» De nouveaux groupes pénètrent dans les tribunes
» du premier rang, et notamment dans celle des Sénateurs.

» Un drapeau tricolore portant l'inscription « 73ᵉ ba-
» taillon, 6ᵉ compagnie, douzième arrondissement », est
» arboré et agité par un des nouveaux venus.

» M. Gambetta : Citoyens, un peu de calme dans les
» circonstances actuelles...

» Quelques voix : La république! la république!

» M. Gambetta : Dans les circonstances actuelles, il
» faut que ce soit chacun de vous qui fasse l'ordre ; il faut
» que dans chaque tribune chaque citoyen surveille son
» voisin.

» Vous pouvez donner un grand spectacle et une
» grande leçon. Le voulez-vous? Voulez-vous qu'on
» puisse attester que vous êtes à la fois le peuple le plus
» pénétrant et le plus libre? (Oui! oui! — Vive la répu-
» blique!)

» Eh bien! si vous le voulez, je vous adjure d'accueil-
» lir ma recommandation : Que dans chaque tribune il
» y ait un groupe qui assure l'ordre pendant nos délibé-
» rations. (Bravos et applaudissements dans presque
» toutes les tribunes.)

» Le travail de la commission chargée de l'examen de
» la proposition de déchéance et de constitution provi-
» soire du gouvernement s'apprête, et la Chambre va
» en délibérer dans quelques instants.

» Un citoyen dans une des tribunes : Le président
» est à son poste, il est étrange que les députés ne soient
» pas au leur. (Écoutons ! écoutons !)

» M. le président Schneider : Messieurs, M. Gam-
» betta, qui ne peut être suspect à aucun de vous, et que
» je tiens, quant à moi, pour un des hommes les plus
» patriotes de notre temps, vient de vous adresser des
» exhortations au nom des intérêts sacrés de la patrie ;
» permettez-moi de vous faire en termes moins éloquents
» les mêmes adjurations.

» Croyez-moi, en ce moment la Chambre est appelée
» à délibérer sur la question la plus grave ; elle ne peut
» le faire que dans un esprit conforme aux nécessités de
» la situation. S'il en était autrement, M. Gambetta ne
» serait pas venu vous demander de lui prêter l'appui de
» votre attitude.

» M. Gambetta : Et j'y compte, citoyens.

» M. le président Schneider : Si je n'ai pas, quant à
» moi, la même notoriété de libéralisme que M. Gam-
» betta, je crois cependant pouvoir dire que j'ai donné
» à la liberté assez de gages pour qu'il me soit permis
» de vous adresser du haut de ce fauteuil les mêmes re-
» commandations que M. Gambetta...

» J'accomplis un devoir de citoyen en vous conjurant
» de respecter l'ordre dans l'intérêt même de la liberté
» qui doit présider à nos discussions. »

La voix du président comme celle de M. Gambetta
fut étouffée par le tumulte. Mais, en lisant ce récit,
n'est-on pas forcé de reconnaître que le député parlant
au nom de l'opposition a tenu à la foule un langage
identique à celui du chef légal de la Chambre ; que l'un
et l'autre, mus par un même sentiment, le désir sincère

d'arriver à une solution parlementaire, se sont épuisés en vains efforts pour obtenir l'évacuation de la salle et la liberté de la délibération?

Un autre député de la gauche, M. Girault, est venu à leur aide, et ses paroles expriment les mêmes pensées. Les voici :

« Vous ne me reconnaissez pas? je m'appelle Girault,
» du Cher : personne n'a le droit de me tenir en suspi-
» cion. Je demande qu'il n'y ait aucune tyrannie. Le
» pays a sa volonté ; il l'a manifestée. Ses représentants
» viennent de s'entendre ; ils sont d'accord avec lui.
» Laissez-les délibérer, vous verrez que le pays sera
» content.

» Ce sera la nation tout entière se donnant la main.
» Le voulez-vous? Je vais aller les chercher ; ils vont
» venir, et le pays tout entier ne fera qu'un.

» Il ne faut plus de partis politiques devant l'ennemi ;
» il faut qu'il n'y ait aujourd'hui qu'une politique,
» qu'une France qui repousse l'invasion et garde sa
» souveraineté. »

La tribune reste quelques instants vide, M. Gambetta y reparaît.

« Citoyens, dit-il, il est nécessaire que tous les dé-
» putés présents dans les couloirs et sortant de leurs bu-
» reaux où ils ont délibéré sur la mesure de la déchéance
» soient à leur poste pour la prononcer.

« Il faut aussi que vous, citoyens, vous attendiez dans
» la modération et dans la dignité du calme la venue de
» vos représentants à leur place. On est allé les chercher ;
» je vous prie de garder un silence solennel jusqu'à ce
» qu'ils rentrent : ce ne sera pas long.

» Il va sans dire que nous ne sortirons pas d'ici sans
» avoir obtenu un résultat affirmatif. »

Les applaudissements qui éclatent à cette allocution sont bientôt suivis d'un bruit terrible. Les portes de la salle des séances cèdent sous la pression de la foule qui pénètre tumultueusement dans l'enceinte. M. de Piré veut monter à la tribune; plusieurs de ses collègues essayent de le retenir. Il se laisse entraîner, mais s'écrie : « J'avais un devoir à remplir, je voulais protester contre
» tout ce qui se passe. »

A ce moment, le ministre de la guerre, qui plusieurs fois était sorti et rentré, quitte définitivement la salle.

Le compte rendu décrit dans les termes suivants la fin de la séance :

« M. LE PRÉSIDENT SCHNEIDER : Toute délibération dans
» ces conditions étant impossible, je déclare la séance
» levée.

» (Un grand nombre de gardes nationaux en uniforme
» ou sans uniforme entrent l'arme au bras dans la salle
» par les couloirs de droite et de gauche, et par les portes
» du pourtour de l'amphithéâtre. Une foule bruyante et
» agitée s'y précipite en même temps, occupe tous les
» bancs, remplit tous les couloirs de travée et descend
» dans l'hémicycle, entourant la table des secrétaires-
» rédacteurs ainsi que les pupitres des sténographes, en
» criant : La déchéance ! la déchéance ! Vive la répu-
» blique ! )

» M. le président Schneider quitte le fauteuil, descend
» lentement l'escalier de gauche du bureau, et sort de
» la salle.

» ( Il est trois heures et quelques minutes. ) »

Je n'avais point assisté aux scènes que je viens de raconter. Quelques instants après, j'entrai dans la salle et je m'élançai à la tribune pour exhorter la foule à se retirer. Le tumulte était à son comble, et j'étais impuissant à le dominer, quand, me retournant du côté du fauteuil, d'où je ne savais pas M. Schneider descendu, je vis les têtes échevelées de deux hommes arrivés au dernier degré de l'exaltation. L'un d'eux agitait la sonnette avec fracas, et s'apprêtait à proposer des décrets. Le souvenir du 15 mai se dressa devant moi. Je me rappelai Barbès faisant voter à la foule des mesures insensées. Je n'hésitai pas, et, sans me dissimuler la gravité de la résolution que j'allais prendre, je parvins à jeter au milieu de cette tempête quelques mots qui furent entendus. Comme de toutes parts on me demandait de proclamer la république : « Ce n'est point ici, » m'écriai-je, que cet acte peut être accompli, c'est à » l'hôtel de ville : suivez-moi, j'y marche à votre tête. » Ce parti, qui se présenta soudain à mon esprit, avait l'avantage de dégager la Chambre, d'empêcher qu'un conflit sanglant n'éclatât dans son enceinte, de prévenir un coup de main qui aurait pu rendre une faction violente maîtresse du mouvement. Il est vrai qu'il nous exposait au péril d'un trajet dont les chances étaient fort incertaines. J'ignorais absolument les dispositions du dehors; mais il n'y avait pas à délibérer longtemps. Ma proposition fut accueillie avec acclamation, et ce fut aux cris de : « A l'hôtel de ville ! » que je quittai la tribune et la salle. A la porte qui donne dans la galerie des Pas-perdus, je fus entouré par un grand nombre de mes collègues, parmi lesquels MM. Émile de Kératry et Jules Ferry. Ils se placèrent à côté de moi, et nous nous mîmes en marche.

§

Dès que nous fûmes sur le quai, je devinai sans peine que la colonne confuse qui marchait avec moi n'avait rien à craindre. Les degrés qui forment la façade du Palais-Bourbon étaient couverts de citoyens et de gardes nationaux nous saluant avec enthousiasme. Un spectacle pareil s'apercevait dans le lointain sur les escaliers de l'église de la Madeleine. Le pont de la Concorde et la place retentissaient de clameurs sympathiques. Nous nous avançâmes lentement, échangeant des témoignages de sympathie avec les personnes de tout âge et de tout sexe qui se pressaient sur notre passage. C'est à peine si le groupe de gardes nationaux qui nous entouraient parvenait à nous frayer la voie. Au tournant du pont, un cri formidable s'éleva : « Aux Tuileries ! » Nous fîmes énergiquement signe de suivre les quais, et la foule nous obéit.

Nous venions de dépasser la grille Solferino, lorsqu'au milieu d'une masse de peuple je vis le général Trochu suivi de son état-major, et venant à nous au petit pas. Notre colonne fit halte un instant. Je fendis la presse, et tendant la main au général, je lui fis connaître en quelques mots l'événement de la journée. « Il n'y a » plus de gouvernement, ajoutai-je, mes amis et moi » nous allons en constituer un à l'hôtel de ville ; nous » vous prions de rentrer à votre quartier, et d'y attendre » nos communications. » Le général ne fit aucune objection, et s'éloigna au trot du côté du Louvre.

L'horloge marquait quatre heures moins cinq minutes lorsque nous débouchâmes sur la place de Grève. Là foule y était immense. Une longue colonne qui avait suivi la rive gauche se disposait à franchir le pont d'Arcole pour se joindre à nous. Nous fûmes portés plutôt que nous ne montâmes dans la grande salle de l'hôtel de ville. Elle regorgeait; cependant on nous ouvrit passage jusqu'à des banquettes placées dans le fond. Je prononçai quelques paroles qu'accueillit le cri de : « Vive la république ! » C'était en effet le symbole qui dans la pensée de cette population frémissante résumait la fin de l'Empire et la résistance contre l'étranger. Sur ces deux points, un même sentiment remplissait toutes les âmes : la république en était la formule ; elle représentait la patrie et la liberté ; elle s'imposait par une force irrésistible à toutes les délibérations.

Pendant que je parlais, mes collègues Picard, Gambetta, Jules Simon, Pelletan, Emmanuel Arago, étaient successivement arrivés; M. Crémieux ne tarda point à les suivre ; un grand nombre de députés les accompagnaient. Il était urgent de délibérer, et pour cela d'échapper à l'effroyable tumulte de la grande salle. On nous ménagea l'entrée d'un cabinet de travail assez petit, éclairé sur la place par une large croisée ; il fut bientôt envahi, mais nous pûmes trouver une table et des chaises. Nous tombâmes de suite d'accord pour composer le gouvernement des députés de Paris et de ceux qui y avaient été élus : c'était un moyen de couper court aux compétitions qui allaient s'établir entre les différents chefs de parti. Des interpellations violentes furent adressées à M. Gambetta, qui repoussait énergiquement le nom de M. Félix Pyat ; mais, par la même raison, il nous était impossible de ne pas admettre celui de M. de Rochefort.

§

Nous venions de nous installer. Un exprès avait été envoyé au général Trochu, qui pénétra non sans peine jusqu'à nous. Il n'avait plus son uniforme, et néanmoins il venait se mettre à notre disposition. Son langage fut net et ferme. « Je vous demande, nous dit-il,
» la permission de vous poser une question préalable :
» Voulez-vous sauvegarder les trois principes, Dieu, la
» famille, la propriété, en me promettant qu'il ne sera
» rien fait contre eux? » Nous lui en donnâmes l'assurance. « A cette condition, reprit-il, je suis avec vous,
» pourvu toutefois que vous fassiez de moi le président
» du gouvernement. Il est indispensable que j'occupe ce
» poste ; ministre de la guerre ou gouverneur de Paris,
» je ne vous amènerai pas l'armée; et si nous voulons
» défendre Paris, l'armée doit être dans notre main. Je
» ne suis pas un homme politique, je suis un soldat; je
» connais les sentiments de mes camarades : s'ils ne me
» voient pas à votre tête, ils s'éloigneront, et votre tâche
» sera impossible. Ce n'est pas l'ambition qui me dicte
» cette résolution, c'est la conviction que sans elle il n'y
» a rien à tenter. D'ailleurs, si nous avons quelque chance
» de succès, ce ne peut être que par la concentration
» des pouvoirs dans une seule main. Comme chef militaire, mon autorité doit être sans limite. Je ne vous
» gênerai en rien dans l'exercice du pouvoir civil; mais
» il faut en coordonner l'action avec celle de la défense,
» qui est notre devoir suprême. Rien de ce qui forme ce
» double mouvement ne peut m'être étranger : c'est une
» question de responsabilité et de salut. »

La franchise de cette déclaration inattendue ne déplut à aucun de nous. Nous ne nous faisions nulle illusion sur l'énormité du périlleux fardeau que les désastres du pays nous imposaient; il ne pouvait nous être pénible de le partager, même en lui laissant la plus forte part, avec un général illustre, courageux, populaire, et qui dans la terrible partie que nous engagions, avait évidemment le plus redoutable enjeu. Nous acceptâmes ses conditions, et il partit, une badine à la main, pour aller prendre possession du ministère de la guerre.

Peu de temps après, on nous annonça une députation du Corps législatif. M. Grévy portait la parole en son nom. Il nous fit connaître que, dégagée par la retraite des envahisseurs, l'Assemblée avait adopté la proposition qui le matin avait été renvoyée aux bureaux. Une commission de gouvernement avait été nommée, sans détermination du nombre de ses membres. « Le Corps
» législatif, nous dit-il, tient compte des faits qui
» viennent de s'accomplir, et son désir serait de les con-
» cilier avec sa propre action. Je suis l'interprète de sa
» pensée en vous demandant de correspondre à ce vœu,
» et de lui faire savoir ce que vous croyez possible
» dans cet ordre d'idées. »

Je répondis à notre honorable collègue que, « profon-
» dément touché de sa démarche, je ne pouvais lui
» laisser ignorer que, dans ma pensée, elle ne pouvait
» aboutir à aucun résultat. Elle ressemblait à toutes les
» mesures qu'on prend lorsqu'on a manqué l'occasion
» et qu'on est éclairé par un événement qu'on s'est long-
» temps obstiné à nier. Je lui rappelai avec quelle infa-
» tigable abnégation nous avions pendant un mois sup-
» plié la Chambre de prendre le pouvoir pour éviter une

» révolution. Elle s'en avisait quand la révolution était
» faite, et faite contre elle aussi bien que contre l'Em-
» pire; je craignais qu'il ne fût trop tard. Au surplus,
» plusieurs de mes collègues étaient absents, je ne pou-
» vais rien faire sans eux. » Il fut convenu que nous
rendrions une réponse avant la réunion du Corps législatif, qui devait avoir lieu à huit heures.

Bientôt, MM. Garnier-Pagès et Glais-Bizoin vinrent nous donner sur cet incident les informations nécessaires à sa complète appréciation. M. Glais-Bizoin nous raconta qu'il avait fermé les portes de la salle des séances en y apposant les scellés; et comme un honorable député le raillait sur la fragilité d'une pareille précaution, il aurait appelé deux gardes nationaux en leur disant : « Je confie ces petites bandes de papier à
» votre garde. Si M. le comte que voici voulait les arra-
» cher, vous avez les moyens de le garantir contre les
» inconvénients qu'il pourrait y rencontrer. » Quant à l'ouverture dont M. Grévy nous avait donné connaissance, les membres du nouveau gouvernement furent unanimement d'avis qu'il était impossible de l'accueillir. M. Jules Simon et moi fûmes délégués pour en instruire la réunion, qui devait se tenir à huit heures dans la salle à manger de la présidence.

Et comment, en effet, pouvait-il en être autrement ? Si quelque chose m'étonne, c'est qu'une telle combinaison ait semblé réalisable. Le Corps législatif avait été mis en demeure d'agir quand il était encore investi de la force : il s'y était refusé, se retranchant derrière le serment prêté par lui à la Constitution. Le matin même, bien qu'à demi vaincu par la leçon terrible du malheur, il repoussait la formule qui impliquait la vacance du pouvoir; comment, quelques heures après, abandonnait-il ce scrupule? Que s'était-il passé? Un acte violent qui, loin de l'ébranler, devait le fortifier dans ses résolutions. De deux choses l'une, en effet : cet acte était criminel ou légitime. Criminel, il était interdit de s'y associer; légitime, il fallait l'accepter. Y participer après coup, au risque de ranimer les passions qu'il avait apaisées, c'était une imprudence inexcusable; nous nous serions tenus pour coupables de l'essayer; nous aurions à l'instant soulevé contre nous tous ceux que l'impopularité du Corps législatif révoltait. Si nous n'avions calculé que notre intérêt personnel, nous aurions remis avec joie à d'autres mains que les nôtres le pouvoir que nous n'avions pas cherché et que nous avions offert chaque jour à ceux qui l'avaient laissé choir. Forcés de le saisir dans la tourmente, nous ne pouvions sans folie l'exposer aux attaques certaines qu'auraient provoquées l'adjonction de nos collègues et le maintien du Corps législatif. L'ennemi était à nos portes : nous n'avions pas le loisir de risquer une sédition; il fallait, sans perdre une minute, se consacrer à la défense de Paris.

Telles furent les raisons que j'exposai brièvement à la réunion des députés, où nous nous rendîmes M. Jules Simon et moi. Il était huit heures et demie : je n'avais rien pris depuis le matin, la chaleur était accablante et j'étais épuisé de fatigue; je n'en fus pas moins fortement impressionné par la scène étrange dont nous fûmes les témoins. Quelle situation singulière en effet, et, je le crois, sans précédent! Une assemblée qui élevait encore la prétention de représenter seule le pays et de protéger sa constitution et son souverain, appelait auprès d'elle ceux de ses membres qui s'en étaient séparés au sein d'un orage popu-

6.

laire ; elle leur demandait de l'admettre pour sa part dans le gouvernement insurrectionnel qu'ils venaient de fonder, croyant ainsi nécessaire de concilier le respect et l'abandon de son serment, puisqu'en l'invoquant pour demeurer un corps politique, elle l'écartait pour pactiser avec la destruction officielle de la Constitution et de l'Empire. Le péril public seul peut expliquer de telles anomalies; le sentiment en était si vif chez tous qu'il effaçait les divisions politiques. En s'offrant à nous, nos honorables collègues n'obéissaient, j'en suis sûr, qu'à une pensée patriotique ; seulement ils jugeaient mal la profondeur de l'abime que quelques heures avaient creusé entre nous. De notre côté, nous eussions été heureux d'accueillir leur concours; mais, le sentant mortel à la défense, nous devions le refuser. Aucun des assistants ne s'y trompait, et cette dernière épreuve était de la part de la réunion beaucoup plus un acquit de conscience qu'une tentative sérieuse; c'est ce que nous pûmes lire sur tous les visages en arrivant presque les premiers au rendez-vous. Paris, que nous traversâmes, était calme et joyeux. Un de ses habitants qui aurait quitté son logis pendant cette soirée sans avoir été instruit des événements de la journée, n'aurait certes pu les deviner en se promenant le long des quais inondés par la douce lumière de la lune, à la clarté de laquelle les promeneurs circulaient sans émotion apparente. Les ministères n'avaient point été enlevés, ils s'étaient donnés. Partout on allait au-devant du gouvernement nouveau, qui n'avait pas même eu l'occasion d'une inquiétude, encore moins d'une rigueur. M. de Palikao et M. Duvernois auraient pu se désennuyer sur les boulevards, comme des militaires heureux d'être relevés de leur faction. La révolution était si bien dans toutes les âmes, qu'elle ne songeait même pas qu'elle pût avoir un adversaire; et de fait elle n'en avait pas, car s'ils eussent existé, où les trouver plus courroucés que parmi les membres du Corps législatif? Eh bien, ils ne l'étaient point. En les voyant arriver successivement dans les vestibules de la présidence, nous échangions avec eux des témoignages de courtoisie comme si rien d'extraordinaire ne fût survenu. En l'absence de M. Schneider, retenu par une indisposition, il fallait recourir à l'un des vice-présidents. Ils déclinèrent cet honneur; et, par une sorte de divination du sort, ce fut M. Thiers que la réunion désigna pour diriger sa délibération [1].

Je le verrai toujours dans cette grande et belle salle à manger, éclairée avec un grand luxe et semblant prêter son caractère à la fois somptueux, intime et triste, à cette consultation funèbre marquant la dernière heure d'une Assemblée qui ne pouvait survivre à l'Empire. Nos honorables collègues étaient assis autour d'une longue table. M. Thiers, debout, grave, réservé, nous reçut avec bienveillance et nous fit part des résolutions qu'il était chargé de nous communiquer. Je répondis avec une entière franchise, exprimant combien j'étais touché des sentiments qui nous valaient cette entrevue; à quel point j'aurais désiré une conciliation; mais par quelles raisons décisives elle me paraissait tout à fait impossible.

En reprenant la parole, M. Thiers, avec son exquise finesse, voulut bien m'appeler *son cher ancien collègue*. Il dit qu'il ne pouvait approuver ce qui se passait; qu'il

---

[1] Voir aux Pièces justificatives le compte rendu officiel de cette séance.

n'en faisait pas moins des vœux sincères pour que le courage de ceux de ses collègues qui n'avaient pas reculé devant une tâche redoutable pût profiter à la patrie et lui procurer le succès qui était le plus ardent désir de tous les bons citoyens.

Un honorable député avait essayé de faire entendre un langage violent.

M. Thiers l'avait arrêté, avec l'assentiment visible de la réunion.

Un autre m'interpella pour me demander *ce que nous faisions du Corps législatif?*.

J'aurais mieux aimé n'avoir pas à répondre. Je me bornai à dire : « *Le gouvernement en délibère.* »

Nous nous retirions, lorsqu'un de mes collègues me retint, et, me ramenant vers la table, me demanda de dire quelque chose pour les départements. J'essayai de le faire, en témoignant le vœu bien naturel de les trouver unis dans un commun sentiment de défense. Je promis au nom du gouvernement de tout faire pour le fortifier : n'était-ce pas à la fois notre intérêt et notre devoir ?

Nous nous séparâmes en recevant de plusieurs de nos collègues les encouragements les plus sympathiques.

Je le demande encore : est-ce une scène de sédition que je viens d'écrire ? Etaient-ce des factieux qui, bravant la majesté des lois, rencontraient près des dépositaires de l'autorité légitime ces égards bienveillants qui eussent été de la part de ces derniers une insigne lâcheté ? Y avait-il de la part de ceux qui souffraient leur présence, oubli de leur propre dignité, abaissement de caractère ?

Que la conscience publique prononce ; je ne suis pas téméraire en interprétant sa sentence : elle dira que tous ont cru faire leur devoir, et qu'au moment où ces faits s'accomplissaient, il ne serait venu à la pensée de qui que ce soit de chercher ailleurs que dans l'amour ardent de la patrie l'inspiration qui faisait agir chacun des acteurs de ce drame solennel.

§

Pendant ce temps, que devenait le Sénat? On l'avait oublié, et je soupçonne que le lecteur y songerait fort peu, si la vérité historique ne me forçait à en dire un mot. C'est que malgré son rang officiel dans l'État, malgré l'illustration réelle de plusieurs de ses membres, ce corps politique ne pouvait être d'aucun secours pour le pouvoir auquel il n'avait jamais su résister. Privé de toute autorité morale, il avait la conscience de l'inutilité d'un effort. Le courage n'est rien quand on ne trouve pas à l'appliquer. Celui que les sénateurs auraient pu déployer individuellement, était à l'avance annihilé par le discrédit qui frappait le corps tout entier. Aussi n'eurent-ils pas la pensée de prendre un parti quelconque, et se bornèrent-ils à protester contre la violence subie par le Corps législatif. Il faut même remarquer que le premier orateur entendu, le vénérable M. de Chabrier, en s'indignant contre la proposition de déchéance et de création d'un nouveau gouvernement, ne craignit pas d'ajouter : « Je ne veux pas dans le passé » chercher où sont les torts, où ils ne sont pas. Quand les » Prussiens seront chassés, nous réglerons nos comptes. *Ce* » *sera à la nation réunie dans ses comices de prononcer...* »

Ainsi, pour lui, la déchéance n'était qu'une question de date; il la remettait après la défaite de l'ennemi, et nous eussions été tous d'accord de commencer par là si la chose eût été possible. Le président ne releva point cette opinion : il se contenta de demander à l'assemblée à quelle résolution elle voulait s'arrêter dans d'aussi graves conjonctures; et l'assemblée, aussi embarrassée que lui, ne savait que décider. Qu'importait en effet la permanence, si elle ne défiait aucun danger, si elle n'aboutissait à aucun acte extérieur? Or, on reconnaissait que le Sénat était à l'abri de toute agression.

« Aucune force ne nous menace, disait le président, » et nous sommes exposés à rester ici fort longtemps » sans avoir rien à faire. »

M. Baroche n'était pas moins explicite : « Si nous » espérions que ces forces populaires, révolutionnaires, » qui ont envahi le Corps législatif, se dirigeraient sur » nous, je persisterais dans la pensée que j'ai émise, et » je désirerais que chacun de nous restât sur son fauteuil » pour attendre les envahisseurs. Mais, malheureusement » (et je dis malheureusement, car c'est ici que je vou- » drais mourir), nous n'avons pas cet espoir. La révo- » lution éclatera dans tout Paris, elle ne viendra pas » nous chercher dans cette enceinte. »

L'honorable orateur proposait aux sénateurs de se séparer, pour se porter au secours de la Régente.

Cet avis ne fut pas goûté, pas plus que ceux qui furent émis ensuite. La permanence, la séance de nuit, la convocation à domicile, furent rejetées comme offrant des inconvénients. L'assemblée ne crut pas même devoir changer pour le lendemain son heure habituelle de réunion : midi lui parut téméraire, et la séance fut levée à trois heures et demie, sur les paroles suivantes de M. le premier vice-président Boudet:

« Je demande au Sénat de se réunir demain à son
» heure ordinaire, à deux heures, *sans tenir compte des*
» *événements extérieurs*, pour recevoir, s'il y a lieu, les
» communications du Corps législatif, à moins que les
» circonstances n'exigent que M. le président nous con-
» voque auparavant. »

Ainsi finit le Sénat, moins mal certainement que
celui du premier Empire, assez néanmoins pour justifier le jugement porté sur lui par tous les esprits indé-
pendants.

§

Le gouvernement constitué à l'hôtel de ville se
composait des neuf députés de la Seine, de MM. Picard
et Jules Simon, nommés aussi à Paris, et de M. le
général Trochu, accepté par nous dans les termes que
j'ai indiqués plus haut.

Le soir même, le gouvernement nomma son ministère, qui se trouva ainsi composé :

M. Ernest Picard, aux finances ;

M. Léon Gambetta, à l'intérieur ;

M. Crémieux, à la justice ;

M. le général Leflô, à la guerre ;

M. l'amiral Fourichon, à la marine ;

M. Jules Simon, à l'instruction publique ;

M. Jules Favre, aux affaires étrangères ;

M. Dorian, aux travaux publics ;

M. Magnin, à l'agriculture et au commerce.

Cinq membres du gouvernement, MM. Trochu,
Garnier-Pagès, Pelletan, Emmanuel Arago et Rochefort,
ne reçurent aucun portefeuille.

Ces combinaisons furent adoptées sans débat, sauf en ce qui concerne le ministère de l'intérieur, à l'occasion duquel un vote dut intervenir; M. Gambetta l'emporta de deux voix sur M. Picard.

En même temps le gouvernement annonçait son avénement par trois courtes proclamations. La première était adressée à la nation :

« Français,

» Le peuple a devancé la Chambre, qui hésitait. Pour » sauver la patrie en danger, il a demandé la république.

» Il a mis ses représentants non au pouvoir, mais au » péril.

» La république a sauvé de l'invasion de 1792, la » république est proclamée. La révolution est faite au » nom du salut public.

» Citoyens, veillez sur la cité qui vous est confiée; » demain vous serez avec l'armée les vengeurs de la » patrie. »

Voici celle adressée à Paris :

« Citoyens de Paris,

» La république est proclamée.

» Un gouvernement a été nommé d'acclamation.

» Il se compose des citoyens (suivent les noms des » membres du gouvernement). Le général Trochu est » chargé des pleins pouvoirs militaires pour la défense » nationale.

» Il est appelé à la présidence du gouvernement.

» Le gouvernement invite les citoyens au calme. Le » peuple n'oubliera pas qu'il est en face de l'ennemi.

» Le gouvernement est avant tout un gouvernement » de défense nationale. »

Enfin le gouvernement disait à la garde nationale :

« Ceux auxquels votre patriotisme vient d'imposer la
» mission redoutable de défendre le pays vous remer-
» cient du fond du cœur de votre courageux dévoue-
» ment.

» C'est à votre résolution qu'est due la victoire civique
» rendant la liberté à la France.

» Grâce à vous, cette victoire n'a pas coûté une goutte
» de sang.

» Le pouvoir personnel n'est plus.

» La nation tout entière reprend ses droits et ses
» armes. Elle se lève, prête à mourir pour la défense du
» sol. Vous lui avez rendu son âme, que le despotisme
» étouffait.

» Vous maintiendrez avec fermeté l'exécution des lois,
» et, rivalisant avec notre noble armée, vous nous mon-
» trerez ensemble le chemin de la victoire. »

M. Étienne Arago fut nommé maire de Paris.

M. Émile de Kératry préfet de police.

Après avoir arrêté ensemble les mesures qui nous semblaient nécessaires au maintien de la tranquillité publique, nous laissâmes à l'hôtel de ville M. Jules Ferry et M. Étienne Arago.

Et nous séparant vers trois heures du matin, nous rentrâmes chacun paisiblement dans nos demeures.

§

Paris n'avait jamais été plus joyeux et plus calme ; et bien qu'à cette heure avancée de la nuit il y eût encore beaucoup de boutiques ouvertes et de promeneurs dans les rues, bien qu'à chaque pas on rencontrât des hommes armés, on n'entendait ni disputes ni paroles violentes. Il ne venait à la pensée de personne qu'une résistance quelconque pût être opposée au grand mouvement qui s'accomplissait. Et comment l'aurait-on soupçonné? Il n'y avait eu ni conspiration ni combat. Ce n'était pas même une brusque secousse, un coup de surprise qui venait de renverser l'Empire. Sa chute n'était que le dénoûment prévu, inévitable, d'une série de fautes, équivalant à des crimes, et qui le condamnaient sans retour. Il s'était donc abîmé de lui-même, et Paris ne se serait pas levé contre lui qu'il n'en aurait pas moins disparu. Dans plusieurs villes, la république fut proclamée dès le matin du 4 septembre. Cette fois, la France ne subissait pas la pression de la capitale. Elle devançait son arrêt, et se levait avec elle, résolue de pourvoir elle-même à son honneur et à son salut. Aussi n'y eut-il nulle part l'ombre d'un conflit. Tous ces nombreux champions de la dynastie dont on faisait tant de bruit, tous ces fonctionnaires obéissants, tous ces serviteurs depuis longtemps assouplis, s'effacèrent comme par enchantement, sans qu'aucun d'eux songeât à risquer un acte de fidélité et de dévouement.

Et ce ne fut pas chez eux manque de courage, encore moins défection calculée, ce fut le sentiment instinctif d'une force supérieure à laquelle il eût été insensé de s'opposer; cette force n'était autre que la conscience humaine, réveillée enfin par l'excès du malheur et se manifestant par l'unanime réprobation de l'homme et du système qui avaient perdu la France. C'est là ce qui explique l'inertie des membres du Corps législatif et du ministère. — Ils n'eurent pas un instant l'idée d'essayer une mesure énergique, — tant ils étaient convaincus à l'avance qu'elle eût été à la fois impossible et inutile. Ils acceptèrent leur sort en reconnaissant, dans le secret de leurs âmes, qu'ils l'avaient mérité. Peut-être quelques-uns d'entre eux étaient-ils irrités contre ceux de leurs collègues qui prenaient le pouvoir, aucun ne les tenait pour des usurpateurs, car tous savaient qu'ils n'avaient agi qu'à leur corps défendant, et sur le refus persévérant de la majorité de faire, quand il en était temps, un acte de vigueur.

Ainsi tombent devant le jugement des esprits sincères, comme tomberont devant l'histoire, les accusations passionnées qu'on ne cesse de diriger contre les députés qui le 4 septembre ont cru qu'il était de leur devoir de se mettre à la tête des affaires publiques. Que serait-il arrivé s'ils avaient, eux aussi, courbé le front devant le flot populaire et mis leur salut personnel avant celui de la patrie? La commune de Paris se serait installée à l'hôtel de ville, et avec elle la guerre civile, la division de l'armée, la ruine de la défense, la honte de la défaite dans l'anarchie, le déshonneur en face de l'Europe. Voilà l'avenir certain qui nous était réservé, et nul homme de bonne foi ne peut le nier. Voilà aussi ce qui justifie et ceux qui se sont emparés du gouvernement et ceux qui ne leur ont fait aucun obstacle. Si les premiers n'eussent été que des factieux cherchant dans nos revers l'occasion de satisfaire une ambition criminelle, les seconds se seraient, en ne les combattant point, rendus coupables d'une insigne lâcheté. Ni les uns ni les autres n'ont encouru ces reproches. Tous ont subi la loi de la nécessité. Mais ce serait une injustice criante d'en faire peser la responsabilité sur ceux qui, à cette heure suprême, n'ont pas hésité à braver tous les périls pour essayer de sauver leur pays.

Du reste, qu'on veuille bien se reporter par la pensée à la situation de Paris et de la France, et l'on verra de quelles difficultés cette entreprise était environnée. Les armées que l'Empire annonçait avec ostentation devoir jeter sur l'Allemagne étaient détruites ou bloquées. Plus de cent mille de nos soldats étaient prisonniers. Les troupes ennemies marchaient sur Paris sans qu'il nous fût possible de leur opposer un régiment. Nos fortifications n'étaient point achevées. Le matériel et les munitions nous manquaient. Ainsi privés de toute ressource sérieuse, nous étions à la merci de notre redoutable adversaire, qui avec de l'audace pouvait nous réduire en quelques jours. Or Paris ne se faisait aucune idée de cet état presque désespéré; les habitants des départements circonvoisins, en proie à des terreurs bien naturelles, affluaient dans son enceinte et y jetaient plus de quatre cent mille bouches. Comment, avec une population de plus de deux millions d'âmes, oser affronter un siége? Comment la nourrir, la discipliner, la maintenir au milieu des excitations et de l'effervescence qui devaient être la conséquence inévitable de cette épreuve à la fois si terrible et si nouvelle? Les hommes politiques qui avaient entouré cette immense capitale de bastions et de forts n'avaient jamais songé qu'elle pût soutenir un siége en règle. Ils avaient voulu la mettre à l'abri d'un coup de main et donner aux armées de secours le temps d'entrer en ligne. Mais ici l'armée de secours faisait absolument défaut. On pouvait compter sur cent mille gardes mobiles qui arrivaient en grande hâte de leurs départements, mais ils n'avaient ni instruction militaire, ni armes, ni vêtements. Ils ne pouvaient donc fournir aucun concours actuel. Il en était de même de la garde nationale de Paris, à laquelle, il est vrai, on distribuait de vieux fusils, mais qui n'était ni organisée, ni habillée, ni commandée. On n'avait donc, à vrai dire, à opposer à un ennemi puissant que des foules ignorantes de la guerre, et des murailles à peu près dépourvues d'artillerie. De plus, il était facile de prévoir que ces masses ardentes et confuses subiraient fatalement l'influence pernicieuse d'agitateurs qui chercheraient à les entraîner. Il semblait donc impossible d'essayer une résistance sérieuse, et cependant ce qui était réellement impossible, c'était de ne pas la tenter. Sous les dehors d'une frivolité que jusque-là rien encore n'avait pu corriger, Paris cachait une invincible résolution de se défendre à outrance. Au sentiment exagéré de ses forces, il joignait l'aveuglement le plus complet sur celles de la Prusse. Il regardait l'investissement hermétique comme une chimère, l'assaut comme une occasion d'écraser l'assiégeant; d'ailleurs il comptait sur la province, et croyait que sur tous les points importants du territoire des armées étaient prêtes à entrer en campagne. Aussi était-il animé de la confiance la plus entière, et, par une naturelle réaction contre les lâchetés de l'Empire, qui venait de tomber sous le mépris, il brûlait de se dévouer pour la patrie, et d'écraser sous ses murailles le téméraire envahisseur qui portait la désolation et la mort au cœur même de notre territoire.

Si telles étaient les dispositions de Paris, les députés investis du pouvoir par la journée du 4 septembre ne pouvaient que s'y associer. Ils le devaient à leur passé tout aussi bien qu'au sentiment de patriotisme qu'il eût été de leur part coupable d'affaiblir. Je sais que, depuis nos désastres, il s'est rencontré des cœurs débiles qui n'ont pas craint de regretter qu'après Sedan la France ne se soit pas résignée et soumise aux conditions que lui dictait la Prusse victorieuse. Elle eût par là, il est vrai, évité de grands sacrifices : et certes, si les peuples ne se guidaient que par le calcul de leurs intérêts matériels, ces regrets seraient légitimes. Mais, grâce à Dieu, ils obéissent à de plus hautes inspirations. Pour eux, le sentiment de l'honneur n'est pas moins impérieux que celui de leur propre conservation. Il s'y lie étroitement. En le dédaignant, ils briseraient le ressort moral qui fait leur force véritable. Paris et la France tout entière avec lui le comprenaient ainsi. Beaucoup croyaient au succès, tous au devoir, et ce devoir, grand et simple à la fois, enflammait toutes les âmes ; il leur imposait la résolution de résister tant qu'il y aurait un moyen humain de le faire. Du reste, c'était là l'une des plus claires significations du mouvement du 4 septembre : chasser l'indigne qui avait attiré l'étranger sur notre sol et n'avait pas su l'en repousser, puis ramasser, pour s'en servir jusqu'à la dernière extrémité, le tronçon de l'épée que la France avait eu la folie de lui confier ; tout mutilé qu'il était, il pouvait encore, dans la main de la République, porter à la Prusse des coups terribles. C'est là ce que les députés de l'opposition avaient demandé depuis le 8 août avec supplication. Quand, s'appuyant sur les dangers que nous faisait courir l'incapacité de l'Empereur, ils en appelaient à une commission de gouvernement prise dans le sein de la majorité, ils n'avaient en vue, et en cela ils étaient d'accord avec tous leurs collègues sans exception, qu'une défense opiniâtre, réunissant la nation entière en un faisceau se précipitant sur l'ennemi. et le rejetant hors de nos frontières. Il n'y avait donc pour eux aucune hésitation possible. La continuation de la lutte était leur seul mot d'ordre, le seul que Paris et la nation voulussent accepter.

Mais, pour l'exécuter, le patriotisme et le courage ne suffisaient pas. Nous venions d'apprendre par une funeste expérience où conduisent les illusions, et celles que l'on s'était si longtemps faites sur les armées allemandes n'étaient plus permises. Nombreuses, aguerries, savamment organisées, commandées par des chefs instruits, vigilants et braves, dominées par une double passion, l'amour de leur roi et la haine de la France, ces armées s'avançaient contre nous avec le ferme dessein de nous vaincre et l'avantage que donne l'enivrement de succès inespérés. Il fallait se préparer à un effort suprême. Comme je viens de le dire, au point de vue matériel tout était à faire, et nous avions à peine une semaine devant nous. Au point de vue moral, le désarroi n'était pas moins effrayant. Paris était prêt à tous les dévouements, mais il avait besoin de se livrer à la joie que lui causait le renversement de l'Empire. Il s'y abandonnait avec l'entrain de son caractère impressionnable et mobile, et paraissait se croire sauvé parce qu'il était redevenu libre. Son allégresse expansive contrastait fort avec nos préoccupations. Nous regardions du haut de l'hôtel de ville le spectacle magique qu'offrait la foule, et quelqu'un en ayant exprimé son admiration, — M. Jules Simon me dit d'un ton grave et triste : « Je ne songe qu'aux » Prussiens; » il traduisait exactement ma pensée.

Il était difficile qu'elle ne nous absorbât pas. Et c'est parce que nous avions la conviction que nous se-

rions attaqués au commencement de la semaine suivante, que nous ne pûmes, comme nous l'aurions tous souhaité, convoquer immédiatement une assemblée. Il en fut cependant question dès notre première réunion à l'hôtel de ville, avant même que nous fussions constitués comme gouvernement. M. Picard avait annoncé cette convocation dans la proclamation au peuple français. La majorité crut qu'il fallait attendre quelques jours, et en effet, le 8 septembre, quatre jours après, le décret de convocation était rendu [1]. Mais son exécution ne pouvait être que fort problématique, puisqu'elle était subordonnée ou à une entente avec l'ennemi, ou à une victoire qui l'aurait fait reculer. Sur ce point tout le monde était d'accord, — même le Corps législatif, même le ministère Palikao, ainsi que je l'ai fait observer en citant les déclarations fort explicites faites dans la séance du 4 septembre. Lorsque le soir de cette journée nous cédâmes au désir de nos collègues en nous mettant en communication avec eux, aucun d'eux ne réclama la réunion d'une assemblée. Le langage si patriotique et si élevé de M. Thiers semblait en exclure l'idée [2] : « Combattre aujourd'hui, disait-il, les hommes
» de ce gouvernement serait une œuvre antipatriotique.
» Ils doivent avoir le concours de tous les citoyens de-
» vant l'ennemi ; nous faisons des vœux pour eux, et
» nous ne pouvons actuellement les entraver par une
» lutte intestine. Dieu veille les assister ! »...... Et plus bas : « Nous sommes ici devant l'ennemi, et pour cela
» nous faisons tous un sacrifice aux dangers que court

---

[1] Voir aux Pièces justificatives.
[2] Voir aux Pièces justificatives, la séance de nuit du 4 septembre.

» la France; ils sont immenses. Il faut nous taire, faire
» des vœux, et laisser à l'histoire le soin de juger. » Ici
encore j'en appelle au souvenir de tous les hommes de
bonne foi. Nul, à Paris au moins, ne songeait aux élections, et tous les auraient considérées comme inopportunes et impossibles. Déjà plus de vingt départements
étaient envahis, un grand nombre d'autres menacés.
Les citoyens devaient courir aux armes et non au scrutin. Le gouvernement que la nécessité avait fait naître
sur les ruines de l'Empire avait pour mission de se consacrer exclusivement à la défense du pays, et ce n'était
pas quand d'un moment à l'autre pouvaient apparaître les
têtes de colonnes prussiennes, qu'il était permis d'avoir
un souci autre que celui de se tenir prêts à les recevoir.

Mais au nombre de tous les problèmes redoutables
que soulevait cette obligation, il fallait certainement
placer en première ligne celui du régime intérieur auquel devait être soumise cette grande population condamnée à subir une épreuve pleine d'éventualités
inconnues. Pouvait-elle supporter la rigueur de la loi
militaire, souvent bienfaisante en de pareilles crises?
n'était-il pas plus sage de la gouverner par l'application
d'une entière liberté? Je comprends qu'après nos malheurs on puisse regretter que le premier système n'ait
pas prévalu. Je demeure encore convaincu qu'il était
impraticable, qu'il n'aurait rien sauvé, et que peut-être
il aurait aggravé les périls auxquels, pendant près de
cinq mois, nous avons été chaque jour exposés.

La haine du despotisme, autant que la colère de nos
défaites, avait renversé l'Empire. La république avait
été immédiatement proclamée par un mouvement que
nulle force humaine ne pouvait empêcher. Inaugurer

son établissement par la compression absolue de la pensée, c'eût été briser dans la main de la nation le seul levier avec lequel elle pouvait encore remuer le monde. Substituer à l'enthousiasme qui transporte les âmes l'obéissance passive qui les nivelle, eût été une entreprise insensée, et le gouvernement qui l'aurait essayé n'aurait pas vécu vingt-quatre heures. Or, celui qui s'était formé à l'hôtel de ville croyait réunir en lui les éléments les plus efficaces de résistance et d'ordre. Repousser les Allemands et prévenir les séditions, telle a été pendant sa laborieuse existence son effort de chaque minute. Pour accomplir ce double devoir, il a pensé que la liberté lui serait un auxiliaire plus puissant que la soumission au commandement absolu. Par là il s'est créé des embarras nombreux, mais peut-être a-t-il évité des catastrophes. Il a dans tous les cas offert au monde un spectacle sans analogue dans l'histoire, celui d'une ville assiégée renfermant dans ses murailles une multitude de près de deux millions cinq cent mille hommes, en proie aux privations les plus dures, à d'indicibles souffrances, à de fiévreuses agitations, et à laquelle cependant toute liberté de penser, d'écrire, de parler, de se réunir a été laissée. Au sein de cette multitude, quatre cent mille citoyens armés obéissant à des chefs exaltés, ne voulant connaître d'autre règle que celles qui leur convenaient, représentaient la force publique et pouvaient en quelques heures d'égarement bouleverser et livrer la cité qu'ils étaient chargés de défendre. Qu'on y ajoute les nombreux volontaires, les orateurs de club et de carrefour, les journalistes qui chaque matin excitaient les passions et souvent prêchaient l'insurrection, les espions et les conspirateurs, et l'on pourra juger quelles difficultés formidables présentait la conduite des affaires au milieu de tant de causes de désordre. Et cependant ces cinq mois de martyre ont passé sur nous; le dénoûment douloureux auquel ils ont abouti a enflammé toutes les colères, et, sauf les journées du 31 octobre et du 22 janvier, dans lesquelles les séditieux ont été vaincus sans peine, l'ordre n'a pas été troublé par la guerre civile, et cette émeute complaisamment prédite, dont les Prussiens attendaient la complicité pour le succès de leurs desseins, elle n'a éclaté que lorsque le gouvernement de la Défense nationale n'était plus, quand la Prusse, bien qu'établie encore à nos portes, était liée par un traité, quand des perturbations profondes et qui auraient pu être évitées avaient jeté dans la population de Paris les semences de mort que quelques scélérats ont développées avec une infernale habileté.

J'essayerai, dans le cours de ce récit, de raconter à qui surtout revient le mérite de ce résultat extraordinaire. Dans tous les cas, il doit rester comme un titre d'honneur pour les Parisiens assiégés. La sanglante histoire de la Commune ne saurait le diminuer. Et d'ailleurs il n'est pas hors de propos de rappeler que c'est sous le plus monstrueux despotisme que la Commune a fondé son règne néfaste. Il eût été impossible avec la liberté. Ses violences et ses crimes avaient besoin du silence. C'est par l'oppression des âmes et la servitude de la pensée qu'elle a préparé son abominable et éphémère succès : c'est là pour les amis de la liberté une consolation et une leçon, car ils peuvent invoquer cet éclatant et lugubre exemple comme une preuve de plus en faveur du système adopté par les membres d'un gouvernement sans contrôle, qui, investis de la puissance souveraine, n'ont voulu en user que pour témoigner de leur respect scrupuleux pour toutes les libertés.

## CHAPITRE III.

LES NÉGOCIATIONS DIPLOMATIQUES APRÈS LE 4 SEPTEMBRE.

J'ai raconté dans le précédent chapitre comment, le 4 septembre, voulant échapper au tumulte de la foule qui remplissait la grande salle de l'hôtel de ville, où la république venait d'être proclamée, nous avions cherché un refuge dans une pièce plus étroite, ordinairement, je le crois, occupée par les huissiers. Elle fut bientôt envahie elle-même, et ce fut à grand' peine que nous pûmes profiter de quelques siéges et d'une table qui nous étaient absolument nécessaires. Nous y étions depuis quelques instants, lorsqu'un inconnu se glissa jusqu'à moi et me dit en se penchant à mon oreille : « L'ambassadeur d'Angleterre désire savoir quand il » pourra être reçu par vous ; il voudrait que ce fût le » plus tôt possible. » Je répondis que le lendemain celui des membres du gouvernement auquel serait confié le portefeuille des affaires étrangères s'empresserait de se mettre à sa disposition. Cette démarche était certainement celle d'un officieux sans mandat. Cependant le lendemain lord Lyons me fit l'honneur de m'avertir qu'il prendrait la peine de venir causer avec moi. Je le reçus en effet. Et je ne rapporte cet incident que pour prouver les excellentes dispositions du représentant de la Grande-Bretagne, que j'ai toujours trouvé animé des sentiments les meilleurs envers la France. Il permet également d'apprécier le jugement porté, dès la première heure, sur la révolution qui venait d'éclater. Nul n'était tenté de la prendre pour une insurrection que le pouvoir légal essayerait de combattre. Et tout de même que le Corps législatif nous envoyait une députation pour réclamer de nous une entente, le ministre d'une des premières puissances de l'Europe, ne s'inspirant que de l'intérêt de son pays, écartait toutes les minuties de l'étiquette et venait avec une loyale simplicité au-devant de ceux qui ne craignaient pas, au milieu de cette terrible tempête, de saisir le gouvernail de la France.

Ne reculant pas devant l'immense responsabilité d'une tâche si périlleuse, nous entendions n'avoir pour boussole que les principes que nous avions toujours défendus. Et de même que nous les avons pris pour guides dans la conduite des affaires intérieures, nous croyons ne pas nous en être écartés dans la politique extérieure. J'avais eu plusieurs fois l'occasion d'en être l'interprète devant la Chambre, et ce fut sans doute la raison qui détermina mes collègues à m'en confier l'application. Ils n'avaient pas oublié mon attitude au moment de la déclaration de guerre. Ils savaient que je m'étais énergiquement opposé à cette funeste résolution, et qu'en agissant ainsi j'étais resté fidèle à la politique de la paix que j'avais toujours soutenue depuis 1866, comme la seule capable d'imposer un frein à la menaçante ambition de la Prusse [1]. Ils pensaient, comme moi, que cette

---

[1] Telle était aussi l'opinion de notre ambassadeur à Berlin. Il n'a cessé d'en faire parvenir l'expression au gouvernement, qui n'en a tenu aucun compte. (Voir aux Pièces justificatives l'extrait du rapport de M. Benedetti du 5 janvier 1868.)

politique devait encore être le point de départ et la règle de notre conduite, non pour nous faire déposer les armes si la Prusse avait la prétention de nous dicter des conditions humiliantes, mais pour réclamer et obtenir de l'Europe une intervention efficace que lui conseillaient l'humanité, la raison et par-dessus tout le souci de ses intérêts et de sa dignité.

Cette intervention, je l'espérais ; j'ai tout fait pour qu'elle nous fût accordée. Aujourd'hui, après le triste insuccès de mes efforts, je demeure encore convaincu que cette espérance était raisonnable, et qu'en la faisant évanouir, l'Europe a commis une faute que tôt ou tard elle expiera chèrement.

Quelle était en effet notre situation au 4 septembre ?

L'Empire napoléonien était tombé : avec lui disparaissait la menace perpétuelle d'aventures guerrières dont il était la fatale expression. La France, il est vrai, en proclamant la république pouvait alarmer les dynasties ; mais, d'une part, cette forme n'était que provisoire, d'autre part, elle ramenait forcément aux idées pacifiques. D'ailleurs ce changement radical détruisait le principal argument sur lequel s'était appuyée la Prusse en déclarant, à plusieurs reprises, que c'était l'Empereur et non le peuple français qu'elle combattait. L'Empereur descendu de la scène laissait la nation à découvert, et la Prusse n'avait plus de raison plausible de l'accabler. En persistant, elle dévoilait nettement ses projets de conquête, et c'est alors que l'intérêt européen se trouvait directement engagé.

Cet intérêt n'était pas suffisamment protégé par le traité des neutres, sorte de transaction peu sincère, imaginée par le cabinet anglais pour localiser la lutte et garantir la Belgique. Ce traité avait été conclu en prévision des victoires de la France, dont on redoutait l'esprit envahissant. La France écrasée, il devenait une inconséquence et un danger, tout au moins une défaillance, une abdication. Il fallait l'abandonner pour suivre une politique plus résolue et surtout plus conservatrice.

Car c'est une erreur condamnée par les leçons de l'histoire que de livrer aux caprices de la force le développement des agglomérations humaines. Elles doivent naître, vivre et grandir conformément aux lois morales qui règlent les rapports des hommes entre eux. Si elles les violent, elles préparent les plus dangereux conflits. C'est ainsi que la prépondérance excessive des despotes et des conquérants a toujours été suivie de douloureux déchirements. Ces vérités deviennent plus évidentes et leur application plus impérieuse à mesure que les mœurs s'adoucissent par le progrès des sciences et de la philosophie. Elles étaient présentes à l'esprit des hommes d'État éminents qui, après l'écroulement du premier Empire français, durent pourvoir au remaniement de l'Europe. Ce fut contre la France qu'ils cherchèrent surtout à prémunir les autres États, mais sans la vouloir affaiblir outre mesure : comprenant fort bien que nulle autre puissance n'était apte à la remplacer, et que si on la diminuait trop par d'imprudentes mutilations, on la contraindrait à troubler la paix générale jusqu'à ce qu'elle eût repris la place que lui assignent ses traditions et la juste proportion à établir entre ses forces et celles des nations voisines.

Une pensée plus élevée encore les animait. Ils voulaient consacrer la solidarité qui unit les rois et par là même les peuples. Ils posaient ce principe comme une digue au flot révolutionnaire : le flot ne s'est point arrêté, mais le principe est resté. Il n'est pas un homme politique, il n'est pas une nation qui ne le reconnaissent ; si jamais il était abandonné, avec lui s'évanouirait l'idée de justice, et l'Europe se dissoudrait dans l'anarchie.

L'empereur Napoléon III avait souvent rappelé ces maximes dans ses discours officiels ; en réalité, il les avait constamment mises en oubli. Et l'isolement auquel il fut réduit dans sa dernière épreuve ne fut que la juste punition de la politique personnelle à laquelle il avait sacrifié la France. Il ne pouvait avoir d'alliés, car il les avait tous successivement délaissés, en leur donnant ainsi le droit de se montrer irrités des services éminents qu'il leur avait rendus. L'Angleterre et l'Italie ne lui pardonnaient pas, la première la paix de Paris, la seconde celle de Villafranca ; la Russie lui reprochait le soulèvement de la Pologne, l'Espagne les trahisons du Mexique, la Turquie ses menées dans l'insurrection crétoise, la Grèce son brusque revirement en faveur du Divan, les États-Unis son appui à la sécession. Partout où il avait mis la main il avait tout brouillé, sans qu'il fût possible de deviner à quel système se rattachaient ses inconsistantes combinaisons. Aussi quand il eut la folie de provoquer l'Allemagne, chaque puissance s'éloigna de lui, et ses revers furent accueillis avec une satisfaction qu'expliquent trop bien les déréglements de sa puissance.

Je constatais ce sentiment dans le langage unanime de la presse étrangère ; il me peinait sans me surprendre, mais il me paraissait devoir se modifier par l'attitude que la République française allait prendre vis-à-vis des neutres et vis-à-vis de l'Allemagne elle-même. Je l'ai dit : nous n'avions rien à changer à notre politique, et restant ce que nous avions toujours été, nous pensions que nous amènerions les neutres à se prononcer en notre faveur.

Tous mes efforts ont tendu à obtenir ce résultat. Je ne sais si un plus habile aurait réussi là où j'ai échoué. J'en doute. Mais je ne crois pas qu'il y eût mis plus de conscience et plus de passion.

Je me faisais de grandes illusions, car il ne me paraissait pas possible que les puissances européennes laissassent consommer la destruction de la France sans essayer de la secourir.

Les plus considérables d'entre elles ne pouvaient ouvrir leurs annales sans y rencontrer les preuves glorieuses du dévouement de notre chevaleresque nation; toutes avaient joui de son hospitalité bienveillante, toutes l'avaient trouvée prodigue d'expansions, généreuse, aimable, se donnant sans réserve et ne demandant rien en retour. Le commerce, les arts, les lettres, avaient créé entre l'Europe et nous une communauté morale qui ne semblait pas incompatible avec les saintes inspirations de l'humanité : comment supposer que tout ce passé ne serait rien le jour où un effroyable désastre nous briserait, et que tant de motifs de nous venir en aide s'effaceraient devant une pensée hostile de jalousie ou d'égoïsme?

Eh bien! je l'aurais compris, tout en m'affligeant, si la perte de la France avait pu en quoi que ce soit profiter aux États qui en prenaient leur parti avec une si coupable sécheresse de cœur! Mais il était facile de leur prouver, ils le savaient eux-mêmes, tout ce qu'ils avaient à craindre d'une transformation qui, en annulant la

France, assurerait à l'Allemagne une souveraine prépondérance. Aucune nation ne pouvait fermer les yeux sur les dangers auxquels toutes et chacune demeuraient exposées. Était-ce à la Russie qu'il était nécessaire de montrer la marche naturelle du vainqueur vers les provinces baltiques, où d'habiles intrigues ont depuis longtemps préparé le succès de son ambition maritime? L'Autriche ne sait-elle pas le sort qui lui est réservé, et le sacrifice de sa couronne allemande n'est-il pas le prix inévitable de la conservation de sa couronne hongroise? L'Italie n'est-elle pas directement menacée au nord, à l'est et jusque dans l'Orient, où sa légitime influence est déjà combattue par une rivalité qui ne s'arrêtera pas? L'Angleterre enfin ne voit-elle pas lui échapper le sceptre politique qu'elle a tenu depuis deux siècles d'une main si ferme et si respectée? Consent-elle donc à se retirer des affaires du monde, retranchée dans son île entre ses économistes qui lui prêchent le sommeil et ses agitateurs qui ébranlent son vieil édifice social? Pourra-t-elle jouir en paix de ses richesses, lorsque le continent entier subira la loi d'une nation résolue à tout absorber à son profit, maîtresse des tarifs et des voies de communication et couvrant les mers de ses flottes marchandes?

Tel est le tableau que l'avenir devait présenter aux yeux des hommes d'État de l'Europe décidés à souffrir l'anéantissement de la France par l'Allemagne. Était-il téméraire de ma part de croire qu'aucun d'eux ne voudrait prendre la responsabilité de ce commun péril? et quand leur action collective suffisait pour mettre un terme à la lutte terrible qui compromettait tous les intérêts, n'était-il pas raisonnable de leur demander un acte qui eût été pour eux un titre de gloire, et qui, en assurant une paix durable, donnait à la prospérité publique un essor dont tous auraient profité ?

Pour moi, je l'avoue humblement, j'en suis encore à comprendre comment un pareil acte a été impossible, comment il ne s'est pas rencontré un seul ministre qui ait voulu en revendiquer l'honneur. C'est un signe alarmant des temps où nous vivons, et leur futur historien aura peine à dissimuler son étonnement et sa tristesse quand il aura à raconter par quelles raisons subalternes se sont décidés les hommes qui tenaient les destinées du monde dans leurs mains.

§

S'il faut en croire un écrivain bonapartiste, M. le prince de la Tour d'Auvergne aurait, dans la matinée du 4 septembre, informé ses collègues que diverses puissances se faisaient fort de négocier la paix sur la base de l'intégrité du territoire : les événements de la journée auraient seuls empêché leur intervention.

Il serait assez extraordinaire que M. de la Tour d'Auvergne, qui, le lendemain, 5 septembre, m'a fait l'honneur de venir longuement conférer avec moi pour me donner tous les renseignements qui pouvaient m'éclairer, eût passé sous silence un fait si considérable. Jamais non plus, dans mes longs et fréquents entretiens avec M. le prince de Bismarck et avec des personnages très au courant de tous les incidents de sa politique, je n'ai recueilli le moindre indice qui pût m'en faire soupçonner l'existence. Mais voici qu'au moment où j'écris ces lignes, M. le général Ducrot publie sous le titre, *la Journée de Sedan,* le récit de l'entrevue des généraux français avec M. le comte de Moltke et M. de Bismarck pour s'entendre sur les conditions de la capitulation ; et dans ce récit, je trouve ces paroles aussi cruelles que décisives, empruntées à la réponse du chancelier à M. le général de Wimpfen :

« Aujourd'hui c'en est assez : il faut que la France
» soit châtiée de son orgueil, de son caractère agressif
» et ambitieux. Nous voulons pouvoir enfin assurer la
» sécurité de nos enfants, et pour cela *il faut que nous
» ayons entre la France et nous un glacis : il faut un
» territoire, des forteresses et des frontières qui nous
» mettent pour toujours à l'abri de toute attaque de sa
» part.* »

Je n'examine point quant à présent si la prise de possession par l'Allemagne de deux de nos provinces est un moyen efficace de garantir sa sûreté. Je n'aurai pas de peine à prouver qu'elle n'en pouvait pas choisir un plus certain de la compromettre, mais je cite ce fragment pour établir qu'au lendemain de Sedan le vainqueur avait un dessein nettement arrêté, et qu'aucune puissance n'a pu se flatter de l'y faire renoncer. Il ressort d'ailleurs de tous les documents diplomatiques, de toutes les communications officielles ou confidentielles, verbales ou écrites, que la Prusse a systématiquement repoussé toutes les interventions, et qu'elle n'a reconnu à aucun tiers le droit de parler en son nom.

Il est donc de tout point inexact qu'une puissance quelconque ait fait à M. le prince de la Tour d'Auvergne une pareille ouverture, et que la Prusse ait jamais entendu renoncer à la conquête d'une partie de notre territoire. Toutefois, au moment où l'avénement de la République paraissait pouvoir changer ses dispositions, nous ignorions absolument ce qu'elle entendait faire, et les représentants des puissances étrangères n'étaient pas mieux renseignés que nous.

J'ai dit que dès le 5 septembre j'avais reçu la visite de lord Lyons, ambassadeur d'Angleterre. M. le prince de Metternich vint le même jour, puis M. le chevalier Nigra, ministre d'Italie; successivement tous les membres du corps diplomatique se présentèrent, me témoignant tous de leur désir sincère d'entretenir les relations les plus amicales avec la République et de contribuer, s'il était possible, par leurs bons offices à nous procurer une paix honorable.

L'ambassadeur d'Angleterre se montra plein de cordialité et de bon vouloir. Il me rappela que son gouvernement avait offert sa médiation à la France, qui l'avait refusée. Il ne pouvait me dissimuler que l'opinion publique anglaise ne nous fût très-hostile. Des influences de parenté agissaient fortement sur l'esprit de la Reine. Cependant le commerce s'inquiétait de la prolongation d'une guerre ruineuse pour tous; et si le gouvernement de la République parvenait à maintenir l'ordre, à faire respecter la discipline, à résister à l'ennemi, il aurait bien vite acquis des sympathies qui peut-être changeraient et les sentiments de la nation et les résolutions du cabinet, jusqu'ici très-décidé à conserver une parfaite neutralité. Il ajouta qu'en ce qui le concernait personnellement, il n'avait jamais eu grand crédit sur l'Empereur, ni sur ses ministres, qui ne lui avaient demandé aucun conseil; qu'il aimait la France, qu'il désirait vivement qu'elle pût sortir de la position cruelle où elle se trouvait, et que je pouvais en toutes circonstances compter sur lui, prêt à nous donner son concours dans la limite la plus large de ses instructions.

Je le remerciai avec effusion et le priai de faire savoir à son gouvernement que nous étions avant tout des hommes d'ordre, très-convaincus que le respect rigoureux des lois était le premier élément de la défense, à laquelle nous voulions nous consacrer tout entiers. Partisans obstinés de la paix, nous nous étions opposés de toutes nos forces à la guerre insensée déclarée par l'Empire à l'Allemagne, mais la trouvant engagée, nous ne pouvions pas songer à ne pas la soutenir. L'ennemi avait envahi notre sol, il marchait sur Paris dans l'intention évidente de s'en emparer. Notre devoir était de repousser son agression. Mais moins que tout autre le cabinet anglais pouvait se faire illusion sur la portée d'une pareille lutte. Elle intéressait tous les États de l'Europe, elle menaçait son équilibre et l'exposait à de redoutables convulsions. Si cette vérité était reconnue par tous, le fléau de la guerre cesserait à l'instant. La Prusse ne braverait pas les puissances coalisées, elle céderait à leurs observations. L'Angleterre se trouvait dans la situation où nous avions été après Sadowa. Nous n'avions pas hésité à couvrir l'Autriche, et cette médiation avait rendu un service signalé aux deux belligérants. Je le priai avec instance de faire valoir ces considérations auprès de lord Granville. Du reste, je ne me bornai pas à invoquer nos communs intérêts. Je lui parlai de l'honneur de l'Angleterre engagé à ne pas laisser périr d'anciens et fidèles alliés. Manquer à cette obligation serait se résigner à un amoindrissement regrettable. Notre sort et celui de l'Europe étaient entre ses mains. Comme puissance de premier ordre, arbitre respecté dans toutes les sérieuses difficultés, l'Angleterre entraînerait après elle les autres États. Elle avait un noble rôle à jouer, elle ne perdrait pas une telle occasion d'accroître son crédit et son pouvoir.

Lord Lyons me promit de transmettre fidèlement mes paroles. Je développai avec plus de détail l'argumentation qu'elles reproduisaient, en écrivant à M. Tissot, notre chargé d'affaires à Londres, remplaçant M. de la Valette, que j'avais dû de suite relever de ses fonctions.

Mon entretien avec M. le prince de Metternich ne fut pas moins amical, et dès le premier jour il se révéla à moi ce que je l'ai toujours vu depuis, simple, loyal, affectueux, aussi bien disposé que possible, et comprenant fort bien la situation faite à son pays par nos malheurs. Il me confirma ce qui m'avait été dit par M. le prince de la Tour d'Auvergne sur l'erreur de M. le duc de Gramont, qui croyait pouvoir obtenir un secours effectif de l'Autriche. « Il n'en a jamais été question, me dit-il ; il n'est pas impossible que M. de Beust ait parlé de trois cent mille hommes à mettre en ligne, si nous en avions la liberté, mais c'est précisément cette liberté qui nous a été constamment refusée. L'Empereur et son ministère ne braveront jamais les volontés du czar. Or celui-ci a déclaré que si nous nous prononcions pour la France il s'unirait à la Prusse. Nous avons donc les bras liés, mais nous ne ferons rien contre vous, nous vous aiderons même dans tout ce qui se conciliera avec notre neutralité. Nous désirons ardemment que vous puissiez faire la paix : seulement nous la croyons impossible sans la cession de l'Alsace. Mais pourquoi ne réclameriez-vous pas le vote des populations ? Nous serions prêts à vous appuyer dans une telle prétention? la Prusse s'arrêterait peut-être si elle se savait exposée à cette épreuve. »

Je répondis que je ne pouvais partager ce sentiment. Je me révoltais à l'idée qu'en plein dix-neuvième siècle la conquête pût consacrer un droit de possession, mais je ne pouvais consentir à paraître douter de la nationalité de l'Alsace, et c'était paraître en douter que de la soumettre à un vote. Ce n'était pas alors que ces braves populations sacrifiaient leurs vies pour rester françaises que nous pouvions leur demander de l'affirmer par le scrutin. Nous connaissions tous les périls dont nous étions menacés, nous étions déterminés à les braver plutôt que de nous livrer volontairement. Mais au moment où la France recouvrait la faculté de se diriger elle-même, nous pouvions espérer que les grandes puissances renonceraient aux méfiances qui les en avaient éloignées. Nous ne voulions que la paix, et nous offrions quelque chose de plus encore à l'Autriche, avec laquelle nous ne pouvions avoir que des relations amicales depuis son abandon des provinces italiennes. J'insistai donc avec force près d'elle pour qu'elle se rapprochât de nous. Si l'Angleterre se prononçait, si nous parvenions à nous assurer l'appui de l'Italie, elle n'aurait plus d'objection. Du reste, nous défendre était se défendre elle-même, car notre perte était le prélude de la sienne. J'espérais donc qu'aidé par un ambassadeur dont elle appréciait les sentiments éclairés et sympathiques, la France trouverait dans le cabinet de Vienne un puissant protecteur; M. de Mosbourg était chargé de le répéter à M. de Beust.

M. de Metternich me parut vivement intéressé : « Je

ne perds pas l'espérance, me dit-il; si vous pouvez tenir quelques semaines, l'émotion sera profonde en Europe et les sympathies vous reviendront. Il ne dépendra pas de moi que cette lutte déplorable ne touche bientôt à son terme. »

Mon insistance près du ministre d'Italie, M. le chevalier Nigra, fut et devait être plus grande encore, et je comprends, par là même, jusqu'à un certain point, qu'il ait mis à me venir voir un peu moins d'empressement que ses collègues. Il devinait mes demandes et souffrait de n'y pouvoir satisfaire. Or, refuser un secours à la France était de la part de l'Italie un acte de dureté et presque d'ingratitude. Je dis *presque*, car ici, comme dans toutes les questions, l'Empire s'était pris au piége de sa politique double et fausse. Ayant voulu en 1866 jouer l'Autriche et la Prusse, il n'avait su quelle ligne de conduite adopter vis-à-vis de l'Italie, et il l'avait lui-même jetée dans l'alliance prussienne[1].

---

[1] Ce point de fait, qui m'a été attesté par les personnages les mieux en mesure de le bien connaître, est aujourd'hui officiellement établi par la publication du livre de M. Benedetti. Notre ambassadeur en Prusse cite en effet une dépêche du ministre des affaires étrangères, M. Drouin de Lhuys, en date du 31 mars 1866, dans laquelle on lit :

« Quant aux négociations que le cabinet de Berlin a ouvertes avec
» l'Italie, je puis vous donner l'assurance qu'il n'y a rien de fondé dans
» ce qui a été rapporté à M. de Bismarck au sujet d'une intervention de
» notre part auprès du cabinet de Florence. Notre position à l'égard de
» l'Italie dans cette circonstance est dominée par deux considérations
» importantes. D'une part, à l'époque des conférences de Varsovie, nous
» avons, ainsi que vous le savez, déclaré aux Italiens que s'ils se faisaient
» les agresseurs en Vénétie, ils agiraient à leurs risques et périls. Nous
» ne pouvions pas les encourager à se prêter aux ouvertures de la Prusse
» sans engager très-gravement notre responsabilité. *D'autre part, nous*
» *n'avons pas pensé non plus que nous dussions prendre sur nous d'ap-*
» *porter aucun obstacle à l'accomplissement des destinées de l'Italie en la*
» *détournant de combinaisons qu'il lui appartient d'apprécier dans l'en-*

L'effet de ce revirement avait été considérable, il avait donné une force énorme aux ennemis de la France dans la Péninsule, et y avait créé l'opinion sur laquelle le gouvernement italien s'était appuyé pour s'attacher à la politique de neutralité. Cette neutralité n'en était pas moins pénible pour les deux nations; et les Français la jugeaient avec une juste sévérité. M. le chevalier Nigra le savait, il était embarrassé et triste; je ne pouvais de mon côté me défendre d'une certaine amertume : notre conversation se ressentit de ces dispositions, bien que de part et d'autre nous nous efforcions de les atténuer. Je dis tout ce que put m'inspirer la conviction où j'étais que l'Italie était obligée d'honneur à ne pas nous abandonner. Elle nous devait son indépendance, elle ne pouvait laisser anéantir la nôtre. Oublier nos services pour ne voir que ceux de la Prusse, était une violence dangereuse faite à la conscience de toutes les nations, et l'Italie en la commettant se préparait pour l'avenir de sérieuses difficultés. Du reste, avant de réclamer un secours armé que nous accepterions de suite s'il nous était offert, nous pensions qu'une entente des puissances entre elles suffirait à terminer la guerre. Cette entente était tellement dans l'intérêt de tous que l'hésitation me paraissait impossible. Une ferme résolution rétablirait à la fois et la paix du monde et le prestige des gouvernements européens, passablement discrédités aux yeux de leurs peuples.

» tière liberté de son jugement. C'est en ce sens que je me suis exprimé
» avec M. Nigra. Voilà toute la vérité sur notre manière de voir. J'ap-
» prouve d'ailleurs complétement votre attitude et votre langage, et je
» vous saurai beaucoup de gré de continuer à me tenir aussi bien informé
» de tous les détails de cette crise. »

M. le chevalier Nigra ne contesta aucune de mes assertions, et se retrancha uniquement derrière l'impossibilité d'une action isolée de la part de l'Italie. Elle était prête à s'associer aux autres puissances et même à les devancer si celles-ci voulaient la suivre. Mais il n'y avait rien à faire si l'on n'avait pour soi l'Angleterre ou la Russie. Or, la première obéissait à l'indifférence systématique de M. Gladstone et aux entraînements intimes de la Reine. La seconde s'était constituée le patron officieux de la Prusse, et ne ferait rien qui pût la contrarier. Nous ne pouvions donc attendre de l'Italie que de bons sentiments, et sa participation à toutes les résolutions qui réuniraient ce que les puissances pourraient arrêter en notre faveur.

Le lendemain, M. le chevalier Nigra m'annonça qu'il avait reçu de son gouvernement l'ordre de nous avertir que la situation de Rome et des provinces pontificales obligeait le cabinet italien à franchir la frontière et probablement à recourir à une occupation. Il me pressa de donner mon consentement à cette mesure en dénonçant la convention du 15 septembre 1864. Je m'y refusai, par des motifs que j'ai expliqués en traitant des affaires romaines. Je lui répondis que je n'avais ni le pouvoir ni la volonté d'entraver l'action de son gouvernement, mais que dans la situation douloureuse où nous nous trouvions, je ne pouvais affliger le Saint-Père ni contrister mes compatriotes catholiques[1] ; que je ne m'opposerais à rien, et que l'Italie pouvait aller à Rome sous sa responsabilité. L'Assemblée nationale, qui ne tarderait pas à se réunir, déciderait la question

---

[1] *Rome et la République française,* un vol. in-8°, 1871. H. Plon, édit.

du pouvoir temporel, sur laquelle mon opinion était depuis longtemps fixée et parfaitement connue, mais qu'il ne m'appartenait pas de trancher.

A toutes ces raisons s'en joignait une autre qui, à vrai dire, était au point de vue politique la plus considérable. Je ne voulais pas, par une adhésion dont on aurait certainement exagéré la portée, jeter la division parmi mes concitoyens. La défense réclamait les bras de tous, il ne fallait, inutilement, en arrêter aucun. Si le cabinet de Florence m'avait offert une armée et qu'il eût posé la condition de l'abandon du pouvoir temporel, je n'aurais point hésité. Il se bornait à de bonnes paroles, et dès lors me laissait libre d'ajourner à une époque plus favorable une solution que la force des choses rendait inévitable.

Les représentants des autres puissances me donnèrent d'une manière non moins explicite des témoignages d'amitié. L'ambassadeur d'Espagne notamment me parla en termes chaleureux de l'intérêt que nous inspirions à son pays; malheureusement ces démonstrations étaient stériles. Le chargé d'affaires de Russie dissipa dès les premiers mots les craintes que me faisait concevoir pour les rapports à entretenir avec son gouvernement la proclamation de la république. Il voulut bien reconnaître avec moi qu'elle était une nécessité. « Pourvu, dit-il, qu'elle ne soit pas un symbole de désordre et de propagande, elle ne sera pas un obstacle aux yeux du czar. Il aime sincèrement la France, il voudrait la fin de la guerre, mais son étroite parenté avec le roi Guillaume lui impose une grande réserve : on peut même lui savoir gré d'être demeuré neutre ; beaucoup d'hommes importants lui conseillaient une intervention active; il s'y est refusé, et en cela, au surplus, il s'est rangé à l'opinion de son peuple, qui désire le succès de la France. »

Cette appréciation de M. Okounieff n'était pas tout à fait exacte; car en pesant sur l'Autriche, le cabinet de Saint-Pétersbourg prenait parti et nous privait des secours de Vienne et de Florence. Il devenait un allié véritable de la Prusse, puisqu'il paralysait ceux qui seraient devenus les nôtres. On peut donc affirmer qu'il a décidé du sort de la campagne. Il a prévenu une conflagration générale en nous laissant aux prises avec l'Allemagne, mais il a puissamment coopéré au triomphe de celle-ci : elle a été l'un des artisans de sa grandeur, et si elle en souffre, elle ne pourra en accuser que sa propre politique.

§

Après ces premières communications, je ne pouvais plus me faire illusion sur les dispositions des cabinets européens. Nous n'avions pas à compter sur une médiation armée; mais il nous était permis, si la Prusse voulait s'y prêter, d'espérer un secours diplomatique. Sous ce rapport, la chute de l'Empire avait détendu la situation. On se rapprochait plus volontiers de la France, non par confiance en son nouveau gouvernement, mais par intérêt pour sa faiblesse. Tous les hommes qui, à l'étranger, se tenaient éloignés de nous par haine du despotisme impérial, nous revenaient et nous encourageaient. De nombreux meetings se tinrent en Angleterre pour envoyer à la République française l'expression de leurs vœux; des députations franchirent la Manche et nous apportèrent des adresses sympathiques. Le même mouvement se produisit en Italie, en Espagne, en Hongrie, et même dans quelques parties de l'Allemagne; seulement la question de savoir si nous pourrions résister préoccupait tous les esprits. Les coups qui avaient brisé nos forces militaires avaient été si rapides et si foudroyants, qu'il était naturel de croire que la Prusse aurait facilement raison de nous. C'était l'inquiétude qu'on nous exprimait de toutes parts. La dissiper était pour nous une affaire d'honneur et de salut.

Je l'essayai par la circulaire qui parut au *Journal officiel* du 6 septembre [1], et dont quelques déclarations m'ont été amèrement reprochées. Il ne m'appartient pas de les juger. En les faisant, j'avais surtout en vue de caractériser nettement notre politique et de relever les courages. Je voulais montrer qu'agressive jusqu'au désastre de Sedan, la France, à partir de ce moment, ne faisait plus la guerre que pour défendre son sol, et que la Prusse, en la continuant, ne cédait qu'à un désir de conquête. J'ajoutais que l'Europe ne pouvait s'associer à son entreprise, et que la France la prévenait en lui offrant la paix. C'était déjà beaucoup pour l'orgueil national. Qui aurait osé aller plus loin? Qui aurait accepté, je ne dis pas l'abandon d'une partie de notre territoire, mais le silence sur l'éventualité d'une telle condition? Lorsque j'ai écrit : « Ni un pouce de » notre territoire ni une pierre de nos forteresses », je répondais au sentiment unanime de la nation, je vais plus loin, à celui de l'Europe entière. Les représentants de toutes les puissances m'avaient donné l'assurance que

---

[1] Voir aux Pièces justificatives.

leurs gouvernements n'adhéreraient jamais à un traité de paix qui mutilerait la France; et si le prince de Metternich m'avait parlé de l'expédient qui consistait à consulter les populations, c'était précisément pour couper court à toute proposition d'annexion.

Lorsque je lus ma circulaire à mes collègues, M. Picard, dont je reconnais plus que personne la sagacité et le bon sens pratique, fut le seul qui m'adressa une critique. Il demanda le retranchement de ces mots, « ni » une pierre de nos forteresses », comme excluant la possibilité d'un traité de paix nous imposant le démantèlement de Metz et de Strasbourg, que la presse anglaise affirmait devoir nous être offert. Il lui fut répondu que plus notre attitude serait résolue, plus nous aurions de chance d'obtenir des conditions favorables. Nous revendiquions l'intégrité du territoire; celle de nos places fortes ne nous était pas moins précieuse, et ce n'était pas à l'heure où Strasbourg défendait héroïquement ses remparts que nous pouvions concéder à la Prusse le droit de les détruire.

Le sort des armes a, il est vrai, prononcé contre nous, et l'on peut dire que nous nous étions imprudemment fermé la retraite; que nos exigences ont empêché d'utiles négociations, et qu'avec plus de circonspection, nous aurions pu compromettre les puissances en les rattachant à notre cause.

Ce sont là, en effet, des conjectures qui peuvent être discutées, mais dont l'importance et la probabilité viennent surtout des événements ultérieurs. Au lendemain du 4 septembre, nous voulions avant tout faire face à l'ennemi, lui opposer une population prête à le combattre, enflammée par l'amour de la patrie, décidée aux plus grands sacrifices pour rejeter l'envahisseur au delà de la frontière. Nous espérions par là faire hésiter l'Allemagne et soulever la France. Notre langage devait être net et ferme, et nous nous serions crus coupables de l'affaiblir par des réserves, quand il devait avoir l'ardeur et la résolution du patriotisme.

D'ailleurs c'était à la justice et non à la haine que nous faisions appel, c'était la paix et non une guerre d'extermination que nous demandions. Nous concédions loyalement les torts d'une politique qui n'avait jamais été la nôtre et dont cependant nous acceptions les conséquences, et nous ne reculions pas devant l'idée d'une réparation, pourvu qu'elle ne mutilât pas la France ; ce n'était que pour le cas où nos offres seraient repoussées que nous annoncions l'intention d'opposer une résistance désespérée à une attaque devenue injustifiable.

Je cherche encore en quoi une pareille politique enchaînait les cabinets européens et comment elle rendait leur intervention impossible, alors que pour la proposer ils n'avaient à invoquer que l'humanité et leur propre intérêt. Deux peuples s'entre-déchiraient dans une lutte implacable, et parce que l'un d'eux a élevé des prétentions exagérées, les chefs d'États ont cru pouvoir rester impassibles ; ils ont laissé le sang couler, les ruines s'amonceler, les abîmes se creuser, sans user de leur pouvoir pour arrêter le mal ! Et ils s'excusent en disant que celui qu'on immolait a manqué de mesure ! qu'ils auraient écouté sa plainte si elle eût été plus correcte ! Je ne sais comment l'histoire les jugera ; mais, pour ma part, je ne puis voir dans les raisons derrière lesquelles ils se retranchent que de spécieux prétextes, et je demeure convaincu que quelle qu'eût été notre conduite, nous n'en étions pas moins systématiquement abandonnés par eux.

§

Si nous étions condamnés à renoncer, pour le moment au moins, au secours effectif des grandes puissances, nous avions cependant quelques motifs de n'en pas désespérer pour toujours. Après le premier éblouissement causé par la journée du 4 septembre, Paris revenait à lui et se pénétrait du grand devoir qu'il avait à remplir. Le général Trochu imprimait une activité de tous les instants aux travaux du comité de défense. Les armes se distribuaient, les gardes mobiles s'organisaient, l'approvisionnement se complétait; la fabrication des munitions, l'habillement des troupes et des gardes nationaux occupaient nuit et jour de nombreux ouvriers. La cité devenait sérieuse et grave, et sur tous les visages on pouvait lire la ferme volonté de ne pas faiblir devant l'ennemi. Le ministre de l'intérieur appelait la France entière à la défense de la patrie : « Ne pensez qu'à la » guerre, écrivait-il aux préfets dans sa circulaire du » 8 septembre, et aux mesures qu'elle doit engendrer. » Donnez le calme et la sécurité, pour obtenir en retour » l'union et la confiance. Ajournez d'autorité tout ce » qui n'a pas trait à la défense nationale ou pourrait » l'entraver. Rendez-moi compte de toutes vos opéra- » tions, et comptez sur moi pour vous soutenir dans la » grande œuvre à laquelle vous êtes associé et qui doit » nous enflammer tous du zèle le plus ardent, puisqu'il » y va du salut de la patrie. » Les États-Unis, l'Italie, la Suisse, l'Espagne et le Portugal reconnaissaient notre gouvernement [1]. Nous satisfaisions donc au vœu que de toutes parts on nous avait fait entendre. Nous étions en mesure de résister, et loin d'être abattue par le malheur, la nation y puisait une énergie nouvelle.

Déterminés à la guider dans cette voie, nous ne pouvions cependant l'y engager sans retour, avant d'avoir tenté auprès des cabinets de Londres et de Saint-Pétersbourg une dernière et décisive démarche. D'un autre côté, en s'avançant sur Paris, la Prusse restait silencieuse, et l'on pouvait croire qu'elle attendait une ouverture de notre part. Telle était l'opinion de lord Lyons, qui avait de suite jugé le dessein bien arrêté de M. de Bismarck de se refuser à toute espèce d'intervention. Il estimait que s'il y avait quelque chose à espérer, ce serait surtout d'une explication directe entre nous et le chancelier. Était-il possible de nous soustraire à cette cruelle nécessité? Ne s'imposait-elle pas avec toute l'autorité que pouvait lui donner l'espérance, même très-faible, d'un arrangement amiable? Ces réflexions m'obsédaient sans cesse et devenaient plus poignantes à mesure que se raccourcissait le délai qui nous séparait de la reprise de la lutte. A mes yeux, le désastre de Sedan marquait la fin d'une première période dans laquelle la responsabilité des événements pesait exclusivement sur l'Empire : celle qui allait s'ouvrir mettait directement la nôtre en jeu. Avant de donner le signal d'une résistance qui ne devait avoir pour limites que celles de nos forces, nous devions pour le repos de notre conscience épuiser tous les moyens d'arriver à une paix honorable, si elle était possible. Il fallait donc connaître les intentions de la Prusse, et pour

---

[1] Voir aux Pièces justificatives.

cela la contraindre à sortir de son mutisme. Dès le 6 septembre j'écrivais à M. Tissot, notre chargé d'affaires à Londres, et je priais lord Lyons de faire savoir à lord Granville que j'accepterais avec reconnaissance la médiation d'une puissance neutre sur la base de l'intégrité du territoire français ; qu'un armistice était nécessaire pour ouvrir des négociations à ce sujet, et qu'il me paraissait impossible qu'il fût refusé au cabinet anglais, si celui-ci voulait le demander.

En même temps je sondais les membres du corps diplomatique sur la possibilité d'une démarche collective à faire au quartier général pour entrer en pourparlers et connaître à quelles conditions la Prusse consentirait à suspendre les hostilités. Les ministres d'Italie, d'Espagne et de Turquie se mirent sans réserve à ma disposition ; mais ils reconnaissaient eux-mêmes qu'il n'y avait rien à espérer sans le concours de l'Angleterre ou de la Russie.

C'était donc ce concours qu'il fallait obtenir, et nul ne m'y parut plus propre que M. Thiers. Sa légitime illustration, le rôle courageux et brillant qu'il avait joué au Corps législatif depuis qu'il était rentré dans la vie publique, sa noble et patriotique attitude au moment de la déclaration de guerre, en faisaient certainement le premier personnage de l'État ; sa volonté seule l'avait écarté du gouvernement de la Défense nationale. En consentant à s'y associer, il lui donnait une force considérable, il devenait sa caution aux yeux de l'Europe ; en même temps, il amenait à lui le grand parti des hommes modérés, timides et incertains, de l'appui desquels, même en temps de crise, un gouvernement a toujours beaucoup de peine à se passer.

Mais il semblait, à tous les points de vue, difficile qu'après s'être retiré au 4 septembre, il acceptât la mission que lui offraient les collègues dont il s'était séparé sans vouloir ni approuver ni blâmer leur conduite. J'avais prévu ces objections, je comptais pour les résoudre sur son amour ardent de la France; elle avait de ses services un besoin si impérieux que les lui refuser eût été un acte cruel. Seul il était capable de plaider sa cause au tribunal de l'Europe, et s'il ne la gagnait pas, il demeurait constant qu'il n'y avait plus aucun effort à essayer. Je lui dis toutes ces choses, et beaucoup d'autres encore, en allant le voir dans son hôtel de la place Saint-Georges, le 9 septembre, et j'insistai avec une extrême chaleur pour emporter son consentement. Il était alité et fort souffrant d'un rhume accompagné de fièvre. « Vous me troublez infiniment, me dit-il, en me com-
» muniquant une proposition à laquelle j'étais loin de
» m'attendre. Vous connaissez mes sentiments : ils ne
» sont point hostiles au gouvernement de la Défense
» nationale; je désire son succès, mais je voudrais y
» rester étranger : vous me voyez peu en état d'être son
» messager. C'est là cependant le moindre obstacle; le
» principal, c'est la dureté de cœur des cabinets de
» l'Europe : il me serait douloureux de me briser contre
» leur indifférence, et j'ai le pressentiment que tel sera
» le résultat de la mission que vous m'offrez. Néanmoins,
» je suis si malheureux de nos désastres, que j'ai peine à
» ne point seconder les hommes qui entreprennent de
» les diminuer. Je vous demande quelques heures de
» réflexion; demain je vous ferai savoir ma réponse. »

Le lendemain il vint me voir, il était alerte et bien portant : l'idée de donner à son pays une nouvelle preuve de son infatigable dévouement l'avait guéri. C'est là en effet l'un des traits de cette nature privilégiée : au physique comme au moral, elle a des ressources inépuisables et des soubresauts qui confondent ceux qui ne sont pas familiarisés avec sa prodigieuse richesse. Pour moi, tout en l'écoutant m'expliquer les motifs de l'acceptation qu'il m'apportait, j'admirais la simplicité et la vigueur avec lesquelles, malgré tant de raisons excellentes de s'épargner les fatigues, les périls, les dégoûts d'une entreprise ingrate, un homme de son âge, et qui avait tant de fois payé sa dette à la patrie, courait au-devant de cette nouvelle épreuve, sans paraître même se douter du mérite qu'il y avait à ne point la refuser. Je lui avais demandé d'aller à Londres, il m'offrit de se rendre également à Saint-Pétersbourg et à Vienne, où il espérait trouver un accueil favorable. Je le remerciai avec effusion ; je savais qu'il connaissait familièrement le prince Gortschakoff et qu'il serait parfaitement reçu par l'Empereur. Je ne lui cachai point alors que, préoccupé de la froideur du cabinet britannique, je m'étais laissé aller à la pente des idées politiques qui avaient été celles de toute ma vie : l'union intime des trois puissances placées au centre et au midi de l'Europe, s'appuyant sur le nord-est, y développant les affinités nombreuses qui nous rapprochent des habitants de ces contrées, et préparant ainsi l'inévitable évolution qui nous ouvrira une nouvelle voie vers l'Orient en lui faisant subir une complète transformation. M. Thiers voulut bien m'écouter avec bonté, bien que ce système s'éloignât fort de celui qu'il a toujours défendu. Il m'accorda néanmoins que les derniers événements avaient singulièrement modifié les conditions du problème. Au milieu de nos embarras et de nos dangers, incertains de notre propre existence, nous ne pouvions songer à des combinaisons définitives. La prudence consistait à les réserver toutes, en profitant des dispositions favorables, lorsque nous avions la bonne chance de les rencontrer, et dans cet ordre d'idées, il pensa comme moi qu'il y avait quelque chose à faire à Saint-Pétersbourg, où nous avions plus d'amis que tout d'abord on n'aurait pu le présumer.

Étant sur tous les points importants en complète communauté de vues avec lui, je lui ouvris mon cœur sur deux résolutions qui m'agitaient profondément, et qu'il m'eût été très-pénible de prendre, si elles n'avaient pas eu son approbation.

La première était relative à mon départ de Paris, la seconde à mon voyage au quartier général prussien.

Chaque jour en effet l'ennemi se rapprochait. Aucun obstacle n'arrêtait sa marche. Il était facile de prévoir que nous allions être investis et séparés de la France et de l'Europe. Si Paris eût été une place de guerre ordinaire, le gouvernement aurait dû s'en retirer tout entier, en en confiant la garde et la défense à l'autorité militaire. Mais il fallait songer avant tout aux difficultés politiques auxquelles l'exposaient et son rang de capitale, et sa population de deux millions et demi d'habitants, et les passions ardentes qui fermentaient dans son sein. Devenu le point de mire de l'attaque prussienne, il était par là même le boulevard de la défense nationale. L'abandonner à la seule action d'un général, c'était courir le risque de le livrer sans combat, par l'explosion certaine de séditions impossibles à comprimer. C'était par l'ascendant moral, par la direction civique, par la sagesse des conseils, et surtout par l'autorité de l'exemple, qu'il devait être contenu. Une grande cité qui a devant elle la perspective des souffrances et des périls d'un siége, ne peut voir s'éloigner d'elle ceux auxquels elle a donné depuis longtemps sa confiance. Elle veut avec raison qu'ils partagent son sort. Ils sont sa garantie, la caution de son courage, ses otages et ses témoins nécessaires. Je le sentis cruellement plus tard, lorsque convaincu qu'en faisant une démarche à Londres où j'étais attendu, je pouvais diminuer les rigueurs d'une capitulation inévitable, je cédai cependant au vœu de Paris qui ne consentait pas à me laisser partir, et, le dirai-je? aux secrètes inspirations de mon cœur qui se révoltait à l'idée de m'éloigner du champ de bataille où l'honneur me retenait. Mais au 11 septembre ces motifs d'hésitation n'existaient point. J'aurais voulu me couper en deux parts. Je sentais fort bien que le ministre des affaires étrangères devait rester en communication avec l'Europe, mais je considérais qu'il était encore plus de son devoir de ne pas quitter Paris. Je prévoyais des troubles quotidiens, des émeutes, des terreurs et des colères redoutables, probablement des assauts de vive force ; je me faisais cette illusion que je pouvais être utile et que ma place devait être au milieu de mes concitoyens livrés à ce terrible inconnu. J'avais alors quelque popularité, qu'en pouvais-je faire de mieux que de la sacrifier pour accomplir mon devoir ? Cependant la question était embarrassante. Je soumis mes scrupules à M. Thiers, qui fut de mon avis et leva ainsi tous mes doutes.

La seconde résolution était plus délicate et plus grave. N'ayant obtenu de l'Angleterre et de la Russie que des paroles d'intérêt stérile, alors que je réclamais une in-

tervention directe, ne fût-ce que pour interroger la
Prusse sur les conditions auxquelles elle prétendait nous
soumettre, j'avais conçu le dessein d'aller moi-même
m'en informer près de M. de Bismarck. Je ne me dissimulais aucune des graves objections que soulevait une
telle entreprise. Sans parler du supplice qu'elle devait
m'infliger, elle pouvait m'exposer à une humiliation
gratuite, compromettante pour le gouvernement, préjudiciable à la défense. Dépositaires d'un pouvoir de fait
qu'une révolution venait de mettre entre nos mains, nous
pouvions craindre d'être éconduits dédaigneusement.
La Prusse monarchique, enivrée par ses victoires, trouverait ainsi le moyen d'abaisser aux yeux de l'Europe
la France républicaine, et de ruiner le crédit de ceux
qui organisaient sa résistance. Je sentais ces dangers,
et je ne m'y arrêtais pas, tant me paraissait supérieur à
toute considération le devoir de tout risquer pour
épargner à Paris les horreurs d'un siége, pour sauver
d'une mort certaine des milliers de créatures humaines
que la guerre allait immoler. J'en avais un soir entretenu le gouvernement; j'avais rencontré de sa part
une froideur qui serait devenue une désapprobation
formelle, si je l'avais officiellement consulté. Je n'en
persévérai pas moins. Ma conscience criait trop haut,
j'étais prêt à tout braver pour lui obéir. Je m'en ouvris
à lord Lyons, qui m'approuva et me proposa d'en référer à lord Granville en lui demandant d'être mon intermédiaire. J'acceptai avec empressement. Le 9 septembre,
je lui remis une note confidentielle, qu'il se chargeait de
transmettre à l'ambassadeur de Prusse, à Londres, par
les soins du cabinet anglais. Cette note était ainsi conçue : « Le comte de Bismarck veut-il entrer en pour-

» parlers pour arriver à un armistice et à une confé-
» rence sur les conditions de la paix, et avec qui
» entend-il engager cette conversation? » Le même jour,
lord Lyons envoyait un courrier au quartier général
prussien, et de mon côté j'écrivais à M. Tissot pour lui ordonner d'insister auprès de lord Granville. Le secrétaire
d'ambassade anglais eut à surmonter des difficultés de
toute nature; ce ne fut qu'au bout de trois jours d'allées et de venues fatigantes et périlleuses qu'il put voir
M. de Bismarck : celui-ci se contenta de répondre qu'il
ne mettait aucun obstacle à mon voyage, mais que le
résultat en était subordonné à une question préalable à
propos de laquelle le comte de Bernstorff attendait une
communication de lord Granville. C'était ne rien résoudre et me laisser dans l'incertitude. Le temps pressait,
et je pouvais compter par heures le moment où le canon
prussien se ferait entendre sous les murs de Paris. Mon
anxiété était extrême. Mais j'étais résolu à tenter ma
démarche si je ne recevais aucune indication nouvelle.

M. Thiers voulut bien recevoir mes confidences et sur
ce point encore me fortifier par son approbation. Il me
promit de ne rien épargner auprès de lord Granville
pour que la négociation que j'allais essayer eût l'adhésion de l'Angleterre. L'un et l'autre nous y attachions
une importance bien naturelle. Isolés, nous avions de
grandes chances d'échouer; en obtenant l'appui du cabinet de Londres, nous entraînions tous les neutres et
nous pouvions avec eux espérer une paix honorable.

Cette paix, toutefois, nous n'avions pas le droit de
la conclure : nous ne pouvions qu'en arrêter les préliminaires. J'exposai à M. Thiers mes idées à cet égard.
Elles me paraissaient commandées par notre situation

exceptionnelle. Nés d'un orage populaire, nous n'avions pas la prétention de représenter la France et de stipuler en son nom. Nous voulions seulement la mettre à même d'être consultée. Ma première parole, en abordant M. de Bismarck, devait donc être une demande d'armistice dans le but de convoquer une Assemblée. A cette Assemblée appartiendrait la décision souveraine de la paix ou de la guerre. Mais rien ne s'opposait à ce qu'une négociation préalable déterminât les conditions principales d'un traité. J'étais prêt à donner mon consentement à toutes les combinaisons qui garantiraient la sécurité de la Prusse, pourvu qu'elle respectât l'intégrité de notre territoire.

Nous examinâmes ensuite, M. Thiers et moi, les différentes questions se rattachant à la mission qu'il allait remplir, et après nous être mis d'accord, nous nous séparâmes, non sans une vive émotion de ma part, et chacun le comprendra. J'étais touché, plus que je ne le puis dire, du courage avec lequel notre illustre ambassadeur acceptait la responsabilité des événements auxquels il consentait à se mêler. Il ne fallait rien moins que la nécessité qui nous dominait tous pour que je me résignasse à paraître son chef, quand j'avais autant de raisons de me placer sous ses ordres que de l'admirer. Mais nous n'avions pas le loisir de nous arrêter à ces scrupules. La grandeur de la situation effaçait tout : elle ne m'empêchait pas cependant d'être reconnaissant jusqu'au fond de l'âme envers ce grand citoyen qui s'oubliait une fois de plus pour son pays, et de pressentir, par un vague instinct, qu'il recueillerait un jour le fruit des services éminents qu'il allait lui rendre.

Le *Journal officiel* du 12 septembre contenait cette

note : « M. Thiers, dans les circonstances présentes, n'a
» pas voulu refuser ses services au gouvernement ; il
» part ce soir en mission pour Londres, il se rendra en-
» suite à Saint-Pétersbourg et à Vienne.

§

Le même soir, M. Thiers quitta Paris, et pour donner une idée exacte de la manière dont sa mission fut remplie, je ne puis mieux faire que de le laisser en être lui-même le narrateur. Le lecteur me saura gré de ne point analyser le rapport qu'il me fit parvenir dès le lendemain. Je le mets en entier sous ses yeux.

« Mon cher ancien collègue,

Londres, 13 septembre 1870.

» Je suis parti hier au soir, comme je vous l'avais
» promis, et j'ai été le dernier, je crois, à me servir du
» chemin de fer du Nord, car l'officier du génie chargé
» d'intercepter les communications m'a déclaré qu'il
» avait attendu mon passage pour faire sauter le pont
» de Creil.

» Je suis arrivé à sept heures du matin à Londres, et
» n'ayant trouvé de place nulle part, tant les étrangers,
» surtout Français, abondent ici, j'ai été obligé de me
» loger à l'hôtel de l'ambassade, où, par les soins de
» M. Tissot, on m'a disposé une sorte de campement.
» J'ai eu l'occasion de reconnaître, en recevant diverses
» personnes ce matin, que l'opinion publique s'amélio-
» rait, et même, ce qui m'a un peu rassuré sur l'utilité
» de ma mission, très-douteuse à mes yeux, que l'an-

# LES NÉGOCIATIONS DIPLOMATIQUES.

« nonce de ma venue avait donné aux esprits un certain
» coup de fouet. Tant mieux, a-t-on dit, les ministres
» seront obligés de s'expliquer. Le *Times* lui-même a tenu
» un meilleur langage. M. Tissot s'étant mis à ma dispo-
» sition avec beaucoup d'empressement, je me suis servi
» de lui pour faire part au cabinet anglais de mon ar-
» rivée à Londres. A midi précis lord Granville était
» chez moi, voulant m'épargner la peine de me rendre
» au Foreign-Office. La conversation a été longue et
» pressante de ma part, mais toujours très-amicale. Il
» me serait impossible de la suivre dans ses redites iné-
» vitables. En voici le résumé aussi exact que possible.

» J'ai d'abord mis du soin à prouver, par un récit
» véridique des événements qui avaient amené la guerre,
» que cette guerre la France ne l'avait pas voulue, que
» la Chambre elle-même ne l'avait pas voulue davantage
» et n'avait cédé qu'à la pression du pouvoir, toujours
» irrésistible auprès d'elle, et que le dernier jour notam-
» ment, c'est-à-dire le 15 juillet, elle ne s'était laissé
» entraîner que par le mensonge fort coupable d'un
» prétendu outrage fait à la France.

» Mon récit a paru dissiper plus d'une erreur dans
» l'esprit de lord Granville, qui semblait croire, d'après
» ce que lui avaient dit les agents de l'Empire, qu'au
» fond la France avait voulu la guerre, et que la dynastie
» n'avait fait qu'en prendre l'initiative. Je crois l'avoir
» convaincu sur ce point. A cette occasion nous avons
» touché à un sujet qui nous préoccupait quelque peu
» en quittant Paris : c'est à une intrigue des Bonaparte
» tendant à rétablir l'Empire sur la tête du Prince impé-
» rial avec la régence de l'Impératrice. Lord Granville
» a traité cette vision de chimère impossible à réaliser

» et ne méritant l'attention de personne. Des rensei-
» gnements que j'ai pris ailleurs me prouvent qu'il n'y
» a là rien de sérieux, que les personnages de l'Empire
» réfugiés ici n'y croient pas eux-mêmes, et n'en font
» pas l'objet de leurs démarches. Ils sont pour le mo-
» ment terrifiés et inactifs. L'intrigue bonapartiste, si
» elle existe, aurait plus de réalité au camp prussien.
» Lord Granville m'a dit que la cour de Prusse ne vou-
» lant pas ou ne paraissant pas vouloir traiter, se servi-
» rait peut-être de ce prétexte, alléguant que le gouver-
» nement impérial avait seul à ses yeux un caractère
» régulier, que le gouvernement nouveau était né d'un
» mouvement populaire, qu'il n'avait aucune existence
» légale, et qu'on était exposé en traitant avec lui à ne
» traiter avec personne.

» Cette objection, que lord Granville ne présentait
» pas pour son compte, m'a fourni l'occasion de dire
» que la Chambre aurait pu se saisir du pouvoir, si
» elle avait eu de la décision ; mais qu'à force d'hésiter
» elle avait laissé la place à un mouvement populaire,
» que de ce mouvement était né le gouvernement actuel ;
» qu'il était oiseux et dangereux de disputer sur son ori-
» gine, et qu'il fallait regarder à ses actes, qui étaient
» excellents. (Lord Granville a plusieurs fois confirmé
» mon assertion par un mouvement de tête.) J'ai ajouté
» que la République était en ce moment le gouverne-
» ment de tout le monde ; que ne désespérant aucun
» parti, parce qu'elle ne réalisait définitivement le vœu
» d'aucun, elle convenait maintenant à tous ; que les
» gens raisonnables étaient unanimes pour la soutenir,
» parce que, au mérite de ne pas froisser les partis elle
» ajoutait celui d'être en ce moment le vrai gouverne-

» ment de la défense nationale, car tous les partis pou-
» vaient concourir à la défense commune, sans avoir le
» chagrin de se dire qu'ils travaillaient pour un adver-
» saire ; qu'enfin elle était aux mains d'honnêtes gens,
» très-bien intentionnés, ayant jusqu'ici fait tous leurs
» efforts pour maintenir l'ordre ; que quant à moi, du
» reste, je le pensais ainsi, puisque j'étais en ce moment
» à Londres, et prêt à me rendre ailleurs pour persuader
» à toutes les cours qu'aider le gouvernement actuel de
» la France était pour la France et pour l'Europe ce
» qu'il y avait de plus sage à faire.

» Lord Granville a parfaitement accueilli tout ce que
» je lui ai dit à ce sujet, et s'il s'y est arrêté lui-même,
» c'est comme à une objection, non pas de l'Angleterre,
» mais de la Prusse cherchant des prétextes pour ne pas
» traiter. Il m'a même demandé pourquoi on n'avait pas
» convoqué à plus bref délai la prochaine Constituante.
» J'ai répondu par l'impossibilité naissant des circon-
» stances présentes, et du reste il a paru encore ici s'at-
» tacher à me prouver qu'il ne parlait pas pour lui-
» même, mais pour la Prusse, dont nous avons à conjurer
» la mauvaise volonté.

» Enfin nous sommes arrivés aux circonstances ac-
» tuelles, et j'ai demandé ce que voulait faire l'Angle-
» terre ; je l'ai demandé d'une manière pressante, en
» rappelant notre alliance de quarante ans, notre con-
» fraternité d'armes en Crimée et la loyauté de notre
» conduite pendant la guerre de l'Inde. J'ai demandé si
» elle nous refuserait tout appui dans un moment où la
» folie du gouvernement déchu nous avait laissés dé-
» sarmés devant une puissance qui ne dissimulait nulle-
» ment sa passion d'agrandissement.

» Là-dessus, lord Granville s'est confondu en témoi-
» gnages d'affection pour la France, et avec une grande
» douceur s'est attaché à éluder tous mes efforts. Il m'a
» répété sans cesse que l'Angleterre désirerait bien venir
» à notre secours, mais que, ne voulant pas aller jusqu'à
» la guerre, parce qu'elle n'en avait pas actuellement
» les moyens, elle s'exposait en insistant au nom des
» neutres à déplaire à la Prusse, qui ne voulait pas en-
» tendre parler de leur intervention, et dès lors à des-
» servir plutôt qu'à servir notre cause. Comme je répon-
» dais qu'en se tenant dans cette mesure elle ne ferait
» rien, absolument rien, et qu'elle allait déchoir de son
» rang en laissant opérer sans elle et malgré elle la plus
» grande révolution des temps modernes, il s'est défendu
» contre ces observations en me disant que les Alle-
» mands au contraire se plaignaient qu'elle faisait trop
» pour nous, et qu'elle était tout à fait partiale pour les
» Français. Je lui ai répliqué que sans doute, quoi qu'on
» fît, on était exposé dans sa situation à s'entendre
» accuser par les uns et par les autres, mais qu'il fallait
» bien qu'entre les deux plaignants il y en eût un qui eût
» raison; qu'évidemment c'était la France, car elle n'était
» pas la puissance conquérante, cherchant à changer la
» face de l'Europe, et que cependant c'était la Prusse
» seule qu'on laissait faire, et que la simple inertie était
» envers elle la plus grande des partialités. D'ailleurs,
» ai-je ajouté hardiment, savez-vous ce qu'on dit par-
» tout en France? C'est que votre Reine est dominée par
» ses affections de famille, et qu'en cette occasion le
» cabinet est influencé par elle.

» — Je suis profondément dévoué à ma souveraine,
» a répondu lord Granville, mais je suis un ministre

» anglais, et le vœu de mon pays est le seul que je
» consulte.

» A Londres, on croit que lord Granville est influencé
» par les sentiments maternels de la Reine; mais je dois
» dire qu'il m'a semblé être surtout dirigé par une poli-
» tique d'inertie, qui consiste à éviter toutes les grosses
» affaires. Autrefois l'Angleterre aurait frémi d'indigna-
» tion à l'idée de laisser consommer une aussi grande
» révolution que celle qui s'accomplit sous nos yeux
» sans s'en mêler comme devrait le faire une grande
» puissance. Aujourd'hui, tout en reconnaissant que la
» Prusse devient effrayante, elle aime mieux se boucher
» les yeux et les oreilles plutôt que de le voir, ou de se
» l'entendre dire. Elle est chagrine, inquiète; mais
» l'idée d'une grande guerre l'effraye, et l'idée d'une
» démarche qui serait repoussée, et la placerait entre un
» affront et le recours aux armes, l'effraye presque au-
» tant que la guerre elle-même. Je le disais tout à l'heure
» à M. Gladstone, dont je vous rapporterai l'entretien
» dans la suite de cette dépêche, je lui disais : L'Angle-
» terre, qui s'irritait autrefois quand Napoléon lui disait
» qu'elle était une puissance exclusivement maritime,
» sortant de son rôle légitime lorsqu'elle se mêlait d'af-
» faires continentales, l'Angleterre reconnaît aujourd'hui
» qu'il avait raison, car décidément elle fait ce qu'il
» voulait, et livre le continent à lui-même sans oser avoir
» un avis sur ce qui s'y passe. M. Gladstone s'est tu et
» a gardé le silence d'un homme à la fois attristé et
» importuné.

» Cependant l'opinion publique se réveille peu à peu,
» le vieil orgueil anglais gronde sourdement, et si le
» Parlement était assemblé il éclaterait. Mais il n'y a

» personne à Londres que M. Gladstone et lord Gran-
» ville, attirés du reste par ma présence et ma mission.
» Les ministres font donc ce qu'ils veulent, et cèdent au
» penchant de l'inertie, se montrant importunés lors-
» qu'on leur montre ce qu'ils laissent faire.

» Du reste, je n'ai personnellement qu'à me louer de
» leur accueil, et des sentiments d'intérêt qu'ils expri-
» ment pour la France. Comme je répondais à lord
» Granville qu'après tout cet intérêt se réduisait à rien,
» il m'a répondu qu'ils avaient fait quelque chose, qu'ils
» s'étaient constitués nos intermédiaires en transmettant
» à la Prusse une communication qui équivalait à une
» proposition de traiter, et qu'il fallait en attendre la
» réponse. J'ai répliqué que c'était bien peu de chose,
» que sans doute il fallait attendre cette réponse, mais
» qu'elle n'avait pas plus de portée que la demande (je
» ne connaissais pas encore la réponse qui est arrivée);
» qu'il fallait donc autre chose, et quelque chose qui don-
» nât plus de caractère à l'intervention de l'Angleterre.
» Il m'a répondu que sans doute s'il y avait quelque
» chose d'utile à faire (en dehors de toute idée de guerre)
» il ne le repousserait pas, mais qu'il était sûr que l'in-
» tervention des neutres dans cette affaire était souve-
» rainement désagréable à la Prusse, et qu'on obtiendrait
» de bien meilleures conditions en s'abouchant directe-
» ment avec elle qu'en y mêlant la présence des neutres.
» Et pourquoi, a-t-il ajouté, M. Jules Favre ne s'abou-
» cherait-il pas directement avec M. de Bismarck? Quelle
» objection aurait-il à tenter une semblable démarche?

» Me rappelant alors, Monsieur le ministre, ce que
» vous m'aviez dit, que vous étiez prêt à braver tous les
» périls, tous les dégoûts pour vous rendre au quartier

» général prussien, j'ai répondu, sans vous engager du
» reste à aucun degré, que, tout en ignorant la résolu-
» tion que vous prendriez, je ne croyais pas cependant
» que vous fussiez contraire à une telle démarche, mais
» qu'il faudrait auparavant s'assurer d'une réponse favo-
» rable et d'un accueil convenable au représentant de la
» France; que dès lors il faudrait que l'Angleterre se fît
» l'intermédiaire de cette proposition en la recomman-
» dant fortement, et en garantissant ainsi sa loyale exé-
» cution.

» Là-dessus lord Granville m'a dit qu'il allait y
» penser et s'en entendre avec M. Gladstone. Je l'ai prié
» alors ou de se charger d'une lettre de moi pour
» M. Gladstone, afin de lui demander une entrevue, ou
» de la demander pour moi de vive voix. Il m'a répondu
» qu'il était inutile d'écrire, et qu'il me répondrait im-
» médiatement. Un quart d'heure après j'ai reçu un mot
» de lord Granville m'annonçant la visite de M. Glad-
» stone pour six heures.

» A six heures, en effet, M. Gladstone s'est présenté à
» l'ambassade de France, où je vous ai dit que j'étais
» établi. Je l'ai trouvé grave, doux, amical, mais pro-
» fondément attristé par les événements de l'Europe.
» La réponse que nous attendions est arrivée, m'a-t-il
» dit, la voici, lisez-la. — Je n'ai pas besoin de la repro-
» duire puisqu'elle est dans vos mains. Cette réponse,
» vous le devinez, m'a fait tressaillir. En affectant de
» ne pouvoir pas traiter avec le gouvernement français,
» parce qu'il serait incapable de se faire obéir, M. de
» Bismarck laisse voir ce qu'il exigerait. Nous nous
» sommes bien gardés M. Gladstone et moi de dire un
» mot des conditions insinuées plutôt qu'exprimées dans

» cette réponse. Je n'aurais pas voulu, bien entendu,
» les mettre en discussion. Je me suis borné à lui dire
» que le gouvernement actuel serait obéi des troupes
» comme des citoyens, quand il n'aurait rien à leur de-
» mander qui révoltât leur patriotisme. Puis sur-le-
» champ nous sommes revenus à l'idée que lord Gran-
» ville m'avait indiquée ce matin comme ce qu'il y au-
» rait de plus pratique, c'est-à-dire à une démarche de
» M. Jules Favre au quartier général prussien. — Quand
» on sera en présence les uns des autres, m'a-t-il dit,
» on ne demandera plus si on peut ou si on ne peut pas
» traiter. — Oui, ai-je répondu, mais je ne puis pas
» engager M. Jules Favre ; je ne puis dire qu'une chose,
» c'est qu'il m'a répété plusieurs fois que, pour amener
» une paix honorable, il serait prêt à braver les plus
» grands périls, ou à défaut de périls les plus grands
» dégoûts, celui notamment de se transporter au quar-
» tier général ennemi. Il faut donc attendre sa réponse.
» Mais ce n'est pas tout ; il faut que l'Angleterre sorte
» de son inertie, il faut qu'elle-même propose l'entrevue
» dont il s'agit, et la réclame comme une chose due à
» l'Europe et à l'humanité tout entière. — Sans doute,
» m'a dit M. Gladstone, l'Angleterre se fera l'intermé-
» diaire de cette proposition. — Intermédiaire soit, ai-je
» répondu, mais elle ne peut pas se borner au rôle d'un
» simple messager ; il faut qu'elle parle convenablement
» à sa grandeur, à sa dignité, aux sentiments élevés
» qu'elle professe. Il faut qu'en portant le message de
» paix elle réclame son acceptation comme un devoir
» envers l'humanité, révoltée du sang répandu en abon-
» dance par deux grandes nations civilisées. — Oui,
» m'a répondu M. Gladstone, lord Granville dira cela.

» — Ce n'est pas assez, ai-je ajouté, il faut que l'An-
» gleterre ne s'en tienne pas au langage d'un pasteur
» prêchant la charité; il faut qu'elle parle au nom de
» l'Europe, qu'elle en exprime le sentiment sur ce qui
» se passe actuellement. — Il faut, ai-je ajouté, que
» l'Angleterre dise que l'humanité veut la paix, mais
» qu'elle dise aussi un mot sur la nature de cette paix,
» et qu'elle ajoute qu'il faut mettre un terme à l'effusion
» du sang au moyen d'une paix équitable et durable, qui
» ne porte pas à l'équilibre européen de plus grandes
» atteintes que celles qu'il a déjà reçues.

» M. Gladstone m'a dit : Oui, lord Granville dira
» cela. — J'ai insisté et j'ai obtenu qu'il fût encore plus
» affirmatif, en lui répétant avec la dernière chaleur
» que si l'Angleterre ne parlait pas comme puissance
» européenne, elle abdiquerait en face du monde, et
» semblerait, en présence du sang qui allait couler sous
» les murs de Paris, en présence du colosse qui allait
» s'élever au centre de l'Europe, elle semblerait dire
» que peu lui importe, et se renfermer négligemment
» dans sa position insulaire pour laisser le sang couler
» et l'Europe devenir ce qu'elle pourrait.

» Il était huit heures du soir; j'ai prié M. Gladstone,
» qui allait joindre lord Granville, de lui demander pour
» moi une nouvelle entrevue, avant minuit et à l'heure
» qu'il voudrait. Lord Granville dînait en ville. Je lui ai
» écrit alors une lettre pressante (vous voyez tout ce que
» la situation commande de démarches, qu'on ne ferait
» jamais pour soi) pour demander à le revoir. Accablé
» de fatigue, car depuis quarante-huit heures j'avais
» passé mon temps en allées et venues ou en voyage, j'ai
» recommandé à un de nos jeunes attachés de rester de

» garde, et de venir m'éveiller, si une réponse arrivait.
» Elle n'est venue que ce matin, et expliquant le silence
» de la veille par un dîner à Holland-House, par la ré-
» ception tardive de ma lettre, lord Granville m'annonce
» sa visite pour onze heures. Je l'attends. Je joindrai à
» cette dépêche l'entretien que je vais avoir avec lui. »

« Mercredi 14 septembre, onze heures du matin.

» Je viens de revoir lord Granville. Je l'ai trouvé plus
» amical encore qu'hier, mais craignant toujours de
» compromettre l'Angleterre, en s'approchant de l'incen-
» die qui dévore le centre du continent. Il m'a dit qu'il
» avait écrit à lord Lyons relativement à la démarche
» que M. Jules Favre pourrait faire en se rendant au
» camp prussien, et que l'Angleterre appuierait de toutes
» ses forces. Il m'a demandé d'abord si M. Jules Favre
» voudrait faire cette démarche, surtout après la réponse
» reçue hier de la Prusse. A cela j'ai répondu comme
» hier, que je supposais M. Jules Favre disposé aux sa-
» crifices les plus pénibles dans l'intérêt d'une paix
» prompte et honorable, mais que je ne pouvais prendre
» en son nom un engagement pour lequel je n'étais pas
» autorisé. Je suis alors revenu à notre conversation
» d'hier, et j'ai de nouveau insisté pour que l'Angleterre,
» en demandant que M. Jules Favre fût reçu au camp
» prussien, et y fût reçu honorablement, ne se bornât
» pas au rôle de simple messager, rôle trop modeste
» pour elle; et j'ai insisté pour que le cabinet anglais
» recommandât, *au nom de l'humanité,* la cessation de
» cette horrible effusion de sang, et *au nom de l'intérêt*
» *général,* une paix qui n'apportât pas à l'équilibre euro-
» péen plus de dommage qu'il n'en avait reçu. J'ai

» ajouté que M. Gladstone avait approuvé cette double
» recommandation au nom de l'humanité et au nom de
» l'équilibre européen.

» Lord Granville m'a paru ici toujours aussi soigneux
» de ne mettre pas le doigt dans un engrenage qui pour-
» rait saisir le doigt, puis le bras, puis la personne tout
» entière. Il n'a pas dit *non*, mais il a voulu s'en en-
» tendre avec M. Gladstone qu'il n'avait pas vu hier au
» soir, et j'ai rendez-vous avec lui au Foreign-Office, à
» quatre heures et demie.

» Mes pouvoirs étant sur la table, et portant l'adresse
» de lord Granville, il m'a dit : — Je crois que ce pli est
» pour moi. — Oui, milord, il est pour vous. Ce sont
» mes pouvoirs, que je ne vous ai pas remis hier tant j'é-
» tais pressé d'entrer en matière. — Il a souri en disant
» que ces formalités étaient superflues dans le moment ;
» il a ouvert le pli, l'a lu, et il a ajouté : Je le reçois, bien
» qu'au fond je ne le devrais pas, notre gouvernement
» n'ayant pas reconnu le vôtre. Mais vous voyez qu'en
» fait, nos relations sont ce qu'elles seraient si la recon-
» naissance avait eu lieu.

» Je me proposais de traiter, aujourd'hui même, la
» question de la reconnaissance, et j'ai saisi l'occasion qui
» s'offrait naturellement. — Milord, ai-je dit, vous me
» parlez sans cesse d'appui moral, l'appui matériel étant
» impossible ; mais voici un moyen de donner au gou-
» vernement français un grand appui moral, ce serait
» de le reconnaître. — Sans doute, m'a répondu lord
» Granville, vous voyez par nos rapports avec nous
» que nous faisons tout comme nous ferions envers un
» gouvernement reconnu ; mais rien encore n'a donné
» au gouvernement établi à Paris le 4 septembre un

» caractère régulier, et nous craindrions de nous avan-
» cer beaucoup et trop vite en le reconnaissant. Si de-
» main, par exemple, une secousse le renversait, quelle
» figure aurions-nous? Oh! si un vote quelconque avait
» fourni à votre pays l'occasion de consacrer le nouveau
» gouvernement, nous n'hésiterions pas. Mais pourquoi
» tant différer les élections prochaines? — J'ai répété
» que les circonstances n'avaient pas permis de les faire
» plus tôt, que le résultat des élections était certain;
» qu'elles enverraient en majorité des libéraux conserva-
» teurs, disposés comme moi à soutenir le gouverne-
» ment actuel; que si c'était une semblable manifestation
» que l'Angleterre désirait, avant de reconnaître le gou-
» vernement français, elle pourrait le reconnaître à
» l'instant même, car le gouvernement serait nécessaire
» dans un mois comme il l'est aujourd'hui. — Oui, a
» répliqué lord Granville, mais une secousse? Qui peut
» en répondre? — La secousse, ai-je répliqué, dépend
» plus de l'Europe que de nous; si on ne ménage pas le
» gouvernement modéré qui est actuellement aux affaires,
» si on le pousse, ou si on permet qu'il soit poussé à ou-
» trance, personne ne peut répondre de ce qui arriverait.
» — Ceci ramenait toutes les questions déjà traitées, et
» je n'ai pas insisté. Mais lord Granville ne m'a point
» paru absolument contraire à la reconnaissance. Je dois
» le revoir au Foreign-Office à quatre heures et demie.

» A. Thiers [1].

» 14 septembre 1870. »

---

[1] Voir aux Pièces justificatives ma dépêche du 16 septembre en réponse à celle-ci.

Cette dépêche prouvait clairement que l'illustre négociateur n'avait rien épargné pour réussir, mais que ses efforts se brisaient contre un parti pris bien arrêté. L'Angleterre, cependant, consentait à devenir notre intermédiaire, pour faciliter mon entrevue avec M. de Bismarck. Quant à une médiation, elle ne l'offrirait, ainsi que lord Granville l'écrivait à lord Lyons le 14 septembre, que « dans le cas où elle serait assurée à » l'avance d'une base commune de négociation accep- » tée par les deux belligérants. » Il fallait donc renoncer à toute tentative d'accommodement où subir la condition préalable d'une démarche personnelle au quartier général prussien. M. Thiers avait eu raison de le dire au principal secrétaire d'État de la Reine, j'étais prêt à surmonter les sentiments pénibles qu'une telle épreuve faisait naître en moi. J'étais résolu à m'exposer à tout plutôt qu'au reproche de ma conscience d'avoir peut-être négligé un moyen de mettre un terme aux malheurs de ma patrie.

Toutefois, décidé à ne point reculer devant une témérité, je devais ne pas paraître agir légèrement et sans prendre toutes les précautions de prudence conciliables avec l'exécution de mon dessein. C'est pourquoi j'avais profité de la bonne volonté de lord Lyons et fait demander à la Prusse, par l'intermédiaire de lord Granville, si on consentirait à me recevoir. La réponse que transmit le comte de Bernstorff, et qui fit tressaillir M. Thiers, lorsque M. Gladstone la lui communiqua, n'était en effet rien moins qu'encourageante. La voici avec ma réplique, dans une dépêche télégraphique que j'expédiai à M. Thiers le 14 septembre, avant d'avoir reçu son message :

« Paris, le 14 septembre 1870.

» Lord Lyons sort de chez moi; il m'apporte un télé-
» gramme venu du quartier général et transmis par
» Londres. Je pense que vous le trouverez entre les
» mains de lord Granville, en voici la traduction ; le
» texte ne nous a pas semblé exempt d'une certaine obs-
» curité : « Quelle garantie y a-t-il que la France ou en ce
» moment les troupes de Metz et de Strasbourg recon-
» naîtront les arrangements dans lesquels on pourrait
» entrer avec le gouvernement existant à Paris *ou avec
» ceux qui lui succéderaient probablement?* » — Voici quelle
» a été ma réponse, et, après l'avoir entendue, lord
» Lyons m'a demandé de la formuler par écrit : « *Les
» garanties justement réclamées par M. le comte de Bis-
» marck peuvent être fournies à un double point de vue
» politique et militaire. Au point de vue politique, le
» gouvernement de la Défense nationale signera un ar-
» mistice et réunira de suite une Assemblée qui ratifiera
» le traité de paix convenu entre le gouvernement prus-
» sien et celui de la France. Au point de vue militaire,
» le gouvernement de la Défense nationale offre la même
» sécurité qu'un gouvernement régulier, puisque le mi-
» nistre de la guerre est obéi dans tous les ordres qu'il
» donne. Tout ce qui serait réglé à cet égard par un ar-
» mistice serait donc ponctuellement exécuté sans aucun
» retard.* » — Vous ajouterez à cette déclaration tout ce
» que vous inspirera votre sagesse. J'ai cru pouvoir dire
» à lord Lyons que non-seulement la paix était à désirer
» dans un intérêt d'humanité, mais qu'elle serait favora-
» blement accueillie en France, pourvu qu'elle fût hono-
» rable et solide, c'est-à-dire avec l'intégrité de notre

» territoire. Toute autre condition sera repoussée. De-
» puis quatre jours Paris est transformé. Nous avons
» plus de deux cent mille gardes nationaux, plus de cent
» mille gardes mobiles tous bien armés et animés d'une
» incomparable ardeur. Je ne conseillerais pas au mi-
» nistre des affaires étrangères de dire qu'il espère trai-
» ter. Notre armée dépasse quatre-vingt mille hommes
» très-résolus à se conduire vaillamment. Avec cela,
» nous attendons pleins de confiance. Mais pour ma part,
» je désire vivement que ces mâles dispositions avertis-
» sent l'ennemi et nous procurent une paix honorable.
» Je sais que vos sentiments sont les miens, et j'espère
» que vous aurez la gloire d'en assurer le succès. »

Le même jour je recevais de M. Thiers le télégramme suivant, par lequel il approuvait ma réponse et me faisait connaître les dernières résolutions de lord Granville :

« Mercredi 14 septembre 1870.

» Je sors du Foreign-Office après avoir vu lord Gran-
» ville pour la seconde fois aujourd'hui. Il m'a montré
» votre réponse à la communication de M. de Bismarck,
» réponse que je trouve ici en rentrant à l'hôtel de l'am-
» bassade. Cette réponse est excellente. Lord Granville
» l'approuve tout à fait. Après nous être entretenus
» quelques instants de ce sujet, il m'a fait part de son
» entretien d'aujourd'hui avec M. Gladstone. J'avais
» bien prévu qu'il retrancherait quelque chose des con-
» cessions que m'avait faites hier M. Gladstone, et j'ai
» voulu les reprendre, mais en vain, et voici les réso-
» lutions définitives du cabinet britannique. Si dans un
» moment qu'il vous appartient de choisir, vous trouvez

» utile de vous aboucher avec M. de Bismarck au camp
» prussien, l'Angleterre se fera votre intermédiaire,
» portera au camp prussien l'expression de votre désir,
» et l'approuvera fortement comme le moyen le plus
» simple de mettre les parties belligérantes en mesure
» de s'expliquer et de s'entendre, et formera au nom
» de l'humanité le vœu de voir bientôt cesser l'effusion
» du sang et le calme se rétablir en Europe au moyen
» d'une paix également honorable pour les deux parties.

» J'allais recommencer mes insistances, lorsque lord
» Granville m'a arrêté en me disant : N'insistez pas
» davantage. Vous nous avez déjà fait sortir de notre
» voie, vous nous forcez à faire plus que nous ne vou-
» lions, car nous voulions être simples intermédiaires
» sans appuyer aucune solution ; mais nous faire recom-
» mander une paix qui *n'apporterait pas à l'équilibre*
» *européen plus de dommage qu'il n'en a déjà reçu,*
» c'est nous faire entrer dans la négociation et prendre
» parti pour telle solution contre telle autre. Je ne sais
» pas si plus tard nous ne devrons pas aller plus loin;
» mais aujourd'hui nous faisons un pas au delà des li-
» mites que nous nous étions tracées, contentez-vous-
» en et ne nous demandez pas ce que nous ne pouvons
» pas faire.

» Je me suis montré triste, peu satisfait, mécontent
» d'une ancienne alliance qui aboutissait à si peu d'as-
» sistance dans les grands périls ; mais je n'ai pas
» voulu courir la chance d'irriter sans rien gagner. Il
» est certain que j'ai cru conquérir un peu de terrain
» sur leur inertie, que je les ai émus sans toutefois les
» tirer de leur abstention obstinée. Je leur ai dit qu'ils
» se conduisaient aujourd'hui comme la France en 1866.

» Ils le sentent ; mais se jeter hardiment dans le péril
» présent pour en prévenir un plus grand plus tard,
» dépasse le courage actuel de l'Europe, et il faut dire
» que l'état de non-préparation où sont toutes les puis-
» sances explique leur inertie sans la justifier. Tout ce
» que j'aurai obtenu, ce sera de faire que lord Lyons
» rencontre un peu moins d'obstacles dans sa bonne
» volonté pour nous.

. . . . . . . . . . . . . . . . . . . . . . . . . . . . .

» J'ai pu me convaincre qu'on aimerait mieux me
» retenir ici que de me laisser partir pour Saint-Péters-
» bourg. C'est une raison pour moi de ne pas différer
» mon départ. Cependant je crois convenable d'attendre
» votre réponse aux présentes communications.

» Je vous remercie de votre dépêche d'aujourd'hui.
» Je suis heureux au milieu de tant de tristesses de sa-
» voir Paris si bien animé et si bien disposé.

» Recevez la nouvelle assurance de mes sentiments
» d'amitié et de haute considération.

» A. Thiers. »

Sans prendre un moment de repos, M. Thiers quittait Londres et s'embarquait à Hull pour Saint-Pétersbourg, le samedi 17 septembre. Le 15, dans l'après-midi,
il avait revu M. Gladstone et lord Granville et pris connaissance entre les mains de ce dernier de la dépêche
par laquelle était appuyée ma démarche auprès de
M. de Bismarck. « Elle est bonne, m'écrivait-il, et re-
» commande assez fortement l'acceptation de votre
» proposition de vous rendre au camp prussien. Le
» premier pas de l'Angleterre est fait. Je ne désespère

» pas de lui en voir faire d'autres..... J'espère n'avoir
» pas tout à fait perdu mes peines en voulant les amener
» à une certaine intervention. »

Ma communication était donc transmise avec l'attache de l'Angleterre, mais je l'ignorais. Le 16 et le 17 s'étaient écoulés sans rien amener. On devine sans peine mon anxiété. Lord Lyons voulait bien s'y associer; il ne cessait de nous témoigner les sentiments les plus empressés et les plus cordiaux; il ne comprenait rien à ce retard. Les Prussiens étaient sous les murs de Paris. Ils pouvaient attaquer d'un moment à l'autre. Je pris la résolution de partir sans avoir reçu la réponse de la Prusse.

## CHAPITRE IV.

### VOYAGE ET ENTREVUE DE FERRIÈRES.

J'entourai mes préparatifs de départ du plus profond secret. Je savais que le gouvernement s'y serait opposé, et j'étais déterminé à agir malgré sa volonté. C'était peut-être un tort; mais le sentiment qui m'entraînait était si puissant que je devais ou y céder ou me retirer. Dans un temps ordinaire j'aurais usé de ce dernier moyen de mettre d'accord ma conscience et mon devoir politique. Ici cette ressource m'échappait complétement. J'ai senti plusieurs fois depuis, dans des circonstances analogues, tout ce qu'a de cruel l'obligation de demeurer rivé à un poste dans lequel on est forcé d'accepter la responsabilité d'actes politiques qu'on désapprouve. Peut-être nous sommes-nous les uns et les autres exagéré cette loi de solidarité qui a constamment annulé les vues de la minorité. Après tout, son seul inconvénient était de sacrifier les personnes, et si, comme nous le pensions, l'unité de la défense et la paix publique y ont gagné, nous n'avons rien à regretter.

Mais au moment où commençait une phase nouvelle de la guerre, quand le siége de Paris nous faisait prévoir les plus grands malheurs, je ne pouvais consentir à rester dans l'ignorance des desseins de l'ennemi. Je voulais le forcer à les dévoiler et par là faire peser sur lui la responsabilité de la continuation d'une lutte désastreuse. Je voulais surtout arriver à la prompte convocation d'une Assemblée, qui nous déchargerait de notre immense fardeau et se prononcerait, avec le droit de souveraineté que la nation seule peut exercer, sur la redoutable question de la paix à conclure ou de la guerre à poursuivre.

J'avais, il est vrai, engagé la politique par ma déclaration sur l'intégrité du territoire. Mais je croyais et je crois encore qu'au moment où elle était faite, elle traduisait exactement la pensée de la France. Je n'en cherche pas la preuve dans les nombreux témoignages de sympathie et d'adhésion que je reçus alors, et qui cependant méritent bien d'être pris en considération. J'interroge, autant que le peut faire un homme sincère et raisonnable, l'opinion de mon pays, et je crois pouvoir affirmer qu'elle approuvait unanimement mon ultimatum. Aujourd'hui, après les événements accomplis, en face de nos malheurs et de nos charges, on peut dire qu'il eût été plus sage de se résigner de suite à une cession territoriale. Je persiste à penser que cette sagesse eût été une défaillance et une faute. Et certes il me faut une conviction bien profonde pour persévérer dans cet avis, quand je songe qu'en l'abandonnant nous eussions peut-être conservé Metz, que nous ne nous consolerons jamais d'avoir perdue. Mais, sage ou imprudente, une telle soumission à un destin qu'il paraissait encore possible de conjurer n'eût été acceptée par personne. Une Assemblée l'aurait repoussée. Je voyais donc un avantage énorme à la convoquer. La défense, les négociations y auraient puisé une force que nous ne pouvions pas leur donner. D'un autre côté, la Prusse n'avait aucun intérêt à nous opposer un refus, à moins qu'elle ne voulût détruire la République et restaurer l'Empire.

Aussi je m'étonnais que ces vérités, qui me paraissaient évidentes, eussent si peu touché mes collègues; mais j'avais trop bien pénétré leurs intentions pour essayer de les ramener. Ils étaient dominés principalement par la crainte d'un complet échec et d'un affaiblissement de la défense; quelques-uns d'ailleurs ne partageaient pas mon désir d'arriver à une conciliation. Exagérant le noble instinct de l'honneur national, ils croyaient à la nécessité d'une inflexible et fière résistance. Ils pensaient, avec beaucoup d'hommes politiques en France et à l'étranger, que la Prusse ne pourrait pas supporter une longue campagne, et que lui tenir tête un mois c'était la contraindre à rebrousser chemin. Ils considéraient donc une avance de notre part comme un amoindrissement et un danger, comme un expédient qui nous privait d'une chance sérieuse d'infliger aux envahisseurs la leçon sanglante et méritée qu'ils venaient chercher au cœur même de notre pays.

Cette opinion était certainement celle de la majorité de Paris, et l'idée de la braver me causait une émotion bien naturelle. Je ne m'y arrêtai point cependant, fortifié par cette réflexion que si j'allais au-devant d'une avanie, je ne compromettais que moi, que je pourrais toujours dégager le gouvernement en me faisant désavouer par lui et en prenant pour moi seul le poids des colères publiques.

J'avais dû cependant mettre dans ma confidence le général Trochu et le ministre de la guerre. Leur concours m'était indispensable pour sortir de Paris et franchir nos avant-postes. Mais je les avais prévenus en les priant de garder le secret. Ils n'étaient donc nullement associés à ce que j'allais faire.

La veille de mon départ, dans une circulaire publiée à l'*Officiel* du lendemain et qu'on retrouvera aux Pièces justificatives, j'essayai, en renvoyant à l'Empire la responsabilité de la guerre, de préparer les esprits à l'idée d'une réparation équitable que la Prusse était en droit d'exiger; que si elle la refusait, elle prouvait son dessein bien arrêté de nous anéantir et nous imposait le devoir d'une défense désespérée. Je n'avais jamais tenu un autre langage, c'était encore celui que je voulais faire entendre à M. de Bismarck.

§

Le dimanche 18 septembre, un peu avant sept heures du matin, je montai dans une voiture de louage, accompagné de mon sous-chef de cabinet, M. le baron de Ring; de M. Hendlé, mon secrétaire; d'un capitaine d'état-major et d'un excellent homme que j'ai plaisir à nommer, parce qu'il s'est montré plein de dévouement et de courage, Lutz, facteur au ministère des affaires étrangères. Les informations que j'avais prises la veille n'avaient pu exactement me renseigner sur le lieu où se trouvait le quartier général. Le courrier de lord Lyons l'avait rencontré à Lagny, mais il devait s'en éloigner le lendemain. Lord Lyons interrogea plusieurs personnes et crut pouvoir m'affirmer qu'il était à Grosbois. Nous nous dirigeâmes donc vers la porte de Charenton; j'étais censé aller visiter le fort, où du reste m'attendait un officier chargé de me servir de parlementaire.

A la porte, plusieurs gardes nationaux s'approchèrent pour nous saluer; aucun ne put soupçonner le but de notre voyage. Nous fîmes halte au fort; l'officier que nous y trouvâmes monta à cheval avec un trompette, et nous atteignîmes Maisons-Alfort.

C'était le dernier village occupé par nos troupes. Toutes les maisons y étaient abandonnées. Au moment où nous tournions la rue qui nous conduisait sur la grande route, un ecclésiastique se jeta au-devant de nos chevaux, nous avertissant du danger que nous courions en allant plus loin. Je le calmai en lui disant que nous ne nous avancions que de quelques pas. Nous nous engageâmes dans la longue avenue qui se dirige sur Créteil.

Le trompette marchait en avant en sonnant du clairon. Tout était silencieux et désert. Nous mîmes pied à terre et bientôt nous vîmes des cavaliers postés des deux côtés de l'allée d'arbres; nous marchâmes vers eux. Par un singulier hasard, c'étaient des jeunes gens du Schleswig. Le peuple conquis devenait à son tour, dans la main de la Prusse, un instrument d'oppression et de conquête. Notre officier dut se laisser bander les yeux, et nous allâmes ainsi jusqu'au delà de Créteil, où nous trouvâmes les avant-postes ennemis. Après avoir pris connaissance de ma qualité et du but de mon voyage, un officier nous donna une escorte qui nous accompagna au petit pas jusqu'à Villeneuve Saint-Georges, où nous devions rencontrer le général commandant le corps d'armée.

Quel trajet! et comment peindre l'humiliation et la douleur qui agitaient mon âme? C'était la première fois que je voyais les troupes prussiennes sur le sol français, elles me foulaient le cœur ! Leurs longues files bordaient la route, où se pressaient des figures railleuses nous regardant avec curiosité. Les champs regorgeaient de bivouacs, de chevaux, de caissons et d'artillerie. Partout le spectacle navrant des habitations dévastées, des maisons ouvertes et pillées, des débris de toute nature amoncelés aux portes. On se demandait comment en quelques jours avait pu être accompli tout ce ravage. A midi et demi nous arrivâmes à Villeneuve-Saint-Georges, entièrement rempli de soldats. On nous fit descendre dans la maison d'un des notaires du pays : le mobilier en avait disparu. Dans le cabinet où la poste prussienne s'était de suite installée, on voyait sur le plancher quelques vêtements de femme, attestant une fuite précipitée. On nous plaça dans l'étude, ornée encore de quelques dossiers oubliés dans leurs casiers. On plaça respectueusement à notre porte une garde qui avait pour consigne de nous empêcher de sortir.

Nous attendîmes jusqu'à cinq heures, non sans quelque inquiétude d'un si long préliminaire. L'officier préposé à notre surveillance répondait à nos questions que le général n'était pas rentré. Il se présenta enfin, suivi d'un assez nombreux état-major, et nous pria avec une extrême courtoisie de recevoir son hospitalité dans le château qu'il occupait. Refuser eût été une inconvenance. D'ailleurs, la nécessité nous empêchait de la commettre et nous ne pouvions trouver de gîte nulle part. Le général m'apprit que le quartier général était à Meaux. Il n'avait aucun ordre et ne savait pas plus que moi si le chancelier de la Confédération du nord me recevrait. Je l'avais prévu, et j'avais rédigé à Paris une lettre pour M. de Bismarck ; elle était ainsi conçue :

« Monsieur le comte,

» J'ai toujours cru qu'avant d'engager sérieusement les hostilités sous les murs de Paris, il était impossible qu'une transaction honorable ne fût pas essayée. La personne qui a eu l'honneur de voir Votre Excellence il y a deux jours m'a dit avoir recueilli de sa bouche l'expression d'un désir analogue. Je suis venu aux avant-postes me mettre à la disposition de Votre Excellence. J'attends qu'Elle veuille bien me faire savoir comment et où je pourrai avoir l'honneur de conférer quelques instants avec Elle.

» J'ai l'honneur d'être avec une haute considération,
» De Votre Excellence,
» Le très-humble et très-obéissant serviteur,

» JULES FAVRE. »

Le général appela un de ses officiers, M. le prince de Biron, qui monta de suite à cheval et partit pour Meaux avec mon message.

Il était de retour le lendemain lundi 19, à six heures du matin. Il me remit la réponse de M. de Bismarck :

« Meaux, 18 septembre 1870.

» Je viens de recevoir la lettre que Votre Excellence a eu l'obligeance de m'écrire, et ce me sera extrêmement agréable si voulez bien me faire l'honneur de venir me voir demain à Meaux.

» Le porteur de la présente, le prince de Biron,

» veillera à ce que Votre Excellence soit guidée à tra-
» vers nos lignes.

» J'ai l'honneur, etc. »

Je demandai à partir de suite, mais l'escorte qui devait m'accompagner ne pouvait être prête qu'à neuf heures. Il fallut l'attendre. Je me promenai avec M. Hendlé dans le magnifique parc qui entoure le château de M. de Balzac, où j'avais passé la nuit. La matinée était splendide, un brouillard d'azur flottait au-dessus du gracieux paysage, qu'éclairait un soleil radieux. Mille sentiments divers m'oppressaient : en voyant à l'horizon se dessiner la silhouette de Paris avec ses collines, ses monuments, ses églises, son enceinte, je ne pouvais me faire à cette idée que, quelques jours encore, cette grande et belle cité allait être livrée à la destruction. Il me semblait qu'à force de le désirer je la sauverais de ce désastre; je reprenais alors avec complaisance toutes les raisons qui pouvaient me donner de l'espoir : justement fière des succès qui dépassaient toutes ses prévisions, la Prusse hésiterait à les compromettre dans une lutte nouvelle. Cette courte campagne suffisait à sa gloire, et lui permettait de replacer au fourreau l'épée devant laquelle l'Europe s'inclinerait désormais. Elle trouvait ainsi le moyen de rendre à l'agriculture, au commerce, à la vie sociale les nombreux citoyens dont le devoir avait fait des soldats; elle ajoutait au prestige de la victoire celui de la sagesse et de la modération. Elle attirait à elle toutes les sympathies, même celles de la France redevenue maîtresse d'elle-même : alors s'ouvrait pour le monde une ère jusque-là inconnue. La science et la liberté unissaient étroitement les peuples, et notre chère patrie, instruite par le malheur, réformant ses institutions, donnant libre carrière à son génie, pouvait encore prétendre à de glorieuses et prospères destinées.

Hélas! ce n'étaient là que des illusions; la réalité allait bientôt les dissiper. En rentrant au château pour les derniers apprêts du départ, je vis du côté de Paris une épaisse fumée noire: on me dit que Choisy était en feu. Je comprimai le mouvement de colère qui me faisait bondir le cœur, et nous nous mîmes en route pour Meaux.

Le voyage fut pénible; à chaque instant la voiture était arrêtée par de nombreuses colonnes qui s'acheminaient en sens opposé: on eût dit un torrent armé. Tous les villages que nous traversions étaient en ruines; je descendis pour en visiter un, et je ne pus m'empêcher d'échanger avec les officiers qui m'accompagnaient des paroles amères: cette mise à sac des habitations me paraissait une révoltante barbarie. A la porte d'une pauvre maison où tout était brisé, trois femmes et un enfant pleuraient; elles nous demandèrent à mains jointes de les délivrer: c'était à fendre l'âme; il me semblait voir en action une page de saint Grégoire de Tours. Le prince de Biron, qui commandait notre escorte, semblait lui-même profondément attristé par ce spectacle. Il me raconta que la veille il avait payé à une vieille paysanne la vache qui venait de lui être enlevée. Une telle misère à la porte de Paris me paraissait un horrible rêve, et je sentais redoubler en moi mon horreur de la guerre.

La chaleur était accablante: nous avancions lentement. Il était trois heures et demie; nous gravissions lentement une côte qui achevait d'épuiser nos chevaux, lorsque nous fûmes rejoints par un cavalier au galop: c'était M. le comte de Hatzfeld, premier secrétaire de M. le comte de Bismarck, Il nous dit que le Roi avait le matin même quitté Meaux pour se rendre au château de Ferrières. M. de Bismarck, qui le précédait, venait de se croiser avec nous et nous priait de rétrograder, comme il allait le faire lui-même. Nous retournâmes en effet sur nos pas; arrivés au petit village de Montry, nous fûmes forcés de nous arrêter, notre attelage refusait le service. Nous descendîmes dans une ferme qui avait subi le sort commun. Deux paysans erraient dans ses ruines, ils nous racontèrent qu'ils avaient été pillés trois fois et qu'il ne leur restait rien : tout, jusqu'aux châssis des croisées, était détruit; nous nous assîmes sur quelques débris. Après une demi-heure d'attente, nous vîmes s'approcher trois cavaliers suivis d'une nombreuse escorte. L'un d'eux, d'une taille élevée, était coiffé d'une casquette blanche avec un large galon en soie jaune : c'était le comte de Bismarck; il mit pied à terre à la porte de la ferme où je me tenais debout.

« Je regrette, lui dis-je, de ne pouvoir recevoir Votre Excellence dans un lieu plus digne d'elle. Cependant les ruines ne sont peut-être pas tout à fait sans rapport avec la conversation que j'ai eu l'honneur de solliciter; elles démontrent éloquemment l'étendue des maux auxquels je voudrais mettre un terme. Nous allons, si Votre Excellence le permet, chercher à nous y établir pour commencer notre entretien.

— Non, me répondit le comte; il y a probablement dans les environs une maison mieux conservée et plus propice à notre conférence.

— En effet, dit l'un des paysans, à dix minutes d'ici se trouve le château de la Haute-Maison, je vais vous y conduire. »

Nous nous mîmes en marche M. de Bismark et moi, nos secrétaires nous suivant à une certaine distance.

Le château de la Haute-Maison est un manoir très-simple, situé sur une petite colline boisée. On y va de Montry par un chemin assez roide qui s'engage bientôt dans un taillis.

« Ce lieu, me dit M. de Bismarck, semble choisi pour les exploits des francs-tireurs ; ces environs en sont infestés, et nous leur faisons une chasse impitoyable ; ce ne sont pas des soldats, nous les traitons comme des assassins.

— Mais, lui répondis-je en me récriant, ce sont des Français qui défendent leur territoire, leurs maisons, leurs foyers. Ils repoussent votre invasion, ils sont certes dans leur droit, et c'est vous qui méconnaissez les lois de la guerre en leur en refusant l'application.

— Nous ne pouvons connaître, repartit le comte, que les soldats soumis à une discipline régulière, les autres sont hors la loi. »

Je lui rappelai les édits publiés en Prusse en 1813, et la sainte croisade prêchée contre les Français.

« En effet, dit M. de Bismarck ; mais nos arbres ont conservé la trace des habitants que vos généraux y ont pendus. »

Nous entrâmes dans une salle basse que dominait une cour légèrement pentive. Le comte allait s'asseoir, quand il m'interpella : « Nous sommes très-mal ici, dit-il, vos francs-tireurs peuvent m'y viser par ces croisées. »

Et comme j'exprimais mon étonnement et mon incrédulité : « Je vous en prie, ajouta-t-il, dites aux gens de cette maison que vous êtes membre du gouvernement, que vous leur ordonnez de veiller, et qu'ils répondent sur leur tête de toute tentative criminelle. »

Je sortis pour faire ce que désirait le comte, bien convaincu cependant qu'il n'avait eu d'autre dessein que de me faire croire à des attentats capables de justifier les traitements barbares de quelques chefs de corps allemands.

En effet, je fus plus que rassuré pour M. de Bismarck en voyant autour de la maison des factionnaires prussiens qui n'étaient pas là par un simple hasard. Je rentrai, comme si je ne les avais point aperçus. Nous nous assimes, et la conversation commença.

J'ai analysé cette conversation et le récit qui la précède dans mon rapport adressé à mes collègues du gouvernement, le 21 septembre ; on le trouvera aux Pièces justificatives. Mais, indépendamment de ce travail, j'avais dicté avec un peu plus de détail mon entretien avec M. de Bismarck. Je demande au lecteur de mettre ce document sous ses yeux. Il a le mérite d'une exactitude que j'ai cherché à rendre aussi complète que possible. Je n'en retranche que quelques passages qui m'ont paru d'un ton trop familier pour être reproduits ici.

« Ma première parole à M. le comte de Bismarck a
» été celle-ci : — J'ai cru qu'avant d'engager une lutte
» définitive sous les murs de Paris, il était impossible de
» ne pas tenter une transaction honorable, prévenant
» d'incalculables malheurs, et j'ai voulu connaître à cet
» égard les intentions de Votre Excellence. Notre situa-
» tion, bien qu'irrégulière, est parfaitement nette. Nous
» n'avons pas renversé le gouvernement de l'Empereur.

» Il est tombé de lui-même, et en prenant le pouvoir,
» nous n'avons fait qu'obéir à une loi de suprême néces-
» sité. C'est à la nation qu'il appartient de prononcer
» elle-même sur la forme de gouvernement qu'elle en-
» tend se donner et sur les conditions de la paix. C'est
» pour cela que nous l'avons convoquée. Je viens vous
» demander si vous voulez qu'elle soit interrogée, ou si
» c'est à elle que vous faites la guerre avec le dessein de
» la détruire, ou de lui imposer un gouvernement. Dans
» ce cas, je fais observer à Votre Excellence que nous
» sommes décidés à nous défendre jusqu'à la mort. Paris
» et ses forts peuvent résister pendant trois mois. D'un
» autre côté, votre pays souffre nécessairement par la
» présence même de vos armées sur notre territoire; une
» lutte qui prendrait le caractère d'extermination serait
» fatale aux deux pays, et je crois qu'avec de la bonne
» volonté nous pouvons la prévenir par une paix hono-
» rable.

» Le comte m'a répondu :

» — Je ne demande que la paix. Ce n'est pas l'Al-
» lemagne qui l'a troublée. Vous nous avez déclaré la
» guerre sans motifs, dans l'unique dessein de nous
» prendre une portion de notre territoire. En cela vous
» avez été fidèle à votre passé. Depuis Louis XIV vous
» n'avez cessé de vous agrandir à nos dépens. Nous sa-
» vons que vous ne renoncerez jamais à cette politique;
» que vous ne reprendrez des forces que pour nous faire
» une guerre nouvelle. L'Allemagne n'a pas cherché
» cette occasion, elle l'a saisie pour sa sécurité, et cette
» sécurité ne peut être garantie que par une cession de
» territoire. Strasbourg est une menace perpétuelle contre
» nous. Il est la clef de notre maison et nous la voulons.

» J'ai répliqué : Alors c'est l'Alsace et la Lorraine.

» Le comte a répondu : Je n'ai pas parlé de la Lor-
» raine. Mais quant à l'Alsace, je suis très-net. Nous la
» regardons comme absolument indispensable à notre
» défense.

» J'ai fait observer au comte que ce sacrifice inspire-
» rait à la France des sentiments de vengeance et de
» haine conduisant fatalement à une guerre prochaine;
» que l'Alsace entend rester française, qu'elle pouvait
» être dominée mais non assimilée, qu'elle serait dès
» lors un grave embarras, et peut-être une cause d'affai-
» blissement pour l'Allemagne.

» Le comte ne l'a pas nié; mais il a répété que quoi
» qu'il arrivât, et quand même elle serait généreusement
» traitée par le vainqueur, la France rêverait la guerre
» contre l'Allemagne. Elle n'accepterait pas plus la ca-
» pitulation de Sedan que Waterloo et Sadowa. Toutes
» nos familles sont en deuil, les souffrances de notre in-
» dustrie sont grandes; nous avons fait d'énormes sacri-
» fices, nous n'entendons pas recommencer demain.

» J'ai fait remarquer au comte qu'il négligeait deux
» éléments essentiels : d'abord le changement survenu
» dans les mœurs, puis les délibérations de l'Europe.
» Quant au premier de ces éléments, il reconnaîtrait
» comme moi que les progrès de l'industrie, la création
» des chemins de fer, le mélange et la complication des
» intérêts, tendaient à rendre les guerres de plus en plus
» impossibles; que celle-ci était une leçon cruelle pour
» la France, dont elle profiterait, d'autant plus qu'on
» l'avait jetée étourdiment dans cette aventure, et contre
» son gré.

» Le comte m'a arrêté sur ce mot, affirmant au

» contraire que la France avait voulu la guerre contre
» l'Allemagne. Il m'a parlé de ses vieilles rancunes, de
» l'attitude de la presse, des acclamations du Corps légis-
» latif et de l'enthousiasme belliqueux avec lequel la dé-
» claration de guerre avait été accueillie.

» J'ai combattu chacune de ces assertions. Les vieilles
» rancunes auraient disparu, si de part et d'autre les
» deux gouvernements ne les avaient systématiquement
» ravivées. La guerre était repoussée par la France dans
» ses élections, et même dans le plébiscite; elle est
» l'œuvre exclusive de l'Empereur et du parti qui parta-
» geait le pouvoir avec lui. De là les excitations de la
» presse qui leur appartenait, et les adhésions bruyantes
» du Corps législatif, dont la majorité était son émanation.
» La guerre une fois déclarée, la nation a cru que son
» honneur était engagé à la soutenir, mais elle l'a con-
» stamment vue avec déplaisir. Aujourd'hui, il n'y a
» qu'un moyen de la pacifier et d'unir les deux pays,
» c'est de renoncer à la vieille politique de conquêtes et
» de gloire militaire pour entrer franchement dans celle
» de l'union des peuples et de la liberté; qu'en tenant
» un langage contraire on laissait supposer que ce n'é-
» tait pas seulement une spoliation territoriale, mais
» une restauration bonapartiste que la Prusse préparait.

» Le comte a protesté vivement. — Que nous importe,
» a-t-il dit, votre forme de gouvernement? Si nous
» croyions Napoléon plus favorable à nos intérêts, nous
» vous le ramènerions; mais nous vous laissons le choix
» de votre administration : ce que nous voulons, c'est
» notre sécurité, et nous ne pouvons l'avoir qu'avec la
» clef de la maison. Cette condition est absolue, et je
» regrette de n'y rien pouvoir changer.

» La conversation prenant cette tournure, j'ai insisté
» sur la grave responsabilité que faisait peser sur l'un et
» l'autre des gouvernements une résolution si grave.
» J'ai parlé de la défense acharnée de Paris et des pro-
» vinces. J'ai dit que les armées allemandes pouvaient
» rester six mois hors de leur pays, et qu'elles subiraient
» chez nous des pertes énormes; qu'il fallait sacrifier
» toute considération de gloire militaire au devoir d'em-
» pêcher de si grandes catastrophes.

» — Nous les avons prévues, m'a dit le comte, et
» nous aimons mieux les subir de suite que les réserver
» à nos enfants. Du reste, notre position est moins diffi-
» cile que vous ne le supposez. Nous pouvons nous con-
» tenter de prendre un fort, et pas un d'eux ne peut ré-
» sister plus de quatre jours. De ce fort, nous dicterons
» la loi à Paris.

» Je me suis récrié contre la rigueur d'un bombarde-
» ment.

» — La nécessité peut la légitimer, m'a répondu le
» comte; d'ailleurs je ne vous dis pas que nous livrions
» un assaut à Paris. Il nous sera peut-être plus commode
» de l'affamer en nous répandant dans vos provinces, où
» nulle armée ne peut nous arrêter. Strasbourg succom-
» bera vendredi; Toul plus tôt peut-être; M. Bazaine a
» mangé ses mulets, il en est aux chevaux, et bientôt
» sera forcé de capituler. Sans investir Paris, nous em-
» pêcherons ses arrivages, avec une cavalerie de quatre-
» vingt mille hommes, et nous sommes résignés à rester
» chez vous tout le temps nécessaire.

» — Alors, lui ai-je dit, c'est bien notre destruction
» que vous voulez, car pour avoir la paix, il faudra que
» vous fassiez notre gouvernement. Vous en serez res-

» ponsable devant l'Europe, qui probablement trouvera
» bon de ne pas le souffrir, et vous entrerez dans une
» période d'agitation et de luttes dont nul ne peut voir
» la fin. Je vous propose un moyen simple de sortir de
» cette impasse : laissez-nous convoquer une assemblée.
» Vous traiterez avec elle ; si vous êtes vraiment politi-
» ques, vous lui imposerez des conditions acceptables, et
» vous aurez une paix solide.

» — Pour cela, m'a-t-il répondu, un armistice serait
» nécessaire, et je n'en veux à aucun prix.

» — Si vous ne voulez point, lui ai-je dit, ce qui, à mon
» sens, est indispensable à une solution, j'en tire cette
» conséquence que vous voulez profiter de vos avantages
» pour nous arracher ce que nous ne vous donnerions
» pas si nous étions dans une position régulière. J'ap-
» pelle de nouveau votre attention sur l'impossibilité où
» nous sommes d'accepter une telle rigueur. Nous vous
» offrons de réparer pécuniairement les maux que la
» guerre vous a infligés ; mais, quant à présent, nous ne
» pouvons aller plus loin.

» Le jour baissait. Nous avions plus de trois lieues à
» faire pour gagner le seul gîte possible au milieu d'un
» pays abandonné et dévasté. J'ai demandé au comte si
» malgré notre désaccord absolu il ne pouvait pas me
» recevoir dans la soirée à Ferrières. Il y a consenti, et,
» prenant congé de moi, il m'a dit :

» — Je reconnais que vous avez toujours soutenu la po-
» litique que vous défendez aujourd'hui ; et si j'étais sûr
» qu'elle fût celle de la France, j'engagerais le Roi à se
» retirer sans toucher à votre territoire et sans vous de-
» mander une obole. Et je connais si bien ses sentiments
» généreux que je vous garantirais à l'avance son accep-

» tation. Mais vous représentez une minorité impercep-
» tible. Vous êtes né d'un mouvement populaire qui peut
» vous renverser demain. Nous n'avons donc aucune
» caution. Nous ne l'aurions pas davantage dans un
» gouvernement qui vous succéderait : le mal est dans
» la mobilité et l'irréflexion du caractère de votre pays,
» le remède est dans le gage matériel que nous sommes
» en droit de prendre. Vous ne vous seriez fait aucun
» scrupule de nous enlever les rives du Rhin, bien que
» le Rhin ne soit pas votre frontière naturelle. Nous re-
» prenons la nôtre, et nous croyons assurer ainsi la paix.

» J'ai répondu que si la conquête des rives du Rhin eût
» été de notre part un acte excessif, celle de l'Alsace
» avait le même caractère, et que dès lors elle ne pou-
» vait assurer la paix.

» Le comte a persisté dans ses explications, et nous
» nous sommes séparés en nous donnant rendez-vous
» pour le soir. »

En transcrivant ce récit, j'ai encore devant les yeux tous les incidents de la scène qu'il retrace, et surtout l'image du redoutable interlocuteur qui y jouait le premier rôle et que j'abordais pour la première fois. Bien que touchant à sa cinquante-huitième année, M. le comte de Bismarck paraissait être dans la plénitude de sa vigueur. Sa haute stature, sa tête puissante, sa figure fortement accentuée, lui donnaient un aspect à la fois imposant et dur, tempéré cependant par une simplicité naturelle allant presque jusqu'à la bonhomie. Son accueil fut courtois et grave, absolument exempt d'affectation et de roideur. Aussitôt que la conversation fut commencée il prit un air bienveillant et communicatif qu'il ne quitta plus pendant toute sa durée. Il me considerait certainement comme un négociateur fort indigne de lui, mais il eut la politesse de ne pas le laisser voir et parut intéressé par ma sincérité. Pour moi je fus de suite frappé de la netteté de ses idées, de la rigueur de son bon sens, et de l'originalité de son esprit. Son absence de toute prétention n'était pas moins remarquable. Je le jugeai un homme d'affaires politique supérieur à tout ce qu'on peut imaginer : ne tenant compte que de ce qui est, préoccupé des solutions positives et pratiques, indifférent à tout ce qui ne mène point à un but utile. Depuis je l'ai beaucoup vu; nous avons traité ensemble des questions de détail très-nombreuses, je l'ai toujours trouvé le même. Le pouvoir considérable qu'il exerce ne lui donne ni morgue ni illusion ; — mais il y tient, et ne prend pas la peine de cacher les sacrifices qu'il fait pour le conserver. Très-convaincu de sa valeur personnelle, il veut continuer à l'appliquer à l'œuvre qui lui a si prodigieusement réussi, et si pour le faire il faut aller plus ou moins loin qu'il ne le voudrait, il s'y résigne. Du reste, impressionnable et nerveux, il n'est pas toujours le maître de contenir son impétuosité. Je lui ai connu des répulsions et des indulgences que je ne me suis pas expliquées. J'avais beaucoup entendu parler de son excès d'habileté, il ne m'a jamais trompé ; il m'a souvent blessé, révolté même par ses exigences et ses duretés ; dans les grandes comme dans les petites choses, je l'ai constamment rencontré droit et ponctuel.

En le quittant à la Haute-Maison, j'avais peu d'espoir ; cependant je ne voulais pas abandonner ma négociation sans l'avoir épuisée. Je savais que je serais écouté avec égard ; j'allais même jusqu'à supposer que M. de Bismarck ne serait point aussi inflexible dans une seconde entrevue. Il fallait au surplus que je gagnasse moi-même le village de Ferrières. La campagne était couverte de troupes et de traînards; il était impossible d'y passer la nuit. Nous nous remîmes donc en route au coucher du soleil; nous n'étions à Ferrières qu'à huit heures, et à neuf je me rendais au château.

On nous reçut dans un grand salon du rez-de-chaussée appelé la salle des Chasseurs; la poste prussienne y était déjà installée. Les registres, les timbres, les boîtes à compartiments fonctionnaient avec la même précision qu'à Berlin. Tout se faisait sans bruit, sans confusion, chacun à son travail. Le comte était encore à table; il descendit pour m'inviter à partager son repas, ce que je refusai; une demi-heure après, nous reprenions l'entretien de la Haute-Maison; toutefois, je crus avant de le continuer devoir avertir M. de Bismarck du caractère précis de ma mission : « Je suis venu à vous, lui dis-je,
» sans pouvoirs pour m'engager, mais comme ministre des
» affaires étrangères du gouvernement de la Défense
» nationale, et par conséquent seul représentant officiel
» de la politique extérieure française. Je suis donc
» obligé de rendre compte à mon gouvernement de tout
» ce que j'entendrai de vous, et même de le communi-
» quer au public, qui est notre souverain juge. Je vous
» prierai, dès lors, quand la conversation sera terminée,
» de m'en permettre un résumé sur lequel nous tombe-
» rons d'accord, afin qu'il n'y ait nulle méprise.

» —Ne prenez pas cette peine, me répondit-il, je vous
» livre mon entretien tout entier. Je n'ai rien à cacher,
» et je m'en rapporte à vous pour l'exactitude des dé-
» tails.

» —S'il en est ainsi, repris-je, j'ai besoin de revenir sur

» ce que nous avons dit tantôt, ne pouvant croire que
» vos déclarations aient le caractère absolu que vous
» avez semblé leur donner. Je reconnais la justesse d'une
» partie des considérations que vous avez fait valoir,
» mais je crois que vous en négligez plusieurs très-im-
» portantes, et que nos conclusions pourraient aller
» contre nos desseins. Nous sommes d'accord sur un
» point important : la nécessité et le bienfait de la paix.
» J'estime qu'elle doit être durable; vous m'objectez
» qu'elle peut n'être que précaire.

» Le moyen de faire triompher mon opinion, c'est
» d'enlever à la paix tout ce qui pourrait justifier votre
» sentiment. Il repose uniquement sur l'idée que vous
» vous faites du caractère français et de notre parti pris
» de vous troubler : ce caractère est à la fois susceptible
» et généreux. Notre nation s'irrite facilement; elle est
» ramenée par de bons procédés : quelle occasion plus
» belle de vous l'attacher solidement, que de la traiter
» aujourd'hui, non comme une vaincue, mais comme
» une alliée naturelle, entraînée un instant dans une
» voie fausse qu'elle abandonne? Que voulez-vous de
» plus? Vous avez établi votre prépondérance au détri-
» ment de la nôtre; vous avez acquis aux yeux du
» monde une gloire militaire qui peut satisfaire les plus
» ambitieux.

» — Ne me parlez pas de cela, me dit le comte en m'ar-
» rétant; c'est une valeur qui n'est pas connue chez
» nous, qui n'est pas.... Et il hésitait en cherchant son
» expression.

» — Un mot de bourse, me dit-il.

» — Cotée? répliquai-je.

» — Précisément. C'est une valeur qui n'est pas cotée

» et à laquelle notre peuple tient fort peu. Nous ne de-
» mandons qu'à vivre paisiblement chez nous. Nous ne
» vous avons jamais attaqués, et nous ne vous attaque-
» rons jamais. Quant à vous, c'est autre chose, vous ne
» rêverez qu'une revanche et nous serons forcés de la su-
» bir. C'est notre intérêt seul que nous consultons, et le
» besoin de nous garantir est si évident, que nous serions
» coupables de nous abandonner à une espérance chi-
» mérique.

» — Je me permets, lui ai-je répondu, de combattre
» cette opinion, à mes yeux tout à fait erronée. Vous
» me paraissez confondre la France officielle et militaire
» avec celle qui est sortie du mouvement scientifique et
» intellectuel de nos dernières années. Il s'est fait en
» elle un changement profond que vous reconnaissez.
» La majorité de la nation sera nécessairement entraînée
» par ce courant irrésistible qui la conduit à une nou-
» velle politique et à des destinées meilleures. Elle com-
» prendra que l'appui de tous les peuples, et particuliè-
» rement de l'Allemagne, lui est indispensable, et elle
» le cherchera, non par de stériles conquêtes, mais par
» les biens du travail et des échanges ; et l'on peut affir-
» mer que si ce mouvement est favorisé par des hommes
» d'État sages, il aura bientôt rendu toute guerre im-
» possible.

» — La question est de trouver ces hommes d'État
» sages, m'a dit le comte, et je suis convaincu qu'ils
» n'existent point en France. Vous exprimez de nobles
» idées, et si vous étiez le maître, je serais de votre avis,
» et je traiterais de suite avec vous ; mais vous êtes en
» opposition avec les sentiments véritables de votre pays,
» qui garde son humeur batailleuse ; et, pour ne parler

» que du présent, vous êtes nés d'une sédition, et vous
» pouvez demain être jetés à terre par la populace de
» Paris.

» Je l'interrompis vivement pour lui dire : — Il n'y a
» pas de populace à Paris, Monsieur le comte, mais une
» population intelligente, dévouée. Je sais qu'elle est
» impressionnable et mobile : soyez sûr que sa légèreté
» apparente cache un réel courage et une grande géné-
» rosité. Cette population a subi l'Empire et ne s'est
» levée que lorsqu'il n'était plus possible. Son acclamation
» nous a imposé la mission de défendre notre sol, et
» elle nous soutient en maintenant l'ordre matériel, qui
» ne sera pas sérieusement troublé. Quant à son esprit
» pacifique, je vous le garantis, et si toute la France lui
» ressemblait, je n'aurais pas de peine à considérer
» comme acceptées les idées que vous prétendez être
» celles d'une minorité.

» — Vous en raisonnez comme un Français, a répondu
» le comte; permettez-moi de rester Allemand. Que si-
» gnifient les violences de votre presse, les caricatures
» offensantes, toutes ces railleries, toutes ces fanfaron-
» nades dirigées contre nous? Elles sont des flatteries
» à l'esprit public et par là même en déterminent le sens,
» contrairement à vos appréciations.

» — Mais, lui dis-je, la même chose se passe de l'au-
» tre côté du Rhin, et cependant vous me dites, et je le
» crois, que vous ne voulez pas nous attaquer. Ne voyez
» dans ces manifestations que la preuve de sentiments
» trop vifs, excités par quelques hommes ardents, trop
» bien accueillis peut-être, mais ne touchant qu'à la sur-
» face. Au surplus, revenons à notre situation actuelle,
» qui seule doit nous préoccuper. Vous avez vaincu les

» armées de l'Empire; l'Empire n'existe plus, et la nation
» vous demande la cessation d'une guerre qui n'a plus
» d'objet. Si vous refusez, vous l'autorisez à croire que
» c'est à elle que vous en voulez. Et voulez-vous me
» permettre de parler franchement? Vous n'êtes, je le
» crois, que l'instrument de la politique impériale, que
» vous avez le dessein de nous imposer.

» — Vous vous trompez tout à fait, repartit M. de
» Bismarck. Je n'ai aucune raison sérieuse d'aimer Na-
» poléon III. Je ne nie pas qu'il m'eût été plus commode
» de le conserver, et vous-même vous avez rendu un
» très-mauvais service à votre pays en le renversant : il
» nous eût été certainement possible de traiter avec lui;
» mais personnellement je n'ai jamais eu à me louer de
» lui. S'il l'avait voulu, nous aurions été deux alliés sin-
» cères et nous aurions ensemble disposé de l'Europe;
» il a cherché à tromper tout le monde et je ne m'y suis
» jamais fié; mais je ne voulais pas le combattre, je l'ai
» prouvé en 1867 lors de l'affaire du Luxembourg.
» Tout l'entourage du Roi demandait la guerre, j'ai été
» seul à la repousser; j'ai même offert ma démission,
» porté une atteinte grave à mon crédit; et je ne dis ces
» choses que pour vous prouver que la guerre n'était
» pas de mon goût; je ne l'aurais certes jamais faite si
» on ne nous l'eût pas déclarée. Et encore n'y pouvais-
» je croire : la France a agi comme de parti pris; quand
» j'ai connu la querelle qu'on nous suscitait à propos de
» la candidature du prince de Hohenzollern, je me suis
» inquiété de la persistance de votre ambassadeur à ne
» traiter qu'avec le Roi. Cet ambassadeur a fatigué le
» Roi, et le sachant, j'ai conseillé une politique vous
» donnant satisfaction, ce qui a eu lieu. Quand j'ai

## VOYAGE ET ENTREVUE DE FERRIERES.

» appris que, d'après mon avis, le Roi avait obtenu de
» son cousin la renonciation à sa candidature, j'ai écrit
» à ma femme que tout était fini et que j'allais la re-
» joindre à la campagne. Grande a été ma surprise,
» quand j'ai su au contraire que tout allait commencer.
» Il n'y a donc pas eu de notre côté d'hostilité systéma-
» tique ; c'est le gouvernement français qui a voulu la
» guerre; il a pris pour prétexte l'humiliation à imposer
» au Roi, et que celui-ci ne pouvait subir. Mais à l'heure
» même où je vous parle, je ne puis comprendre une
» telle aberration. Une telle résolution prise par des
» hommes comme M. de Gramont et M. Ollivier! Le
» premier n'a jamais été que le plus médiocre des diplo-
» mates ; Napoléon III le jugeait ainsi! Quant à M. Olli-
» vier, c'est un orateur et non un homme d'État. Je
» vous ai dit tantôt que si nous avions intérêt à main-
» tenir la dynastie de Napoléon, nous la rétablirions;
» de même pour les d'Orléans, de même pour M. de
» Chambord, qui serait beaucoup plus de notre goût,
» surtout du Roi, lequel tient naturellement à ses an-
» ciennes traditions; quant à moi, j'en suis tout à fait
» dégagé, je suis même républicain, et je tiens qu'il n'y
» a pas de bon gouvernement s'il ne vient des peuples;
» seulement il faut accommoder chacun d'eux aux né-
» cessités et aux mœurs.

» Nous devons donc nous préoccuper surtout de ce
» qu'il y a d'utile aux peuples, et c'est l'intérêt du mien
» que je consulte.

» — D'accord, lui ai-je dit, j'en fais autant de mon côté;
» seulement, je veux concilier et vous voulez dominer,
» c'est-à-dire diviser. Toutefois, en touchant cette ques-
» tion de l'intérêt et de la volonté du peuple, vous m'au-

» torisez à vous rappeler ce que je vous disais dans notre
» première entrevue : que nous ne pouvions sérieuse-
» ment traiter sans le concours de la nation française.
» Je veux par hypothèse que vous obteniez des avantages
» définitifs. Vous voici à Paris en vainqueur ; vous n'y
» trouverez que les ruines que vous aurez faites ; nul
» gouvernement, je ne dis pas sérieux, mais apparent.
» Je ne connais pas vos plans, mais le simple bon sens
» me dit que vous serez forcé de réunir la nation.
» A Mexico, pour asseoir Maximilien sur le trône,
» l'Empereur a subi cette nécessité. Il a créé un fan-
» tôme de représentation. Si autour de lui il en avait
» appelé une sincère, il aurait connu le vœu du pays et
» nous aurait épargné de grands désastres. Vous vous
» exposez à courir aux mêmes abîmes. Je suppose que
» vous agissiez autrement ; que vous convoquiez une
» Assemblée sérieuse. Pourquoi ne pas le faire de suite ?
» — Permettez-moi d'ajouter que sur ce terrain nous
» sommes forcément d'accord. Notre pouvoir est essen-
» tiellement provisoire. Il ne comporte pas la possibilité
» d'un traité définitif, et à côté de nous il n'y a plus
» rien. Or vous avez besoin d'un contractant compétent
» pour conclure un traité obligatoire. Laissez-nous donc
» réunir l'Assemblée que nous avons convoquée, prou-
» vant ainsi notre désintéressement politique et notre
» désir de vous donner le seul répondant possible, c'est-
» à-dire la nation entière. Vous êtes placé dans cette
» situation grave, qui certainement touchera l'Europe,
» de nous donner cette satisfaction conforme à notre
» intérêt légitime, ou, si vous la refusez, de révéler
» publiquement des vues de conquête qui provoqueront
» contre vous des coalitions. La convocation de l'As-

» semblée est donc, pour vous comme pour nous, le
» seul moyen de sortir de l'impasse où nous sommes et
» de concilier tous les intérêts.

» Le comte réfléchit un instant et me dit :

» — Vous avez peut-être raison. Ce qui m'arrête,
» c'est la nécessité d'un armistice, essentiellement défa-
» vorable à nos opérations militaires et par là même
» précieux pour vous. Chaque jour vous profite et nous
» nuit. Si je vous ai dit tantôt que je ne voulais d'ar-
» mistice à aucun prix, c'est que le conseil militaire du
» Roi le repousse absolument, et je suis de son avis.

» — Cependant, ai-je répondu, il faut vouloir ce
» qu'on veut et ne point se placer à un point de vue
» exclusif rendant toute solution impossible. Vous re-
» connaissez comme moi qu'il n'y a d'autre pouvoir
» capable de traiter avec vous que celui sortant légale-
» ment d'une Assemblée régulière. Vous ne méconnaissez
» pas non plus que l'élection et la réunion de cette
» Assemblée sont absolument impraticables dans l'état
» d'envahissement et de guerre où se trouve la France.
» Il est donc nécessaire de faire trêve un instant aux
» opérations militaires et de permettre aux citoyens de
» délibérer, ce qui vous conduit naturellement à un
» armistice inévitable pour conclure.

» — Cela peut être, dit le comte ; mais en ce cas
» nous serions en droit de vous demander des gages.

» — Tout dépend, ai-je dit, de leur nature et des
» conditions proposées.

» — Je n'ai aucune qualité, m'a répondu le comte,
» pour toucher sérieusement ce sujet, n'ayant pas l'as-
» sentiment du Roi, que je réserve complétement. Cepen-
» dant je puis dès à présent vous dire qu'un armistice

» comporterait l'occupation par nos armées des forte-
» resses des Vosges et de Strasbourg. Nous laisserions
» Metz en l'état. Et puisque je parle de Metz, il n'est pas
» hors de propos de vous faire observer que Bazaine ne
» vous appartient pas. J'ai de fortes raisons de croire
» qu'il demeure fidèle à l'Empereur et par là même qu'il
» refuserait de vous obéir.

» J'ai interrompu vivement le comte :

» — Je crois avoir de meilleures raisons pour penser
» le contraire. Je ne puis discuter les vôtres, si vous ne
» me les faites pas connaître ; les miennes peuvent être
» facilement pressenties, quand on est au courant de
» nos derniers événements et du caractère du vaillant
» capitaine qui y a joué un rôle. Puis-je me permettre
» de vous demander si M. Bazaine est instruit de la
» capitulation de Sedan et de la captivité de l'Empe-
» reur ?

» — Parfaitement, a dit le comte.

» — Cela me suffit, ai-je repris. Si nous concluons
» un armistice, il est clair que je ne puis vous de-
» mander, ce que je désire cependant avec ardeur, la
» délivrance de M. Bazaine ; mais il me paraîtrait juste
» qu'on le laissât se ravitailler en vivres pour un nombre
» de jours correspondant à l'armistice.

» — Je ne puis vous l'accorder, a dit le comte, ni
» même suspendre de ce côté les opérations militaires.
» Chacun conserverait sa liberté d'action. Bazaine pour-
» rait nous attaquer, et nous le repousser. Quant à votre
» Assemblée, dites-moi vos idées, afin que j'y réflé-
» chisse et que je puisse les transmettre au Roi.

» — A mon sens, ai-je répondu, Paris devrait être
» neutralisé. Vous donneriez, sur notre indication, des

» saufs-conduits à tous les candidats devant se présenter
» dans les départements et à tous les députés qui se-
» raient nommés. Je demanderais pour Paris les condi-
» tions de ravitaillement dont je vous ai parlé pour
» Metz. L'armistice me paraîtrait devoir être de quinze
» jours, et je pense qu'au bout de ce délai nous aurions
» pu, en nous effaçant devant l'Assemblée, vous mettre
» en rapport avec une commission nommée par elle et
» investie de pouvoirs réguliers.

» — La neutralité de Paris, m'a dit le comte, dans de
» telles conditions ne me paraît pas impossible; seule-
» ment je vous demanderai un gage contre Paris. Mais
» ce sont là des points que nous traiterons mieux de-
» main, puisqu'il est nécessaire que nous ayons une
» nouvelle entrevue. Je regrette de vous retenir; je tâ-
» cherai que ce soit le moins longtemps possible, et si
» le Roi n'était pas couché, je l'aurais de suite interrogé
» sur ces difficultés. Si vous voulez être ici demain à
» onze heures du matin, nous terminerons ces explica-
» tions. »

Je le remerciai, et nous nous séparâmes vers minuit et demi.

Le lendemain mardi 19 septembre, à onze heures du matin, j'étais au château. Le comte était encore enfermé avec le roi; à onze heures et demie, il me fit savoir qu'il était libre.

Je montai dans un grand et magnifique salon du premier étage, où il se trouvait assis devant un bureau.

Il se leva à mon approche, et me conduisant près de son bureau de travail me montra un *Journal pour rire* ainsi qu'une autre feuille, qui n'y avaient pas été déposés sans motifs.

« — Tenez, me dit-il, voici la preuve de vos inten-
» tions pacifiques et modérées. »

Et il me tendit une caricature représentant la Prusse en vieille malade agonisante, menacée et raillée par un zouave.

« — Si quelque chose m'étonne, lui dis-je, c'est que
» vous puissiez vous préoccuper un instant d'une telle
» futilité. Nos hommes politiques — je parle de ceux
» d'aujourd'hui — n'y prennent aucune garde. Nous
» sommes les premières victimes de la malice ou du
» mauvais goût du crayon, et nous ne pensons pas en
» être effleurés. Ce sont là des licences qu'il faut savoir
» accepter sans les mettre dans la balance des hommes
» d'État.

» — C'est une grande erreur, répondit le comte. Avec
» ce relâchement, on laisse l'esprit public se pervertir,
» et nous n'arriverons à rien de bon si nous ne prenons
» pas un système plus sérieux. Mais que dites-vous de
» ceci? ajouta-t-il en me tendant une grande photo-
» graphie représentant la grève de l'Océan, sur laquelle
» s'élevait un établissement de bains de mer. Au bas et
» sur la marge blanche je lus, écrit à la main : Ceci est
» la vue d'Hastings, que j'ai choisie pour mon bon
» Louis. Signé : Eugénie.

» — Je ne vois pas, lui ai-je dit, ce que signifie ce
» souvenir tout de famille.

» — Il a été, m'a-t-il répondu, le passe-port d'un per-
» sonnage qui ce matin est entré en pourparler avec moi.

» — J'avais raison, ai-je reparti; et quand hier vous
» vous défendiez de servir la politique bonapartiste,
» vous n'étiez pas tout à fait d'accord avec les faits. Il
» est clair qu'on vous pratique et que vous vous laissez

» faire. On est venu ici dans le dessein d'obtenir votre
» appui, et cette conférence, quelle qu'elle soit, que
» vous me faites l'honneur de m'annoncer, démontre
» que vous vous réservez toutes les éventualités.

» — Je ne puis dire ni oui ni non, me répondit-il.
» Je m'en suis expliqué avec une suffisante franchise.
» Le personnage en question m'a demandé à voir l'Em-
» pereur. Je lui ai dit que si l'Empereur le demandait,
» rien ne serait plus facile. A vrai dire, il n'est pas notre
» prisonnier, il est notre hôte. Nous devons le garantir
» contre des importunités et lui faciliter tous les moyens
» de faire ce qu'il croit convenable.

» — Permettez-moi, ai-je dit, de vous faire remarquer
» à mon tour que votre langage est parfaitement clair
» et que j'en comprends la portée. Si ce que l'Empereur
» juge convenable, c'est de revenir sur le trône, et qu'il
» obtienne votre consentement, vous nous le ramènerez.

» — Je vous l'ai dit, me répondit-il; mais nous
» n'avons pris aucun parti, et le personnage en question
» ne me paraissant pas sérieux, je l'ai éconduit.

» — Laissons donc ce sujet, ai-je répondu, qui m'im-
» porte fort peu et nous éloigne de celui sur lequel j'ai
» besoin d'être définitivement fixé. Vous avez causé avec
» le Roi, je viens savoir le résultat de cet entretien.

» — Le Roi, m'a dit le comte, accepte l'armistice dans
» les conditions et avec l'objet déterminés entre nous.
» Comme je vous l'ai dit, nous demandons l'occupation
» de toutes les forteresses assiégées dans les Vosges,
» celle de Strasbourg et la garnison de cette place pri-
» sonnière de guerre. »

J'ai eu peine à me contenir, et l'interrompant presque
impétueusement :

« — Monsieur le comte, lui ai-je dit, je vous ai pro-
» mis de rapporter à mon gouvernement, sans en rien
» omettre, la conversation de Votre Excellence ; mais je
» ne sais si j'aurai la force de lui faire connaître ce que
» vous venez de me dire. La garnison de Strasbourg a
» fait l'admiration du monde par son héroïsme ; la
» rendre volontairement prisonnière de guerre serait
» une lâcheté que nul homme de cœur ne voudrait
» conseiller.

» — Je ne puis être de votre avis, répondit le comte,
» et la raison de ma prétention est bien simple. Stras-
» bourg est épuisé ; nous n'avons plus qu'à tenter un
» dernier assaut. Je serais bien aise de l'éviter ; mais si
» nous ne nous entendons pas, vendredi il sera certai-
» nement entre nos mains, et sa garnison nous appar-
» tiendra.

» — *Certainement*, monsieur le comte, lui ai-je dit,
» est un mot qu'il est difficile de prononcer à la guerre.

» — Ajoutez, m'a-t-il dit, si vous le voulez, autant
» qu'il peut être humainement garanti. C'est une af-
» faire d'ingénieur, et toujours sous la même réserve
» je suis sûr de ne pas me tromper.

» — Alors, ai-je répondu, la garnison succomberait
» à la force. Pour ma part je ne la livrerai jamais. Mais
» laissons cette condition à part pour nous occuper des
» autres. Qu'entend Votre Excellence par le gage du
» côté de Paris, dont elle me parlait hier ?

» — Rien de plus simple encore, dit le comte, un
» fort dominant la ville.

» — Il est bien mieux, lui dis-je, de vous céder la
» ville tout entière. Ce sera plus net et plus radical.
» Comment voulez-vous admettre qu'une Assemblée

» française puisse délibérer sous le canon prussien?
» C'est là encore une condition que je ne m'engage nul-
» lement à faire connaître à mon gouvernement,

» — Cherchons alors une combinaison, m'a dit le
» comte.

» Je lui dis que s'il fallait renoncer à neutraliser
» Paris, on pourrait réunir l'Assemblée à Tours, où
» déjà siégeait le gouvernement.

» — Je l'accepte, me répondit-il; et dans ce cas il
» demeurerait convenu, conformément à ce que vous
» me disiez hier, que nous vous faciliterions avec une
» entière impartialité les réunions et les votations élec-
» torales, même dans les départements occupés, moins
» l'Alsace et la partie de la Lorraine que nous rete-
» nons.

» — On ne peut mieux convenir, lui ai-je fait obser-
» ver, qu'on a contre soi le sentiment des populations.
» Vous avouez par là que si vous les interrogiez elles
» seraient unanimes à vous repousser.

» — Je le sais parfaitement, a-t-il dit. Nous ne leur
» ferons pas plaisir, et nous ne nous en ferons pas da-
» vantage. Ce sera pour nous une pénible corvée. Elle
» est nécessaire à la sécurité du pays allemand et au
» succès de la guerre que vous ne manquerez pas de
» nous intenter. Nous ne les comprenons donc point
» parmi les électeurs que vous consulterez, puisque
» nous entendons les gouverner exclusivement. Mais si
» vous le permettez, je vais aller soumettre au Roi cette
» nouvelle idée, qui ne lui est pas connue; en même
» temps je lui parlerai de votre répugnance à consentir
» à la livraison de la garnison de Strasbourg.

» Le comte sortit; et, demeuré seul, j'aurais voulu

» donner un libre cours aux sentiments violents qui
» grondaient en moi. La patience était prête à m'é-
» chapper, et je sentais que j'en avais encore besoin.
» Je me promenais à grands pas dans ce riche cabinet.
» La beauté de la campagne, sur laquelle mes yeux
» s'étendaient, me semblait être comme un raffinement
» à la souffrance que j'endurais. Ce parc ombragé par
» des arbres heureusement disposés, ces eaux paisibles,
» ce gazon, ces fleurs, étaient comme autant de déri-
» sions de la misère de ce pays, livré à d'inflexibles et
» matérialistes envahisseurs. Ne pouvant supporter ce
» contraste, je m'assis en face de l'une des tables de
» l'appartement, et l'idée me vint de me procurer de
» suite un témoin irrécusable des incroyables proposi-
» tions qui m'étaient faites. Aucun papier n'était sous
» ma main. Au revers d'une lettre informe que je tirai
» de ma poche, j'écrivis la substance de ces conditions
» qui me faisaient monter la rougeur au front. J'atten-
» dis vingt minutes environ, irrité, non troublé, sa-
» chant très-bien quel devait être le dénoûment.

» Le comte rentra, un papier à la main, et m'en lut
» le texte en m'en faisant la traduction ; mais il ne voulut
» point me le laisser. Avant qu'il fit cette lecture, je lui
» dis avoir reproduit de mon côté par quelques lignes
» les conditions qu'il venait de soumettre au Roi. En
» ce qui concerne le gage de Paris, je m'étais servi de
» cette formule : Un fort autour de la ville.

» — Ce n'est pas cela, me fit observer le comte. Je
» n'ai pas dit un fort, je puis vous en demander plu-
» sieurs. Je tiens surtout à ce qu'il domine l'enceinte,
» comme par exemple le Mont-Valérien.

» Je demeurai muet, et lui laissai ajouter : Le Roi

» accepte la combinaison de la réunion de l'Assemblée
» à Tours, mais il insiste pour que la garnison de Stras-
» bourg soit rendue prisonnière.

» Je touchais au terme. Mon rôle était fini, et la force
» m'abandonnait. Je me levai vivement, un nuage sor-
» tant de mon sein obscurcit mes regards, et je me dé-
» tournai contre un chambranle pour y appuyer un
» instant ma tête qui éclatait, et y dévorer mes larmes.
» Ce fut l'affaire d'une seconde, et me retournant :

» — Pardon, monsieur le comte, de cet instant de fai-
» blesse. Je suis honteux de vous l'avoir laissé deviner,
» mais les souffrances que j'endure sont telles que je
» suis excusable d'y avoir été entraîné ; je vous demande
» la permission de me retirer. Je me suis trompé en
» venant ici, mais je ne m'en repens pas. J'ai obéi au
» sentiment de mon devoir, et il n'a fallu rien moins
» que cette impérieuse nécessité pour me faire sup-
» porter les tortures qu'elle m'a imposées. Je rappor-
» terai fidèlement à mon gouvernement les détails de
» nos entretiens. Personnellement je vous remercie de
» la bienveillance que vous y avez apportée ; j'en gar-
» derai le souvenir. Si mon gouvernement estime qu'il
» y ait quelque chose à faire dans l'intérêt de la paix
» avec les conditions que vous m'avez posées, je domi-
» nerai mes répulsions et serai ici demain. Dans le cas
» contraire, j'aurai l'honneur de vous écrire. Je suis
» bien malheureux, mais plein d'espoir.

» Le comte me parut légèrement agité, me tendit la
» main, m'adressa des paroles polies, et je descendis,
» le cœur gonflé de douleur et de colère, le grand esca-
» lier du château. »

§

Il était deux heures quand nous quittâmes Ferrières, accompagnés d'un capitaine d'état-major chargé de nous conduire aux avant-postes et d'y attendre jusqu'au lendemain ou mon retour ou ma réponse négative. En arrivant près de Joinville-le-Pont, une vive fusillade nous obligea à revenir sur nos pas et à rentrer par Créteil. L'officier prussien avait l'ordre exprès de ne pas dépasser la tête du village, le Roi ayant décidé qu'on ne se présenterait plus devant nos lignes, sous prétexte que nos grand'gardes de Metz avaient tiré sur un parlementaire allemand. On nous annonçait que nos soldats nous recevraient à coups de fusil. Nous avançâmes au pas en agitant un drapeau blanc, et ce signal fut respecté. Le soleil se couchait lorsque nous entrions au fort de Charenton.

Pendant tout ce voyage mon esprit demeura en proie aux plus douloureuses perplexités. Le silence que nous gardions me laissait tout entier à mes réflexions; repassant dans ma mémoire les impressions de ces trois mortelles journées, je pus essayer de voir clair dans notre cruelle situation et d'arrêter la résolution que je devais soumettre à mes collègues. J'avais été vivement frappé du nombre et de la tenue des troupes allemandes. Le désir de la paix y était général, les officiers l'exprimaient tout haut, et néanmoins il était facile de voir, à l'aspect de tous ces hommes, qu'ils étaient soutenus par la confiance et par la discipline et que chacun ferait son devoir. Je comparais, malgré moi, cette armée aux débris de la nôtre, et je ne pouvais m'empêcher de concevoir les craintes les plus sérieuses. J'avais aussi constamment devant les yeux le tableau navrant de nos campagnes ravagées, et aux oreilles les menaces de M. de Bismarck me disant : que ses troupes se répandraient dans toute la France sans rencontrer d'obstacles et qu'elles la mettraient au pillage. Je savais que nous n'avions à opposer que des recrues arrachées à la charrue, mal armées, sans cohésion militaire, et je me demandais avec anxiété si ce n'était pas une témérité coupable que de continuer la lutte dans des conditions si inégales. D'un autre côté, quand je songeais aux conditions exigées par la Prusse, elles me semblaient absolument inacceptables. La dureté impitoyable avec laquelle M. de Bismarck avait formulé notre mutilation me révoltait : à quoi bon consulter une Assemblée sur le démembrement de la patrie? comment surtout consentir préalablement à l'occupation de Strasbourg? comment livrer sa garnison à l'ennemi? Cette dernière rigueur n'était qu'une inutile humiliation. S'y soumettre me paraissait une honte. Mais peut-être était-il permis d'espérer qu'en entamant une négociation régulière, nous amènerions notre adversaire à diminuer ses prétentions. Je n'avais parlé qu'en mon nom personnel : porteur des pleins pouvoirs du gouvernement, j'aurais plus d'autorité, et dans tous les cas j'aurais l'avantage de dévoiler d'une manière plus éclatante les mauvais desseins de la Prusse. Malgré toutes les tortures morales qui venaient de m'être infligées, j'étais prêt, si cet avis était celui de mes collègues, à recommencer le lendemain ce triste pèlerinage.

A peine avais-je franchi le mur d'enceinte, je compris que cet expédient, quelque désirable qu'il fût, était impossible. L'animation que je voyais dans les rues était extrême. Partout des gardes nationaux en armes et faisant l'exercice. On devinait dans cette activité fiévreuse une confiance enthousiaste tout à fait incompatible avec l'esprit de résignation qu'exigeait une négociation avec l'ennemi. Cette impression augmentait à mesure que j'avançais dans la ville ; elle acquit une force décisive lorsqu'à neuf heures je me rendis à l'hôtel de ville.

Le jour même nous avions subi un échec : malgré nos efforts, les hauteurs de Châtillon nous avaient été enlevées. Quatre régiments composés de jeunes soldats avaient été pris d'une panique. Si les Prussiens eussent été audacieux, ils pouvaient les suivre jusqu'au pied des remparts. Cet incident avait ému mes collègues, qui d'ailleurs s'étaient montrés fort mécontents en apprenant mon départ, révélé par de coupables indiscrétions. Ils me témoignèrent une excessive froideur. On disait dans le salon qui précédait celui du conseil que j'allais être désavoué ; à minuit, après l'expédition des affaires, le général Trochu me donna la parole. Je racontai ce que j'avais fait. Le sentiment d'irritation que fit naître ce récit fut unanime, je le sentais grandir à chaque détail. Mes auditeurs ne se continrent plus lorsqu'ils entendirent les conditions que la Prusse entendait mettre à un armistice. Tous se récrièrent énergiquement contre la supposition qu'une négociation dût être essayée sur de telles bases. Je partageais leur avis. Je fus chargé de le faire connaître à M. de Bismarck, auquel j'écrivis la lettre suivante :

« Monsieur le comte,

» J'ai exposé fidèlement à mes collègues du gouver-

» nement de la défense nationale la déclaration que
» Votre Excellence a bien voulu me faire. J'ai le regret
» de faire connaître à Votre Excellence que le gouverne-
» ment n'a pu admettre vos propositions. Il accepterait
» un armistice ayant pour objet l'élection et la réunion
» d'une Assemblée nationale. Mais il ne peut souscrire
» aux conditions auxquelles Votre Excellence le subor-
» donne; quant à moi, j'ai la conscience d'avoir tout fait
» pour que l'effusion du sang cessât et que la paix fût
» rendue à nos deux nations, pour lesquelles elle serait
» un grand bienfait. Je ne m'arrête qu'en face d'un de-
» voir impérieux qui m'ordonne de ne pas sacrifier
» l'honneur de mon pays, décidé à résister énergique-
» ment. Je m'associe sans réserve à son vœu, ainsi qu'à
» celui de mes collègues. Dieu, qui nous juge, décidera
» de nos destinées : j'ai foi dans sa justice.

» Je vous prie, monsieur le comte, de recevoir
» l'assurance, etc.

» JULES FAVRE. »

§

Aujourd'hui l'arrêt est prononcé. Nous avons succombé, et cependant je ne crois pas qu'un juge impartial puisse nous condamner.

Sans doute, en face du fatal traité qui nous arrache
Strasbourg et Metz, il faut une réelle fermeté d'esprit
pour ne pas regretter l'issue qui nous était alors offerte.
Mais la moindre réflexion démontre bien vite qu'elle
était impraticable, et qu'au bout se trouvait le sacrifice
territorial qui nous a été plus tard imposé, après l'avoir

été au chancelier lui-même par l'opinion publique allemande, à laquelle il était impossible de résister.

Tel a été en effet, dès le début, l'obstacle radical à une transaction; et lorsque M. de Bismarck me disait que le Roi aurait renoncé à toute conquête si le gouvernement et le caractère français lui avaient garanti notre désir sincère de conserver la paix, il se trompait. Le Roi ne l'aurait pas pu. L'Allemagne, enivrée par ses victoires, en réclamait impérieusement le prix. Ses publicistes, ses littérateurs, ses poëtes, n'avaient cessé de lui répéter que l'Alsace et la Lorraine étaient une terre germanique devant revenir à la grande nation : elle voulait les avoir. Vainement quelques hommes vraiment éclairés protestaient; vainement M. Simon de Trèves adressait à ses compatriotes une proclamation dans laquelle il démontrait l'intérêt de l'Allemagne à ne pas spolier la France[1], un courant impérieux entraînait les âmes, et le gouvernement qui aurait voulu l'arrêter aurait été renversé.

Notre situation était exactement la même, en sens inverse. Le principe de l'intégrité de territoire n'aurait pu être mis en discussion, et toute concession même indirecte sur ce point aurait profondément blessé le sentiment public et provoqué l'explosion de redoutables colères. Si un doute était possible à cet égard, il serait de suite levé par le langage que tenait à cette époque toute la presse, et surtout par l'immense impression que produisit en France et en Europe la publication de mon rapport sur l'entrevue de Ferrières. Ma conduite ne rencontra pas une critique, et parmi ceux qui l'approuvèrent plusieurs donnèrent à leur opinion l'expression de l'exaltation la plus passionnée. J'ai sous

[1] Voir aux Pièces justificatives.

les yeux un nombre considérable de lettres qui me furent adressées à cette occasion. Je n'en pourrais citer aucune tant elles sont louangeuses ; elles émanaient de tous les rangs de la société : du clergé, de la magistrature, des hommes de lettres, des hommes politiques, du barreau et du notariat. Il était facile de juger que j'avais exactement traduit la pensée nationale ; que, comme moi, ceux de mes concitoyens qui désiraient la paix ne voulaient pas l'acheter par des sacrifices auxquels nous pouvions encore espérer nous soustraire : comme moi ils croyaient au devoir sacré de combattre jusqu'à la dernière extrémité l'insolente prétention de l'envahisseur, qui refusait notre offre de réparation pour nous enlever deux provinces malgré la volonté des habitants le repoussant énergiquement.

L'émotion ne fut pas moins vive à l'étranger, et de toutes parts nos agents nous firent connaître que les exigences inouïes de la Prusse amenaient une réaction favorable à la France. La plupart des gouvernements avaient cru que la paix était possible moyennant le payement d'une indemnité ; presque tous s'étaient prononcés contre la conquête d'une partie quelconque de notre territoire. Le maximum des concessions à nous imposer semblait être le démantèlement des forteresses des Vosges et de l'Alsace. Aussi fut-on surpris et mécontent des conditions formulées par la Prusse.

M. de Chaudordy me télégraphiait de Tours, le 23 novembre :

. . . . . . . . . . . . . . .

» Votre rapport détaillé ne nous est pas parvenu. Nous
» en avons eu le résumé, qui a été transmis de suite à la
» France entière et à toute l'Europe. L'impression par-

» tout est la même. En France, enthousiasme et exalta-
» tion pour la guerre ; à l'étranger, blâme absolu des
» prétentions prussiennes et approbation complète de
» notre ferme confiance que l'Europe n'admettra au
» plus comme possible que la démolition des forteresses
» avec indemnité pécuniaire. J'ai profité de cette situa-
» tion pour appeler l'attention des ambassadeurs et
» surtout de l'Angleterre sur l'utilité d'un concours au
» moins moral, tel que la reconnaissance officielle à faire
» par leur pays du gouvernement de la défense natio-
» nale. Ils ont tous paru favorables à cette idée et l'ont
» déjà appuyée auprès de leurs cabinets.

» J'ai écrit de mon côté, en ce sens, à nos ambassa-
» deurs, en montrant l'unanimité de Paris, l'obéissance
» de toute la France et l'ordre qui y règne. Toutes vos
» instructions reçues la dernière nuit ont été exactement
» suivies et envoyées à nos agents. M. Thiers est au-
» jourd'hui à Saint-Pétersbourg ; il a reçu de M. le comte
» de Beust l'assurance que si la Russie se met en avant
» l'Autriche la suivra. »

Le 24 septembre :

. . . . . . . . . . . . . . . . .

« Les journaux russes nous sont extrêmement favo-
» rables, ceux de Vienne très-violents contre la Prusse.
» Lord Lyons vient de me dire que le même change-
» ment en notre faveur se fait en Angleterre et que le
» *Times* lui-même commence à tourner dans ce sens.
» Les relations avec tous les chefs diplomatiques pré-
» sents à Tours sont parfaites. Ils suivront la délégation
» du gouvernement partout où elle croira devoir se
» transporter. Je leur ai fait comprendre que les condi-
» tions de la paix et de l'armistice émises par M. de Bis-

» marck (alors que le gouvernement nouveau, qui n'était
» pas responsable de la guerre, avait été au-devant du
» possible pour obtenir la paix) changeaient toutes les
» conditions de la lutte et lui donnaient une légitimité
» qui n'existait peut-être pas au début. Ils m'ont tous
» dit qu'en effet les rôles étaient changés et que la
» Prusse devenait seule responsable de tant de maux ;
» c'est dans tous les cas ce qu'ils vont écrire à leur gou-
» vernement.

» M. Tachard (notre ministre à Bruxelles) télégraphie
» que M. Darcy, correspondant du journal le *Standard,*
» assure que lord Granville lui aurait déclaré, avant-
» hier, que le démantèlement de Metz et de Strasbourg
» serait seulement admis par l'Angleterre. »

Le 27 septembre :

« Votre rapport circonstancié nous est enfin parvenu
» par le *Journal officiel;* je l'envoie autographié à tous
» nos agents. Votre conduite, déjà connue, obtient l'ap-
» probation de l'Europe entière : les détails ne feront
» certainement qu'augmenter l'effet en notre faveur. Le
» comte de Bismarck paraît l'avoir compris, car il a
» adressé une dépêche aux agents prussiens, dont le mi-
» nistre d'Italie m'a lu l'extrait suivant : le comte de
» Bismarck s'est borné à demander, comme condition de
» l'armistice, l'occupation par les troupes prussiennes
» de Toul, Strasbourg et Verdun. Il n'a jamais été ques-
» tion du Mont-Valérien. Le but de ces demandes était
» de pourvoir plus facilement à l'approvisionnement de
» l'armée prussienne pendant la durée de l'armistice.
» J'ai profité de cette occasion pour dire aux ambassa-
» deurs que s'il y avait contradiction, puisque vous étiez
» enfermé dans Paris, c'était aux grands États de l'Eu-

» rope à demander au comte de Bismarck de s'expliquer
» et de préciser les conditions de l'armistice. J'ai insisté
» pour qu'à cette occasion, ils fassent enfin entendre
» leur voix, et j'ai développé toutes les raisons possibles
» à l'appui des instructions que vous m'avez adressées.
» Lord Lyons envoie un second courrier pour renouveler
» ses instances; le prince de Metternich également avec
» M. Nigra de même et tous y mettent beaucoup de zèle. »

Malheureusement les deux grandes puissances dont l'action était indispensable à l'efficace intervention des neutres étaient fort décidées à ne rien faire, ou plutôt elles penchaient du côté de la Prusse et nous conseillaient officieusement la résignation à des cessions territoriales.

Les communications que je recevais de Saint-Pétersbourg ne pouvaient me laisser aucun doute en ce qui concernait la Russie. Elle désirait avant tout la fin de la guerre, c'était pour elle le point capital. Dans ce but, elle s'était entremise, et se disait prête à s'entremettre de nouveau auprès de la Prusse. Elle venait de nous rendre le service de faire admettre par M. de Bismarck la possibilité de traiter avec le gouvernement de la défense nationale. Mais si elle désirait voir cesser une lutte désastreuse, elle se préoccupait beaucoup moins des moyens d'y parvenir que du résultat à atteindre.

La vraie raison de cette attitude était qu'on ne croyait pas pouvoir compter sur l'énergie ou même sur la possibilité de notre résistance. L'armée prussienne inspirait à quelques-uns de l'admiration, au plus grand nombre une crainte réelle. Aussi nous conseillait-on avec insistance de nous prêter à un armistice; cependant on ne nous laissait pas ignorer que l'empereur Alexandre ne consentirait jamais à promettre, même éventuellement, une démonstration armée contre la Prusse. On nous affirmait sa bienveillance, son dessein d'agir officieusement. Mais on ne voulait s'engager en rien, pas même à une démarche faite au quartier général, et on nous répétait que de son côté l'Angleterre ne s'y associerait pas si elle n'avait pas la Russie avec elle.

Notre représentant près du cabinet de Saint-Pétersbourg répondait que nous étions prêts à accepter un armistice, pourvu qu'on ne l'accompagnât pas de conditions humiliantes. Il faisait valoir avec force l'intérêt de la Russie à nous assurer une paix prompte et durable. Il y ajoutait qu'il y aurait peut-être pour elle un notable inconvénient à se laisser devancer dans cette voie par d'autres puissances. Mais malgré son habileté et son zèle, il rencontrait toujours l'obstacle insurmontable d'un engagement d'honneur qui liait le souverain et déterminait par là même la ligne politique dont ses ministres ne pouvaient s'écarter.

C'était là, en effet, l'objection derrière laquelle se retranchait constamment le prince de Gortschakoff. Elle avait pour lui l'avantage de substituer à la discussion le respect qu'il devait à son maître et la confiance en ses bonnes dispositions. Le prince n'aurait pu contester qu'il n'y eût dans son pays, et tout près du czar, des sentiments très-vifs en faveur de la France. Il était loin de n'en pas tenir compte. Je suis même convaincu qu'il ne voyait pas sans une inquiétude fort naturelle la transformation violente dont nos malheurs pouvaient n'être que le prélude. Je m'explique ainsi ses vœux, certainement sincères, pour la prompte cessation des hostilités. Toutefois, et sauf l'action officieuse de l'Empereur, il ne nous offrait que des conseils de résignation auxquels le devoir nous défendait d'obtempérer. Tel fut plus tard son langage à M. Thiers. Il lui donna, il est vrai, son concours pour la proposition d'armistice, mais lorsque cette proposition fut écartée par une exigence de la Prusse contraire au droit international, le cabinet de Saint-Pétersbourg ne soutint plus son projet et rentra dans la réserve absolue qu'il s'était tout d'abord imposée.

De cet échange d'idées et de la correspondance de lord Granville à lord Lyons publiée par le livre bleu, il ressort très-clairement que la Russie et l'Angleterre, justement préoccupées de la continuation d'une guerre préjudiciable à l'Europe entière, animées vis-à-vis de la France de sentiments que ses malheurs et la chute de l'Empire avaient rendus presque bienveillants, auraient désiré nous être utiles, mais sans se compromettre en rien, et en écartant le concours des autres puissances. Je ne méconnais ni ces dispositions ni les bons offices qui en ont été la conséquence, et j'en conserve au nom de mon pays un souvenir reconnaissant, tout aussi bien que des sympathies très-accusées de l'Italie, de l'Espagne, de l'Autriche et de la Turquie. Elles ne nous ont ni sauvés ni secourus : en cela je crois qu'elles ont manqué de prévoyance politique ; mais je ne puis être insensible à leur attitude : dans ces cruelles conjonctures, cette attitude a été pleine de cordialité. Mon ami, M. Senard, qui avait bien voulu accepter une mission extraordinaire à Florence, a rencontré de la part du roi Victor-Emmanuel l'accueil le plus affectueux. Le cabinet italien s'est associé à nos efforts pour obtenir une action collective. L'ambassadeur d'Espagne, M. Olozaga, dont l'esprit élevé et généreux a depuis longtemps compris l'utilité d'une étroite union entre nos deux pays, aurait voulu nous prêter un appui direct et efficace. Plusieurs fois il m'a proposé de se rendre au quartier général ; mais les uns et les autres étaient retenus par la réserve calculée des deux grandes puissances qui étaient réellement les arbitres de la situation, et qui tout en nous voulant du bien, tout en considérant les prétentions de la Prusse comme inquiétantes pour l'avenir de l'Europe, n'en ont pas moins laissé s'accomplir les événements, qu'elles auraient pu, qu'elles auraient dû empêcher.

§

Il ne s'agissait pas, en effet, seulement d'un intérêt français : la stabilité de l'Europe et le respect du droit étaient en jeu. Les chefs d'État qui en ont détourné leurs regards, auront tôt ou tard à s'en repentir ; comme ils ont pu le faire déjà d'être restés indifférents à l'acte de force dont le Danemark a été victime, malgré les traités qui le protégeaient. Je mets de côté toutes les éventualités menaçantes pour chaque nation, éventualités que fera inévitablement naître la prépondérance excessive de la Prusse ; je réduis la question au simple maintien de la paix, qui doit être le souci de tous les hommes politiques parce qu'il est le premier intérêt des peuples. Envisagées à ce seul point de vue, les exigences de la Prusse devaient être l'objet de la désapprobation formelle des puissances, et déterminer leur action collective.

Pour le prouver, j'invoque un témoin qui ne sera pas suspect, M. de Bismarck lui-même. Quel est l'argument dont il s'est constamment servi pour excuser la conquête, dont il n'a jamais cherché à voiler la violence et l'iniquité? Cet argument est, à vrai dire, le seul qu'il ait produit à Sedan, à Ferrières, à Versailles et dans tous les documents publics : « La France, a-t-il dit, ne nous pardonnera jamais ses désastres. Le désir d'en tirer vengeance sera l'âme de sa politique et la poussera à une guerre furieuse contre nous. Le plus simple bon sens nous fait un devoir de nous y préparer; la meilleure manière de nous en assurer les chances, c'est de prendre des positions militaires inexpugnables et d'affaiblir notre ennemi en diminuant son territoire. »

Je ne répéterai point ici ce que moi-même j'ai déjà répondu à ces raisonnements, soit dans mes conversations avec le chancelier, soit dans mes dépêches. C'est ici que s'applique ce que j'ai dit plus haut de M. de Bismarck et de sa politique. Je crois qu'il n'a pas été le maître de suivre ses inspirations, et qu'il a cédé à des vues inférieures aux siennes. Je ne sais quel sera sur ce point, fort controversable, je le reconnais, le jugement de l'histoire; si mes pressentiments sont justes, elle le blâmera d'avoir sacrifié l'avenir au présent, subordonné la justice à la force, perdu l'occasion de rendre à son pays un éminent service et d'acquérir pour lui-même une grande gloire. Quand on a humilié une nation, il faut la relever par la magnanimité ou l'achever par une destruction complète. Croire qu'en se bornant à la mutiler on la frappe d'impuissance est une erreur; loin de là, on la retrempe en lui donnant le prestige du dévouement à une cause juste. Les hommes d'État prussiens sont d'autant plus inexcusables de ne pas l'avoir compris, que pour le faire ils n'avaient qu'à consulter leurs propres annales. Ils ont fait de nous ce que Napoléon avait fait d'eux en 1807; qu'ils interrogent leurs pères, et ils devineront ce qu'ils ont préparé.

Du reste, ils en conviennent, et c'est la première fois peut-être que des hommes d'État, en signant un traité de paix, placent en interligne une déclaration de guerre à échéance. Ils étaient les plus forts, ce qui explique tout; cependant ils l'étaient moins que l'Europe réunie, et l'on est en droit de s'étonner que celle-ci les ait assistés par la complicité de son silence. Les ministres qui s'y sont résignés n'échapperont pas, quel que soit leur génie, à l'accusation d'avoir préféré leur repos à la sécurité de leurs enfants. Ils ont mieux aimé laisser s'amonceler les orages qui éclateront après eux que de prendre une résolution virile qui leur aurait coûté l'embarras d'un effort de volonté. Cependant il me semble qu'il leur était facile de préserver les générations qui nous succéderont des malheurs trop probables auxquels les expose cette incurie. Ils n'avaient à se préoccuper ni de la Prusse ni de la France, mais de l'Europe et de l'humanité. Représentants suprêmes des principes généraux qui planent au-dessus des hommes en dominant leurs funestes et changeantes rivalités, ils devaient dire à la Prusse : L'ambition qui vous pousse à vous emparer de deux provinces, malgré le vœu de leurs habitants, est injuste et dangereuse; elle vous condamne à de nouvelles et inévitables luttes qui seront pour nos descendants, peut-être pour nous-mêmes, une cause de troubles et de souffrances; nous nous opposons à ce que vous y donniez cours. Ils devaient dire à la France : Vous avez provoqué, votre châtiment est mérité. Vous réparerez dans la mesure du possible les maux dont vous avez été cause. Vous renoncerez à toute idée ultérieure de revanche et de conquête : et si vous veniez à méconnaître l'engagement solennel que vous allez prendre, c'est notre action collective qui vous contraindrait à le respecter.

Si les hommes d'État de l'Europe avaient tenu ce langage, s'ils avaient formé cette sainte ligue contre de mutuelles violences, ils auraient été les bienfaiteurs des peuples. Ils auraient proclamé la loi de solidarité qui doit les unir, et qui pour chacun d'eux est la seule garantie sérieuse d'ordre et de prospérité. Ils ont trouvé plus commode de s'abstenir. Était-ce le plus sûr? N'y a-t-il pas des heures où la faiblesse creuse des abîmes? et les politiques habiles qui ont mis toute leur sagesse à ne concevoir aucun dessein, ne jettent-ils pas malgré eux un regard inquiet sur la suite certaine de ces grandes catastrophes? Ont-ils mesuré jusqu'où ira la Prusse, qui a pour auxiliaire la défaillance de tous ceux qu'elle n'attaque point? Se font-ils une idée du travail qui s'opère au sein des sociétés modernes et des semences redoutables qu'y répandent l'ignorance et la passion? Dans de telles conjonctures, souffrir que les éléments de l'incendie se rapprochent et s'entassent, c'est accepter par avance la responsabilité du désastre.

Cette vérité ne se dégagera que trop nettement des faits, à mesure que le temps les éclairera. Nous avons cherché vainement à la faire prévaloir; nous nous sommes brisés contre l'indifférence de ceux qui étaient les plus intéressés à la prendre pour guide. Notre insistance les importunait : ils ont trouvé plus simple de nous éconduire en nous répétant froidement : La destinée vous frappe, exécutez-vous de bonne grâce, ce sont vos affaires : nous vous prouvons notre amitié en ne nous en mêlant point.

§

Ou je me trompe fort, ou ce ne sera pas pour la France un médiocre titre d'honneur de n'avoir pas cédé à ces conseils. Elle n'a douté ni de son droit ni d'elle-même. Elle a lutté jusqu'à épuisement, et c'est une consolation dans son infortune de n'avoir rien cédé, si ce n'est à la force. Elle a su à Ferrières qu'elle n'avait d'autre alternative qu'un abandon de territoire ou la continuation d'une guerre sur l'issue de laquelle elle pouvait encore se faire illusion, elle a choisi la guerre avec tous les fléaux qu'elle entraîne après elle. Je demeure encore convaincu qu'en agissant ainsi elle a noblement fait son devoir.

Ne pourrait-on pas croire néanmoins qu'en se pliant aux conditions de l'armistice le gouvernement aurait déterminé l'intervention des puissances, et que celles-ci auraient arrêté la Prusse dans l'excès de ses prétentions?

Nul ne peut dire ce qui serait advenu avec un armistice et la convocation d'une Assemblée. J'ai prouvé par mes actes avec quelle ardeur je désirais l'un et l'autre. L'obligation d'y renoncer me causa un grand chagrin; mais ce n'était point un sentiment exagéré de susceptibilité qui nous dictait cette grave détermination; nous subissions une nécessité que nous imposaient les exigences insolites de la Prusse : c'est à elle seule que doit être imputé l'échec de cette négociation, au succès de laquelle j'attachais tant de prix.

Aussi suis-je tenté de croire qu'elle a voulu et préparé ce résultat. Dans notre première conversation au château de la Haute-Maison, M. de Bismarck rejeta toute proposition d'armistice. Le conseil des généraux, disait-il, la considérait comme contraire à l'intérêt de l'armée, dont il entendait presser les opérations. Ce fut probablement par égard pour l'Angleterre et la Russie que, dans notre second entretien à Ferrières, il consentit à consulter le Roi. Mais en rapportant l'adhésion de son souverain, il formula les conditions que j'ai fait connaître plus haut, et que ne semblait en aucune manière justifier notre situation réciproque.

La question, en effet, était entre nous très-simplement posée. Si j'avais pu réunir les électeurs et convoquer une Assemblée sans le concours de l'ennemi, je me serais épargné la douleur d'aller le trouver dans son camp au milieu de nos départements ravagés; mais je devais obtenir de lui la faculté d'interroger la nation et de faire sortir de sa libre souveraineté un gouvernement régulier avec lequel on pût traiter. C'était lui demander s'il entendait régler notre sort par une convention ou par un acte de force. Repousser l'armistice ou le rendre inacceptable, c'était empêcher la réunion de l'Assemblée et nous soumettre à la loi du glaive.

Tel était le désir du parti militaire. M. de Bismarck s'y est rangé.

A quoi bon, en effet, exiger des garanties et nous imposer des humiliations? A quoi bon nous blesser au cœur en nous forçant de stipuler la captivité de nos soldats?

La situation stratégique de la Prusse était inexpugnable. Maîtresse de la route de Paris, libre de jeter ses soldats à l'est ou à l'ouest, n'ayant rien à craindre des nôtres, puisqu'elle tenait les derniers d'entre eux bloqués avec Bazaine sous les murs de Metz, elle pouvait sans danger, sans inconvénient même, se montrer facile sur les conditions d'un armistice qui devait permettre à la France d'exprimer sa volonté. Ce fut précisément à l'idée contraire qu'elle s'arrêta; elle affecta de nous traiter en vaincus. Elle n'eut pas même le respect du courage que déployaient les défenseurs de Strasbourg, et substituant un calcul matériel à un sentiment élevé, elle ne voulut pas laisser libres ceux qu'elle pensait prendre au bout de quelques jours. Ces duretés inutiles rendirent tout impossible; le gouvernement les rejeta sans discussion. Que serait-il arrivé s'il les avait admises? Qu'on se figure l'impression produite sur la population de Paris par l'annonce d'un traité d'armistice livrant Strasbourg et sa garnison! Le gouvernement qui l'aurait signé n'aurait pas vécu vingt-quatre heures, et les divisions fatales qui auraient suivi sa chute auraient rendu toute défense impossible.

Quant à l'intervention de l'Europe, que certains ministres, et notamment lord Granville, nous faisaient entrevoir comme le prix de notre soumission à la volonté du vainqueur, je la tiens pour une chimère pure. On s'est fait contre nous un prétexte de notre résolution, on en aurait trouvé un autre si nous avions cédé. La vérité est que nous avons été systématiquement abandonnés et que nulle action n'a gêné l'ambition de la Prusse. Elle a pu, sans s'exposer même à une remontrance, bouleverser l'équilibre de l'Europe et y faire prévaloir, en plein dix-neuvième siècle, le fait brutal de la conquête. L'avenir dira de quel profit lui sera cette politique matérialiste. La France la subit, mais n'en est point accablée. Elle garde son courage et sa foi, et quelque grand que soit son malheur, elle le croit réparable. On peut toujours espérer ramener à soi la fortune, quand on n'en a pas volontairement accepté les coups.

## CHAPITRE V.

### ORGANISATION INTÉRIEURE DU GOUVERNEMENT. ENVOI D'UNE DÉLÉGATION A TOURS.

Je suis forcé de revenir sur mes pas pour exposer les actes du gouvernement de la défense nationale pendant les quatorze jours qui ont précédé le complet investissement de Paris. C'est en effet dans ce délai infiniment court qu'il a dû prendre toutes les mesures indispensables à la mise en état de défense de la capitale, en même temps qu'il lui fallait pourvoir aux nécessités politiques, administratives et financières de toute nature qu'entraînait après elle la crise terrible qu'on allait aborder.

Au lendemain du 4 septembre Paris présentait le spectacle d'une indescriptible confusion. Les sentiments les plus violents et les plus contradictoires agitaient toutes les âmes : la colère, la crainte, l'enthousiasme, la joie, le désir de combattre et l'espérance de vaincre ; les ateliers étaient déserts, les soldats et les gardes mobiles mêlés à la population se livraient à de continuelles manifestations patriotiques. Il fallut rétablir l'ordre et le calme au sein de cette foule si profondément troublée, rapatrier les militaires autour de leur drapeau, rappeler tous les citoyens à la notion sévère et réfléchie du danger et du devoir. Rien n'était possible sans l'union de toutes les pensées vers un même but : le gouvernement était convaincu de cette nécessité, il a fait tout ce qui était en lui pour lui donner satisfaction.

Du reste, pendant ces premiers jours il eût été difficile de découvrir le germe d'une division sérieuse. Tous les partis semblaient s'être effacés, aussi bien celui qui perdait le pouvoir que celui qui n'avait pas pu s'en emparer. Les députés de l'opposition et des centres se montraient en grand nombre à l'hôtel de ville, ils offraient leur concours avec un parfait désintéressement. Il fut un instant question d'une protestation que les membres de la majorité avaient préparée : ils eurent la sagesse de n'y point persévérer. Quant aux fonctionnaires publics, ils comprenaient qu'ils étaient en face d'un appel aux armes contre l'étranger et non d'une révolution ; ils ne songeaient pas plus à déserter leur poste que le gouvernement à les en écarter. Un mouvement qui ne rencontre pas d'adversaires est forcément modéré : celui du 4 septembre avait une autre raison de l'être. Né de l'explosion d'indignation publique contre l'ineptie de l'homme qui nous avait livrés à l'invasion, il ne pouvait remplir sa tâche que par l'accord de tous, c'était donc à rallier et non à exclure qu'il devait s'attacher.

Cependant, il ne lui était pas possible de faire abstraction du milieu dans lequel il avait été formé, non plus que des opinions des hommes qui le composaient. Le nom qu'il avait pris caractérisait fort exactement sa nature et sa mission. Il ne suffisait pas à la population parisienne, à laquelle il fallait une formule plus précise et un symbole plus éclatant. Où les trouver en dehors de l'institution républicaine ?

Si à l'heure où j'écris, quand la guerre extérieure est

terminée, quand la sédition a été domptée, quand les forces organisées qui entretiennent la vie nationale jouent régulièrement, il est impossible de concevoir un gouvernement autre que celui de la République, acceptable même pour ceux qui en principe le repoussent davantage, comment au sein de la tourmente, à la veille des plus redoutables épreuves, alors que toutes les ambitions personnelles devaient s'anéantir dans un commun dévouement à la patrie, comment ne pas prendre pour levier l'idée sublime et sainte qui résume dans un mot la puissance et la liberté de la nation maîtresse d'elle-même ? En hésitant, le gouvernement aurait commis une grande faute. Il avait l'obligation de résolûment barrer le passage à toutes les prétentions, directes ou même indirectes, calculées ou involontaires. C'est ce que je me permis de répondre, même avant d'en avoir conféré avec mes collègues, à la demande parfaitement convenable d'ailleurs qui me fut adressée au nom des princes d'Orléans par un de leurs plus fidèles et de leurs plus honorables amis : ils auraient voulu qu'il fût possible de leur assigner un poste dans la défense, et le plus périlleux. Je chargeai leur représentant de leur exprimer et ma reconnaissance de leur offre et mes regrets d'être obligé de la refuser. Je sentais tout ce que cette décision avait de rigoureux ; de leur côté, ils devaient en reconnaître la nécessité absolue. Je crois qu'ils l'avaient prévu, car on me déclarait en leur nom que si le gouvernement voyait un inconvénient sérieux à leur présence en France, ils reprendraient de suite le chemin de l'exil. Nous ne devions pas moins attendre de l'abnégation patriotique des princes qui, en 1848, avaient déjà conquis l'estime publique par leur noble désintéressement. « J'espère, dis-je à mon interlocuteur, que ce sacrifice ne sera que temporaire. La République ne l'impose qu'à raison du péril de la patrie; quand ce péril aura disparu, elle sera heureuse d'ouvrir ses bras à ceux qui aux jours du malheur ont mis leur épée à son service. »

Le gouvernement partagea mon avis, et le soir même les princes s'éloignèrent.

La politique qui nous dictait cette mesure n'était pas celle d'un parti, elle était celle de la défense, celle que définissaient quelques lignes de notre proclamation à l'armée :

« En acceptant le pouvoir dans la crise formidable
» que nous traversons, nous n'avons pas fait œuvre de
» parti.

» Nous ne sommes pas au pouvoir, mais au combat.

» Nous ne sommes pas le gouvernement d'un parti,
» nous sommes le gouvernement de la défense nationale.

» Nous n'avons qu'un but, qu'une volonté : le salut
» de la patrie par l'armée et la nation groupées autour
» du glorieux symbole qui fit reculer l'Europe il y a
» quatre-vingts ans.

» Aujourd'hui comme alors le nom de république
» veut dire : union intime de l'armée et du peuple pour
» la défense de la patrie. »

Il était toutefois impossible que gouvernant au nom de la République on n'en appliquât pas les formules et les principes, et que, toutes choses égales d'ailleurs, on ne préférât pas pour les emplois publics des hommes professant des opinions républicaines. Les reproches qui ont été souvent adressés sur ce point au ministre de l'intérieur me semblent donc peu équitables; il s'est certainement trompé dans plusieurs choix : qui ne l'eût fait autant que lui ? Mais il a été surtout dirigé par le désir de soulever la nation, il a voulu lui communiquer son ardeur patriotique, et pour cela, vraiment ce n'était pas à des bonapartistes avérés qu'il fallait recourir.

Ainsi, quand il s'agit de désigner vingt maires provisoires pour administrer les arrondissements de la ville de Paris jusqu'à l'élection régulière des municipalités, le ministre et le maire, M. Étienne Arago, cherchèrent ceux qui leur parurent les plus dignes parmi les citoyens pouvant dans leurs quartiers exercer la plus salutaire influence. Ceux que l'opinion publique réclamait et qui avaient sur elle le plus d'empire, étaient des républicains éprouvés, et nul n'était en droit de s'en étonner ou de s'en plaindre. Je ne dis pas qu'ils aient été, sans exception, tout ce qu'on aurait pu désirer, mais j'affirme qu'il ne sera donné à personne d'apprécier à leur juste valeur les services qu'ils ont rendus, les fatigues, les dangers, les angoisses auxquels ils ont été exposés, et l'injustice par laquelle ils ont été récompensés. La fatalité des événements les a investis d'un pouvoir sans limites. Il leur a fallu une force singulière pour ne pas commettre toutes les fautes auxquelles cette omnipotence semblait les condamner, — ils en ont évité un grand nombre. Absorbés jour et nuit par un travail sans trêve, chargés d'alimenter chaque jour des foules affamées, obligés de les consoler, de les fortifier, de les contenir, ayant à lutter contre la misère, le froid, le bombardement et l'insurrection, succombant sous la multiplicité des attributions les plus diverses que leur donnaient la dissolution de l'autorité légale et la défiance des passions populaires, ils ont certainement porté le fardeau le plus lourd que l'imagination puisse concevoir, — ils ont plusieurs fois sauvé l'ordre dans la cité. Je les ai vus à l'œuvre, j'ai eu l'honneur d'être leur supérieur hiérarchique; j'ai souvent différé d'opinion avec eux et je les ai souvent combattus; j'ai toujours admiré leur dévouement, et je manquerais à une obligation de conscience si je ne leur rendais pas justice.

Au moment où ils furent nommés, tout était encore incertitude et tâtonnement dans la défense. Beaucoup d'excellents citoyens la jugeaient impossible et semaient autour d'eux l'inquiétude et l'hésitation. C'était aux mairies que renaissait la confiance. En voyant l'activité dont les officiers municipaux donnaient les premiers l'exemple, chacun reprenait courage et voulait faire son devoir. On recueillait des secours, on créait des ambulances, on distribuait des armes, l'élan patriotique gagnait de proche en proche. Au bout de quelques jours Paris fut transformé, et les plus pessimistes commencèrent à croire qu'en dépit de sa réputation de frivolité, cette reine des plaisirs pourrait bien étonner le monde par son héroïsme.

L'armement et l'organisation de la garde nationale étaient l'une des premières opérations qu'il fallait vite et bien conduire : or, dès le principe elle fut faussée par un excès d'empressement et de zèle. C'était dans les termes de la loi de 1851 que, sur ma proposition, le Corps législatif avait voté son rétablissement. Mais l'ardeur des citoyens à se faire inscrire avait été telle qu'on n'avait pu exiger aucune justification ni de domicile ni même de nationalité. On peut se faire aisément une idée du désordre produit par un pareil laisser-aller : des étrangers, des enfants, des vieillards, des vagabonds, des repris de justice, avaient reçu des armes et figuraient sur les contrôles. Les élections se ressentirent d'une manière fort regrettable de cette confusion. On n'avait pas le temps de s'arrêter à ces détails, l'ennemi avançait, il fallait à tout prix mettre sur pied des combattants pour garder les remparts. Sur trois cent soixante mille inscrits, les deux tiers n'étaient ni habillés ni équipés. La mairie de Paris et celles des arrondissements firent des merveilles et pourvurent à tout en quelques semaines. Pendant ce temps le ministère de la guerre armait les gardes mobiles, le ministère de l'intérieur confectionnait leurs uniformes. Ces enfants de nos départements qui venaient héroïquement s'enfermer avec nous pour partager notre sort étaient hébergés dans nos familles, où on se disputait l'honneur de les recevoir.

Ce n'était pas avec une moindre sollicitude que l'administration de la guerre et le gouverneur de Paris s'occupaient de l'armement des forts et des remparts. Là tout était à faire, et l'incurie du gouvernement impérial avait au plus haut degré compromis notre sécurité. Il fallut en quelques jours réparer cette faute impardonnable. Elle l'a été complétement depuis. Grâce aux habiles travaux du génie, dirigés par les soins du conseil de défense, Paris était devenu imprenable; il était déjà fort redoutable au moment de l'investissement, et si, comme on l'annonçait, l'assiégeant avait tenté un coup de force, il se serait probablement brisé contre une résistance formidable, bien qu'improvisée en une semaine.

En acceptant ainsi les périls et les souffrances d'un siége, Paris, malgré sa résolution, n'était pas exempt d'appréhension sur la question d'approvisionnement.

Elle était en effet l'une des plus graves, des plus difficiles de toutes celles que soulevaient ces événements extraordinaires. Faire vivre une population de plus de deux millions d'âmes dans une enceinte fortifiée, sans communication avec le dehors, était un problème inquiétant et dont la solution supposait d'immenses ressources. Le ministère du 9 août en avait réuni de considérables. Jusqu'à la dernière heure de libre entrée, celui du 4 septembre n'a pas cessé un jour de les augmenter : le 8, il faisait insérer au *Journal officiel* la note suivante, qui prouve que nul ne croyait à ce moment que l'armée prussienne prolongeât ses opérations jusqu'à l'hiver :

« Le gouvernement de la défense nationale s'empresse de porter à la connaissance des habitants de Paris que les approvisionnements en pain, viande, liquides et objets alimentaires de toute espèce sont largement suffisants pour assurer l'alimentation d'une population de deux millions d'âmes *pendant deux mois.* »

Ces deux mois en perspective nous paraissaient à tous deux siècles, et personne ne pensait qu'on dût les subir; cependant nous en avons supporté quatre et demi, avec quelles souffrances, avec quelle industrie, avec quelle ténacité désespérée, je le dirai plus tard. Lorsqu'ayant épuisé notre dernier sac de farine, nous avons traité pour sauver nos concitoyens d'une mort affreuse, égarés par une patriotique douleur, ils nous ont accusés d'une coupable précipitation; aujourd'hui le sang-froid leur est revenu, qu'ils se rappellent qu'au 8 septembre on ne leur promettait que pour deux mois de vivres, et qu'ils nous jugent !

Ces soins multipliés, la surveillance des détails de toute nature qui les accompagnaient, exigeaient de nous un travail assidu, qui ne nous permettait de nous réunir en conseil que le soir à neuf heures. La séance n'était jamais levée avant minuit et demi, et la plupart du temps se prolongeait jusqu'à deux ou trois heures du matin. Du 4 septembre au 12 février nous n'avons pas manqué une seule fois à ce devoir, et souvent nous avons eu dans la journée des réunions supplémentaires. Malgré ses travaux et ses fatigues, le général Trochu nous a toujours présidés, excepté les jours de bataille; il n'était étranger à aucune question, et souvent il nous étonnait par la justesse et la force de ses observations sur des sujets qui ne semblaient nullement de sa compétence. Du reste il avait, dès les premiers moments, conquis sur tous ses collègues un ascendant qu'expliquaient fort bien et sa position exceptionnelle et son incontestable supériorité d'esprit. Sa qualité de gouverneur de Paris et de chef militaire lui aurait assuré le premier rôle, alors même qu'il n'eût pas été appelé à le jouer comme président du gouvernement. Plus tard, quelques-uns de nous ont cru qu'il aurait été plus sage de diviser ces attributions diverses en distinguant l'exécution et le commandement. Mais alors, loin d'être frappés de ce grave inconvénient, nous nous livrions sans réserve aux sympathies et à la confiance qui entraînaient Paris tout entier. Alors aussi le général paraissait complétement les justifier. Je comprends que certains hommes, très-respectables d'ailleurs, accoutumés à mettre les règles de la discipline militaire au-dessus du devoir civique, aient critiqué sa conduite au 4 septembre; pour moi, je ne lui fais qu'un reproche, c'est de s'en être excusé en invoquant des circonstances atténuantes. En venant à l'hôtel de ville prendre la présidence du gouvernement qui s'y installait, le général Trochu a été un grand citoyen. Il ne lui était pas possible d'empêcher la chute de l'Empire; si, comme d'autres, il s'était effacé derrière ses débris, il aurait été responsable des incertitudes de l'armée, qui peut-être se serait divisée. En se mettant courageusement à sa tête pour la mener à l'ennemi, il a sauvé la situation et rendu à son pays un service immense : il n'a compromis que sa personne, plus encore, sa considération professionnelle; car, si par un retour imprévu la Régente eût ressaisi le pouvoir, il aurait supporté la plus lourde responsabilité. Son sacrifice a donc été plus grand que le nôtre, et comme il a été tout aussi exempt d'ambition personnelle, il aura, quoi qu'il arrive, mérité la reconnaissance de la patrie : tôt ou tard elle lui rendra la justice qui lui est due.

Elle ne la lui marchandait pas alors; sa popularité était incontestée et réagissait nécessairement sur la situation qu'il avait prise au milieu de nous. Mais en réalité il n'en aurait pas eu besoin pour nous séduire, sa personne y suffisait. Dès le premier jour il se montra cordial, affectueux, conciliant, attentif à ménager les petites susceptibilités et à mettre en relief les qualités de chacun; il s'étudiait à prévenir les discords, les apaisait quand ils éclataient, et savait toujours pour ramener la concorde trouver une bonne parole de cœur et de raison. J'ai siégé à côté de lui plus de cinq mois : pendant ce temps je l'ai vu tous les jours et souvent plusieurs fois dans une même journée. J'ai été honoré de sa confiance, j'avais conçu pour lui une vive amitié; ce long et intime commerce ne m'a jamais permis de découvrir dans sa conduite un fait qui diminuât, dans une mesure quelconque, mes sentiments d'estime et de respect. Il est arrivé un moment où j'ai pensé que la direction militaire ne pouvait plus lui être laissée, je le lui ai dit. Trop incompétent en ces graves matières pour m'autoriser de mon opinion personnelle, je n'étais que l'écho fort affaibli d'une clameur qui grossissait de minute en minute et qui atteignait avec le gouvernement tout entier la défense et la paix intérieure de Paris. Il savait au surplus par les critiques importunes dont il avait eu la bonté de se laisser assaillir par moi, que j'aurais désiré l'application de systèmes autres que les siens. Je l'ai trouvé, dans cette triste conjoncture, ce qu'il a toujours été, calme, sincère, désintéressé, mais obstiné dans son sentiment. J'ai eu le malheur de le froisser, mais j'ai trop de confiance dans l'élévation de son caractère pour n'être pas sûr qu'il aura compris toute ma peine à y être contraint.

Ce qui distingue M. le général Trochu, ce qui en fait vraiment une nature d'élite, c'est la hauteur de son âme : elle l'élève au-dessus de la fortune ; trop peut-être, car pour conduire les affaires humaines, il ne faut pas y être indifférent. Chez lui, le philosophe chrétien domine le soldat et ne souffre pas l'homme d'État. Il obéit au devoir sans viser au succès, et la conviction d'avoir bien fait le console trop aisément d'avoir échoué. Brave jusqu'à la témérité, s'oubliant au milieu des plus grands dangers, il a constamment hésité à fortement engager son armée, et jusqu'au bout il a manqué pour elle de l'audace dont il était si prodigue pour lui. Dans la direction des affaires du gouvernement il a montré les mêmes vertus et les mêmes indécisions, une égale abnégation pour ce qui le concernait, avec un penchant trop accusé vers l'esprit de résignation. Il était du reste peu préparé à jouer un rôle politique, il le répétait sans cesse, bien qu'il n'en voulût rien abandonner, par un scrupule de conscience qui le poussait à ne négliger aucune des obligations de sa charge. Il en résultait que, sans bien s'en rendre compte, il subissait des influences qu'il aurait dû combattre, et malgré son extrême loyauté il allait trop volontiers à ceux qui avaient pour habitude de ne le contredire jamais.

De ce nombre n'était pas mon ami M. Ernest Picard, qui tout en reconnaissant les rares mérites du général, avait cependant très-promptement deviné ce qui aurait pu les rendre complets. Sa fine et pénétrante sagacité n'était point en défaut. Il me confiait ses inquiétudes et ses doutes. Que de fois en sortant du conseil, et en revenant ensemble au milieu de la nuit, nous échangions nos perplexités ! Plus disposé que lui à espérer, je faisais valoir de mon mieux les raisons qui devaient dissiper nos craintes : les exprimer à nos collègues eût été peine perdue, tant était grande leur confiance. Et d'ailleurs il nous était difficile de ne pas être frappés de toutes les raisons qui justifiaient le crédit et l'autorité du général. Ce n'était point, en effet, un pur caprice du sort qui l'avait porté à sa haute position, mais un ensemble de faits qui légitimaient parfaitement cette élévation. C'était bien par ses actes qu'il avait conquis dans l'armée une indiscutable réputation de courage, de droiture et d'indépendance. Sa conduite en Crimée avait été brillante, et son livre sur l'armée avait achevé de le signaler à l'opinion. Nommé gouverneur de Paris, il était devenu l'espoir et l'idole de la cité : il ne pouvait au moment de la tempête rejeter le gouvernail qui tombait sous sa main. Chargés de le tenir avec lui, ses collègues ne pouvaient pas davantage se passer de son concours. Il faut enfin reconnaître qu'en acceptant cette tâche il s'y est dévoué tout entier : il a mis en œuvre tout ce que l'effort humain peut produire de vigilance, de combinaisons, de travail opiniâtre ; il a cherché la vérité avec ardeur et bonne foi, ne reculant devant aucune fatigue, allant au-devant de toutes les informations, appelant à lui tous ceux qui pouvaient servir la cause commune. S'il avait réussi, il aurait eu à ses pieds tous les courtisans du succès. Aujourd'hui il les rencontre ligués contre lui pour l'accabler. C'est à ceux qui savent ce qu'il a voulu, ce qu'il a fait, qu'il appartient de dire qu'il a généreusement dépensé tout son être pour triompher de difficultés immenses au milieu desquelles, en agissant autrement, un autre n'eût peut-être pas été plus heureux que lui.

§

Il était d'une extrême importance de confier le commandement de la garde nationale à un homme considérable, administrateur habile, ferme et prudent, entouré de quelque prestige, inspirant une confiance sans réserve à sa troupe. Malgré son mérite réel, le général de la Motterouge, ancien aide de camp de l'Empereur, ancien questeur du Corps législatif, ne remplissait pas ces conditions. Il le comprit lui-même et pria le général Trochu, qui l'avait provisoirement nommé, d'agréer sa démission. Sur la proposition de quelques-uns de nos collègues, il fut remplacé par M. Tamisier, ancien représentant du peuple, ancien officier d'artillerie fort distingué. Il était impossible d'appeler à ces hautes fonctions un citoyen plus pur, plus dévoué et meilleur républicain. Malheureusement, il n'avait ni l'activité ni la souplesse indispensables au maniement des hommes. L'autorité flottait entre ses mains, et son courage, qui aurait fait merveille devant l'ennemi, était impuissant à vaincre la timidité de son caractère. Là où une grande initiative eût été nécessaire, il n'avait que du dévouement civique, et sa douceur naturelle lui était un constant obstacle à la vigueur qu'il aurait fallu déployer à chaque instant pour ramener à la discipline les éléments confus qu'il avait mission de gouverner.

Ce fut principalement sa résistance qui fit échouer les tentatives de M. Picard et les miennes pour obtenir la mobilisation de la garde nationale. Nous attachions l'un et l'autre une grande importance à cette mesure, et nous en soutînmes avec énergie l'opportunité. Le général Tamisier et M. Trochu nous opposèrent l'inconvénient d'affaiblir les compagnies et les bataillons, auxquels on enlèverait ce qu'ils renfermaient de plus solide. L'état-major de la garde nationale appuya ces conclusions d'un long mémoire. Notre proposition fut donc rejetée ; on y revint plus tard, mais on sait qu'au 20 janvier c'est à peine si quatre-vingt mille mobilisés avaient pu être organisés.

Chaque jour cependant amenait quelque nouvelle fâcheuse et nous rapprochait du moment où Paris allait être séparé du reste de la France. Le 9 septembre, le général Uhrich nous faisait connaître la situation presque désespérée de Strasbourg. Deux jours après nous apprenions le bombardement de la ville de Toul, qui résistait héroïquement. L'ennemi avait envahi le département de Seine-et-Marne, il se montrait dans Seine-et-Oise. Il était nécessaire d'aviser promptement et de maintenir l'action du gouvernement en province et à l'étranger.

Le corps diplomatique s'était réuni et m'avait fait savoir que plusieurs de ses membres avaient reçu de leurs gouvernements l'ordre de quitter Paris pour rester en communication avec l'extérieur. De ce nombre étaient les ambassadeurs d'Angleterre et d'Autriche, le ministre d'Italie, le chargé d'affaires de Russie. Nous délibérâmes en conseil sur la conduite à tenir, et il fut d'abord décidé que trois d'entre nous se rendraient à Tours pour y représenter le gouvernement, organiser la défense et continuer les relations diplomatiques. La grande difficulté était dans le choix de ceux qui accepteraient cette mission. M. Crémieux fut désigné le premier, en sa qualité de garde des sceaux ; on pensa que le ministre des affaires étrangères devait se joindre à lui, je demandai que M. Picard m'accompagnât.

Mais quand je me plaçai en face de cette décision et que je songeai que j'allais abandonner Paris à l'heure du péril, je ne me sentis pas le courage de m'éloigner. J'étais de ceux qui considéraient la défense de cette grande cité comme une aventure soumise aux plus redoutables hasards. Je sentais nettement la force impérieuse du devoir qui nous l'imposait comme une nécessité d'honneur, dans le cas où une paix honorable serait impossible. Paris avait à relever le drapeau de la France humilié par l'Empereur dans les fossés de Sedan.

Mais quel général serait assez habile pour conduire une œuvre aussi gigantesque ? Qui résoudrait les problèmes complexes qu'elle faisait naître ? Qui apaiserait les passions, qui disciplinerait les volontés, qui empêcherait l'explosion des colères publiques excitées par les souffrances et les revers ? Je prévoyais des soulèvements populaires, et il me semblait que porté au pouvoir par un orage, je ne pouvais me soustraire ni à la responsabilité ni aux dangers de ceux qui pouvaient éclater. Quant aux relations diplomatiques, je ne les avais entretenues que pendant quelques jours ; mais cette courte expérience m'avait suffi pour être fixé sur les véritables intentions de l'Europe. Elle consentait à nous témoigner quelque intérêt, mais elle subordonnait une action quelconque de sa part à une condition préalable : un succès sérieux ou tout au moins une résistance d'une certaine durée. C'était donc à Paris que devait se décider notre destinée, et c'était sur Paris que devait se concentrer tout notre effort. Il fallait dès lors y réunir et y conserver tout ce qui pouvait rendre cet effort efficace, et je me faisais cette illusion qu'en m'en dégageant je l'affaiblissais. Plus tard ces scrupules m'ont été reprochés comme une faiblesse. Je ne cherche point à m'en disculper ; j'expose sincèrement à quelles considérations j'ai cédé ; elles n'étaient pas tout à fait dénuées de fondement, puisqu'elles touchèrent mes collègues. Il fut résolu que M. Picard et moi nous resterions à Paris.

M. Crémieux demanda à partir seul. Le conseil lui adjoignit deux de ses membres, M. l'amiral Fourichon et M. Glais-Bizoin.

Ces choix ont été critiqués avec une extrême amertume. Je ne veux discuter aucune des accusations dont ils ont été le prétexte. Je me borne à dire que les trois personnes qui recevaient la délégation du gouvernement devaient lui inspirer une complète confiance.

M. Crémieux et M. Glais-Bizoin étaient deux patriotes éprouvés, dont la longue carrière n'avait en rien refroidi l'ardeur ni diminué le dévouement. L'amiral Fourichon se recommandait par la fermeté de son caractère, l'étendue de ses connaissances militaires, l'autorité d'un nom justement respecté. Comment ne pas attendre d'eux un utile concours? Ils emmenaient des représentants de chaque ministère, qu'on avait pris parmi les employés supérieurs les plus distingués. Ceux-ci étaient accompagnés d'un personnel expérimenté. Les services ont donc fonctionné régulièrement, ils ont maintenu les liens d'unité qui rattachent les différentes parties de la France, et, si j'en juge par le département des affaires étrangères, rien n'a été véritablement en souffrance. Au-dessus du mécanisme administratif, j'en conviens, la direction générale avait à imprimer au pays un profond et rapide mouvement qui en fît sortir toutes les ressources pour les appliquer à la défense. Il ne m'appartient pas d'examiner comment cette tâche a été accomplie par mes honorables collègues, mais je puis affirmer, sans que personne puisse me démentir, qu'ils s'y sont dévoués avec une passion patriotique qui ne s'est pas un instant démentie. Ont-ils commis des fautes? Eût-il été possible d'arriver à de meilleurs résultats? Les ressorts qu'il fallait faire jouer pouvaient-ils recevoir une action plus forte? Ce sont là des questions sur lesquelles on discutera longtemps encore et qui pourront être diversement résolues. Ce qu'il y a de certain, c'est que la délégation de Tours rencontrait des difficultés pareilles à celles contre lesquelles nous luttions à Paris : difficultés d'autant plus puissantes qu'elles tenaient à la nature des choses. Qu'on nous fasse aux uns et autres le reproche de nous être trompés sur la possibilité d'une résistance efficace, je le comprends. M. de Bismarck me l'a dit souvent : c'était une entreprise peu raisonnable que d'opposer des foules mal armées à des troupes aguerries, disciplinées, bien commandées et supérieures en nombre. L'ennemi n'y avait pas compté, et pendant le cours du siége nous avons, par les témoignages des prisonniers, par la lecture des lettres saisies sur des soldats, trouvé plus de cent fois l'expression de l'étonnement mêlé de colère que notre résistance inspirait aux assiégeants. Aucun ne semblait admettre qu'il fût possible de se battre avec si peu de chances de succès. Ce sentiment était général en Europe, et ce serait une très-grande erreur de croire que nous y soyons restés étrangers. Mais je l'ai déjà dit : nous mettions le devoir au-dessus de toute autre considération, et pour nous le devoir était de tout essayer pour sauver l'indépendance de la nation. Nous n'avons pas voulu désespérer quand Paris était debout, quand les deux tiers de la France s'appartenaient encore, quand de l'âme de la nation nous semblait s'exhaler un immense et généreux désir de sacrifice. Dût-on nous accuser d'obstination, aujourd'hui même, après tous nos désastres, nous n'avons pas le courage de nous repentir. Nous souffrons avec la France, nous sommes fiers pour elle de son héroïsme. On peut la plaindre, on est forcé de l'honorer. Toute sanglante, toute mutilée, toute pillée qu'elle est, elle n'a pas à se reprocher de défaillance. Elle pleure sur ses enfants marchant à la mort à peine vêtus, à peine armés, guidés par des officiers improvisés ; mais elle les bénit et les vénère. Elle sait que leur noble exemple ne sera pas perdu. C'est dans le deuil civique qu'ils laissent après eux qu'elle met sa confiance et son espoir.

Mais ceux que le sort condamnait à diriger une œuvre aussi terrible devaient s'attendre à être accablés par l'opinion publique. Nos collègues de Tours n'ont pas plus que nous échappé à cette inexorable loi. Comme nous ils en accepteront les sévérités sans murmure, appelant la lumière sur chacun de leurs actes et certains qu'on leur rendra au moins cette justice : que s'ils ont commis des fautes, ils ont sauvé la dignité de la France et préparé l'avenir qui la relèvera.

§

M. Crémieux quitta Paris le 12 septembre. MM. Glais-Bizoin et Fourichon le suivirent deux jours après. Avant de partir moi-même pour Ferrières, je demandai à mes collègues d'avancer les élections. Je leur montrai par les dépêches diplomatiques, que confirmait le langage des ambassadeurs, l'importance extrême que l'Europe attachait à cette mesure. Sans leur faire connaître la démarche que j'allais tenter, je leur dis que j'avais besoin de ce point d'appui pour négocier. Notre intérêt personnel nous le commandait non moins impérieusement. Nous avions hâte de déposer des pouvoirs dont le fardeau devenait de plus en plus pesant. La discussion fut longue et animée. Je fus vivement soutenu par M. Picard et par M. Trochu. La majorité du conseil décida que les élections municipales auraient lieu le 28 septembre et celles de l'Assemblée constituante le 2 octobre, au lieu du 16, jour fixé par le décret du 8 septembre.

Cette résolution fut, hélas ! de bien courte durée. Huit jours après, le 24 septembre, un nouveau décret ajournait indéfiniment les élections des municipalités et de la Constituante. Le décret considère :

« Les obstacles matériels que les événements militaires
» apportent en ce moment à l'exercice des droits électo-
» raux. »

Et il ajoute, article 3 :

« De nouvelles dates seront fixées *dès que les événements le permettront,* tant pour les élections des membres de l'Assemblée constituante que pour les élections municipales de Paris et de la Seine, ainsi que pour toutes celles des communes où la guerre aurait en fait empêché les électeurs de se réunir en nombre légalement suffisant. »

Je touche ici à l'acte qui a valu au gouvernement du 4 septembre les accusations les plus violentes et en apparence les mieux fondées. On y a vu une usurpation des droits de la France inspirée par de misérables calculs d'ambition personnelle. C'est pour retenir le pouvoir entre nos mains qu'au mépris de tous les principes nous nous sommes opposés à ce que la nation fût consultée. Nous devinions que l'Assemblée qui sortirait de son sein nous rejeterait ; nous savions aussi qu'elle ne conserverait pas la République. C'est à ce double intérêt que nous avons sacrifié notre devoir et la destinée du pays.

Pour répondre à ces reproches, il suffit de signaler la contradiction qui existe entre les trois décrets des 8, 17 et 24 septembre ; le premier fixant les élections au

16 octobre, le deuxième les avançant au 2 du même mois, contradiction qui trouve son explication exacte dans les différences de situation marquées par ces trois dates. Au 8 septembre, notre pouvoir commençait, et l'un de ses premiers actes était un appel au pays. Ne pouvant nous rendre compte de ce que serait le lendemain, mais croyant tous, et c'était là l'opinion commune alors, que la lutte serait courte et décisive, peut-être qu'elle serait suspendue par un armistice, nous fixions la convocation des électeurs à une époque assez éloignée pour permettre une solution préalable. Telle fut au moins la considération qui détermina le vote de la majorité du conseil, très-opiniâtrément combattue par la minorité, qui voulait un terme plus rapproché. Quelques jours plus tard cette minorité ramenait le conseil à son avis, parce qu'on avait à ce moment un espoir plausible de négociations qui auraient permis la réunion de l'Assemblée. L'entrevue de Ferrières le fit évanouir. Elle dissipa l'illusion à laquelle trop d'esprits s'étaient rattachés : que la Prusse faisait la guerre à l'Empire et non à la France. Elle nous montra un adversaire entraîné par l'orgueil de la victoire, implacable dans ses desseins, foulant aux pieds toute justice pour n'obéir qu'à son intérêt matériel. Lui résister à outrance ou se soumettre étaient les deux seules alternatives que nous laissassent ses hautaines déclarations. Le choix ne pouvait être douteux. Si la France avait pu être interrogée, elle aurait été unanime à demander la résistance ; Paris, qui allait jouer la plus grosse et la plus dangereuse partie, n'avait pas besoin de parler ; son ardente et impérieuse volonté se manifestait par des signes éclatants et publics tels qu'il eût fallu être aveugle pour ne

les pas voir, insensé pour n'en pas comprendre la signification.

Pendant que j'accomplissais la douloureuse mission que je m'étais donnée, le bruit de mon départ se répandit et causa bientôt dans la ville une extrême agitation. Mes collègues la jugèrent si menaçante que le soir même de mon arrivée, 20 septembre, ils voulurent la calmer par une proclamation de nature à dissiper tous les doutes sur nos intentions. Nous rédigeâmes ces quelques lignes, qui furent affichées pendant la nuit :

« On a répandu le bruit que le gouvernement de la
» défense nationale songeait à abandonner la politique
» pour laquelle il a été placé au poste de l'honneur et
» du péril.

» Cette politique est celle qui se formule en ces
» termes :

» *Ni un pouce de notre territoire, ni une pierre de nos*
» *forteresses.*

» Le gouvernement la maintiendra jusqu'à la fin. »

Sur les mêmes murs, la population lisait en même temps cet ardent et patriotique appel à son civisme :

« Citoyens,

» C'est aujourd'hui le 21 septembre.

» Il y a soixante-dix-huit ans, à pareil jour, nos pères
» fondaient la République et se juraient à eux-mêmes,
» en face de l'étranger qui souillait le sol sacré de la
» patrie, de vivre libres ou de mourir en combattant.

» Ils ont tenu leur serment, ils ont vaincu, et la
» République de 1793 est restée dans la mémoire des
» hommes comme le symbole de l'héroïsme et de la
» grandeur nationale.

» Le gouvernement installé à l'hôtel de ville aux cris
» enthousiastes de « Vive la République ! » ne pouvait
» laisser passer ce glorieux anniversaire sans le saluer
» comme un grand exemple.

» Que le souffle puissant qui animait nos devanciers
» passe sur nos âmes, et nous vaincrons.

» Honorons aujourd'hui nos pères, et demain sachons
» comme eux forcer la victoire en affrontant la mort.

» Vive la France ! vive la République !

» *Le ministre de l'intérieur,*

» Léon Gambetta. »

En même temps le gouverneur de Paris publiait un ordre du jour énergique par lequel il flétrissait la honteuse faiblesse des régiments qui avaient lâché pied devant l'ennemi au combat de Châtillon. Il rappelait à tous, aux citoyens comme aux soldats, le sort qui les attendait s'ils manquaient à leur devoir.

« La vérité est, disait-il, que ces indignes ont compro-
» mis dès son début une affaire de guerre dont, malgré
» eux, les résultats sont considérables. D'autres soldats
» d'infanterie de divers régiments se sont joints à eux.

» Déjà les malheurs que nous avons éprouvés depuis
» le commencement de cette guerre avaient fait refluer
» sur Paris des soldats indisciplinés et démoralisés,
» qui y portent l'inquiétude et le trouble et échappent
» par le fait des circonstances à l'autorité de leurs chefs
» et à toute répression.

» Je suis fermement résolu à mettre fin à de si graves
» désordres. J'ordonne à tous les défenseurs de Paris de
» saisir les hommes isolés de toutes armes, soldats ou

» gardes mobiles, qui errent dans la ville en état
» d'ivresse, répandent des propos scandaleux et désho-
» norent par leur attitude l'uniforme qu'ils portent. »

Et après avoir visé les articles du Code militaire qui punissent de mort :

L'abandon de son poste devant l'ennemi ou devant les rebelles armés ;

Le pillage ou le dégât des marchandises ;

La destruction des ressources de la défense ;

Le gouverneur ajoutait :

« C'est un égal devoir pour le gouverneur de défendre
» Paris, qui va subir directement les épreuves d'un siége,
» et d'y maintenir l'ordre. Par les présentes dispositions,
» il associe à son effort tous les hommes de cœur et de
» bon vouloir, dont le nombre est grand dans la cité. »

Le lendemain 21, pour satisfaire l'opinion, qui réclamait à grands cris des renseignements officiels sur ce qui s'était passé à Ferrières, nous insérions au *Journal officiel* la note suivante :

« Avant que le siége de Paris commençât, le ministre
» des affaires étrangères a voulu connaître les intentions
» de la Prusse jusque-là silencieuse.

» Nous avions hautement proclamé les nôtres le len-
» demain de la révolution du 4 septembre.

» Sans haine contre l'Allemagne, ayant toujours con-
» damné la guerre que l'Empereur lui avait faite dans
» un intérêt exclusivement dynastique, nous avons dit :
» Arrêtons cette lutte barbare qui décime les peuples au
» profit de quelques ambitieux ; nous acceptons des con-
» ditions équitables. Nous ne céderons ni un pouce de
» notre territoire, ni une pierre de nos forteresses.

» La Prusse répond à ces ouvertures en demandant à

## ORGANISATION INTÉRIEURE DU GOUVERNEMENT.

» garder l'Alsace et la Lorraine par droit de conquête.

» Elle ne consentirait même pas à consulter les popu-
» lations, elle veut en disposer comme d'un troupeau.

» Et quand elle est en présence de la convocation
» d'une Assemblée, qui constituera un pouvoir définitif
» et votera la paix ou la guerre, la Prusse demande,
» comme condition préalable d'un armistice, l'occupa-
» tion des places assiégées, le fort du Mont-Valérien, et
» la garnison de Strasbourg prisonnière de guerre.

» Que l'Europe soit juge !

» Pour nous, l'ennemi s'est dévoilé. Il nous place
» entre le déshonneur et le devoir : notre choix est fait.

» Paris résistera jusqu'à la dernière extrémité, les
» départements viendront à son secours, et, Dieu aidant,
» la France sera sauvée. »

Le lendemain 23 septembre, Paris lisait le rapport sur le voyage de Ferrières. L'effet en fut immense. Toutes les classes de la population s'unirent dans un même sentiment de colère patriotique, toutes acceptèrent avec enthousiasme la lutte que d'intolérables exigences rendaient nécessaire.

Ce sentiment et ces résolutions étaient légitimes, et si d'affreux malheurs en ont été la conséquence, c'est la Prusse qui seule en est responsable. La France et son gouvernement n'ont fait que les subir.

Qui en effet pourrait excuser la précipitation avec laquelle, après avoir écrasé les armées impériales et mis en poudre l'Empire lui-même, la Prusse poussait le flot de ses régiments victorieux vers Paris désarmé, troublé par une révolution profonde, affaibli par l'invasion de près de cinq cent mille fuyards qui s'abritaient derrière ses remparts ? Je sais que si je consulte ce qu'on appelle les

lois de la guerre, c'est-à-dire l'art de détruire et d'asservir les nations, j'y trouverai cette règle, que le vainqueur ne doit laisser aucun répit au vaincu qu'il ne l'ait complétement réduit. Mais je demande à être de mon temps et à faire prévaloir, ne fût-ce que comme une protestation, les principes de la justice sur ceux de la force brutale. La Prusse a triomphé, elle nous a arraché quatre départements, elle fait peser la servitude politique sur des populations qui la repoussent : mais, toute-puissante qu'elle est, elle n'a pu changer les notions du bien et du mal. Elle n'a pu faire que ce qui est contraire au droit y soit conforme ; si après sa victoire une réparation et des garanties lui étaient dues, rien ne l'autorisait à s'avancer sur notre territoire, silencieuse, inflexible, profitant de notre stupeur pour nous accabler. Fondre sur une capitale qui renferme plus de deux millions de créatures humaines, aligner autour d'elle une formidable artillerie, préparer un bombardement qui va anéantir d'inestimables richesses, semer partout la ruine et la mort, et cela sans mise en demeure d'accepter des conditions quelconques, c'est une hardiesse témoignant un singulier dédain des lois de la civilisation, qui valent bien celles de la guerre ; et quand la ville menacée veut savoir par quels sacrifices elle pourrait éviter de telles calamités, quand elle sollicite une trêve pour que la nation avise et se donne un gouvernement régulier, lui répondre : « Vous êtes la France, et c'est
» sur votre population, sur vos femmes et vos enfants,
» sur vos propriétés, que vont s'exercer mes violences,
» si vous ne consentez à vous racheter en m'abandon-
» nant deux provinces », c'est allumer dans la cité ainsi défiée, dans le pays sommé de se mutiler lui-même, une

passion de résistance à laquelle n'échapperont pas les plus inertes. C'est contraindre les négociateurs au silence, pour ne laisser la parole qu'aux canons, qui seront la raison dernière du conflit.

Telle est l'explication du mouvement énorme produit par les révélations de Ferrières : l'opinion de l'Europe l'accueillit avec faveur. Malgré leur hostilité contre nous, les gouvernements et les peuples étrangers n'admettaient pas que la Prusse nous dépouillât. La presse presque entière condamnait hautement cette atteinte portée à l'équilibre européen et aux droits des populations. L'*Indépendance belge* du 16 septembre disait :
« Si l'on s'en rapporte au sentiment presque unanime
» de la presse allemande, une paix qui n'aurait pas pour
» base un accroissement de territoire au profit de l'Allemagne et au détriment de la France serait une duperie, une garantie illusoire de sécurité pour l'avenir. Ce
» sont là de ces exagérations et même de ces aberrations
» qu'explique sans les justifier l'ivresse de la victoire.
» Nous avons déjà protesté contre cette opinion, qui s'est
» affirmée en Allemagne dans de nombreux articles de
» journaux et dans les délibérations solennelles de plusieurs associations publiques et privées. Nous tenons
» à renouveler cette protestation, à laquelle l'Allemagne
» s'associerait sans doute s'il ne s'agissait pas d'elle-
» même et si elle était de sang-froid.

» Le démembrement de la France serait une injustice
» et une grande faute.

» Une injustice, disons-nous, et pour nous contredire
» qu'on ne nous objecte pas que l'Empire vainqueur
» n'aurait éprouvé aucun embarras à faire main basse
» sur la rive gauche du Rhin. D'abord il ne s'agit plus

» de l'Empire, il est mieux que vaincu, il est mort. Et
» l'on peut dire que la France, deux fois sa victime, est
» pour toujours guérie de cette maladie inconstitution-
» nelle. Et puis que signifie cette théorie de représailles
» de peuple à peuple, cette application du talion à la
» politique? Vous vouliez me voler, je vous vole. Quelle
» est la valeur de ce raisonnement? Si l'Empire vain-
» queur avait voulu ravir à l'Allemagne les provinces
» rhénanes dont le patriotisme est essentiellement alle-
» mand, — elles viennent d'en donner d'éclatantes
» preuves, — nous aurions sévèrement jugé cette an-
» nexion, ce rapt. Chaque fois que cette malheureuse
» pensée s'est fait jour en France, nous l'avons condam-
» née dans l'intérêt de la paix, mais surtout au nom de
» la justice et du droit.

» Nous inspirant des mêmes principes, nous sommes
» donc autorisés aujourd'hui à blâmer tout projet d'an-
» nexion en sens inverse, à condamner avec la même
» énergie toute idée de diminution du territoire fran-
» çais. Nous la blâmons au nom de l'esprit moderne;
» car s'il est une conquête de l'esprit moderne, c'est la
» négation de l'esprit de conquête... Nous ne pouvons
» nous décider à admettre qu'une nation victorieuse, si
» légitime et si complète que soit sa victoire, ait le droit
» de traiter à son gré les populations au milieu des-
» quelles ses armées se sont installées et maintenues, le
» droit de se les attribuer, sans s'inquiéter de leurs
» vœux, le droit de les parquer dans tel ou tel État,
» comme on fait d'un troupeau dans telle ou telle étable.

» Les considérations utilitaires qu'invoque la presse
» allemande ne sont pas plus favorables à sa thèse que
» les considérations de justice et d'équité, et loin de

» sauvegarder sa tranquillité et celle du monde, l'Alle-
» magne s'exposerait, en abusant de sa victoire, à de
» perpétuelles inquiétudes, et elle déposerait sur le sol
» européen des ferments de guerre qui éclateraient in-
» failliblement tôt ou tard. »

Le *Tages Press* de Vienne développait éloquemment les mêmes idées dans un article du 13 septembre. Il les appuyait par les réflexions suivantes, expression très-juste d'une éventualité qui avait pour elle une probabilité redoutable :

« Les journaux allemands s'efforcent de faire prendre
» le change sur les valeureuses résolutions de la France,
» ils les traitent de pure fanfaronnade; c'est s'abuser
» étrangement. La France compte neuf millions d'hom-
» mes, son territoire est étendu, ses ressources sont
» pour ainsi dire inépuisables; elle a deux mois pour se
» ravitailler; elle peut indéfiniment continuer la guerre
» si elle y est résolue, et cette résolution lui est facile,
» car elle peut compter finalement sur la victoire.....
» Que la France résiste, et le roi Guillaume se trouve dans
» cette alternative pénible, de partir sans avoir pu signer
» la paix en ravageant la France, ou de poursuivre le
» complet asservissement de cette nation, tentative dans
» laquelle ses forces, si grandes qu'elles soient, seront
» épuisées avant celles de la France.

» Ces considérations semblent donner quelque vrai-
» semblance au projet que des rumeurs venues de Berlin
» attribuent au roi Guillaume de rétablir sur le trône son
» prisonnier Napoléon. De cette manière seulement il
» pourrait échapper à une situation sur laquelle lui et
» ses conseillers ne peuvent se faire aucune illusion. Il

» dévoile ainsi les projets détestables qu'il couve dans le
» secret de son cœur. La France, cette France si violem-
» ment haïe, ne serait plus seulement vaincue, mais
» humiliée, chargée d'une honte sans pareille, enfouie
» dans la poussière, raillerie éclatante jetée aux âmes
» pieuses et justes, avertissement à tous les égarés qui
» ont prêté l'oreille à l'évangile de liberté que révélait
» au monde cette nation abandonnée du ciel.

» La France, ce n'est pas seulement un empire, une
» nation, c'est l'idée vivante de l'affranchissement, de
» la dignité humaine, de l'indépendance et de l'hu-
» manité.

» Il y a malheureusement un point faible dans tous
» les raisonnements prussiens. Ils reposent uniquement
» sur cette pensée : « La France ne résistera pas. » Si
» pourtant la France résiste, que ferez-vous ? »

Dans son numéro du même jour 13 septembre, le *Times*, annonçant le voyage de M. Thiers, écrivait :
« Il est évident que la France est prête à consentir à
» tous termes de paix qui n'impliqueraient pas une ces-
» sion de territoire. Il ne l'est pas moins que si on in-
» siste sur ce point, Paris supportera un siége.

» En réalité, l'esprit de résistance peut survivre
» même à la nécessité de rendre la capitale.

» Il est possible que le gouvernement provisoire,
» s'il conclut la paix, puisse être exposé à un certain
» degré de haine, quoiqu'on puisse le saluer d'abord
» comme un bienfaiteur du pays.

» Il est certain que la France désire la paix. Les
» signes de ce désir apparaissent de tous côtés... Cepen-
» dant, si forte que soit cette passion, la résolution de
» ne céder aucune partie du territoire français ne paraît

» pas moins forte. Nous ne savons pas quel sera le ré-
» sultat du siége de Paris; mais il est évident que si le
» pays était invité à choisir entre une cession de terri-
» toire et les souffrances d'un siége, la France se pro-
» noncerait pour le siége de Paris comme étant le moin-
» dre des deux maux.....

» Le Roi, le baron de Moltke et le comte de Bismarck
» s'assureront des garanties d'une paix durable et stipu-
» leront le remboursement des frais de la guerre; mais
» ils éviteront avec soin de léguer à leurs successeurs
» d'embarrassantes difficultés. »

Si tel était le courant des idées en Europe, on peut juger de son impétuosité en France et particulièrement à Paris. Après l'incident de Ferrières, il devint irrésistible et fit disparaître toutes les dissidences. Jusque-là on discutait; les partisans de la paix étaient nombreux. A partir de ce moment, on ne songea plus qu'à agir; les classes, les opinions, les partis s'effacèrent, et tous les habitants de Paris, sans exception, n'eurent plus qu'une volonté : la résistance poussée jusqu'à la dernière extrémité. La cité offrit alors le plus beau des spectacles : celui de la concorde dans une pensée de patriotique sacrifice. Le plus illustre comme le plus humble des citoyens, le plus riche comme le plus pauvre, parurent enflammés de la même généreuse passion. Les hommes que leur rang, leur âge, leur délicate constitution éloignaient de tout concours actif, tinrent à honneur de figurer dans leur compagnie de garde nationale, d'y faire l'exercice et de passer la nuit au rempart; plusieurs, comme M. de Piscatory, payèrent ce zèle de leur vie.

Par une froide soirée de novembre, un jeune ouvrier portant les galons de sergent éveille brusquement un vieillard qui sommeillait au feu du bivouac; le vieillard se lève avec douceur, prend son fusil et suit son chef; c'était M. le président Bonjean, l'illustre martyr de la Commune; il préludait ainsi au sublime héroïsme avec lequel il a immolé sa vie à la cause du droit. Les dons en argent et en nature affluaient aux mairies, où s'organisaient les secours qui ont été distribués avec tant d'abondance pendant toute la durée du siége. Pleins des souvenirs de 1814 et de 1815, beaucoup de gens avaient cru que la bourgeoisie reculerait devant les nécessités d'une défense qui devait la ruiner. Ceux qui la jugeaient ainsi ont pu se convaincre à quel point les temps étaient changés. La bourgeoisie de 1870 n'a voulu se préoccuper de ses intérêts matériels que pour les sacrifier noblement. Les classes élevées et les classes moyennes ont été admirables de courage et d'abnégation. Elles ont pu mesurer l'étendue de la perte que leur infligeait la résistance; pour beaucoup cette perte était celle d'une fortune honorablement acquise. En face de cette perspective certaine, elles n'ont montré ni hésitation ni faiblesse. De toutes parts, des comités d'assistance se sont formés. Les réfugiés des communes rurales se sont constitués en municipalités, à la tête desquelles de généreux et bienfaisants citoyens ont été placés. Il semblait qu'avec ce sublime effort, cette valeureuse population dût triompher de tous les obstacles; elle en a surmonté d'immenses, et ce serait une inexcusable erreur, une coupable injustice, que de ne pas reconnaître les grandes choses qu'elle a faites. L'Europe lui demandait de tenir quelques semaines, elle a tenu plus de quatre mois, endurant toutes les misères; elle ne s'est rendue que pour ne pas détruire par la faim deux millions d'existences innocentes; elle a conquis une gloire immortelle que la postérité reconnaissante lui décernera, la vengeant ainsi des attaques imméritées de ses contemporains. Son attitude et celle des armées de province ont relevé le drapeau de la France. La lutte qu'elle a bravée n'a donc pas été inutile, et ceux qui l'ont encouragée n'ont fait que leur devoir.

Mais sur le seuil de la redoutable carrière où ils s'engageaient, appelant toute la France à y descendre avec eux, sentant l'impérieuse nécessité de concentrer toutes les âmes sur une seule idée, la défense, ils n'ont pas cru devoir demander un vote à la nation, tout entière debout pour le combat. Ce n'est pas seulement l'impossibilité physique de ce vote, c'est surtout son impossibilité morale qui les a déterminés. En cela, ils se sont conformés à l'opinion unanime de Paris, à celle de la commission du Corps législatif et du cabinet du 9 août, lesquels, placés dans des circonstances cependant bien moins graves, avaient pensé que les élections étaient incompatibles avec la défense et avaient dit : M. Thiers, président de la commission : « Une Constituante sera » convoquée *dès que les circonstances le permettront.* » M. le comte de Palikao, ministre de la guerre : « Le » gouvernement admet parfaitement que le pays soit » consulté *lorsque nous serons sortis des embarras pour* » *lesquels nous devons réunir tous nos efforts* [1]...

---

[1] Séance du 4 septembre. Voir ci-dessus, pages 67 et 68.

C'est qu'en effet, à ce moment suprême, une obligation supérieure dominait les résolutions des hommes politiques et passionnait la France. Cette obligation était celle de chasser l'étranger, et, pour l'accomplir, l'honneur nous commandait de ne pas nous détourner d'une minute, de ne pas avoir une autre pensée, de ne pas désigner un autre but à l'opinion.

## CHAPITRE VI.

POLITIQUE INTÉRIEURE. — COMMENCEMENT DES OPÉRATIONS DU SIÉGE. — DÉPART DE M. GAMBETTA.

La préoccupation unique du gouvernement était si bien celle de la défense, qu'il s'est attaché avec un soin scrupuleux à ne donner à ses actes aucune couleur politique exclusive. En cela il obéissait à deux sentiments également respectables, qui consistaient, le premier à ne pas usurper les droits de la nation, le second à ne fournir aucun prétexte d'abstention à ceux que la République pouvait éloigner. Peut-être s'est-il trompé : les sociétés bouleversées par une crise violente cherchent instinctivement leur point d'appui dans une idée nette et clairement définie. Elles en ont besoin pour échapper aux incertitudes de conscience qui bientôt se traduisent par de funestes divisions. Elles demandent à être entraînées par une passion sincère, et se réserver avec elles, en de telles extrémités, c'est affaiblir leur action. Sans doute, en se montrant franchement républicain, le gouvernement aurait été exposé aux attaques de quelques mécontents. Mais il aurait étouffé en germe les semences d'irritation et d'hostilité qui ne tardèrent pas à se développer dans une partie de la population de Paris. C'était sur elle qu'il fallait avoir les yeux constamment fixés; car la capitale devenant le point principal de l'effort de l'ennemi, il fallait obtenir d'elle la plus grande somme de force morale et matérielle. Il fallait y prévenir les défiances et désarmer à l'avance les agitateurs qui les excitaient.

Pour atteindre ce but, il était nécessaire que les actes du gouvernement ne permissent pas un instant de mettre en doute sa ferme intention de fonder et de maintenir la République. Je sais que beaucoup de gens de très-bonne foi croient qu'il a trop fait en ce sens et le lui reprochent. C'est qu'ils s'en tiennent plus aux apparences qu'aux réalités; ils ne voient que les formulaires officiels des affiches, et les nominations d'un certain nombre de préfets. C'est là ce que j'appelle les apparences, et dans nos révolutions nous avons le tort, les uns de nous en effrayer, les autres de nous en contenter. Nous prenons trop facilement un changement de mots et de personnes pour un changemnnt de système et d'institutions. Rien n'y ressemble moins. On peut la plupart du temps, sans inconvénient, laisser subsister quelques vieilles formules et respecter la situation d'anciens serviteurs de l'État, pourvu qu'en opérant de sages réformes on trace la voie dans laquelle la nation aspire à s'engager. Or, au lendemain du 4 septembre, le gouvernement aurait pris une résolution éminemment politique en décrétant l'abolition de la conscription, le service militaire et l'instruction primaire obligatoires pour tous. Il aurait posé deux principes fondamentaux, acceptés par la grande majorité du pays, le premier surtout, et par là il aurait indiqué nettement qu'une ère nouvelle se levait pour la France. En même temps, il aurait donné satisfaction à un sentiment de justice et de bon sens en ordonnant des poursuites contre l'Empereur et les ministres qui avec lui avaient déclaré la guerre. C'était une faute considérable que de paraître ne pas comprendre l'énormité de leur crime ou ne pas avoir la puissance de le punir. C'était troubler la conscience publique et préparer de nouvelles agitations. La suite ne l'a que trop prouvé, et le gouvernement de la défense nationale a sa part de responsabilité dans les menées audacieuses de ce parti, toujours fatal à la France, et qui voudrait l'exploiter encore après l'avoir mutilée et ruinée.

Cependant ces mesures furent écartées par des raisons dont je reconnais le caractère noble et élevé. Le gouvernement, qui ajournait les élections pour se livrer tout entier au devoir de la défense et y laisser le pays, ne pensa pas pouvoir dépasser pour sa propre action les limites que ce devoir lui traçait pour celle de la nation, ne prenant pas assez garde, suivant moi, que ces mesures touchaient essentiellement à la défense, en affermissant, en nivelant le terrain sur lequel elle allait être assise; il se borna à effacer l'article 75 de la constitution de l'an VIII, qui en protégeant les fonctionnaires publics contre les poursuites couvrait souvent de scandaleux abus. C'était se livrer lui-même au libre contrôle de ses concitoyens. Il abolit le cautionnement des journaux et mit à l'étude la question de l'organisation judiciaire.

Telles furent ses seules hardiesses. Nul ne sera tenté de les trouver excessives ni d'y chercher la cause de nos insuccès. Le gouvernement s'est considéré comme un soldat sur la brèche, combattant pour l'intégrité du sol et l'indépendance de la nation, et lorsque les représentants légaux de celle-ci ont pu se réunir, ils ont trouvé tous les problèmes intacts, sauf celui que la fortune avait tranché contre nous, mais sans qu'on pût accuser de ce malheur les hommes qui jusqu'à la dernière extrémité avaient tout sacrifié pour le conjurer.

§

Le 19 septembre, l'investissement de Paris fut complet et le dernier fil électrique qui nous rattachait au dehors par la ligne de l'Ouest fut coupé. Alors commença cette privation presque absolue de nouvelles qui a été pendant tout le siége une source de vives souffrances pour la population et d'embarras cruels pour le gouvernement. Fort peu l'avaient prévue : on s'abandonnait facilement à l'opinion assez généralement répandue que le blocus hermétique sur un aussi vaste périmètre était impossible. L'illusion ne fut pas longue; dès les premiers jours toute communication fut interceptée, et les Parisiens ne purent plus compter que sur les moyens les plus extraordinaires et les plus incertains pour donner et recevoir des nouvelles.

On sait qu'ils durent recourir aux aérostats, qui malgré l'imperfection de leur marche ont rendu au pays d'éminents services. Un décret du 25 septembre autorisa l'administration des postes à employer cette voie pour le transport des dépêches tant en France qu'à l'étranger. Ce jour-là même, le premier ballon des assiégés quittait Paris monté par MM. Marceau et Wilfrid de Fonvielle, emportant de nombreuses dépêches et vingt pigeons voyageurs.

Ces oiseaux nous étaient indispensables pour nous rapporter des informations du dehors. Leur merveilleux instinct les ramenant au colombier, en faisait des messagers précieux : l'expéditeur cachait sous leurs ailes un petit tube de verre dans lequel il enfermait des dépêches réduites à un très-petit volume au moyen d'appareils photographiques. Le malheur et la nécessité rendent ingénieux. On connaît les prodiges enfantés par les captifs. En fort peu de temps, l'administration des postes parvint à de véritables tours de force : la matière d'un numéro du *Journal officiel* n'occupait pas la surface de la moitié de l'ongle. On rétablissait le texte à l'aide d'un microscope. C'est ainsi que dans les deux derniers mois du siége, un écrit de quatre à cinq centimètres de longueur sur trois de largeur contenait, outre des dépêches officielles formant cinq à six pages ordinaires, plus de vingt mille télégrammes privés. Et cependant il est facile de se faire une idée de l'insuffisance de ces moyens de communication : les ballons ne pouvaient partir que lorsqu'ils avaient un vent favorable; les dangers naturels auxquels ils exposaient les voyageurs s'augmentaient par les attaques des Prussiens, qui ne craignaient pas de tirer sur eux à mitraille. Dans leur colère de ne pouvoir les atteindre, ils allèrent jusqu'à menacer officiellement de mort les messagers aériens qui tomberaient entre leurs mains, soutenant que les lois de la guerre leur permettaient de les assimiler à des espions franchissant leurs lignes. Cette prétention barbare ne fit qu'animer le courage et accroître le nombre des citoyens qui offraient leurs services au gouvernement. Quelques-uns furent pris et envoyés dans des forteresses allemandes; d'autres se perdirent. Quelques-uns, saisis par les tempêtes fréquentes dans les premiers mois de la mauvaise saison, furent transportés vers de lointaines contrées; l'un d'eux, après une course de quelques heures, fut jeté en Norvége. Ces périlleuses aventures et l'intérêt immense qui s'attachait à l'arrivée à bon port de nos ballons, firent reprendre par tous les savants l'étude de leur direction. M. Dupuy de Lhôme y consacra beaucoup de temps et d'efforts malheureusement sans succès, et jusqu'à la fin nous n'eûmes que ce moyen aussi dangereux qu'incomplet de faire savoir aux départements ce que nous avions tant d'intérêt à leur apprendre.

Celui dont ils se servaient pour nous répondre ne compromettait point d'existences humaines; mais il était beaucoup plus imparfait encore; il ne nous transmettait que des dépêches toujours trop courtes, et à des intervalles souvent très-éloignés les uns des autres. Nous sommes restés deux fois vingt jours sans aucune nouvelle, fréquemment plus d'une semaine. Il faut avoir subi ces tortures pour s'en faire une idée. Cette ignorance absolue des événements extérieurs dont on attend le salut, et mieux encore la règle de conduite, est un supplice sans nom. Il nous a été particulièrement infligé par la rigueur de l'hiver qui arrêtait nos oiseaux voyageurs, et quand chaque jour nous constations avec désespoir l'implacable persistance de cette température qui faisait les ténèbres autour de nous, nous étions souvent tentés de nous laisser aller à la défaillance. Nous étions à chaque heure assaillis par des inventeurs nous révélant des systèmes selon eux infaillibles. Tous furent essayés; quelques-uns nous inspirèrent de fiévreuses espérances. Pendant les premiers jours du siége, un câble secrètement immergé dans le lit de la Seine nous faisait communiquer avec Rouen. Les Prussiens fouillèrent le fleuve et brisèrent notre fil. Des hommes éminents dans la science crurent qu'au moyen d'une pile énergique ils pourraient se servir de l'eau comme conducteur. M. Jules Simon s'occupa avec ardeur de leur travail, qui échoua comme les autres, comme les bouteilles flottantes et les appareils submersibles, comme les télégraphes lumineux et cent autres inventions préconisées comme excellentes; et je n'en parle que pour faire comprendre, s'il se peut, le tourment perpétuel auquel nous étions livrés, et qui augmentait dans une mesure terrible nos dangers et nos angoisses.

C'était là, du reste, l'une des graves raisons pour lesquelles beaucoup d'excellents esprits considéraient la résistance de Paris assiégé comme une chimère. Ils n'admettaient pas qu'une population si nombreuse et composée d'éléments si divers, impressionnable et mobile, vivant surtout par l'imagination et par le cœur, fût capable de subir un tel malaise moral. Tel était aussi l'avis de M. de Bismarck, qui, allant plus loin dans l'examen des hypothèses que pouvait présenter le siége, avait cru de son devoir de combattre près du Roi le système d'investissement et de réduction par famine. Dans un de nos nombreux entretiens à Versailles, il me dit quelles avaient été ses vues à cet égard, et j'avoue qu'elles me parurent d'une remarquable justesse.

Il avait soutenu, contrairement à l'avis des généraux, qui au surplus a prévalu, et notamment à celui de M. de Blumenthal, qu'il y avait d'énormes inconvénients et de grands périls à bloquer complétement et à affamer Paris. On devait nécessairement, si le siége se prolongeait, développer dans le sein de cette immense cité d'aveugles et formidables passions : « Je m'attends, pour » ma part, disait-il au Roi, à voir un dénoûment qui

» dépassera en fureurs et en désastres tout ce que les
» historiens nous ont raconté de la prise de Jérusalem.
» Plusieurs centaines de mille d'habitants peuvent périr
» dans les horreurs de la faim ou dans un vaste incendie.
» Votre Majesté portera la responsabilité de cette cata-
» strophe. D'ailleurs les Parisiens se défendront avec
» d'autant plus d'obstination qu'ils seront séparés des
» départements, dont ils ne connaîtront pas les souf-
» frances. Il en sera de même des départements privés
» des nouvelles de Paris. Pour moi, poursuivait le comte,
» je voudrais qu'on s'avançât sur Paris et qu'on le bom-
» bardât, mais sans le cerner, au moyen d'un camp
» retranché établi dans le poste jugé le plus favorable,
» par exemple, à l'embouchure de la Marne. Ce camp bien
» disposé aurait défié toutes vos attaques ; en restant en
» libre communication avec la province, vous auriez vu
» que la résistance y était impossible ; la vôtre eût été
» affaiblie d'autant et la guerre aurait été terminée deux
» mois plus tôt. »

Cet épisode, sur lequel je n'ai point de jugement à formuler, est une preuve de plus que chacun redoutait le désordre moral que le siége devait jeter dans la population en bouleversant ses habitudes, en exaltant tous ses sentiments, en la condamnant à souffrir dans ses affections les plus intimes comme dans ses plus légitimes besoins. Elle fut en effet successivement en proie à diverses perturbations qui ressemblaient à un véritable affolement. La poursuite de l'espionnage fut l'une des premières et des plus intenses. Elle avait commencé dès le début de la guerre, et loin de combattre les préventions populaires, le gouvernement impérial s'y était associé par les mesures impolitiques dirigées contre les étrangers.

Paris renfermait soixante à soixante-dix mille Allemands. Ceux qui étaient en âge de porter les armes furent rappelés par les autorités de leur pays; quelques-uns s'éloignèrent volontairement, beaucoup furent forcés de rester. Le peuple voulut voir en eux des espions et réclama leur expulsion. Les pétitions qui exprimaient ce vœu, vivement appuyées par plusieurs de nos collègues, déterminèrent le ministre de l'intérieur à user contre les étrangers des droits que lui donnait la législation. Il y eut cependant de nombreuses exceptions en faveur de résidents tout à fait inoffensifs. Ce fut sur eux que tomba la colère de la foule. Quelquefois même elle s'égara en atteignant des Français qui avaient le tort d'avoir la barbe et les cheveux blonds. Quand un passant était désigné comme Allemand, il était assailli, maltraité, conduit au poste. Les gardes nationaux, qui se croyaient autorisés à faire la police, arrêtaient dans la rue ceux que le cri public leur signalait. Ils ne craignirent pas de forcer les portes du domicile de quelques-uns d'eux et d'y opérer des fouilles. Une de ces exécutions illégales eut lieu chez un Prussien auquel un citoyen américain avait donné asile en arborant son drapeau. Les étoiles de la Confédération n'arrêtèrent point l'envahissement. Le ministre des États-Unis s'en plaignit vivement et avec raison ; le gouverneur de Paris fit le lendemain 29 septembre afficher l'ordre du jour suivant :

« La ville de Paris tout entière sous les armes offre
» au pays le grand exemple d'une population que rien
» n'a pu entraîner au désordre. Mais l'esprit public, qui
» a su déjouer sous ce rapport l'espoir de l'ennemi paraît
» céder à une fièvre de défiance qui a ses périls.

» Devant de vaines apparences et sous les prétextes

» les plus frivoles, de véritables violations de domicile
» ont eu lieu et des sévices ont été exercés contre les
» personnes. Il est même arrivé que le drapeau des na-
» tions amies, notoirement sympathiques à la République
» française, n'a pu suffire à faire respecter les demeures
» qu'il protégeait, et que des officiers de la garde natio-
» nale ont méconnu leur devoir au point de figurer
» parmi les fauteurs du désordre.

» J'ordonne qu'une enquête soit ouverte à ce sujet, et
» je prescris l'arrestation des personnes qui seront re-
» connues coupables de ces graves abus. Le service de
» vigilance est organisé de manière à rendre vaines les
» intelligences que l'ennemi voudrait entretenir dans la
» place, et je rappelle à tous qu'en dehors des cas prévus
» par la loi, le domicile des citoyens est inviolahle.

» De tels actes troublent la paix publique, atteignent
» tous les principes de justice et de droit, et sont con-
» traires aux plus chers intérêts comme à la dignité des
» défenseurs de Paris. »

Ces sages réflexions calmèrent l'effervescence, et le peuple songea moins à faire main basse sur les étrangers; mais il s'inquiéta de prétendus signaux à l'aide desquels l'ennemi recevait des indications. Il crut que ces signaux étaient faits avec des lumières qu'on promenait dans les étages supérieurs des maisons situées près du rempart. Des gardes nationaux s'introduisirent de vive force dans les logements suspects, où ils trouvèrent des citoyens fort irrités de leur apparition. Les remontrances de l'autorité furent encore nécessaires pour les rappeler à la raison.

Ces conflits se reproduisaient à chaque instant, et l'indiscipline de la garde nationale les aggravait singulièrement. J'ai dit que sa composition irrégulière et sa hâtive formation, en y introduisant des éléments qui n'auraient jamais dû y figurer, avaient altéré son esprit et placé l'autorité entre les mains de chefs souvent indignes de l'exercer. La solde de 1 fr. 50 par homme, portée plus tard à 2 fr. 25 pour la famille, augmenta ces fâcheuses dispositions. M. Ernest Picard aurait voulu qu'on employât la même somme en prestations en nature. Il soutint très-vivement cette combinaison, qui présentait des avantages réels, mais n'était pas praticable. Elle aurait amené des gaspillages considérables et provoqué des plaintes unanimes. Sans doute la solde a été trop souvent une prime à l'oisiveté et à l'ivrognerie ; elle a encouragé la création de corps de toute nature qui ne demandaient du service que pour toucher le prêt. Les exigences des citoyens qui voulaient de haute lutte conquérir le titre de défenseurs de la patrie se multiplièrent à tel point, que le ministre de la guerre fut obligé de prouver qu'il n'avait plus de fusils à leur remettre. Le gouvernement rendit, à la date du 30 septembre, un décret déclarant qu'il ne serait plus formé de nouveaux bataillons de garde nationale. Mais en tenant compte de ces inconvénients, ainsi que des dépenses et des embarras dont ils ont été cause, il n'en faut pas moins reconnaître que sans la solde, non-seulement il n'y aurait pas eu de garde nationale possible, mais que nous aurions eu, sans pouvoir ni la prévenir ni la dompter, une formidable insurrection de la colère et de la faim qui, en quelques semaines, aurait anéanti et déshonoré la défense..

§

Ce serait d'ailleurs une injustice souveraine que de diminuer les mérites et le dévouement de la garde nationale de Paris, et de contester l'utilité de son concours dans les opérations du siége. L'honneur de ce siége, qui a relevé la France devant l'Europe, et qui restera l'un des plus grands faits de l'histoire, revient à tous ceux qui l'ont soutenu ; mais il ne peut être permis de séparer la garde nationale de la garde mobile et de l'armée : elles ont été nécessaires les unes aux autres. Leur abnégation et leur courage forment un patrimoine de vertus civiques et militaires dont la patrie est en droit de se glorifier.

C'est ainsi que le comprenait M. le général Trochu, et s'il eut le tort d'attendre jusqu'au 17 octobre pour ordonner la mobilisation de la garde nationale, il n'en voulut pas moins, dès le principe, l'associer intimement à l'action de ses troupes. Quant à cette action même, je n'en puis, je n'en dois parler qu'avec une extrême réserve, qui s'explique suffisamment d'abord par mon incompétence sur les matières militaires, en second lieu par ma divergence habituelle de vues sur ces choses avec le gouverneur de Paris.

Peut-être eût-il été plus sage de ma part de m'abstenir complétement à cet égard et de ne gêner par aucune observation les travaux de mon collègue. Mais outre la part de responsabilité qui revenait nécessairement à chaque membre du gouvernement, même pour une direction à laquelle il était personnellement étranger, je portais sans résignation et sans patience, je l'avoue, le poids des incertitudes qui chaque jour devenait plus pesant, et j'aurais voulu l'alléger par une activité soutenue, par une série d'actes hardis que je croyais possibles, et qui me paraissaient conduire à un résultat avantageux. Je recueillais toutes les informations qui m'étaient données, je cherchais à m'éclairer près des officiers, je discutais des plans, puis je soumettais toutes ces idées au général. Il voulait bien m'écouter avec une bonté qui ne s'est jamais démentie et qui m'a peut-être trop encouragé à le fatiguer de mes critiques. Il ne pouvait pas douter de ma sincérité, pas plus que moi de son désir ardent, désintéressé, de faire le mieux possible. Aussi s'établit-il bien vite entre nous une intimité véritable de confiance et d'égards mutuels. Je ne lui dissimulais aucune de mes impressions, je crois que de son côté il ne me cachait rien. Souvent j'ai passé la nuit à épier le canon dont la veille au soir il n'avait annoncé l'entrée en scène sur tel ou tel point. Je l'excitais de mon mieux; mais il arrivait toujours un moment où je devais m'arrêter devant sa responsabilité spéciale, ses connaissances techniques et la franchise affectueuse avec laquelle il me laissait lire dans son cœur les généreuses dispositions dont il était animé.

D'ailleurs, il l'a répété bien des fois avec raison, c'est une erreur profonde de croire qu'il ait condamné les défenseurs de Paris à l'inaction, et qu'il se soit borné à repousser les attaques de l'ennemi. Beaucoup de reproches lui ont été adressés, et je n'ai nul dessein de les énumérer ici. Mais celui qui consisterait à lui imputer de n'avoir rien fait ni rien osé serait le plus injuste du monde. La publication du journal du siége en serait la meilleure réfutation ; elle prouverait que pendant les deux premiers mois les troupes ont été constamment tenues en haleine par des actions successives, quelques-unes sérieuses et sanglantes, et qu'on les a ainsi préparées à frapper des coups plus décisifs.

Telle était la conception du général : et si en effet le salut était dans le gain d'une ou plusieurs grandes batailles, forçant les lignes prussiennes, permettant le ravitaillement et nous mettant en communication avec les départements, il était indispensable d'opérer comme il l'a fait. Je ne discute point : je raconte, et à ce point de vue les faits justifient complétement la direction qui fut adoptée par l'autorité militaire.

Quand on veut porter un jugement sur toutes ces choses, il ne faut jamais oublier où elles en étaient lorsque le gouvernement fut chargé du pouvoir. Les révélations qui se produisent successivement avec tant de profit pour la vérité et pour l'histoire ne nous ont point encore appris quels pouvaient être les desseins de l'Empire après le désastre de Sedan. En ce qui concerne Paris, il est impossible de croire qu'il voulût sérieusement le défendre, tant était grand le dénûment de ressources de guerre dans lequel il l'avait laissé. Il a fallu des efforts inouïs pour réparer cette faute. Elle l'a été complétement, et dans les premiers jours d'octobre le gouverneur a pu dire avec raison que Paris était imprenable. Le système imaginé par lui, pour donner à la résistance le plus d'homogénéité possible, était aussi simple qu'ingénieux. Il avait divisé la ville en neuf secteurs aboutissant chacun au centre par un angle aigu, à la circonférence par les deux lignes divergentes. Chaque secteur se reliait aux forts qui étaient devant lui. Chacun était commandé par un général de division ou par un officier général de marine. Ces commandants transmettaient les ordres du gouverneur à toutes les troupes placées dans leur secteur, et renvoyaient toutes leurs informations. Par ce moyen on connaissait minute par minute ce qui se passait aux remparts, aux forts et aux avancées, qui recevaient avec la même régularité nos communications. Peu à peu les commandants de secteur acquirent une grande autorité dans leur petit gouvernement et rendirent les plus éminents services. Souvent leur ascendant a désarmé les passions mauvaises qui fermentaient sans cesse au milieu du trouble général. Debout nuit et jour, ils se multipliaient pour surveiller, combattre l'ennemi et maintenir l'ordre au dedans. Le gouvernement leur doit une profonde reconnaissance ; sans leur intelligence, leur courage et leur dévouement, il aurait succombé sous le poids de sa tâche. Mais je ne craindrais pas de les appeler tous en témoignage : tous attesteraient le succès vraiment inouï de l'effort qui a été nécessaire pour mettre Paris en état de résister, dans les trois semaines de septembre dont le général Trochu a disposé.

Il était certes bien peu prêt lorsque, dominé par la nécessité, il essaya le 19 septembre de couper l'armée prussienne qui de Choisy marchait sur Versailles. On sait qu'une panique entraînant quatre régiments fit avorter cette petite expédition, dans laquelle un faible noyau de braves, conduits par de vaillants officiers, en tête desquels se trouvait le général Ducrot, se sacrifia pour empêcher une déroute. Onze jours après, le 30, le général Vinoy se portait sur les villages de l'Hay, Chevilly et Thiais, occupés par l'ennemi. Malgré le feu meurtrier des tirailleurs prussiens retranchés dans les maisons crénelées, nos soldats, sous les ordres du général Guilhem, enlevaient brillamment Chevilly, tandis que la brigade Blaise refoulait l'ennemi derrière Thiais. Mais, après trois heures de combat, nous dûmes nous retirer devant des forces six fois plus considérables que les nôtres. La troupe avait montré un rare élan, le général Guilhem était mort héroïquement en l'entraînant à l'assaut des maisons de Chevilly.

Chaque jour, aux avant-postes, des engagements partiels aguerrissaient les nôtres. Le général de Bellemare, qui commandait à Saint-Denis, enlevait Pierrefitte après une action très-vive. Le 12 octobre, le colonel Reille délogeait les Prussiens du plateau d'Avron, tandis que le général Ducrot le maltraitait dans une sortie menée avec vigueur vers le parc de la Malmaison. Enfin, le 13, les mobiles de la Côte-d'Or et de l'Aube se couvraient de gloire au combat de Bagneux, où le valeureux colonel de Dampierre tombait mortellement atteint en donnant à ses jeunes soldats l'exemple d'une chevaleresque intrépidité.

§

Ces opérations, et surtout celles dont elles étaient le prélude, devaient rendre de plus en plus inopportun le recours, cependant si désirable, à la nomination et à la convocation d'une Assemblée. Plus les esprits se familiarisaient à la pensée de la résistance obstinée, plus ils s'éloignaient de celle des élections. Les militaires la repoussaient formellement. Sur ce point leur opinion n'a jamais varié : à leurs yeux, la convocation d'une Assemblée a toujours été incompatible avec la défense. Or la défense était à ce moment le vœu de Paris et de la nation. La douloureuse nouvelle de la reddition de Strasbourg et de Toul ne fit qu'en augmenter l'ardeur. Il semblait qu'en nous frappant plus rudement la destinée nous donnât des forces imprévues pour réagir contre ses rigueurs. En annonçant aux Parisiens l'épreuve cruelle qui nous était infligée, le ministre de l'intérieur ne cherchait pas à leur faire illusion sur la gravité de la situation; il leur disait dans sa proclamation du 2 octobre :

« Citoyens,

» Le gouvernement vous doit la vérité sans détour,
» sans commentaires.

» Les coups redoublés de la mauvaise fortune ne peu-
» vent plus déconcerter vos esprits, ni abattre vos cou-
» rages.

» Vous attendez la France, mais vous ne comptez que
» sur vous-mêmes.

» Prêts à tout, vous pouvez tout apprendre.

» Toul et Strasbourg viennent de succomber.

» Cinquante jours durant, ces deux héroïques cités ont
» essuyé, avec la plus mâle constance, une véritable
» pluie de boulets et d'obus.

» Épuisées de munitions et de vivres, elles défiaient
» encore l'ennemi ; elles n'ont capitulé qu'après avoir vu
» leurs murailles abattues crouler sous le feu des assail-
» lants.

» Elles ont en tombant jeté un regard vers Paris;

» pour affirmer, une fois de plus, l'unité et l'intégrité de
» la patrie, l'indivisibilité de la République, et nous lé-
» guer avec le devoir de la délivrer, l'honneur de les
» venger.

» Vive la France! Vive la République!

» *Le ministre de l'intérieur,*
» Léon Gambetta. »

Cependant, au lieu d'être abattu, Paris se montrait plus résolu que jamais. Les rares et difficiles informations qui nous parvenaient du dehors nous autorisaient à croire que le même enthousiasme régnait dans les départements. On en peut juger par les deux dépêches suivantes, que nous reçûmes le 6 octobre et que nous nous empressâmes de communiquer au public.

« Tours, 29 septembre 1871.

» La province se lève et se met en mouvement.
» Les départements s'organisent.
» Tous les hommes valides accourent au cri : Ni un
» pouce de terrain, ni une pierre de nos forteresses ! Sus
» à l'ennemi ! Guerre à outrance !

» *Signé :* Glais-Bizoin. »

La seconde est à la fois plus détaillée et plus explicite :

« Tours, 1er octobre 1871.

» Notre seule et immense préoccupation est d'activer
» l'organisation des forces destinées à débloquer Paris :
» tout ce qui se fait à cet égard donne le meilleur espoir.

» L'action des villes et des départements, poussant en
» avant les forces qu'ils ont organisées par leur initiative,
» se combine avec ardeur avec celle des contingents
» militaires, qui forment désormais deux armées, com-
» prenant chacune environ 80,000 hommes, l'une sur
» la Loire et qui va s'avancer sur Paris, l'autre ayant
» pour centre.... Du côté de.... on réunit également un
» troisième groupe, composé de forces régulières, de
» mobiles et de volontaires. La situation de Bazaine con-
» tinue à demeurer excellente. L'attaché militaire de....
» qui vient de parcourir les villes où se réunissent nos
» troupes, jusqu'à.... inclusivement, a été surpris du
» nombre très-considérable d'hommes bien armés et bien
» équipés, et surtout de l'artillerie, qu'on ne supposait
» pas exister. La légion française et les zouaves sont arri-
» vés de Rome par les soins de notre ambassadeur, et
» vont former un solide appoint tout prêt à marcher. »

De son côté, M. de Chaudordy m'écrivait le 25 septembre :

« .... J'agis avec ardeur pour pousser ici le gouver-
» nement à soulever les provinces et à jeter toutes les
» forces régulières ou irrégulières sur les derrières des
» Prussiens, afin qu'ils soient pris entre deux feux ; il
» paraît certain qu'ils ont beaucoup souffert devant Issy
» (combat de Châtillon), qu'ils ne s'attendaient pas à la
» défense de Paris et qu'ils en sont troublés. »

Toutes ces dispositions nous inspiraient une véritable
confiance dans le succès de notre entreprise. Au début
nous n'étions soutenus que par le sentiment de la justice
et de notre devoir. Mais en voyant Paris si ferme et si
déterminé, la province prête à se lever pour lui, nous

17.

nous laissâmes aller à l'espérance, nous crûmes que par un sublime élan la France rejeterait l'étranger hors de ses frontières. Le général Trochu lui-même, malgré sa prudente circonspection, s'enflammait comme nous au spectacle de cette immense cité qui acceptait avec joie l'épreuve de la souffrance et ne demandait qu'à combattre. Il avait conçu le plan d'une expédition hardie brisant la ligne d'investissement, nous rendant une libre communication avec les départements et nous ramenant la victoire par le retour de notre prestige trop effacé. Mais pour accomplir ce vaste dessein il était indispensable d'imprimer à l'action de nos collègues de Tours plus d'énergie et d'activité. Nous avions su qu'ils avaient résolu de faire procéder aux élections le 16 octobre, nous pensions que notre décret du 24 septembre ne leur était pas parvenu, et nous redoutions une division qui, en présence de l'ennemi, nous aurait perdus. La présence d'un des membres du gouvernement de Paris pouvait seule l'empêcher. Il fut décidé que l'un de nous se rendrait à Tours.

Le gouvernement hésita entre M. Gambetta et moi. Une première délibération me désigna. Je fis remarquer qu'il s'agissait surtout d'apaiser l'agitation de plusieurs grandes villes et d'obtenir le concours des administrations départementales. Or, je ne connaissais aucun des préfets nommés par le ministre de l'intérieur. Celui-ci aurait sur eux un ascendant auquel je ne pouvais prétendre. Sa jeunesse, son ardeur, sa popularité me semblaient d'ailleurs de précieux éléments pour la réussite de sa mission. Enfin j'étais, tout aussi bien qu'au 12 septembre, arrêté par des scrupules qui me retenaient à Paris. Je ne pouvais consentir à l'abandonner au milieu de ses périls et de ses misères, à moins que la nécessité absolue de ce parti ne me fût démontrée, et je ne cessais de supposer que c'était dans l'enceinte de Paris que je pouvais le mieux servir la France.

Cette opinion fut discutée et prévalut. Fort ému lui-même, M. Gambetta ne consentait qu'avec un extrême déplaisir à quitter Paris. Il était loin à ce moment de briguer le rôle de dictateur. Il ne se faisait pas plus que nous illusion sur les difficultés presque insurmontables qui nous étaient réservées, mais il ne désespérait pas d'en triompher. Il n'avait pas recherché l'autorité dont il allait être revêtu, et je suis sûr qu'il n'en prévoyait pas le développement; mais il ouvrait son âme à la noble et sainte ambition de sauver son pays, et la force de son désir lui faisait croire qu'il avait en lui la puissance de le réaliser. Je reviendrai avec une armée, me disait-il dans une conversation intime, et si j'ai la gloire de délivrer Paris, je ne demanderai plus rien à la destinée.

En me parlant ainsi il était sincère : dans le cours de ce récit, je n'aurai point, et je m'en félicite, à juger tous ses actes à Tours et à Bordeaux; je ne m'occuperai que de ses relations avec le gouvernement de la défense nationale. Mais il est de mon devoir de déclarer que lorsqu'il a quitté Paris, il a obéi à la volonté du gouvernement, que ses intentions étaient droites et patriotiques, et qu'en étant très-convaincu que la lutte était commandée par l'honneur national, qu'elle pouvait être le salut de la France, il n'en partageait pas moins mes idées sur les chances terribles qu'elle nous faisait courir; et comme moi il estimait que c'eût été un crime de refuser une paix honorable.

Chargé par nous de faire cesser les divisions de la délégation, il devait recevoir, et il reçut en effet une prérogative de prépondérance dans le vote. Sans cette précaution, la délibération entre quatre collègues pouvait aboutir à un partage. Nous lui donnâmes des instructions précises pour l'exécution de notre décret d'ajournement des élections. Le calme de l'atmosphère retarda deux jours son départ. Enfin, le 8 octobre au matin, il monta dans sa nacelle aérostatique; une forte brise de sud-ouest le porta rapidement au-dessus du département de la Somme. La descente du ballon s'exécuta dans les plus mauvaises conditions, au milieu de la forêt d'Épineuse, près de Montdidier. Il courut en atterrissant de graves dangers, et reçut quelques blessures heureusement insignifiantes. Il vint coucher à Montdidier; le lendemain il était en route pour Tours.

## CHAPITRE VII.

ÉVÉNEMENTS DU MOIS D'OCTOBRE. — NÉGOCIATIONS. — MENÉES INSURRECTIONNELLES. — JOURNÉE DU 31.

Si le départ de M. Gambetta indiquait la ferme volonté du gouvernement d'organiser la résistance avec autant de promptitude que d'énergie, la présence de M. Thiers à Londres et à Saint-Pétersbourg montrait assez clairement que, loin de fuir une issue honorable et pacifique, il s'efforçait d'amener l'Europe à la lui ouvrir. Tel était en effet le but réel que poursuivait en son nom l'illustre homme d'État qui avait bien voulu se charger de cette délicate mission. Sans doute il eût été heureux d'obtenir une médiation armée ; ses instructions lui prescrivaient de la demander, et notre représentant à Tours ne cessait de faire valoir auprès des ministres des neutres les raisons considérables qui devaient les déterminer à ne point la refuser. Mais, tout en insistant, nous nous faisions peu d'illusions : nous espérions surtout une intervention. Nous l'aurions désirée collective, nous l'aurions acceptée isolée. Si l'une des deux grandes puissances dont nous sollicitions les bons offices avait pris une attitude résolue, la continuation de la guerre devenait fort difficile. L'opinion publique n'attendait qu'un signal, les autres cabinets auraient suivi l'exemple. L'Allemagne, malgré son enivrement, aurait subi la pression d'une coalition morale fondée sur l'intérêt général et sur la justice.

J'ai fait tout ce qui était en moi pour atteindre ce résultat, et si mon action n'a pas été tout à fait stérile, je le dois certainement aux efforts de M. Thiers. Grâce à lui l'Europe nous a laissé voir son désir de nous être secourable, et sa désapprobation des exigences de la Prusse. Elle n'a pas plus contesté notre droit qu'elle n'a reconnu celui que notre adversaire prétendait s'arroger. Et si elle a été systématiquement écartée par M. de Bismarck de toute négociation, elle n'a pas caché qu'elle ne seprêterait à aucune de celles qui nous mutileraient. Cela est peu, mais cela est quelque chose; et tout en reprochant légitimement aux puissances de n'avoir pas fait mieux, nous ne pouvons oublier ce qu'elles n'ont pas voulu approuver. J'y attache une importance que l'avenir justifiera : tout de même que nous n'avons rien volontairement cédé, l'Europe n'est pas liée par un consentement. L'Allemagne n'a pour elle que le fait du plus fort.

C'est là ce qui ressort très-nettement des documents diplomatiques échangés à l'occasion de la mission de M. Thiers. Les cabinets de Londres et de Saint-Pétersbourg ont été à ce moment des arbitres souverains. S'ils avaient élevé la voix en notre faveur, l'Allemagne s'arrêtait, de grands malheurs étaient épargnés, la sécurité, la prospérité, la paix pouvaient s'asseoir sur de solides bases. Les deux hommes éminents qui étaient appelés à rendre ce glorieux service à l'Europe et à la civilisation ont eu le tort de douter de leur force; ils ont été retenus par des motifs divers, l'un et l'autre cependant par la nécessité de ne point braver l'autorité qui leur est supérieure, et, pour l'avoir trop ménagée, peut-être l'ont-ils gravement compromise.

Ce n'est en effet un mystère pour personne que la reine d'Angleterre était favorable à la Prusse, et que l'empereur de Russie, très-bien disposé envers la France, ne voulait pas prendre parti contre son oncle. Ils auraient souhaité une transaction, mais ils ne pensaient point que nous dussions marchander les soumissions. Aussi leurs ministres nous ont-ils constamment accusés d'une roideur qui rendait la paix impossible. Lord Granville, dont on peut discuter la politique sans inconvénient, puisqu'il a publié toutes ses dépêches, nous a pressé à diverses reprises d'abandonner notre programme de l'intégrité du territoire; il nous a également demandé la prompte convocation d'une Assemblée : et comme il nous a été impossible de lui donner cette double satisfaction, il n'a pas cru devoir agir directement. Néanmoins, il n'a pas cessé de nous montrer une réelle bienveillance. Il s'est entremis fort habilement dans la négociation de l'armistice; plus tard, il nous a fait une place à la conférence de la mer Noire, et il n'a pas dépendu de lui que nous ne vinssions l'occuper. Enfin, au moment de la négociation des préliminaires, il n'a pas craint de critiquer les exigences de la Prusse et de provoquer le mécontentement de M. de Bismarck. Nous aurions voulu davantage; nous n'en gardons pas moins fidèlement le souvenir même d'un bon mouvement en faveur de la France.

Ce fut le double sentiment qu'exprima M. Thiers en quittant Londres pour se rendre à Saint-Pétersbourg. Il se montra à la fois triste et confiant, et laissa les ministres anglais très-convaincus qu'il n'était ni satisfait, ni découragé. Il espérait trouver un peu plus de résolution en Russie, bien qu'il connût fort bien les raisons qui commandaient au prince Gortschakoff une extrême circonspection. Très-désireux de hâter son voyage, voulant cependant prendre quelques informations à Vienne, il revint à Tours, où il était le 20 septembre, et en repartit immédiatement, en passant par l'Autriche. Le 24, il avait un entretien avec M. de Beust; le 27, au matin, il arrivait à Saint-Pétersbourg.

Le chancelier de l'Empire, avec lequel il avait eu déjà les meilleures relations, lui témoigna une affectueuse cordialité. Il ne lui dissimula pourtant pas les difficultés de la situation. Dès le commencement de la guerre, l'empereur avait pris vis-à-vis de son oncle l'engagement d'observer une stricte neutralité, en la subordonnant toutefois à celle de l'Autriche : car dans le cas où le cabinet de Vienne se serait déclaré contre la Prusse, celle-ci pouvait compter sur l'appui de la Russie. Ce double engagement ne paraissait pas résulter d'un traité en règle, il reposait uniquement sur la parole du souverain et n'en était que plus obligatoire. Il était loin cependant d'être approuvé par toutes les personnes qui entouraient le czar. Dans sa propre famille se rencontraient des partisans zélés de la France. Dans le pays, on en comptait de nombreux et de dévoués. L'empereur se mettait donc en opposition avec l'opinion publique, assez généralement défavorable aux Allemands. Il en ressentait quelque gêne : mais il était lié par sa promesse et par le respect qu'il a toujours porté à son oncle.

M. Thiers déploya toutes les ressources de son esprit pour tirer parti des avantages bien faibles que pouvaient lui présenter ces dispositions. L'empereur le reçut à merveille, lui parla avec beaucoup d'effusion de son vif désir de faire cesser la guerre; il ajouta qu'il verrait avec peine qu'une diminution de territoire nous fût imposée, et dit très-nettement qu'il ne signerait pas le traité qui la stipulerait. Il ne paraissait pas incliner vers l'idée d'une action collective des puissances, et préférait exercer la sienne isolée et directe en s'adressant au roi Guillaume. M. Thiers combattit respectueusement son avis; il n'eut pas de peine à établir les inévitables embarras auxquels la Russie s'exposait en tolérant l'agrandissement démesuré de la Prusse : il rappela le rôle glorieux joué en 1814 par l'empereur de Russie et les heureuses conséquences de cette politique pour le rapprochement des deux nations. L'avenir réservait encore certainement à l'Europe de redoutables épreuves. Il était digne d'un puissant souverain de les atténuer à l'avance en détruisant dans leurs germes les haines funestes que feraient nécessairement naître la continuation des hostilités ou des conditions abusives de paix.

Il insista avec plus de force encore près du prince Gortschakoff. Il lui prouva que la Russie ne pouvait rester inactive sans encourir une dangereuse responsabilité. « Puisque vous souhaitez la fin de la lutte, lui dit-il, et
» vous n'obéissez en cela qu'à votre intérêt bien entendu,
» vous devez prendre les moyens qui la termineront. La
» France a été repoussée par des conditions inacceptables, elle ne peut directement revenir à la charge :
» c'est aux puissances à s'interposer; toutes le demandent, mais elles reconnaissent en même temps
» qu'elles ne peuvent rien sans vous. Tout dépend donc
» de votre décision. Votre intérêt et votre honneur sont

» d'accord pour vous dicter celle qui nous conduira à
» une paix durable. »

Le chancelier aurait bien voulu qu'il lui fût possible d'échapper ; mais pendant que M. Thiers le pressait, l'Angleterre lui adressait quelques représentations qui n'étaient elles-mêmes que l'écho du langage énergique de nos ministres aiguillonnés par mes instructions et celles de M. de Chaudordy.

Celui-ci écrivait à notre chargé d'affaires à Londres, le 27 septembre :

« Hier, je vous ai écrit pour vous prier d'appeler l'at-
» tention du principal secrétaire d'État sur l'importance
» qu'il y aurait à donner au gouvernement de la défense
» nationale le concours moral qui résulterait de la recon-
» naissance officielle par l'Angleterre. Je vais plus loin
» aujourd'hui, et cela d'après les instructions formelles
» que je reçois de M. Jules Favre. Il faut le reconnaitre,
» les circonstances sont trop graves pour qu'un concours
» purement moral puisse suffire à la situation. Il semble
» que le moment est venu pour toute l'Europe et parti-
» culièrement pour les grandes puissances de faire en-
» tendre leur voix..... Le gouvernement de la défense
» nationale pense qu'il y aurait lieu de leur part de po-
» ser des questions catégoriques. La Prusse ne menace
» plus seulement la France ; les cessions de territoire par
» conquête qu'elle veut exiger de nous ne sont que le
» prélude de celles qu'elle demandera sous peu à
» d'autres États. Entraînée qu'elle est par un sentiment
» excessif de ses prétentions nationales, elle veut chan-
» ger la face de l'Europe, et l'on doit s'attendre, si l'on
» n'arrête pas promptement ses exigences par une en-
» tente commune, à des guerres renouvelées qui ajour-

» neront à longtemps tout espoir de paix, de civilisation
» et de prospérité. J'ai parlé dans ce sens à lord Lyons.
» Veuillez entretenir de ces idées le principal secrétaire
» d'État, en lui faisant remarquer que c'est au nom du
» gouvernement français que ces opinions vous sont en-
» voyées. »

Le même jour, notre chargé d'affaires faisait partir de Londres la dépêche suivante, qui mérite d'être citée en entier.

« Une agitation en faveur de la France et de la paix
» s'organise en ce moment à Londres et dans les princi-
» paux centres de l'Angleterre. Des meetings ont déjà eu
» lieu, d'autres se préparent, et toutes ces manifestations
» mettent ou mettront le premier ministre en demeure
» de prendre une attitude plus conforme au sentiment du
» peuple anglais.

» M. Gladstone aurait regretté tout d'abord la contra-
» diction qui existe entre nos assertions et celles du ca-
» binet de Berlin quant aux conditions qu'aurait posées
» le comte de Bismarck [1]. M. Gladstone a paru égale-
» ment regretter que l'ajournement des élections ait éloi-
» gné la constitution définitive du gouvernement fran-
» çais. Il y a là, a dit le premier lord de la trésorerie,
» quelque chose de gênant pour notre action. M. Glad-
» stone a ajouté qu'il devait y avoir sans doute de très-
» bonnes raisons pour qu'une mesure aussi importante
» eût été différée. *M. Gladstone se serait exprimé en termes*
» *très-vifs sur l'attitude à Sedan et à Wilhemshoe de l'empe-*
» *reur Napoléon, et aurait tout particulièrement blâmé le*

---

[1] Je crois avoir complétement fait disparaître cette prétendue contradiction en répondant par ma circulaire du 17 octobre à celle de M. de Bismarck du 27 septembre. Il est question un peu plus bas de cet incident. On trouvera les deux circulaires aux Pièces justificatives.

» *sentiment de faiblesse et d'égoïsme qui avait déterminé*
» *l'auteur de la guerre à en rejeter la responsabilité sur le*
» *pays. Faisant allusion aux espérances des partisans de la*
» *dynastie déchue, M. Gladstone aurait exprimé la con-*
» *viction que toute restauration de cette dynastie était im-*
» *possible, encore que la Prusse ait cru pouvoir en mena-*
» *cer la France;* « *mais c'est là, a-t-il ajouté, mon sentiment*
» *tout personnel* ». *Je ne crois pas inutile de constater en*
» *passant que lord Granville s'était prononcé dans le même*
» *sens dans l'une des dernières conversations que j'ai eues*
» *avec lui.* Revenant aux conditions de paix, M. Glad-
» stone s'est élevé très-vivement contre la cession d'une
» partie de notre flotte. Son interlocuteur ayant insisté
» à dessein sur la possibilité de pareilles exigences, sur
» la résolution bien arrêtée de la Prusse de développer
» ses forces maritimes, sur son intention probable enfin
» de prendre dès qu'elle le pourrrait possession de la Mé-
» diterranée par l'acquisition des ports autrichiens et
» notamment de Trieste qu'elle a toujours considéré
» comme un port allemand, le premier lord de la tréso-
» rerie a repoussé de telles éventualités comme inad-
» missibles et inacceptables. »

Si l'Angleterre s'agitait, l'Autriche était profondément émue, et dans les premiers jours d'octobre, M. de Beust exprimait cette opinion : « qu'une entente com-
» mune entre les neutres était désirable; que l'Autriche
» à raison de sa position particulière ne pouvait en
» prendre l'initiative, mais que l'Angleterre et la Russie
» feraient bien d'adopter cette idée. »

Ce fait est mentionné dans une dépêche de lord Granville à lord Blomfield, du 10 octobre 1870 (Livre bleu[1],

---

[1] J'emprunte cette citation et celles qui vont suivre à un extrait

n° 188, p. 136). Le ministre anglais y déclare « que
» jusqu'à présent aucune circonstance ne s'est produite
» de nature à changer son sentiment sur l'inopportunité
» d'une offre de médiation. Les déclarations respectives
» du comte de Bismarck et de M. Jules Favre ne présen-
» tant aucun point de départ pour des négociations; au
» reste, tout en craignant que des conseils de modération
» donnés en termes généraux ne demeurassent sans effet,
» lord Granville est prêt à examiner toute proposition du
» gouvernement autrichien ayant un but défini. »

Ainsi pressé, le cabinet de Vienne se réfugie très-na-
turellement dans la politique dilatoire dont l'Angleterre
lui donne l'exemple. Lord Granville le constate par sa
dépêche du 12 octobre à lord Blomfield (Livre bleu,
n° 199, p. 143).

« Lord Granville rend compte d'une communication
» du comte Apponyi relative à la demande d'appui actif
» formée par le comte de Mosbourg auprès du comte de
» Beust. Le chancelier autrichien a exposé à plusieurs
» reprises les motifs qui empêchent la monarchie austro-
» hongroise de prendre l'initiative d'une intervention, et
» ces motifs ont été agréés par M. Jules Favre et M. Thiers.
» *L'Autriche regrette la torpeur où l'Europe est tombée*
» *en présence de la guerre actuelle, et elle s'associerait vo-*
» *lontiers à l'action de l'Angleterre et de la Russie pour le*
» *rétablissement de la paix, avec la confiance qu'une en-*
» *tente des puissances neutres pour interposer leurs bons*
» *offices exercerait une influence salutaire.* »

C'est donc l'Angleterre qui arrête le bon mouvement
du cabinet de Vienne et juge, pour le moment au moins,
l'intervention des neutres inopportune. Cependant elle

analytique du *Livre bleu* qui a été faite pour moi aux affaires étrangères.

n'entend pas rester tout à fait inactive, elle sonde la Russie pour essayer de se concerter avec elle. C'est encore le Livre bleu qui nous l'apprend, (n° 202, p. 146 16 octobre 1870) : « Lord Granville en faisant savoir à
» sir A. Buchanan qu'il a des motifs de croire que le
» gouvernement français consentirait au démantèlement
» de Metz et de Strasbourg, l'invite à demander confi-
» dentiellement au prince Gortschakoff s'il pense que
» l'Angleterre et la Russie pourraient s'entendre entre
» elles sur les conditions de la paix, et si en cas d'affir-
» mative, les deux puissances ne pourraient intervenir
» d'accord avec les autres gouvernements neutres pour
» obtenir la cessation du siége de Paris. »

Cette fois, c'est la Russie qui rejette cette proposition comme inopportune. Sir Buchanan le fait savoir à lord Granville par une dépêche du 17 octobre (Livre bleu, n° 226, page 170).

« Sir A. Buchanan rend compte d'une conversation
» avec le prince Gortschakoff. La Russie n'est pas d'opi-
» nion qu'une entente confidentielle entre l'Angleterre
» et elle sur les conditions de la paix puisse aboutir à un
» résultat utile, car il n'y a pas lieu de croire que la
» Prusse se départe des exigences formulées dans la cir-
» culaire de M. de Bismarck. *L'empereur Alexandre a été*
» *plus loin que d'autres, car il a écrit au roi Guillaume*
» *pour lui exprimer l'espoir qu'il ne demanderait pas*
» *d'annexions de territoire français; mais le Roi a répondu*
» *qu'il ne pouvait se soustraire au désir unanime de l'Alle-*
» *magne d'obtenir des frontières mieux garanties.* Le
» prince Gortschakoff pense que des démarches indivi-
» duelles seraient préférables à une action collective qui
» prendrait un caractère comminatoire. »

Ainsi, après Sedan, la volonté bien arrêtée de la Prusse a été de dépouiller la France, et la volonté non moins ferme de la France a été de résister à cette spoliation. Le Roi et ses ministres n'auraient pu s'opposer à l'entraînement de leur nation. Le gouvernement de la défense nationale, de son côté, n'aurait pu livrer une partie du sol français pour racheter l'autre. De toutes parts on se serait soulevé contre lui, si on l'avait cru capable d'un tel dessein. Mais, tandis que le roi Guillaume et M. de Bismarck obéissaient à la contrainte exercée sur eux par la passion populaire, sans se faire illusion sur les malheurs inévitables qu'ils préparaient à leurs descendants en s'emparant violemment de populations qui les repoussaient, le gouvernement de la défense nationale s'associait sans hésitation ni réserve à la pensée de la France, qui se serait crue déshonorée si elle n'avait pas combattu jusqu'à la dernière extrémité pour sauver de la servitude étrangère ceux de ses enfants que menaçait l'inflexible exigence du vainqueur. Je reconnais donc avec lord Granville et le prince Gortschakoff que notre obstination a été, comme celle de la Prusse, l'obstacle de la paix. Seulement notre obstination a été celle du devoir et de la justice, l'obstination de la Prusse a été celle de la force et de l'intérêt égoïste. Notre obstination nous a valu les sympathies du monde, elle est notre consolation et notre espoir; celle de la Prusse a été blâmée par toutes les puissances, et je ne crois pas trop m'avancer en affirmant que, dès à présent, elle est pour elle un sujet de légitime inquiétude.

Telle était l'opinion de l'Europe entière au moment où l'empereur de Russie voulait bien faire en faveur de l'intégrité de notre territoire une démarche directe dont nous devons lui être reconnaissants, bien qu'elle soit restée sans résultat. M. Thiers invoquait cette opinion avec une grande autorité, et le chancelier de l'empire sentait qu'il lui était difficile de ne pas lui donner un nouveau gage. Ne pouvant trancher le débat, ainsi qu'il le souhaitait, il essaya d'en faciliter la solution par une mesure qui n'engageait personne. Un armistice avait ce caractère : nous l'avions demandé à Ferrières avant que Paris fût investi. Maintenant qu'il l'était, la Prusse n'avait pas besoin de garanties, elles résultaient suffisamment du blocus hermétique qu'elle avait établi. On pouvait donc espérer qu'elle n'élèverait pas d'objections, et que de son côté le gouvernement français accepterait volontiers une proposition qui n'était que la reproduction de celle qu'il avait faite lui-même.

M. Thiers ne pouvait que favorablement accueillir cette ouverture du prince Gortschakoff. Il demeura convenu entre eux que si elle était agréée par les autres puissances neutres, M. Thiers n'aurait qu'à faire un signe de Tours où il allait retourner; aussitôt l'Empereur s'adresserait au roi Guillaume, et si, comme tout le faisait croire, la Prusse acceptait, elle enverrait un sauf-conduit permettant à M. Thiers de venir à Paris prendre les instructions du gouvernement de la défense nationale avant de conférer directement avec M. de Bismarck.

Dès le 18 octobre, l'ambassadeur anglais en informait ainsi lord Granville (Livre bleu, n° 227, p. 170) :
« Le prince Gortschakoff a pris les ordres de l'Empereur
» son maître : une entente entre les neutres serait une
» œuvre stérile et sans résultat pratique. Il serait dési-

» rable que le gouvernement anglais usât de son in-
» fluence auprès du gouvernement français pour obtenir
» son consentement à un armistice et à la convocation
» d'une Assemblée nationale, armistice qui pourrait être
» obtenu de la Prusse moyennant de légères concessions,
» et qui impliquerait la suspension des hostilités autour
» de Paris, en maintenant seulement l'investissement. »

Le 20 octobre lord Granville charge lord Loftus (Livre bleu, n° 216, p. 159) de communiquer directement à M. de Bismarck une dépêche par laquelle il demande « qu'avant de prendre contre Paris les mesures les plus
» rigoureuses de la guerre, la Prusse fasse un nouvel
» effort afin d'aboutir avec le gouvernement français à
» la conclusion d'un armistice rendant possible la convo-
» cation d'une Assemblée nationale. »

Le même jour (Livre bleu, n° 218, p. 161), il mande à lord Lyons de provoquer l'acceptation du gouvernement français.

La proposition conçue dans ces termes ne pouvait rencontrer un refus de notre part. Il s'agissait en effet d'un armistice avec les conditions ordinaires et de l'élection, sans restriction, d'une Assemblée nationale. C'était précisément ce que je demandais à Ferrières et ce que les exigences de M. de Bismarck avaient rendu impossible. C'était ce que j'avais de nouveau formulé lorsque M. le général Burnside vint spontanément offrir sa médiation personnelle pour faire cesser l'effusion du sang. Et, puisque je touche à cet incident, il est bon de n'en laisser ignorer aucun détail essentiel.

§

Le 1ᵉʳ octobre au soir, le ministre des États-Unis me fit prévenir qu'un général américain arrivait du quartier général prussien, porteur d'une lettre qui m'était personnellement adressée par M. le comte de Bismarck. J'écrivis de suite au général Trochu, qui envoya à Sèvres un officier avec un sauf-conduit et l'ordre de faire cesser le feu. Le lendemain matin à neuf heures j'étais chez M. Washburn, où je trouvais deux personnages qui me furent présentés. L'un, M. le colonel Forbes, qui a longtemps habité la France ; l'autre, M. le général Burnside, qui a joué un rôle considérable dans la guerre de la sécession. Ces messieurs engagèrent une conversation générale dans laquelle ils me firent connaître qu'ils étaient de simples voyageurs attirés en France par la grandeur du spectacle qu'offrait la guerre ; qu'ils étaient venus au quartier général prussien où ils avaient des amis, et que M. de Bismarck, sachant qu'ils voulaient visiter Paris, les avait priés de se charger d'une lettre pour moi. Ils me remirent cette lettre sans m'inviter à l'ouvrir en leur présence, et sans paraître savoir son contenu. Ils ajoutèrent qu'ils repartaient le jour même, qu'auparavant ils verraient le général Trochu, et me feraient l'honneur de venir prendre congé de moi au ministère.

La lettre de M. de Bismarck, dont je pris connaissance en les quittant, était une réponse à une communication que je lui avais fait parvenir quelques jours auparavant au nom des ministres étrangers qui étaient restés à Paris.

M. de Bismarck y maintenait la prétention qu'il avait élevée de ne leur transmettre que des plis ouverts et d'ouvrir tous ceux qui leur seraient envoyés, alléguant pour excuser un procédé si contraire au droit des gens et si injurieux pour les membres du corps diplomatique, que ces derniers avaient un moyen facile de s'y soustraire en venant auprès de la délégation de Tours et en quittant *une forteresse* nécessairement soumise aux lois de la guerre. La lettre ne touchait aucun autre sujet.

J'allai aussitôt la montrer au général Trochu et le prévenir qu'il recevrait la visite des deux étrangers. Ils vinrent en effet à onze heures, furent gracieux et courtois, entendirent de la part du général les déclarations les plus fermes sur l'attitude de Paris, et se retirèrent sans avoir fait la moindre ouverture.

Ils furent un peu plus explicites avec moi, et après les premiers compliments, ils me dirent que comme Américains, très-sympathiques à la France, touchés de ses malheurs, ils avaient voulu chercher, en venant à Paris, un moyen de conciliation. Ils me répétèrent qu'ils n'avaient aucun caractère officiel, qu'ils n'avaient point causé avec M. de Bismarck, que cependant ils pensaient qu'un armistice pour traiter de la paix pourrait être accepté.

Je répondis que tel était mon plus vif désir, que je l'avais prouvé en me rendant au quartier général prussien malgré mes légitimes répulsions. J'avais proposé un armistice, non pour traiter de la paix, le gouvernement de la défense nationale n'avait pas le droit de la conclure, mais pour convoquer une Assemblée librement élue, qui seule en aurait le pouvoir. J'ajoutai que cette proposition n'avait point abouti, parce que la Prusse l'avait subordonnée à des conditions inadmissibles, mais que j'étais prêt à la reprendre; que je considérais comme un titre d'honneur pour mon pays et qu'il m'était particulièrement agréable de voir deux citoyens de la libre Amérique, n'ayant d'autre mandat que leur généreuse amitié pour la France, s'interposer dans le dessein de mettre un terme à une lutte qui désormais ne pouvait avoir d'autre but que notre humiliation ou notre anéantissement; que très-décidés à résister, nous ne l'étions pas moins à ne négliger aucune occasion d'arriver à une transaction honorable.

Mes interlocuteurs m'écoutèrent attentivement. Ils me demandèrent si je les autorisais à reporter mes paroles à M. de Bismarck. Je les priai de le faire. Peut-être, me dirent-ils en prenant congé de moi, nos affaires nous ramèneront-elles à Paris. Je leur donnai l'assurance que nous serions fort heureux de les y revoir. Et ils repartirent.

Il était difficile de croire M. de Bismarck absolument étranger à cette démarche. Aussi ne fûmes-nous point surpris huit jours après, le dimanche 9 octobre, de revoir le général Burnside et le colonel Forbes : ils nous rapportaient la réponse de M. de Bismarck. Un armistice régulier lui paraissait impossible, mais il adoptait l'idée de l'élection et de la convocation d'une Assemblée. Il nous offrait une sorte de trêve de quarante-huit heures, pendant laquelle on aurait pu laisser passer des délégués ou des candidats. On s'entendrait ensuite pour la réunion de l'Assemblée. Les élections auraient lieu dans les départements occupés, à l'exception de l'Alsace et de la Lorraine.

J'avais désiré que M. le général Trochu assistât à cette

conversation. Nous en fîmes connaître tous les détails au gouvernement, qui pensa comme nous que cette proposition inconsistante et vague ne pouvait être acceptée. Elle mettait les élections à la merci de l'ennemi, elle ne donnait aux électeurs aucun moyen de voter sérieusement. Il fut convenu que je rédigerais une note résumant les conditions que nous étions en droit de réclamer : armistice de quinze jours avec ravitaillement, élection des députés dans tous les départements. Je lus cet écrit au général Burnside assisté du colonel Forbes, en présence de M. Washburn et de M. le général Trochu. Je le remis ensuite à M. le général Burnside, qui se chargea de le communiquer à M. de Bismarck [1].

Tel fut cet essai de négociation, dont je n'ai jamais connu exactement le véritable point de départ. Je crois qu'il faut le placer exclusivement dans le sentiment élevé de l'illustre général qui en prit la responsabilité, et qu'en paraissant l'encourager, M. de Bismarck n'entendit faire qu'un simple acte de stérile condescendance. Il aurait agi autrement s'il avait recherché un résultat sérieux : il aurait remis à son intermédiaire une base précise de pourparlers ; il aurait pris la peine de répondre à la note que le gouvernement français lui communiquait. Nous pensâmes que là, comme à Ferrières, la diplomatie, dominée par le commandement, voulait avoir l'air de faire quelque chose pour la paix, mais qu'en réalité elle laissait pousser à outrance l'effort militaire, espérant que travaillé par les séditions, supportant impatiemment les souffrances du siége, Paris ne tarderait pas à se rendre. Les événements dont je vais continuer le récit ne semblent que trop justifier cette appréciation.

[1] Voir aux Pièces justificatives.

§

Cependant la Prusse ne pouvait s'en tirer avec l'Europe aussi facilement qu'avec le général Burnside; et l'Europe, représentée par les puissances neutres, allait réclamer une trêve. Après s'être entendu avec le prince Gortschakoff, M. Thiers avait quitté Saint-Pétersbourg. Il s'était arrêté quelques jours à Vienne, pour conférer avec M. de Beust et présenter ses respects à l'Empereur. De là il était venu à Florence, où, malgré les excellentes dispositions du Roi, il n'avait pu obtenir des ministres italiens la médiation armée dont il avait lui-même tracé le plan. Le cabinet demeura inflexible, et M. Thiers rentra à Tours le 20 octobre, après avoir en quelques semaines parcouru une partie de l'Europe et acquis par son infatigable dévouement de nouveaux droits à la reconnaissance du pays.

Nous ne connaissions que fort imparfaitement à Paris les résultats de son voyage. Je savais par les rapports de M. de Chaudordy qu'il n'avait point été stérile, et qu'à son arrivée il recevrait un mot d'ordre de Saint-Pétersbourg. On peut comprendre mon anxiété. J'écrivais à M. de Chaudordy le 19 octobre : « Si vos calculs sont exacts,
» M. Thiers doit être près de vous. Vous ne me dites pas à
» quelles éventualités se rattache le signe qu'il attend du
» côté du nord et qui me permettrait de conférer avec
» lui. Vous connaissez mes dispositions. Vous savez que
» je n'accepterai jamais une cession de territoire, même
» déguisée. On a beaucoup parlé de neutraliser l'Alsace :
» il ne faut pas espérer que la nation française accepte

« une telle combinaison. Elle serait jusqu'à un certain
» point admissible si la Prusse était la Suisse, et encore
» celui qui la soutiendrait au milieu de notre Paris serait
» renversé le lendemain. Le gouvernement se croit l'in-
» terprète fidèle de l'opinion en repoussant énergique-
» ment une paix équivoque. Si nous n'avons pas encore
» lassé notre ennemi, nous l'avons arrêté et troublé.
» Notre moral s'est fort relevé. Notre armée s'aguerrit,
» notre matériel s'achève ; à la fin du mois nous aurons
» une artillerie respectable. Ce qui n'empêche pas que
» j'accepterais demain un armistice, pourvu qu'il fût
» dans les termes du droit commun, s'appliquant à tous
» les corps d'armée et permettant le ravitaillement ; en-
» core mieux une médiation, car une médiation serait
» la paix…. Je me résume : s'il faut abandonner un
» pouce du sol, pas de négociation ; avec l'intégrité du
» territoire elles sont toutes possibles. »

Deux jours après, le 15 octobre, j'insiste sur les mêmes idées, et je laisse comprendre que l'intervention de l'Europe pourrait nous déterminer à accorder à la Prusse de solides garanties de paix. J'écrivais :

« Malgré ses paroles, l'Europe est toujours fort inerte.
» Je ne puis qu'attendre M. Thiers, dont j'admire l'acti-
» vité et le courage. Je serai fort heureux de le revoir et
» de conférer avec lui. Enfermés comme nous sommes,
» nous avons peine à juger ce qui se passe loin de nous….
» L'Angleterre a besoin de prouver son influence dans
» le monde par une attitude plus ferme. Si elle le veut,
» elle le pourra. Dans l'état des choses, l'Europe peut
» imposer sa médiation. La Russie et l'Angleterre, agis-
» sant avec fermeté, peuvent amener un armistice, et par
» là même la paix. Nous avons dit : Pas un pouce de

» notre territoire, pas une pierre de nos forteresses. Nous
» n'avons pas modifié notre programme. Cependant, en
» recevant le concours de l'Europe pour le rétablisse-
» ment définitif de la paix, nous accepterions comme
» légitimées par les circonstances des garanties données
» à la Prusse. La meilleure, à mon sens, est dans notre
» résolution bien arrêtée de renoncer à une politique de
» conquête et de turbulence diplomatique. Et quand je
» parle de notre résolution, j'entends celle de la France,
» dont l'opinion ne me paraît pas douteuse. La leçon
» qu'elle reçoit est assez forte, elle en profitera. Si on
» lui enlève une province, elle est condamnée à guerroyer
» jusqu'à ce qu'elle ait pu la reprendre; si on lui laisse
» son territoire, elle entrera franchement dans la voie
» pacifique.... Si l'Europe veut préparer un armistice,
» nous accueillerons ses ouvertures avec reconnais-
» sance. »

En arrivant à Tours, M. Thiers trouva donc les dispositions les plus favorables à la négociation d'armistice. Il put encourager l'ambassadeur d'Angleterre à insister auprès des puissances neutres pour obtenir leur consentement dans le plus bref délai possible; c'est ce qu'expose lord Lyons dans sa dépêche à lord Granville du 22 octobre (Livre bleu, n° 231, p. 180). Rendant compte de ses conversations avec M. de Chaudordy et M. Thiers, lord Lyons écrit : « Le gouvernement fran-
» çais ne peut faire lui-même de nouvelles ouvertures à
» la Prusse, mais il est reconnaissant des démarches de
» l'Angleterre. M. Thiers recommande de s'abstenir de
» toute discussion prématurée sur les conditions de la
» paix, et de se borner à une suspension d'armes laissant
» à son expiration le *statu quo* militaire au même point

» qu'à son début. Il pense qu'il pourra utilement éclairer
» le gouvernement de Paris sur les dispositions de l'Eu-
» rope et sur la véritable situation militaire de la
» France. »

Le 24 octobre, nouvelle dépêche de lord Lyons à lord Granville, annonçant l'adhésion des neutres (Livre bleu, n° 240, p. 187).

« Les représentants de l'Autriche, de l'Italie et de la
» Russie ont fait savoir que leurs gouvernements étaient
» disposés à appuyer les efforts de l'Angleterre pour
» amener la conclusion d'un armistice. Le comte de
» Chaudordy insiste sur ce que le gouvernement fran-
» çais actuel ne peut donner aucune assurance relative
» aux conditions de paix, mais doit laisser la discussion
» de ces conditions à la future Assemblée nationale. La
» convention d'armistice devra donc être strictement
» bornée aux questions militaires. »

Ces points étant réglés d'un commun accord, lord Granville écrivait le 25 octobre au comte de Bernstorff pour lui faire savoir que le gouvernement français était disposé à accepter l'armistice, et le 27, il demandait pour M. Thiers un sauf-conduit qui lui permît de venir conférer avec nous à Paris avant de négocier avec M. de Bismarck. Le cabinet prussien reconnut la justesse de cette réclamation et fit remettre un sauf-conduit conforme.

Mais avant de s'entendre sur ces choses avec les ministres étrangers, M. Thiers avait pris l'avis de la délégation de Tours, à laquelle il avait exposé ses observations et ses vues. La délibération fut longue et se termina par un vote que M. Gambetta me fit connaître par une lettre fort détaillée du 24 octobre.

« Trois questions, m'écrivait-il, ont été examinées :

» 1° M. Thiers devait-il être autorisé à rentrer à Paris?
» Il y a eu sur ce point unanimité, avec la réserve que
» M. Thiers ne passerait pas par le quartier général.

» 2° Que penser de la proposition d'armistice? Nous
» avons été d'avis que M. Thiers vous la transmettrait
» en l'appuyant, à condition que l'armistice serait au
» moins de vingt-cinq jours, avec ravitaillement.

» Notre intérêt est trop évident pour insister.

» 3° Faut-il faire des élections? Vous verrez par le
» procès-verbal que vous remettra M. Thiers que mes
» trois collègues ont été pour l'affirmative, tandis que
» je me suis prononcé pour la négative, par les raisons
» exposées plus haut; et vous savez à présent à quelles
» conditions je considérerais les élections comme favo-
» rables.

» Je dois ajouter ici qu'en me prononçant pour la né-
» gative, je n'ai pas cessé de penser un moment à l'opi-
» nion de Paris, si unanime à mon départ, et que les
» événements accomplis depuis lors n'ont dû que forti-
» fier. »

Les raisons qui avaient déterminé M. Gambetta à voter contre la convocation d'une assemblée, tout aussi bien que les conditions sans lesquelles les élections lui paraissaient dangereuses, sont aujourd'hui connues de tout le monde. On ne peut faire à M. Gambetta le reproche de les avoir dissimulées, ou d'avoir changé d'opinion.

Dès son arrivée à Tours, il me disait : « Après avoir
» interrogé la plupart des préfets et étudié leurs déclara-
» tions, j'ai constaté une désapprobation unanime des
» élections générales, dont l'approche ne servait qu'à sur-

» exciter les divisions des partis. La décision du gouver-
» nement de Paris a été bien accueillie, et aujourd'hui il
» ne reste d'autre préoccupation que la guerre. »

En s'exprimant ainsi, M. Gambetta était certainement sincère ; mais, comme il le dit lui-même, il était en complet désaccord avec ses collègues, avec M. de Chaudordy, avec M. Thiers. D'ailleurs il ne prenait pas garde que dans la pensée de l'Angleterre et de la Russie la proposition d'armistice se liait essentiellement à la convocation d'une Assemblée ; si bien que supprimer cette convocation, c'était rendre l'armistice impossible. Mais M. Gambetta était entraîné par la conviction où il était que la demande des élections était une œuvre de parti, et qu'en y souscrivant, on aurait affaibli la résistance d'une manière funeste. Il s'en explique très-nettement dans sa lettre.

« Malgré tout le respect que je dois à mes collègues
» et à M. Thiers, je persiste dans mon opinion, à savoir
» que les élections ne sont réclamées que par une mino-
» rité dans le pays.... Il faut noter et retenir que le parti
» conservateur, sauf deux ou trois individualités ultra-
» modérées, est unanime à considérer les élections comme
» une périlleuse diversion aux nécessités de la guerre. »

Quant aux conditions sans lesquelles M. Gambetta considérait les élections comme devant entraîner la perte du pays, elles étaient précisément celles qu'il a essayé d'imposer au mois de février suivant. C'était chez lui une pensée parfaitement arrêtée : il me l'avait fait connaître à Paris et je n'avais pu l'en détourner. Il y revenait alors avec une croissante énergie ; il me disait :

« Toutefois, il est juste de convenir que la constitu-
» tion d'une Assemblée représentant librement et com-

» plétement la France et siégeant à Paris, serait d'une
» véritable puissance sur l'opinion. C'est à ce point de
» vue seulement qu'il faut se placer pour juger la propo-
» sition d'armistice qui nous est faite. Si l'armistice, par
» sa durée et ses conditions, permet à la fois le ravitail-
» lement de toutes les places assiégées et la convocation
» de tous les électeurs, l'opinion démocratique pourra y
» souscrire, sous la réserve formelle d'exclusion d'éligi-
» bilité à l'Assemblée de tous les anciens ministres de
» Napoléon III depuis la fondation de l'Empire, des sé-
» nateurs, des conseillers d'État, de tous ceux qui ont
» été candidats officiels depuis 1852. Il faudrait une loi
» d'État qui déclarât nulle et de nul effet toute opération
» électorale portant sur un individu compris dans les
» catégories susindiquées : une semblable disposition
» est commandée à la fois par la justice et par la politi-
» que. Il est juste, en effet, que tous les complices et
» tous les complaisants du régime qui a perdu la France
» soient frappés momentanément de la même déchéance
» que la dynastie dont ils ont été les coupables instru-
» ments. C'est une sanction nécessaire de la révolution
» du 4 septembre. Il est politique aussi, alors que nous
» avons depuis deux mois tout sacrifié à l'intérêt su-
» prême de la défense, de ne pas livrer notre œuvre aux
» mains de nos plus cruels ennemis, et d'écarter de la
» première Assemblée de la république tous ceux qui
» par leur passé même sont intéressés à conspirer sa
» chute. J'ose affirmer que sans ce correctif les élections
» générales équivaudront à une renonciation du parti
» républicain, et je dois dire que pour mon compte je
» serais dans l'impossibilité de les admettre et d'y faire
» procéder.

» J'ai exprimé toutes ces idées à M. Thiers, et il s'est
» engagé à s'en faire loyalement le rapporteur. »

Je ne voulus point différer jusqu'à l'arrivée de
M. Thiers pour réfuter ce que j'avais toujours tenu, ce
que je tenais plus que jamais pour de dangereuses
erreurs; je répondais à M. Gambetta le 28 octobre :
« J'ai reçu hier soir votre dépêche du 24, je l'ai lue
» au gouvernement. Nous n'avons aucune nouvelle de
» M. Thiers, et nous l'attendons pour examiner et ré-
» soudre les graves questions que vous nous posez.
» Comment, en effet, raisonner d'armistice, quand on
» ne sait ni d'où vient cette proposition, ni quelle est
» cette proposition elle-même? Mais vous indiquez une
» difficulté qui peut être dès à présent résolue, et sur la-
» quelle je n'éprouve aucun doute. Si des élections sont
» possibles, il faut les faire, je m'en suis nettement ex-
» pliqué. J'ai demandé une trêve d'un mois, avec
» ravitaillement proportionnel, liberté complète de
» circulation et de votation, vote de l'Alsace et de la
» Lorraine, réunion de l'Assemblée à Paris. Je ne
» crois pas que ces conditions nous soient accordées; je
» regarde donc l'armistice comme fort improbable.
» S'il était accordé, s'il rendait les élections possibles,
» faudrait-il frapper d'inéligibilité les catégories de per-
» sonnes que vous signalez? Je considérerais une pareille
» mesure comme un suicide. Elle serait en effet la néga-
» tion de tous nos principes, une candidature officielle
» par voie d'exclusion, un aveu formel de notre impuis-
» sance. Nous ne vivons que par et pour la souveraineté
» du peuple. S'il lui plaisait de se donner à l'homme de
» Sedan, nous n'aurions qu'un droit, celui d'abandonner
» pour jamais un pays aussi lâche. Mais il ne peut nous

» appartenir d'imposer des entraves au libre suffrage. Lui
» interdire certains choix, c'est les lui indiquer et nous
» reconnaître en désaccord avec lui. Or, de deux choses
» l'une : il est avec nous, ou il est contre nous. Dans
» le premier cas, nous n'avons pas à nous inquiéter des
» candidatures bonapartistes; dans le second, nous ne
» pouvons les interdire. Si cet ostracisme est condamné
» par les principes, il l'est aussi bien par les faits. Si
» d'anciens candidats officiels se présentent et sont nom-
» més, leur place sera intenable. Ils seront des raisons
» vivantes de persévérer dans la voie républicaine. Mais
» je les crois très-discrédités. Nommés sous le coup de la
» catastrophe qui nous accable, ils seraient écrasés à
» l'avance. Je les redoute peu : tandis que je regarderais
» comme une condition de mort politique la mesure qui
» les exclurait. Laissez faire l'opinion ; enchaînons-la
» par nos services, notre modération, notre amour pas-
» sionné de la patrie, nous n'aurons rien à craindre de
» ces tristes suppôts d'une tyrannie tombée dans la boue
» et dans le sang. Je vous dis mon sentiment très-net et
» très-ferme ; il m'a paru être celui de la presque unani-
» mité de mes collègues, bien que l'heure tardive nous
» ait empêchés de discuter la question comme elle méri-
» tait de l'être. Ne vous engagez donc pas à ce propos :
» d'abord parce qu'il est fort probable que les canons
» remplaceront les urnes, ensuite parce que le gou-
» vernement est d'un avis complétement opposé au
» vôtre. »

La tournure que malheureusement allait prendre la négociation devait rendre ces réflexions inutiles. Elles n'avaient point, comme la suite l'a prouvé, convaincu M. Gambetta. Nous sommes restés l'un et l'autre fidèles à notre manière de voir, — mais ce n'est pas celle de M. Gambetta que le pays a consacrée par ses votes.

§

Le voyage de M. Thiers de Tours à Paris fut pénible et cruel. Forcé de ne marcher que très-lentement d'abord au milieu des rassemblements de nos soldats qui formaient l'armée de la Loire, puis au travers des masses ennemies qu'il rencontra au-dessus de Blois, il eut le loisir d'observer, et son cœur patriotique se gonfla lentement de douleur à l'aspect navrant de la désolation de nos campagnes et de la force de nos ennemis. Il fut frappé du courage et de l'entrain de nos recrues. Ces pauvres jeunes gens pris à la charrue ou à l'atelier, mal vêtus, mal équipés, mal nourris, bivouaquant au milieu de la boue, montraient une admirable abnégation. Ils ne demandaient qu'à combattre, et l'illustre voyageur fut plus d'une fois touché jusqu'aux larmes du dévoûement avec lequel ils acceptaient leurs misères. Chez les Prussiens, le coup d'œil était différent. La bonne tenue, la discipline, la santé de la troupe y étaient remarquables ; l'esprit d'obéissance y effaçait la tristesse et l'inquiétude, et c'était par surprise qu'on devinait le désir de paix qui agitait tous les cœurs. M. Thiers reçut partout l'accueil le plus empressé et le plus respectueux : les chefs de corps lui donnèrent toujours des officiers distingués pour escorte ; ils cherchèrent par tous les moyens en leur pouvoir à abréger son épreuve. Le 29 dans la journée, il arrivait à Versailles.

Il fit une visite de politesse à M. de Bismarck, qui le

reçut en lui disant : « Je sais que nous ne devons pas parler d'affaires, et je respecterai scrupuleusement cette interdiction. » La conversation ne toucha qu'à des points absolument étrangers à la politique, et il fut convenu que le lendemain soir M. Thiers serait conduit au pont de Sèvres. Il était quatre heures, et je sortais d'une réunion des maires de la banlieue, tenue à l'hôtel de ville, à la salle Saint-Jean, lorsqu'on me remit un télégramme m'annonçant que M. Thiers franchissait les avant-postes. Je courus au quai d'Orsay. Une demi-heure après j'avais l'indicible joie d'embrasser mon illustre et bien cher ambassadeur. Après m'avoir sommairement raconté ce qu'il avait fait, ce qu'il avait obtenu, il me demanda quelques heures de repos. Je convoquai pour dix heures du soir les membres du gouvernement, auxquels il devait communiquer le résultat de sa négociation.

§

Il faut ici s'arrêter un instant et reprendre le récit des événements intérieurs au point où je l'ai laissé dans le chapitre précédent. Dès les premiers jours d'octobre, une partie de la population de Paris commençait à s'agiter d'une manière inquiétante. Il était facile de reconnaître les sourdes menées du parti violent qui depuis le 4 septembre épiait l'occasion de faire éclater une insurrection. Ce parti, dont les chefs sont devenus si tristement célèbres, avait pris pour mot d'ordre le rétablissement de la Commune de Paris. Il demandait bruyamment des élections ; ses journaux étaient remplis d'invectives et de calomnies contre les membres du gouvernement, et chaque soir, dans les clubs des orateurs populaires les accusaient de trahir la nation par leur obstination à retenir le pouvoir et leur mollesse dans la défense. La plupart de ces factieux s'étaient fait nommer commandants de bataillon dans la garde nationale, et chacun d'eux avait la prétention d'exercer son autorité en dehors de tout contrôle. L'un des plus audacieux, Gustave Flourens, cherchait à se placer au premier rang. Il était l'idole de Belleville ; nommé par trois bataillons, il voulait les réunir sous un commandement unique qui lui aurait valu le grade de général ou tout au moins de colonel. Pour se défaire de ses obsessions, le général Trochu lui avait donné le titre de major de rempart, que Flourens considérait comme lui créant une position militaire supérieure à celle des autres chefs. Il s'arrogeait le droit de faire battre le rappel et de convoquer ses bataillons. Vainement le gouverneur de Paris lui adressait-il des représentations, il n'était point écouté. Le 5 octobre, des gardes nationaux en armes parurent sur la place de l'Hôtel de ville et y firent entendre des cris en faveur de la Commune. Le lendemain le *Journal officiel* publiait une note contre de semblables manifestations ; elles ne pouvaient que troubler l'ordre, inquiéter la défense et encourager l'ennemi.

« Ces rassemblements, disait la feuille officielle, ont
» le double tort de se former sans l'ordre du comman-
» dant supérieur, sans l'ordre du ministre de l'intérieur,
» les deux seules autorités qui soient compétentes pour
» disposer de la milice citoyenne, et, ce qui est beaucoup
» plus grave, de donner à la cité parisienne des appa-
» rences de sédition aussi contraires à la réalité que fa-
» vorables aux desseins de l'ennemi.

» L'ennemi, qu'on le sache bien, s'arrête devant
» Paris, troublé par une résistance sur laquelle il ne
» comptait pas. Il sait que la capitale peut le tenir en
» échec pendant de longs mois, il sait aussi qu'une atta-
» que de vive force contre l'enceinte est impossible. Il
» n'espère à cette heure que dans nos discordes : notre
» premier devoir est donc d'en éviter jusqu'aux appa-
» rences..... Les manifestations armées sont destruc-
» tives de tout ordre, de toute discipline, si bien inten-
» tionnées qu'elles puissent être. Le gouvernement est
» certain d'exprimer l'opinion de l'immense majorité des
» citoyens en déclarant que de telles manifestations
» ne doivent plus avoir lieu. »

Ces réflexions étaient très-sages, mais la force matérielle pour les faire prévaloir en cas de résistance nous
manquait. Telle a été notre situation pendant tout le
siége : ce que nous avons obtenu nous ne l'avons dû
qu'à l'autorité morale. Là où elle nous échappait, nous
n'avions plus aucun pouvoir, et comme elle était incessamment attaquée, comme nous ne voulions ni engager
la guerre civile ni supprimer la liberté, nous étions
condamnés à subir les fluctuations de l'opinion, et par là
même à les deviner. Or, dans la crise que nous commencions, il y avait à prendre l'un ou l'autre des partis
que nous indiquaient deux courants contraires également violents : faire procéder aux élections d'un corps
municipal ou décréter un ajournement. Les partisans de
la première opinion invoquaient les principes, mais ils
ne cachaient pas leur dessein de s'emparer du gouvernement. Pour eux, le salut ne pouvait être assuré que
par les moyens révolutionnaires; le plus efficace était
la dictature de la Commune de Paris. Elle seule au-

rait l'énergie nécessaire à la défense; elle seule enflammerait le peuple, centuplerait les ressources, jetterait l'épouvante dans le cœur des traîtres et des lâches.

C'était précisément ce continuel appel à la violence qui donnait un grand poids aux raisons de ceux qui réclamaient l'ajournement des élections. Ils pensaient que rien n'était plus dangereux que d'affaiblir la défense par ces divisions de partis; qu'il serait non moins funeste de créer en face du gouvernement une autorité rivale destinée à le supplanter. C'était courir à une anarchie certaine que l'ennemi attendait et dont il ne manquerait pas de profiter.

Le gouvernement crut que cette dernière opinion était celle de l'immense majorité de Paris. Il se décida à un ajournement. Le *Journal officiel* du 8 octobre annonçait sa résolution dans les termes suivants :

« Le gouvernement avait pensé qu'il était opportun
» et conforme aux principes de faire procéder aux élec-
» tions de la municipalité de Paris. Mais depuis cette
» résolution prise, la situation ayant été profondément
» modifiée par l'investissement de la capitale, il est de-
» venu évident que des élections faites sous le canon
» seraient un danger pour la République. Tout doit
» céder à l'accomplissement du devoir militaire et à
» l'impérieuse nécessité de la concorde. Les élections ont
» donc été ajournées, elles ont dû l'être.

» D'ailleurs, en présence des sommations que le gou-
» vernement a reçues et dont il est encore menacé, de la
» part des gardes nationaux en armes, son devoir est de
» faire respecter sa dignité et le pouvoir qu'il tient de la
» confiance populaire.

» En conséquence, convaincu que les élections porte-

» raient une dangereuse atteinte à la défense, le gouver-
» nement a décidé leur ajournement jusqu'à la levée du
» siége. »

Le même numéro de l'*Officiel* contenait le décret qui adjoignait M. Gambetta à la délégation de Tours et confiait au ministre des affaires étrangères l'intérim du ministère de l'intérieur. Ce décret était précédé du préambule suivant :

« Considérant qu'à raison de la prolongation de l'in-
» vestissement de Paris il est indispensable que le mi-
» nistre de l'intérieur puisse être en rapport direct avec
» les départements, et mettre ceux-ci en rapport avec
» Paris, pour faire sortir de ce concours une défense
» énergique... »

Enfin il annonçait que le matin même M. Gambetta était parti, emportant pour être répandue dans les départements une proclamation ainsi conçue :

« Français,

» La population de Paris offre en ce moment un spec-
» tacle unique au monde. Une ville de deux millions
» d'âmes investie de toutes parts, privée jusqu'à pré-
» sent, grâce à la criminelle incurie du dernier régime,
» de toute armée de secours, et qui accepte avec cou-
» rage, avec sérénité, toutes les horreurs d'un siége.

» L'ennemi n'y comptait pas ; il croyait trouver Paris
» sans défense ; la capitale lui est apparue hérissée de
» travaux formidables, et ce qui vaut mieux encore,
» défendue par quatre cent mille citoyens qui ont fait
» d'avance le sacrifice de leur vie.

» L'ennemi croyait trouver Paris en proie à l'anar-
» chie, il attendait la sédition, la sédition qui égare et

» qui déprave, la sédition qui, plus sûrement que le
» canon, ouvre à l'ennemi les places assiégées.

» Il l'attendra toujours. Unis, armés, approvisionnés,
» résolus, pleins de foi dans la fortune de la France, les
» Parisiens savent qu'il ne dépend que d'eux, de leur
» bon ordre, de leur patience, d'arrêter pendant de longs
» mois la marche des envahisseurs.

» Français, c'est pour la patrie, pour sa gloire, pour
» son avenir, que la population de Paris affronte le fer
» et le feu de l'étranger.

» Vous qui nous avez déjà donné vos fils, vous qui
» nous avez envoyé cette vaillante garde mobile dont
» chaque jour signale l'ardeur et les exploits, levez-vous
» en masse et venez à nous; isolés, nous saurions sauver
» l'honneur; mais avec vous et par vous, nous jurons
» de sauver la France ! »

Ces mesures que réclamait l'opinion publique furent accueillies par le plus grand nombre des habitants de Paris avec une vive satisfaction. Mais les meneurs révolutionnaires, qui ne cherchaient qu'une occasion de trouble, les signalèrent comme attentatoires aux droits des citoyens. L'ajournement des élections était une usurpation, le départ du ministre de l'intérieur une fuite. Le gouvernement trahissait; la Commune de Paris seule pouvait sauver la situation. Les gardes nationaux furent invités par voie d'affiche à se réunir sur la place de l'Hôtel de ville pour y demander l'élection de la Commune.

Trois à quatre cents hommes obéirent à ce mot d'ordre et se grossirent bientôt d'une foule de curieux. Les cris de « Vive la Commune ! » sortaient du sein de ces groupes, parmi lesquels quelques audacieux parlaient d'attaquer et d'envahir l'hôtel de ville. A deux heures, la démonstration devenait menaçante, lorsque le 84ᵉ bataillon de la garde nationale, conduit par son commandant M. Bixio, vint se former en cordon le long des grilles et bientôt en carré sur la place, de manière à isoler les agitateurs. Effrayés par cette manœuvre, la plupart s'éclipsèrent. Cependant le bruit s'était rapidement répandu dans la ville que le gouvernement était assailli par les séditieux. La garde nationale accourut; à quatre heures, plus de dix mille hommes étaient réunis, se mettant à la disposition du gouvernement : nous les passâmes en revue; les plus chaleureuses acclamations nous saluèrent. J'adressai quelques mots aux officiers, et tout rentra dans l'ordre [1].

La tentative des factieux avait échoué, et comme il arrive en pareil cas, elle avait fait éclater l'hostilité dont ils étaient l'objet. Presque tous les bataillons protestèrent par de sympathiques adresses contre la manifestation du 8 et remercièrent le gouvernement d'avoir prévenu les querelles des partis en ajournant les élections. Une instruction fut ordonnée contre Flourens, qui sans ordre avait fait battre le rappel et convoqué ses bataillons. Malheureusement, ces actes de vigueur du gouvernement étaient paralysés par ceux même qui étaient chargés de les faire exécuter. L'opinion le soutenait, mais ne voulait pas qu'il sévît. Un orateur de club avait fait voter l'expropriation et la mise hors la loi d'un grand industriel. Le procès-verbal de cette monstrueuse résolution fut publié dans un journal démagogique. Nous demandâmes des poursuites et l'arrestation des coupables; la justice les fit mettre en liberté, estimant qu'un pareil acte ne tombait pas sous le coup de la répression

[1] Voir aux Pièces justificatives.

pénale. Un journaliste avait fait afficher sur les vitrines des kiosques où se vendent les journaux, par conséquent sur la voie publique, un prospectus renfermant des nouvelles mensongères qui étaient une véritable provocation au désordre; le préfet de police s'assura de sa personne. Ce ne fut qu'un cri d'indignation dans toute la presse; le gouvernement fut accusé de barbarie. Les magistrats partagèrent cette appréciation. Une ordonnance de non-lieu fut rendue. Par une singulière bizarrerie, Paris voulait une défense désespérée; mais en même temps il voulait déchirer librement ceux qui la dirigeaient. Il se soumettait au régime tyrannique des réquisitions, mais il repoussait comme une offense à la liberté l'application des lois qui punissent le dénigrement et la calomnie. Il se consolait par l'indiscipline des privations qu'il endurait, et jusqu'à la fin il a cru que s'il avait pu gouverner les opérations militaires, il aurait infailliblement battu les Prussiens.

Le général Trochu connaissait ces dispositions; il s'en affligeait, mais ne s'en troublait point. Il nous disait souvent qu'aucun précédent historique ne pouvait donner l'idée d'un siége soutenu dans de pareilles conditions; ce n'était pas seulement la vaste étendue de l'enceinte, sur laquelle l'ennemi était maître à chaque heure de changer son point d'attaque, qui constituait la plus redoutable nouveauté; c'était surtout le caractère de la défense, dans laquelle l'élément militaire, qui en pareil cas doit être souverain, était au contraire essentiellement subordonné. Contenir et repousser l'assiégeant sans armée de secours, sans garnison proprement dite, était déjà une difficulté presque insurmontable. Elle n'était rien cependant auprès de celle que présentait la

nécessité de maitriser et de coordonner les factions politiques qui pénétraient et par cela même altéraient dans son essence la partie la plus nombreuse et la plus remuante de la force publique. Ce n'était donc pas seulement avec l'assaillant qu'il fallait compter, c'était avec l'assiégé, avec ses erreurs, ses passions, ses folles impatiences, ses défiances, ses brusques changements d'opinion : le tout incessamment remué par des journaux et des clubs incendiaires, auxquels on ne pouvait toucher sans mécontenter la population, même dans sa fraction la plus modérée. « Je sais, nous disait le géné-
» ral, ce que valent les exigences des foules, mon devoir
» est de leur résister. Ma responsabilité m'en donne le
» droit, alors même que je ne le puiserais pas dans ma
» conscience. Si je suivais les conseils qui me sont don-
» nés par les personnes les plus autorisées, j'aboutirais
» au chaos ; si je me mettais à la remorque de l'opinion
» publique, je sacrifierais des milliers d'existences et je
» courrais le risque de faire tomber Paris en quelques
» jours. La popularité dont je jouis encore ne peut me
» servir qu'à empêcher le mal, et je m'y emploie de toutes
» mes forces. Mais je rougirais de la conserver par des
» concessions aux caprices populaires. Je me prépare à
» un effort considérable : pour qu'il soit aussi heureux
» qu'il sera décisif, j'ai besoin de quelques semaines encore;
» jusque-là je resterai impénétrable et inflexible. »

Ces idées, que j'analyse fort mal, étaient développées devant le gouvernement avec un rare talent de parole, et quoique dans le conseil le général abusât un peu des harangues, son accent était si convaincu, son attitude si fière et si franche, ses discours empreints de tant d'élévation et d'honnêteté, qu'il ne rencontrait pas de contradicteurs. D'ailleurs, comme chef militaire, il était le maître; il aurait pu se dispenser de nous persuader, mais il en prenait la peine et il y réussissait. Nous étions les uns et les autres pleins de confiance en lui; il nous paraissait chaque jour plus éloigné des craintes d'insuccès que peut-être il n'avait pas assez dissimulées au début; et nous consacrant entièrement à la lourde tâche d'alimenter, de calmer, de soutenir Paris, d'y maintenir l'ordre, de vêtir et d'équiper la garde nationale, nous abandonnions au général la direction militaire, que lui seul était, au surplus, capable de conduire avec une parfaite compétence.

Je me permettais cependant de lui soumettre les réflexions que m'inspiraient mes observations personnelles, et celles que je recueillais près des gens du métier. J'aurais voulu des actions plus répétées, et principalement sur un ou deux points donnés une opération continue qui nous aurait peu à peu mis en possession de positions devenant elles-mêmes une base d'attaque plus avancée. Je ne cessais non plus de lui demander qu'il se servît plus utilement de la garde nationale. Elle réclamait très-haut l'honneur d'affronter le péril; il était difficile de le lui refuser plus longtemps. La mobilisation fut résolue. Ayant à choisir entre le système de l'enrôlement volontaire et celui de l'enrôlement forcé, la majorité du conseil opta pour le premier, qui malheureusement ne donna que des résultats insignifiants. Il fallut un peu plus tard réformer notre décret, ce qui fut une source de difficultés et de lenteurs. Je m'étais cependant efforcé par des instructions détaillées [1] de réfuter les

[1] Voir aux Pièces justificatives la lettre du ministre de l'intérieur au maire de Paris.

objections soulevées dans les rangs de la garde nationale, où on disait ouvertement que les engagés volontaires allaient être enlevés à leurs familles et incorporés dans l'armée. Malgré mes explications, les registres ouverts dans les mairies ne recevaient qu'un petit nombre de signatures. La totalité n'atteignit pas vingt mille, et l'on était en droit de s'étonner de ce peu d'empressement quand on le comparait aux protestations bruyantes des bataillons qui se plaignaient de ne pas être envoyés à l'ennemi.

L'entrain du public pour la fabrication des canons était plus décidé et dégénéra bientôt en véritable passion. L'inspiration était à coup sûr excellente. Elle remédiait au dénûment dans lequel nous avait laissés l'Empire. Elle ouvrait une voie nouvelle, en mettant en œuvre l'industrie privée. Les comités spéciaux résistèrent de leur mieux. Il fallut néanmoins céder, et le général Trochu le fit d'autant plus volontiers que l'exécution de ses desseins comportait l'emploi d'une nombreuse artillerie. Il accepta donc avec reconnaissance les offres qui affluaient de toutes parts. Modeste autant que dévoué, infatigable autant que convaincu, le ministre des travaux publics, M. Dorian, déploya la plus louable activité pour obtenir de prompts résultats. Cet excellent et digne citoyen, que son excessive bonté allait exposer à de cruelles calomnies, était à ce moment entouré d'une immense popularité. Il la méritait à tous égards par son patriotisme et ses vertus; mais, sans le vouloir assurément, il favorisait une erreur trop familière dans ces temps de crise où l'empirisme politique a tant d'attraits. Il semblait personnifier la défense, et l'on ne cessait de répéter autour de lui que la science militaire n'était bonne qu'à tout paralyser; que la guerre ne pouvait être mieux conduite que par des ingénieurs et des industriels. C'était précisément la théorie qui prévalait à Tours; je ne pense pas que cette expérience puisse faire regretter qu'elle n'ait point été appliquée à Paris.

Au surplus, le général Trochu et le comité de défense ont eu constamment recours aux lumières et aux intelligents conseils des ingénieurs. Plusieurs d'entre eux ont rendu des services signalés, mais aucun ne s'est avisé de revendiquer le commandement. Aucun ne l'aurait désiré : ses charges étaient trop redoutables. Le gouverneur de Paris ne se faisait à cet égard aucune illusion. Il comprenait la nécessité impérieuse d'une action décisive. Après bien des méditations, il avait arrêté un plan qu'il voulut bien me faire connaître pour calmer l'anxiété dans laquelle je vivais et que je n'essayais point de lui cacher. Ce plan, qu'il a exposé à la tribune et que je craindrais de rapporter inexactement en en citant les détails, consistait à percer les lignes ennemies vers Argenteuil, pour gagner Rouen en s'appuyant à la Seine. Il avait l'immense avantage de jeter de suite le corps d'armée expéditionnaire dans un pays riche, peuplé et d'une défense facile. Cette armée s'avançait en ayant son flanc protégé par le fleuve. Si elle parvenait à gagner Rouen, elle y trouvait des approvisionnements considérables et un cours d'eau pour les approcher de Paris. Elle devait d'ailleurs, si l'opération réussissait, donner la main à de nombreux corps, et ainsi grossie, elle pouvait ou placer l'assiégeant entre deux feux ou se porter rapidement vers le nord et forcer l'ennemi à la retraite en l'inquiétant sur ses derrières.

Cette conception était audacieuse. Elle exigeait au

début un effort vigoureux qui aurait coûté beaucoup de sang, puis, après cet effort, une hardiesse d'exécution peu commune. Il était en effet impossible de combattre dans les conditions ordinaires. L'armée ne devait avoir avec elle d'autres attelages que ceux de l'artillerie. Elle marchait sans ambulances et sans vivres autres que ceux portés par chaque soldat, qui en recevait pour quatre jours. Il fallait se résigner à laisser derrière soi ses morts et ses blessés et courir le risque de la faim. Il n'était pas non plus impossible, et cette éventualité me paraissait la plus redoutable, qu'après avoir percé les lignes prussiennes, l'armée fût enveloppée et forcée de se faire anéantir ou de mettre bas les armes. Le général, auquel je me permis de faire ces objections, ne put méconnaître leur gravité, elles lui paraissaient néanmoins ne pas pouvoir être mises en balance avec les chances de succès; et quand je lui faisais observer que ce succès même laissait Paris dans une position bien difficile : « Vous comp-
» tez pour rien son effet moral, me répondait-il; à la
» guerre le prestige d'un grand fait d'armes change la
» face de la fortune. Depuis le commencement de la
» campagne, nous avons constamment subi des échecs.
» Ils ont brisé notre ressort. Une victoire lui rendra toute
» sa force; elle portera le trouble dans le camp ennemi,
» et le siége sera levé sans que la garde nationale ait à
» quitter ses remparts. »

En me parlant ainsi, le général rayonnait. Sa figure respirait la confiance, la décision, l'esprit de sacrifice. Je devinais de quel espoir son âme était agitée, et malgré mes doutes j'en subissais le charme. Il fut convenu que le secret le plus profond entourerait les préparatifs de cette entreprise. Le général donna mission à

M. Ranc, qui partit le 15 octobre par le ballon *le Guillaume Tell*, de communiquer son plan à M. Gambetta, en l'invitant à le prendre comme base du mouvement de ses troupes.

Le même jour, dans une lettre restée justement célèbre et qu'il adressait à Paris tout entier sous le couvert de son premier magistrat municipal[1], le général Trochu explique les conditions dans lesquelles la garde nationale doit être mobilisée ; il annonce que l'œuvre si importante et si ardue de la mise en état de défense de la cité est achevée. Paris est imprenable, mais il ne peut indéfiniment attendre un ennemi qui ne l'attaque point. Il ira le chercher dans ses retranchements. Pour le faire avec succès, il doit soigneusement préparer tous les éléments de la lutte, et ne laisser au hasard du combat que ce qu'il est impossible de ne pas lui enlever par la tactique et la prudence. Le général demande donc à la garde nationale de se mettre en garde contre de téméraires ardeurs, et il termine ainsi :

« Au mois de juillet dernier, l'armée française, dans
» tout l'éclat de sa force, traversait Paris aux cris de :
» *A Berlin ! à Berlin !* J'étais loin de partager cette con-
» fiance, et seul peut-être, entre tous les officiers géné-
» raux, j'osai déclarer au maréchal ministre de la guerre
» que j'apercevais dans cette bruyante entrée en cam-
» pagne, aussi bien que dans les moyens mis en œuvre,
» les éléments d'un grand désastre. Le testament que j'ai
» déposé à cette époque entre les mains de M⁰ Ducloux,
» notaire à Paris, témoignera à un jour donné des dou-
» loureux pressentiments, trop motivés, dont mon âme
» était remplie.

---

[1] Voir aux Pièces justificatives.

» Aujourd'hui, devant la fièvre qui s'est très-légiti-
» mement emparée des esprits, je rencontre des difficultés
» qui ont la plus frappante analogie avec celles qui se
» sont produites dans le passé. Je déclare ici que,
» pénétré de la foi la plus entière dans le retour de la
» fortune qui sera dû à la grande œuvre de résistance
» que résume le siége de Paris, je ne céderai pas à la
» pression de l'impatience publique. M'inspirant des
» devoirs qui nous sont communs à tous, et des respon-
» sabilités que personne ne partage avec moi, je suivrai
» jusqu'au bout le plan que je me suis tracé, sans le
» révéler; et je ne demande à la population de Paris, en
» échange de mes efforts, que la continuation de la con-
» fiance dont elle m'a jusqu'à ce jour honoré. »

En dépit des violentes attaques dont il était l'objet, les sympathies qu'inspirait le général n'étaient point diminuées. Paris apprenait avec une vive satisfaction que la défense poursuivait un but déterminé. Son seul vœu était de voir bientôt se lever le jour où il pourrait, sous les ordres d'un chef justement populaire, atteindre enfin et combattre résolûment l'ennemi que jusqu'alors on s'était contenté de harceler.

§

Le gouvernement ne le désirait pas moins. Les nouvelles qui lui arrivaient fort irrégulièrement de province prouvaient à la fois et les progrès des Allemands et la formation d'armées qui d'un moment à l'autre allaient entrer en ligne.

J'ai mentionné plus haut les dépêches des 29 septem-

bre et 1ᵉʳ octobre nous annonçant deux armées, l'une sur la Loire, l'autre à Belfort. M. de Chaudordy nous faisait espérer un secours de soixante mille Italiens donnant la main à nos troupes par la vallée de la Saône. « Cette diversion, ajoutait-il, obligerait la Prusse à dé-
» bloquer Metz ou Paris. Par conséquent tout changerait
» en notre faveur. Je mettrai toute mon ardeur à faire
» réussir cette combinaison. Si Paris tient un peu, je ne
» doute plus de son succès. »

Il est vrai qu'Orléans nous était enlevé : la Normandie était entamée par l'occupation de Gisors et de Magny. Le péril grandissait donc, mais les rapports de M. Gambetta nous montraient l'esprit public lui opposant une croissante résolution. Il nous écrivait le 16 octobre :

« Nous avons ici le général Bourbaki qui nous a donné
» des nouvelles de Metz, où nous avons encore quatre-
» vingt-dix mille hommes qui, dans des combats inces-
» sants, continuent à retenir des forces imposantes au-
» tour d'eux. Si Bazaine ne tente pas de sortie, c'est
» qu'il ne sait où se ravitailler en route, et Bourbaki
» demande à rentrer dans Metz pour lui apprendre qu'il
» y a dans Longwy huit cent mille rations, ce qui lui
» permet de tenter l'aventure. J'ai essayé par Tachard
» de lui faire passer cet important renseignement, et j'ai
» gardé Bourbaki. . . . . . . . . . . . . . . . . . . .

  » Le général Cambriels se maintient fermement, mal-
» gré l'occupation de Mulhouse, de Belfort à Besançon.
» Cette dernière ville est tout à fait en état de défense et
» occupée par de l'artillerie de marine servie comme
» vous le savez. On a donné d'ailleurs de nombreux
» commandements aux officiers de la flotte. Tel est l'en-
» semble de la situation. J'ai la conviction que la pro-

» longation inattendue de votre résistance et les prépa-
» ratifs militaires de jour en jour plus considérables des
» départements déconcertent les envahisseurs et com-
» mencent à exciter la sympathie de l'Europe. Les bruits
» de médiation par la voie anglaise ou russe circulent
» avec une intensité croissante. Il faut faire à la Prusse
» une guerre de lassitude avec prudence et ténacité, et
» nous la forcerons à reconnaître qu'en prolongeant elle-
» même la guerre, elle n'augmente pas ses bonnes chances,
» au contraire, elle compromet le fruit de ses victoires. »

Il n'était pas moins affirmatif le 24 octobre :

« J'ai fourni à M. Thiers, nous écrivait-il, des rensei-
» gnements positifs sur l'état et la position de nos
» troupes : il a pu se convaincre que les hommes abon-
» dent et que les cadres se reforment. Ce qui nous
» manque cruellement ce sont les généraux, et surtout
» un véritable homme de guerre capable de remanier et
» d'employer toutes les forces dont nous pouvons dis-
» poser. Il a pu se convaincre qu'il existe réellement une
» armée de la Loire de cent dix mille hommes bien
» armés, bien équipés sous le commandement d'un gé-
» néral ferme et vigilant, dont les efforts ont jusqu'ici
» suffisamment couvert Nevers, Bourges, Vierzon, Blois
» et Tours, qui semblaient perdus après l'échec de la
» Motterouge à Orléans. Nous avons de Belfort à Besan-
» çon le noyau d'une seconde armée, dite armée de
» l'Est, qui a malheureusement, après la prise de Stras-
» bourg, abandonné les positions des Vosges avec une
» précipitation affligeante, mais qui est en bonne voie
» de réorganisation depuis mon voyage à Besançon, et
» qu'on peut porter à quatre-vingt mille hommes dans
» trois semaines.

» L'Ouest vendéen est assez solidement gardé par un
» corps de trente-cinq mille hommes dont la droite est
» appuyée à l'armée de la Loire. La région du Nord,
» couverte par de nombreuses places fortes, ne compte
» guère plus de quarante mille hommes dispersés dont
» le général Bourbaki a pris le commandement. Enfin,
» les dépôts sont presque partout encombrés par la for-
» mation des quatrièmes bataillons de l'appel de la der-
» nière classe.

» Je ne fais pas entrer dans cette énumération les
» corps francs, qui font tant de mal aux Prussiens et qui
» sont si redoutés d'eux. Avec le commandement de
» Garibaldi dans l'Est et de Kératry dans l'Ouest, ils
» constituent de sérieuses ressources.

» Telles sont les forces de ligne. Je ne compte pas les
» gardes nationales ni les corps mobilisés, dont l'emploi
» n'est que partiel.

» Mais Paris tiendra-t-il longtemps encore ?

» Je le sais : si nous gagnons un mois nous sommes
» en plein hiver et nous avons une armée de plus. Les
» armes, dont l'acquisition a été si difficile et si lente,
» commencent à arriver en grande quantité. Le désar-
» mement des escadres nous donne un sérieux contingent
» de marins et d'artilleurs. Tous les jours nous augmen-
» tons notre matériel d'artillerie. Bien que critique,
» notre situation ne peut que s'améliorer, si nous ne
» commettons pas d'imprudence. Donc il faut durer. Nos
» ennemis ont contre eux le temps qui s'écoule : ce qui
» explique leurs nouvelles dispositions à l'armistice. »

L'opinion qu'exprimait ainsi M. Gambetta était celle
de la majorité des habitants de Paris, des membres du
gouvernement et particulièrement du général Trochu.

Elle reposait d'abord sur ce qui avait été répété tant de fois, de l'impossibilité où se trouvaient les Prussiens de supporter une longue campagne à raison de la composition de leur armée. Tous les renseignements qui nous provenaient nous autorisaient à les croire surpris et déconcertés par notre résistance. D'un autre côté, la France paraissait se lever. Nous avions foi dans son patriotisme, et quand en son nom M. Gambetta, d'accord en ceci avec l'Europe, nous demandait de tenir, nous sentions redoubler en nous la ferme résolution de combattre jusqu'à la fin, convaincus que si nous ne décourations pas l'ennemi nous finirions par le battre.

Du reste, depuis l'échauffourée du 8, Paris avait repris son calme et sa confiance. M. de Kératry, qui avait donné sa démission pour essayer de soulever les provinces de l'Ouest, avait été remplacé par M. Edmond Adam, dont le caractère et le dévouement étaient un gage de sécurité. Le 22 octobre était la date de l'échéance du premier terme de l'emprunt : l'affluence des porteurs d'espèces venant effectuer leurs versements fut telle, qu'il fallut multiplier les guichets, et le *Journal officiel* annonça que, contrairement aux usages, ils resteraient ouverts le lendemain dimanche 23. Le public accourait en foule aux concerts populaires de M. Pasdeloup et aux conférences de M. Legouvé et de M. Sarcey. Cette grande et impressionnable population se familiarisait avec le danger, et, plus maîtresse de ses émotions, elle revenait à ses habitudes de distractions et de plaisirs de l'esprit. Les applaudissements par lesquels elle récompensait le zèle de ses artistes et de ses orateurs de prédilection étaient pour elle un allégement à ses souffrances morales. Elle allait ensuite plus gaiement aux avancées, aux remparts, aux exercices, ne doutant pas que le jour où elle pourrait se mesurer avec les Prussiens elle ne les forçât à lever le siége. Les sorties de la garnison l'encourageaient dans cet espoir. Nos soldats y déployaient une rare bravoure, et bien que les généraux ne leur permissent pas de garder les positions conquises, voulant, disaient-ils, se borner à de simples reconnaissances, chacun pensait que ces actions brillantes étaient le prélude de la bataille décisive que le général Trochu avait fait pressentir.

Le 15 octobre, les mobiles du Finistère et du Nord, soutenus par les éclaireurs de la Seine et quelques compagnies de marins et de ligne, engageaient un véritable combat en avant de Bondy. L'ennemi était rejeté au delà de la ferme de Groslay, et l'affaire était menée avec une telle vivacité qu'à trois heures et demie les Prussiens arboraient le drapeau blanc, demandant un armistice pour enterrer leurs morts. Nous avions perdu le brave capitaine Battu, des éclaireurs de la Seine; mais nos troupes étaient rentrées dans leurs cantonnements très-animées par leur succès.

Le 21, le général Ducrot livrait entre Rueil, la Malmaison et Buzenval une petite bataille dans laquelle les éclaireurs de la Seine, les éclaireurs Franchetti, la garde nationale mobile rivalisaient d'ardeur et d'intrépidité avec les troupes régulières. Buzenval, la redoute de Montretout et la ferme de Fouilleuse étaient brillamment enlevés; un bataillon de Seine-et-Marne s'engageait résolûment dans le ravin de Saint-Cucufa et sauvait ainsi quatre compagnies de zouaves qui s'étaient témérairement avancées en bravant un feu meurtrier.

Le même jour, entre Joinville-le-Pont et Champigny,

deux compagnies, l'une de garde nationale, l'autre de carabiniers volontaires, sous les ordres du capitaine de Vresse, appuyaient bravement le 5ᵉ régiment de marche et le 7ᵉ bataillon des mobiles de la Vienne, refoulaient l'ennemi derrière Champigny, et ne se repliaient que sur l'ordre de retraite donné par le général Tripier. Elles avaient eu trois morts et sept blessés.

A tous ces épisodes qui exaltaient les courages, il faut joindre la défense héroïque de la petite ville de Châteaudun, qui, le 18 octobre, assaillie par un corps de 5,000 Prussiens, soutenait pendant près de dix heures le feu destructeur d'une formidable artillerie. La brave garde nationale, à laquelle s'étaient joints les francs-tireurs de Paris, avait disputé les rues de la ville pied à pied, et son commandant, M. Testanières, était tombé à sa tête, criblé de balles ennemies. La moitié de la ville avait été incendiée. La délégation de Tours, en apprenant cette admirable résistance, rendait un décret déclarant que la ville de Châteaudun avait bien mérité de la patrie, et votait un premier fonds de cent mille francs pour venir au secours des familles ruinées. Voici les considérants qui précèdent le décret :

« Considérant que la petite cité de Châteaudun, ville
» ouverte, a résisté héroïquement pendant plus de neuf
» heures, dans la journée du 18 octobre, aux attaques
» d'un corps prussien de plus de 5,000 hommes qui
» n'a pu réussir à l'occuper qu'après l'avoir bombardée,
» incendiée et presque totalement réduite en cendres;

» Considérant que dans cette mémorable journée, la
» garde nationale sédentaire de Châteaudun s'est parti-
» culièrement distinguée par son énergie, sa constance

» et son patriotisme, à côté du corps des braves francs-
» tireurs de la ville de Paris ;

» Considérant qu'il y a lieu de signaler à la France,
» par un décret spécial du gouvernement, le noble exem-
» ple donné par la ville de Châteaudun aux villes ou-
» vertes exposées aux attaques de l'ennemi, et de sub-
» venir aux premiers besoins de la population chassée
» de ses demeures par l'incendie et les obus prussiens. »

L'émotion de Paris fut profonde : à l'admiration qu'inspirait un si généreux dévouement se joignait l'espérance de le voir imité sur tous les autres points du territoire; et cependant, malgré les indices favorables résultant des nouvelles fort incomplètes que nous recevions, une vague et douloureuse inquiétude pesait sur les âmes. Depuis le 17 août, nous n'avions eu aucune communication directe de la garnison de Metz. Les renseignements venus de Belgique la représentaient comme abondamment fournie encore de vivres et de munitions. Mais, en réalité, nous en étions réduits aux conjectures et chaque jour les rendait plus pénibles, lorsque le journal *le Combat* publia dans son numéro du 27 octobre l'article suivant :

### LE PLAN BAZAINE.

« Fait vrai, sûr et certain, que le gouvernement de la
» défense nationale retient par devers lui comme un
» secret d'État, et que nous dénonçons à l'indignation de
» la France comme une haute trahison.

» Le maréchal Bazaine a envoyé un colonel au camp
» du roi de Prusse pour traiter de la reddition de Metz
» et de la paix au nom de Sa Majesté l'Empereur Napo-
» léon III. »

Ces lignes dirigeaient contre le gouvernement une imputation qui n'était qu'une odieuse calomnie. Nous n'avions absolument rien reçu de Metz. Un sous-officier prussien, fait prisonnier au Bourget, avait, il est vrai, parlé de la reddition de la place. Sur ce bruit, j'étais allé moi-même à Saint-Denis, j'avais interrogé le colonel qui avait entendu cet homme. Il m'avait répondu que sa déclaration n'avait aucune consistance, nous ne pouvions dès lors nous y arrêter.

Nous n'avions donc rien dissimulé à la population de Paris, et l'auteur de l'article nous prêtait méchamment une mauvaise action dont nous étions parfaitement innocents.

Quant à l'accusation de haute trahison formulée contre le maréchal, j'avoue qu'elle me révolta. J'étais honteux et indigné de la trouver sous une plume française, alors que rien ne pouvait la justifier. Je n'avais aucune raison particulière de défendre le maréchal ; mais il me semblait qu'au moment où la mauvaise fortune pouvait l'accabler, il était de la plus vulgaire équité d'attendre des explications sur sa conduite avant de le noter d'infamie. Je crus de mon devoir de protester contre cette publication coupable. Le *Journal officiel* du lendemain 28 octobre contenait ce qui suit :

« Le gouvernement a tenu à honneur de respecter la
» liberté de la presse, malgré les inconvénients qu'elle
» peut présenter dans une ville assiégée ; il aurait pu au
» nom du salut public et de la loi la supprimer ou la
» restreindre. Il a mieux aimé en référer à l'opinion pu-
» blique qui est sa vraie force : c'est à elle qu'il dénonce
» les lignes odieuses qui sont insérées dans le journal *le*
» *Combat,* dirigé par M. Félix Pyat. »

Puis après avoir cité l'article, le *Journal officiel* poursuivait en ces termes :

« L'auteur de ces tristes calomnies n'a pas osé faire
» connaître son nom ; il a signé *le Combat*. C'est à coup
» sûr le combat de la Prusse contre la France ; car à
» défaut d'une balle qui aille au cœur du pays, il dirige
» contre ceux qui le défendent une double accusation
» aussi infâme qu'elle est fausse ; il affirme que le gou-
» vernement trompe le public en lui cachant d'impor-
» tantes nouvelles, et que le glorieux soldat de Metz dés-
» honore son épée par une trahison.

» Nous donnons à ces deux inventions le démenti le
» plus net. Dénoncées à un conseil de guerre, elles ex-
» poseraient leur fabricateur au châtiment le plus sévère ;
» nous croyons celui de l'opinion plus efficace ; elle flé-
» trira comme ils le méritent ces prétendus patriotes
» dont le métier est de semer les défiances en face de
» l'ennemi et de ruiner par leurs mensonges l'autorité
» de ceux qui le combattent.

» Depuis le 17 août, aucune dépêche directe du ma-
» réchal Bazaine n'a pu franchir les lignes. Mais nous
» savons que loin de songer à la félonie qu'on ne rougit
» pas de lui imputer, le maréchal n'a cessé de harceler
» l'armée assiégeante par de brillantes sorties. Le géné-
» ral Bourbaki a pu s'échapper de Metz, et ses relations
» avec la délégation de Tours, son acceptation d'un
» commandement important, démentent suffisamment
» les nouvelles fabriquées que nous livrons à l'indigna-
» tion de tous les honnêtes gens. »

Le *Journal officiel* était-il téméraire en se portant
caution de l'honneur militaire de M. Bazaine? C'est là
une question indécise encore et sur laquelle les juges

compétents sont appelés à statuer. Quelle que soit leur sentence, le gouvernement de la défense nationale a fait son devoir en refusant d'admettre, alors qu'aucune preuve n'était produite contre lui, qu'un commandant français ait lâchement sacrifié son armée aux combinaisons d'une criminelle forfaiture. Il a voulu étouffer ce brandon de discorde jeté par une main factieuse au milieu d'une population déjà surexcitée. Malheureusement tout a conspiré en faveur du désordre, et ceux qui épiaient avec une funeste vigilance l'heure propice à l'exécution de leurs mauvais desseins, ont pu s'emparer d'un incident peu significatif en lui-même pour enflammer les imaginations et pousser à la violence ceux que déjà ils avaient égarés par la calomnie.

Cet incident fut la perte du Bourget, qui provoqua une explosion de violente colère aussi peu raisonnable que l'enthousiasme avec lequel avait été accueillie la nouvelle de la prise de ce village. Cette colère fut habilement exploitée par les agitateurs et devint l'une des causes les plus directes du soulèvement du 31 octobre.

Le général de Bellemare, qui commandait à Saint-Denis, est un officier brillant et résolu. Il supportait assez impatiemment le système adopté par le gouverneur et le comité de défense. Il aurait voulu lui substituer des expéditions qui auraient élargi notre ligne de défense en affaiblissant celle de l'investissement. Ce fut certainement dans cette pensée que le 27 octobre au soir il ordonna aux francs-tireurs de la Seine d'essayer un coup de main sur le Bourget, gros village situé à trois kilomètres environ de Saint-Denis et fortement occupé par une petite garnison prussienne.

Les francs-tireurs s'avancèrent bravement sans tirer

un coup de fusil et surprirent l'ennemi. Ils le chassèrent rapidement des premières maisons, mais le trouvèrent rallié et retranché vers l'église. Soutenus par le 34° régiment de marche et le 14° bataillon des mobiles de la Seine, ils l'abordèrent avec intrépidité, et le poursuivant de maison en maison, le culbutèrent complétement, après lui avoir enlevé une centaine de casques, des armes, des munitions et quelques prisonniers. Le lendemain, à midi, deux batteries de position établies au pont Iblon et deux batteries de campagne placées sur la route de Dugny couvrirent le Bourget de leur feu, qu'elles continuèrent jusqu'à six heures. Nos hommes restèrent calmes sous cette pluie de projectiles et ne songèrent qu'à éteindre les incendies allumés par les obus. A six heures et demie du soir, un corps nombreux de fantassins allemands voulut emporter nos retranchements à la baïonnette. Reçus par une mousqueterie qui les frappa presque à bout portant, les assaillants lâchèrent pied en laissant un grand nombre de morts sur le terrain. M. de Bellemare, qui n'avait qu'une artillerie insuffisante, demanda du canon, prévoyant qu'il serait sérieusement attaqué le lendemain. Il lui fut répondu qu'il s'était avancé sans ordre, qu'il eût à se retirer s'il n'était pas assez fort. Il répliqua qu'il avait pris le Bourget et qu'il le garderait, même alors qu'on ne lui enverrait pas de canons. Et cependant il ne s'exagérait pas la portée de cette victoire. En la racontant dans son rapport militaire, il disait :

« La prise du Bourget, audacieusement attaqué, vi-
» goureusement tenu malgré la nombreuse artillerie de
» l'ennemi, est une opération peu importante en elle-
» même ; mais elle donne la preuve que même sans artil-

» lerie nos jeunes troupes peuvent et doivent rester sous
» le feu plus terrifiant que véritablement meurtrier de
» l'ennemi. Elle élargit le cercle de notre occupation au
» delà des forts, donne de la confiance à nos soldats, et
» augmente les ressources en légumes pour la population
» de Paris. »

Malgré son peu d'importance stratégique, cette surprise hardie, suivie d'une résistance glorieuse, causa à tout Paris une indicible joie. La réserve du général de Bellemare fut regardée comme un acte de modestie rehaussant la valeur de son action. Je partageai ce sentiment, et le lendemain dimanche 30 j'arrivais à Saint-Denis à sept heures du matin pour le féliciter, lorsque j'appris avec douleur qu'à la pointe du jour nous avions nous-mêmes été surpris par l'attaque d'une troupe nombreuse, et qu'après une lutte acharnée le Bourget venait de nous être enlevé. Ce fut dans cet engagement que M. Ernest Baroche, commandant d'un bataillon des mobiles de Seine-et-Oise, mourut comme un héros : enveloppé par des forces supérieures, il refusa de se rendre; il marcha droit à l'ennemi; son revolver à la main, et tomba percé de mille coups. Le général était allé sur la route protéger la retraite. Je revins navré. Ce déplorable accident, qui à la guerre n'aurait eu aucune gravité, devait en prendre une considérable, parce qu'il s'accomplissait à la porte d'une ville enfiévrée dans laquelle l'effervescence des passions n'avait besoin que d'un prétexte.

§

J'ai dit que dans l'après-midi de cette journée du dimanche 30 je recevais M. Thiers au quai d'Orsay. Le gouvernement fut convoqué pour dix heures du soir. Dès le début de la conférence, notre illustre ambassadeur nous apprit la capitulation de Metz. Il ne la connaissait pas officiellement ; mais les officiers qui lui servaient d'escorte lui avaient donné cette triste nouvelle comme certaine. A Versailles il en avait trouvé la confirmation. Ce fut pour nous tous un coup terrible. Outre l'effet moral d'un tel événement, exaltant les Prussiens, décourageant nos soldats, nous avions à redouter une armée devenue libre qui allait écraser les départements et permettre aux assiégeants de pousser plus activement leur attaque. Seul, le général Trochu ne perdit rien de son calme. « Ce malheur vous trouble, nous dit-il, il n'en-
» lève rien à ma sérénité. Metz n'étant pas secouru de-
» vait succomber ; loin de nous abattre, cette épreuve,
» malgré sa rigueur, fortifiera nos résolutions. »

M. Thiers nous fit ensuite un récit détaillé de son voyage. Il rapporta fidèlement le débat soulevé à Tours dans le sein du conseil de la délégation, en insistant très-vivement sur la nécessité d'élire et de convoquer une Assemblée. Contrairement à un renseignement que nous transmettait M. Gambetta, il nous affirma que les départements étaient unanimes à le désirer. Il ajouta qu'il y avait trouvé beaucoup de partisans de la paix ; que les Allemands eux-mêmes la souhaitaient, et qu'il n'était pas impossible qu'elle fût moins désavantageuse qu'on ne le supposait généralement. Pour cela il fallait obtenir l'intervention des grandes puissances, qui déjà nous donnaient une preuve précieuse de leur intérêt. Il fallait donc en profiter en acceptant un armistice, auquel du reste il ne pensait pas que la Prusse fît de sérieuses objections. Il n'avait pu en discuter les conditions ; mais il conseillait de ne pas se montrer exigeant. L'essentiel était de nouer la négociation. L'armistice devait donc être arrêté dans les conditions ordinaires, comprenant une suspension générale d'hostilités avec ravitaillement proportionnel à sa durée. S'expliquant sur les restrictions que M. Gambetta entendait mettre aux élections, il nous dit qu'il n'avait pas qualité pour en délibérer avec nous, qu'il se bornait, comme il l'avait fait à Tours, à nous faire connaître son sentiment, complétement acquis à une liberté sans réserve.

Le conseil, après avoir exprimé avec effusion à M. Thiers sa reconnaissance pour le service éminent qu'il venait de rendre à la France, lui déclara qu'il adoptait toutes ses vues et qu'il faisait un nouvel appel à son dévouement, en le chargeant de se mettre en rapport avec le commandant en chef de l'armée assiégeante et le chancelier de la Confédération du Nord pour régler avec eux tous les détails de l'armistice proposé par les puissances neutres, accepté par le gouvernement de la défense nationale. Il lui fit remarquer qu'il était fort important de bien préciser cette situation, qui plaçait le point de départ de la négociation dans l'initiative des puissances neutres et non dans celle de la France. La surexcitation de l'opinion de Paris tout aussi bien que notre dignité nationale nous ordonnaient de ne pas paraître faire d'avances à un ennemi qui avait déjà repoussé nos ouvertures. M. Thiers voulut bien nous dire qu'il partageait sur ce point notre sentiment.

Il nous exposa ensuite son opinion sur les ressources militaires des départements. Elles lui inspiraient peu de confiance. Il convenait que la résistance de Paris causait partout, en France comme en Europe, une profonde admiration, qu'elle avait enflammé le patriotisme des provinces; que l'élan y était considérable, particulièrement dans les classes aisées. En réalité, il n'y avait pas d'armée. Les rassemblements de la région de la Loire ne méritaient pas ce nom. Les hommes qui les formaient étaient excellents, seulement ils n'avaient ni direction ni chefs. A les comparer individuellement, le soldat français lui paraissait supérieur au soldat prussien; mais ce dernier avait pour lui la discipline, le commandement, la science, qui manquaient tout à fait au premier. Il ne fallait pas du reste s'en étonner, puisque tous nos officiers étaient morts ou prisonniers. M. Thiers ne croyait pas à l'efficacité des efforts de la délégation de Tours et blâmait énergiquement l'influence qui y dominait. La position cependant ne lui paraissait pas désespérée, et dans tous les cas il reconnaissait qu'il fallait tenir un grand compte de l'esprit de Paris, car Paris était le foyer; nous devions à tout prix empêcher qu'il allumât la guerre civile. Une lutte intestine en face de l'ennemi serait notre perte certaine et à courte échéance, avec une souillure pour notre honneur, jusque-là resté intact.

La conférence se prolongea jusqu'à trois heures du matin. Elle aurait duré davantage, tant étaient puissants l'intérêt et l'attrait qui nous tenaient suspendus aux lèvres de notre interlocuteur; mais il était nécessaire de lui laisser prendre un peu de repos. Il donna rendez-vous au ministre du commerce à sept heures, pour déterminer avec lui le matériel du ravitaillement. Je me retirai de mon côté pour rédiger ses pouvoirs. Son départ fut fixé à trois heures après midi.

Avant de nous séparer, nous arrêtâmes une note explicative destinée à être publiée le lendemain à l'*Officiel*. Elle était ainsi conçue :

« M. Thiers est arrivé aujourd'hui à Paris. Il s'est
» transporté sur-le-champ au ministère des affaires
» étrangères.

» Il a rendu compte au gouvernement de sa mission.
» Grâce à la forte impression produite en Europe par la
» résistance de Paris, quatre grandes puissances neutres,
» l'Angleterre, la Russie, l'Autriche et l'Italie, se sont
» ralliées à une idée commune.

» Elles proposent aux belligérants un armistice qui
» aurait pour objet la convocation d'une Assemblée
» nationale. Il est bien entendu qu'un tel armistice de-
» vrait avoir pour conditions un ravitaillement propor-
» tionné à sa durée et l'élection de l'Assemblée par le
» pays tout entier. »

Les termes mêmes de cette rédaction prouvent à quel point nous jugions nécessaire de prévenir les ombrages que le seul mot d'armistice faisait naître dans la population de Paris presque entière. Nous savions qu'elle était agitée, et nous redoutions pour la journée du lendemain la coïncidence de ces trois faits : l'armistice, l'abandon du Bourget, la capitulation de Metz.

Nous ne pouvions retarder la divulgation des deux premiers. La présence de M. Thiers avait été annoncée ; il fallait dire au public ce qu'il allait faire à Versailles.

## ÉVÉNEMENTS DU MOIS D'OCTOBRE.

L'évacuation du Bourget avait été sue à Saint-Denis dès le matin du 30. Le soir tout Paris la connaissait. L'hésitation n'était permise que pour Metz ; nous n'avions pas un rapport officiel. Mais malheureusement nous ne pouvions douter. Il nous parut que nous n'avions pas le droit de garder le silence. Nous aurions donné raison aux calomnies du journal *le Combat*. Le devoir nous commandait de ne rien dissimuler ; nous lui obéîmes. D'ailleurs le préfet de police, qui assistait à notre réunion, nous donna l'assurance qu'aucun danger sérieux ne nous menaçait. Je le priai de rester debout et de me prévenir à la moindre alerte. Le commandant supérieur de la garde nationale reçut les mêmes instructions. J'en suis encore à me demander comment le lendemain l'un et l'autre ont persévéré jusqu'à la dernière heure dans leur aveugle confiance.

Conformément à notre résolution, l'*Officiel* du 31 publiait ce qui suit :

« Le gouvernement vient d'apprendre la douloureuse
» nouvelle de la reddition de Metz. Le maréchal Bazaine
» et son armée ont dû se rendre après d'héroïques ef-
» forts, que le manque de vivres et de munitions ne leur
» permettait plus de continuer. Ils sont prisonniers de
» guerre.

» Cette cruelle issue d'une lutte de près de trois mois
» causera dans toute la France une profonde et pénible
» émotion ; mais elle n'abattra pas notre courage. Pleine
» de reconnaissance pour les braves soldats, pour la
» généreuse population qui ont combattu pied à pied
» pour la patrie, la ville de Paris voudra être digne
» d'eux. Elle sera soutenue par leur exemple et par
» l'espoir de les venger. »

Enfin le rapport militaire annonçait dans les termes suivants l'abandon du Bourget :

« 30 octobre, une heure et demie du soir.

« Le Bourget, village en pointe en avant de nos
» lignes, qui avait été occupé par nos troupes, a été
» canonné pendant toute la journée d'hier, sans succès,
» par l'ennemi. Ce matin de bonne heure, des masses
» d'infanterie, évaluées à plus de quinze mille hommes,
» se sont présentées de front, appuyées par une nombreuse
» artillerie, tandis que d'autres colonnes ont tourné le
» village venant de Dugny et de Blanc-Mesnil ; un cer-
» tain nombre d'hommes qui étaient dans la partie nord
» du Bourget ont été coupés du corps principal et sont
» restés entre les mains de l'ennemi. On n'en connaît
» pas exactement le nombre ; il sera précisé demain.

» Le village de Drancy, occupé depuis vingt-quatre
» heures seulement, ne se trouvait plus appuyé à sa
» gauche, et le temps ayant manqué pour le mettre en
» état respectable de défense, l'évacuation en a été or-
» donnée, pour ne pas compromettre les troupes qui s'y
» trouvaient.

» Le village du Bourget ne faisait pas partie de notre
» système général de défense. Son occupation était d'une
» importance très-secondaire, et les bruits qui attribuent
» de la gravité aux incidents qui viennent d'être exposés
» sont sans aucun fondement. »

Le rédacteur de ce rapport avait raison. La prise et l'abandon du Bourget ne pouvaient avoir aucune influence militaire sur les opérations du siége. Ils n'en furent pas moins la cause principale de l'effervescence populaire de la journée. L'émotion de Paris fut générale et profonde. Elle s'empara de tous les cœurs à la fois, en les pénétrant de douleur et de colère. C'est là ce qu'attendaient les sombres conspirateurs qui rêvaient l'établissement d'un pouvoir révolutionnaire. Il me serait difficile de me rendre un compte exact de leurs desseins ou de leurs doctrines. Nous les avons vus à l'œuvre dans les temps lugubres de la Commune, et si leur ambition et leurs crimes ont éclaté au grand jour, leur politique est demeurée une énigme. Que voulaient-ils ces dictateurs sanglants, qui n'ont reculé devant aucune monstruosité, et qui après leur défaite se glorifient encore d'avoir épouvanté le monde civilisé, qu'ils insultent et défient? J'ai cherché à le comprendre sans y parvenir, et, je l'avoue, au 31 octobre j'étais loin de soupçonner leur perversité. Je les savais avides de popularité et de pouvoir. L'un d'eux l'avait dit : Il nous faut notre heure, et nous l'aurons à tout prix. Mais je ne m'expliquais pas comment ils pouvaient se faire illusion au point de croire qu'en renversant le gouvernement de la défense nationale, ils en auraient hérité; comment surtout ils se flattaient d'exercer une autorité quelconque sur l'armée, sans laquelle cependant il était impossible de résister sérieusement à l'ennemi. Je ne m'inquiétais point assez de leur audace, la croyant dans tous les cas condamnée à un inévitable avortement. J'avais confiance dans le bon sens et l'honnêteté de la grande majorité de la garde nationale, qui en effet aurait maintenu l'ordre, si elle eût été commandée.

Nous n'avions, d'ailleurs, à ce moment qu'une idée fort imparfaite des menées qui se pratiquaient presque ouvertement autour de nous; elles échappaient au préfet de police, qui n'avait plus dans la main que des fils brisés ou, ce qui était pis, noués à une trahison. La vérité était que des bataillons entiers de la garde nationale étaient acquis à la sédition. A côté d'eux se trouvaient des corps spéciaux, volontaires, carabiniers, éclaireurs, n'obéissant qu'à des chefs qui eux n'obéissaient à personne. Parmi ces chefs figuraient beaucoup d'étrangers, d'hommes tarés et même de repris de justice. C'était l'armée du désordre, toujours prête à un coup de main. Elle avait ses conciliabules, son mot d'ordre, sa consigne; elle était un instrument docile, toujours à la disposition des meneurs.

Mais cette armée ne constituait qu'une minorité numériquement peu redoutable dans la population, et ce jour-là elle eût échoué comme au 8 octobre, si la ville tout entière n'avait été entraînée par un sentiment irréfléchi d'irritation qui un instant la rendit hostile au gouvernement qu'elle devait défendre et lui fit instinctivement entrevoir le salut de la patrie dans l'avénement d'hommes plus énergiques.

Ce fut à la faveur de ce malentendu que l'émeute put tout à coup prendre les proportions terribles que la veille ou le matin aucun indice ne pouvait faire soupçonner.

Les maires de Paris lui vinrent aussi puissamment en aide, presque tous contre leur volonté, mais entraînés par un courant irrésistible qui les poussait à s'imposer au gouvernement pour obtenir de lui des mesures plus hardies dans la cité et contre l'ennemi.

Jusqu'à une heure après midi je ne reçus aucun rapport alarmant. Des gardes nationaux se réunissaient à Belleville et à la Villette, des groupes commençaient à se former sur la place de l'Hôtel de ville; les maires d'arrondissement, convoqués par le maire de Paris, s'assemblaient pour délibérer sur l'opportunité des élections municipales. Telles étaient les nouvelles qui m'étaient transmises et que je communiquais au commandant supérieur de la garde nationale, avec ordre de faire fortement couvrir l'hôtel de ville. Depuis le commencement du mois nous vivions au milieu de ces agitations. En admettant que les précautions dictées par la prudence étaient prises, nous n'avions pas à nous en préoccuper autrement.

Je travaillai donc avec M. Thiers et préparai tous les détails de son départ. Vers midi et demi nous nous mîmes à table pour déjeuner.

Nous étions à peine assis qu'un télégramme de mon collègue M. Ferry m'annonça que la foule qui entourait l'hôtel de ville grossissait de minute en minute ; que ses démonstrations étaient menaçantes ; qu'elle paraissait vouloir forcer les grilles. On me demandait de venir.

Je répondis que je devais avant tout protéger la retraite de M. Thiers ; mais qu'au lieu de l'accompagner jusqu'au pont de Sèvres, comme j'en avais formé le dessein, je le confierais à des officiers sûrs, et qu'aussitôt après j'irais à l'hôtel de ville.

J'achevais mon télégramme quand on m'annonça M. Ferry lui-même. Il me confirma ce qu'il m'avait mandé, ajoutant que d'un instant à l'autre l'hôtel de ville serait envahi. En effet, au bout de quelques minutes, un nouveau télégramme nous apprit qu'une députation suivie d'une foule nombreuse avait pénétré dans la grande salle. Il n'y avait plus à délibérer : je dis à M. Thiers que nous étions fort accoutumés à ces alertes, et que celle-ci ne serait pas plus dangereuse que beaucoup d'autres. J'avais fait avancer l'heure de son départ : son escorte était prête ; j'aurais voulu le savoir sur la rive gauche de la Seine. Je l'embrassai ; il monta en voiture, et je m'éloignai rapidement dans la direction de l'hôtel de ville. Sur le seuil du ministère, je rencontrai et pris avec moi M. Ernest Picard, qui venait faire ses adieux à M. Thiers. Près de l'hôtel de ville une foule compacte nous barra le passage. Nous nous fîmes conduire à la préfecture de police pour connaître exactement la situation. Le préfet était sorti ; son chef de cabinet ne put nous donner aucun renseignement. Nous repartîmes, et en faisant un grand détour nous pûmes, en passant du côté de la caserne, pénétrer dans l'hôtel de ville. Il était un peu plus de deux heures.

Je dois rendre cette justice à mon ami M. Ernest Picard, qui pendant cette journée a montré tant de sang-froid et de vigueur ; il ne voulait pas que nous entrassions à l'hôtel de ville, me faisant observer, non sans raison, qu'il était fort inutile de nous offrir en holocauste aux factieux ; qu'il était beaucoup plus sage et beaucoup plus politique de se soustraire à leur action et de combiner, sans perdre une minute, les moyens d'attaque qu'il devenait nécessaire d'employer contre eux.

Je ne méconnaissais pas ce que cet avis avait de sensé, je n'y cédai cependant point. Les membres du gouvernement étaient là, ils nous appelaient, ils couraient des dangers, notre devoir était de les rejoindre, d'essayer avec eux de triompher de l'émeute et de nous associer à leur sort s'ils étaient les plus faibles. J'avais donné des ordres au préfet de police, au commandant de la garde nationale. Ces ordres seraient certainement exécutés, et je connaissais trop bien la garde nationale pour n'être pas convaincu que, quoi qu'il arrivât, les séditieux seraient réprimés.

M. Picard ne fut pas persuadé, il me suivit par amitié, tout en pensant que je commettais une faute.

Les membres du gouvernement n'étaient pas tous dans le lieu ordinaire de nos délibérations. Le général Trochu, M. Jules Simon et M. Pelletan avaient consenti à entendre une députation qui était montée dans la grande salle, — je me rendis auprès d'eux : la salle était pleine, — au milieu d'un cercle assez resserré, le général Trochu, debout, les bras croisés, la figure sévère et calme, écoutait M. Maurice Joly, l'orateur de la députation ; celui-ci, malgré l'évidente agitation qu'il avait peine à contenir, s'exprimait avec une certaine convenance ; il posait des questions relatives à l'abandon du Bourget qu'il taxait d'acte de trahison, et souvent il était interrompu par la foule, qui le trouvait trop modéré. Quand il m'aperçut, il m'interpella sur l'armistice, nous accusant de pactiser avec l'ennemi et de déserter la défense. Il concluait en disant que dans des circonstances aussi désastreuses, le gouvernement ne pouvait se refuser aux vœux du peuple, qui demandait à grands cris l'adjonction d'hommes plus résolus, qu'il fallait en finir avec ces temporisations qui perdaient tout, et que Paris, dont on jouait la destinée, avait bien le droit de se protéger lui-même, qu'il réclamait l'élection d'une commune qui partagerait avec le gouvernement le fardeau sous le poids duquel celui-ci succombait.

Le général répondit, sans paraître éprouver ni trouble ni émotion : il expliqua longuement les avantages et la nécessité d'un armistice. Il s'agissait de négocier non de capituler. Le gouvernement n'accepterait aucune condition contraire aux intérêts, encore moins à la dignité de la France. Paris résistait vaillamment, mais il ne pouvait seul repousser l'ennemi. Le secours des départements lui était indispensable; la meilleure manière de le rendre efficace était de convoquer une Assemblée. Elle servirait puissamment la défense, et forcerait l'ennemi à se retirer. Les reproches dirigés contre le gouvernement étaient donc injustes; ils étaient surtout dangereux, ils divisaient la cité, qui avant tout avait besoin d'union; ils pouvaient allumer la guerre civile. Exposer Paris à cette chance funeste, c'était servir la cause des Prussiens, qui avaient plus de confiance dans nos déchirements intérieurs que dans leurs attaques. Quant à l'opération du Bourget, le général déclara qu'elle n'avait aucune signification militaire et que la population de Paris s'en était émue fort mal à propos. L'occupation du village avait eu lieu sans ordre et contrairement au système général arrêté par le gouverneur de Paris et le comité de défense; il aurait toujours fallu se retirer. Le général invita la députation à apaiser le mouvement commencé, qui pouvait entraîner des conséquences malheureuses. Le gouvernement allait sérieusement examiner les réclamations qu'on venait de lui transmettre. Il désirait se conformer en tout point au vœu de la population parisienne, en tant que ce vœu se concilierait avec son devoir; or ce devoir lui commandait de sacrifier toute considération et même sa popularité à l'œuvre sacrée de la défense.

Cette harangue, fréquemment coupée par des interpellations véhémentes, souleva dans cet auditoire confus et tumultueux des tempêtes de récriminations désordonnées. Le général fendit violemment le groupe qui le séparait de la porte de la salle conduisant au lieu de nos séances, nous le suivîmes et retrouvâmes nos amis, auxquels nous rendîmes compte de ce qui venait de se passer.

Il n'y avait pas à s'y méprendre : cette scène n'était que le prologue d'un drame plus sérieux. Si nous n'étions pas promptement secourus, nous courions le risque d'être enlevés. On pouvait cependant essayer encore d'arrêter le mouvement en annonçant des élections municipales. Ce fut sur ce sujet que s'ouvrit la délibération.

La discussion fut vive. La majorité du conseil rejetait absolument l'adjonction de membres nouveaux et la constitution d'une autorité rivale de celle du gouvernement. C'eût été décréter l'anarchie. Mais n'était-il pas possible d'accorder à la population de Paris ce que nous avions toujours demandé pour elle, ce que nous n'avions ajourné que pour éviter des divisions, l'élection de ses magistrats municipaux? Nous trouverions certainement en eux un utile concours. Sortis du libre suffrage de leurs concitoyens, ils exerceraient sur eux une action salutaire; enfin, en ce qui nous concernait personnellement, nous ne pouvions plus conserver l'autorité que la nécessité nous avait imposée. Cette autorité venait d'être atteinte. Nous ne pouvions lui rendre sa force qu'en la déposant entre les mains de la population de Paris, maîtresse de la confirmer en nos personnes, ou d'en investir des citoyens qui lui paraîtraient plus que nous dignes de sa confiance.

A ce moment le maire de Paris, M. Étienne Arago, entra dans la salle, il était en proie à une vive émotion. « Les maires des arrondissements, nous dit-il, sont » réunis; ils m'ont envoyé à vous pour vous supplier

» d'unir vos efforts aux leurs, afin d'empêcher une ca-
» tastrophe imminente. Ils demandent que le gouverne-
» ment se rende dans leur sein, qu'il déclare avec eux
» que les élections municipales vont être faites; ils
» sont unanimes à penser qu'elles sont aujourd'hui le
» seul moyen de salut. Au nom de la patrie, au nom
» de la concorde, je vous conjure de ne pas repousser
» leur prière.... »

En parlant ainsi, M. Étienne Arago avait peine à retenir ses larmes. Il nous pressait les mains avec anxiété, son âme entière passait dans ses exhortations. Il lui fut répondu néanmoins que ce que demandaient les maires n'était ni plus ni moins que l'abdication du gouvernement et l'installation de la Commune; que plutôt que d'y consentir, nous étions prêts à subir toutes les éventualités, même les plus terribles. On ajouta qu'il y avait lieu de s'étonner de la prétention des maires; car la veille ils avaient délibéré sur l'opportunité des élections, et la majorité avait voté leur ajournement. Du reste le conseil examinait la question, et M. le maire de Paris pouvait donner à ses collègues des arrondissements l'assurance que nous désirions la résoudre dans un sens favorable à des élections immédiates. Que le gouvernement lui-même voulait s'y soumettre; que pouvant ainsi se donner une municipalité et un gouvernement de son choix, Paris n'avait plus de prétexte de plainte et de sédition; que nous attendions de tous les bons citoyens un concours dévoué contre les agitateurs qui par leurs criminelles menées se constituaient les auxiliaires des Prussiens.

M. Étienne Arago sortit en nous promettant de reporter nos paroles à l'assemblée des maires; mais

quelques minutes après il revint pâle, défait, frémissant de colère; il s'écria en jetant son écharpe sur la table : « Ils l'ont souillée par leurs insultes ! Je la dépose,
» et ne la reprendrai que lorsque l'honneur du magistrat
» sera vengé : du reste tout est perdu. Les portes de
» l'hôtel de ville ont été ouvertes, le palais est envahi,
» vous allez voir ces furieux ! »

En effet un tumulte effroyable éclata dans les pièces voisines, et bientôt un flot de gardes nationaux en armes, d'hommes du peuple, de volontaires de tous les uniformes, se précipita dans la salle avec des cris sauvages. Nous restâmes assis autour de la table des délibérations. J'avais à ma droite le général Trochu, à ma gauche M. Garnier-Pagès, en face de moi M. Jules Simon et M. Picard. Le général et successivement les autres membres du gouvernement essayèrent, mais en vain, de se faire entendre. Les vociférations, les lazzis, les imprécations rendaient tout discours impossible. Le flot grossissait toujours et menaçait de s'écraser lui-même. Les chefs de l'émeute s'épuisaient en efforts superflus pour dominer le vacarme : ils n'étaient pas plus écoutés que nous. Debout sur la table du conseil, piétinant les papiers, les sabliers et les écritoires, ils jetaient dans ce chaos les notes les plus vibrantes sans pouvoir obtenir un moment de silence. Flourens et Millière, qui paraissaient les plus importants, couraient d'un bout de la table à l'autre, réclamant une obéissance que nul n'était tenté de leur accorder. Cette foule en délire jouissait de son triomphe. Elle témoignait sa joie par le tapage. Elle était heureuse de nous humilier. Derrière nous quelques énergumènes nous accablaient d'injures. Ce premier acte dura près de deux heures, sans qu'il fût possible d'établir un peu d'ordre dans cet indescriptible désordre. L'obscurité commençait : rien ne pouvait faire présager la fin de cette orgie. On demanda des lampes, et, grâce à cet incident, Flourens put prononcer quelques paroles.

Je n'avais vu qu'une fois ce malheureux jeune homme, que la nature avait brillamment doué et qui, né dans les conditions les plus heureuses, paraissait appelé à un avenir digne du nom illustre qu'il portait. Il m'avait fait l'honneur de venir me voir avec deux chefs de l'insurrection candiote, à laquelle il avait pris une part glorieuse ; j'avais été frappé de sa bonne mine et de sa distinction, bien qu'il y eût en lui une mobilité fébrile qui pouvait inspirer quelques inquiétudes. Je ne prévoyais pas que je le retrouverais à la tête d'une sédition insensée, noyé dans une écume impure qui avait altéré en lui de nobles et grandes qualités. Trépignant sur le singulier tréteau qui lui servait de pavois populaire, il suppliait, gourmandait, menaçait tour à tour ; enfin l'apport des lampes ayant amené une demi-discipline, on put entendre ces mots sortir de sa bouche sur un ton glapissant :

« Citoyens,

» Vous avez renversé un gouvernement qui vous tra-
» hissait (Acclamations unanimes), il faut en constituer un
» autre (Oui ! oui !). Je vous propose de nommer de suite
» les citoyens : Flourens (Réclamations nombreuses),
» Millière, Delescluze, Rochefort (Non ! non ! pas de
» Rochefort. — Si ! si ! nous voulons Rochefort),
» Dorian (Applaudissements dans toute la salle), Blanqui,
» Félix Pyat ». — Ici la voix de l'orateur fut couverte par le tumulte ; il put cependant faire comprendre

qu'il était nécessaire d'écrire ces listes, pour les répandre dans le peuple et les afficher; il demanda aussi qu'on préparât une salle pour le nouveau gouvernement. L'assistance murmura très-fort à cette proposition, et quelques gardes nationaux s'écrièrent que tout devait se passer en présence du peuple. « Eh bien, répliqua » Flourens, qu'on nous laisse un peu de place et qu'on » ne nous étouffe pas. J'ordonne au peuple de s'éloi- » gner. Les gardes nationaux resteront dans la salle. » Quant aux membres du gouvernement déchu, nous les » retenons comme otages (Voix nombreuses : Il faut les » faire prisonniers!) jusqu'à ce qu'ils nous aient donné » leur démission de bonne grâce, sinon.... (Applaudis- » sements répétés) ».

Pendant cette scène burlesque, nous n'avions pas bougé de nos siéges. Le général Trochu détacha doucement ses épaulettes et les fit passer au commandant Bibesco, qui se tenait près de lui avec le capitaine Brunet pour le protéger. Il me dit ensuite qu'il avait voulu mettre le signe de son autorité militaire à l'abri d'une souillure, et qu'il s'était senti plus à l'aise après cette précaution. Il avait en effet un visage impassible, et fumait paisiblement son cigare. Du reste, tous ces inconnus qui se pressaient sur nous n'étaient pas tous nos ennemis : quelques-uns même me saisirent la main à la dérobée et me dirent de prendre courage. J'avais près de moi l'un de mes secrétaires, M. Heudlé, qui ne me quitta que sur mon ordre exprès et pour aller donner des nouvelles à ma famille, que je supposais avec raison dans une mortelle angoisse. Un jeune confrère dont j'ai le tort d'avoir oublié le nom refusa avec une obstination généreuse de m'abandonner, et se tint à mes côtés jusqu'à la dernière minute de ce long supplice. A tous ceux qui m'approchaient en me demandant ma démission, je répondais qu'ils perdaient leur temps et qu'ils n'obtiendraient rien de moi. Vers huit heures un grand bruit se fit entendre au dehors; la porte de la salle s'ouvrit avec fracas, sous la pression d'un groupe d'hommes résolus. C'était le 106e bataillon conduit par son commandant M. Ibos, qui avait pu pénétrer dans l'hôtel de ville. Les volontaires de Belleville apprêtèrent et abaissèrent leurs armes, mais ils les relevèrent aussitôt, intimidés par la vigueur et la rapidité du mouvement des nôtres. Je vis au milieu de la foule le noble et fier regard de M. Charles Ferry, alors chef de cabinet au ministère de l'intérieur, se diriger sur moi en m'invitant à profiter de ce secours. Mais il ne pouvait pas plus venir à moi que moi aller à lui, séparés que nous étions par la table du conseil couverte d'insurgés et par une foule compacte qui garnissait tout l'espace intermédiaire. Cependant quelques gardes nationaux intrépides se glissèrent jusqu'au général Trochu et l'enlevèrent. Ce fut un moment d'indicible confusion; je vis le général presque couché dans ce flot humain, roulé par lui vers la porte et faisant ainsi une trouée par laquelle Emmanuel Arago, Ferry, Pelletan se frayèrent un passage. Quant à M. Picard, il avait pu sortir à l'instant même où nous étions envahis; et ce fut grâce à son énergie, à sa présence d'esprit, à son autorité, que nous dûmes plus tard notre délivrance.

J'essayai de suivre mes collègues : violemment repoussé par la vague refermée derrière eux, je retournai à ma place. M. Jules Simon, M. Garnier-Pagès, le général Leflô, le général Tamisier étaient retenus comme moi. M. Dorian était aussi dans la salle, mais dans d'autres conditions que nous.

Alors commencèrent des discussions tumultueuses qu'il me serait impossible de reproduire. Je me rappelle cependant que M. Dorian, auquel on donnait la présidence et le portefeuille de la guerre, monta sur la table pour haranguer l'auditoire et refuser le double honneur qu'on voulait lui faire. « Je ne suis, dit-il, qu'un modeste » travailleur, je me mets tout entier et sans réserve au » service de la République; mais je ne puis accepter » le rôle d'un homme politique. Laissez-moi à ma spé- » cialité; je m'occupe sans trêve de l'armement : je con- » tinuerai. Je vous prie en grâce d'éviter toute vio- » lence, toute émeute; nous devons faire appel au » suffrage et ne pas déshonorer la défense par la guerre » civile. »

L'assemblée applaudit ces paroles si pleines de modestie et de patriotisme; mais elle n'entendit pas faire descendre son élu du rang élevé qu'elle lui avait assigné. J'aurais désiré pour ma part entendre sortir de sa bouche un langage différent, et néanmoins je ne doutai pas un instant qu'il ne cédât imprudemment, mais avec de généreuses intentions, à l'espérance de désarmer l'insurrection et de prévenir une déplorable collision.

La foule étant un peu moins nombreuse, nos mouvements étaient moins gênés, et dès lors il fallait, ou nous laisser sortir, ou nous faire prisonniers. J'avais à plusieurs reprises protesté contre la violence qui nous était faite et réclamé la faculté de me retirer. Mes collègues n'étaient pas moins insistants, et quand nous parvenions à nous faire entendre, nous usions des paroles les plus fortes pour revendiquer notre droit. Fatiguée de nos remontrances, l'assemblée décida que nous étions ses prisonniers. Nous nous plaçâmes dans l'embrasure d'une croisée. Flourens établit autour de nous un triple cercle de volontaires de Belleville, lesquels reçurent l'ordre, à la première alerte et au moindre signe de résistance, de faire feu sur nous. L'un d'eux même ne put retenir un coup de fusil dont la décharge passa au-dessus de la tête de M. Simon et de la mienne sans atteindre personne. Ce n'était qu'une maladresse.

M. Millière, qui commandait un bataillon de garde nationale, s'approcha de moi avec courtoisie et m'expliqua à quelles conditions nous pouvions obtenir notre liberté. « Vous n'avez, me dit-il, qu'à signer votre dé-
» mission. Elle n'est plus que la constatation d'un fait,
» puisque, en nous acclamant, le peuple vous a destitué.
» Mais nous n'entendons pas usurper le pouvoir. De-
» main nous réunirons les électeurs ; ils se prononceront,
» et vous remettrez votre portefeuille au nouveau gou-
» vernement : jusque là vous conserverez vos fonctions. »

J'admirai une audace si ingénue, mais il ne me convenait en aucune manière d'entrer en discussion avec mon interlocuteur. « Je ne veux pas vous répondre, lui
» dis-je, je ne le peux même pas ; car par le fait de la
» violence que vous exercez sur ma personne, je ne suis
» plus qu'une chose, ma volonté est liée à ma liberté.
» En me privant de l'une vous m'empêchez d'user de
» l'autre. Laissez-moi sortir, et je ferai tout ce qui sera
» en moi pour que cette insurrection se termine sans
» effusion de sang ; nous avons un tel intérêt à éviter
» la guerre civile qu'aucun sacrifice fait dans ce but ne
» doit nous coûter. Étant retenu par vous contre tout
» droit, par un crime que rien n'excuse, je ne puis en-

» trer en pourparlers avec vous : faites de moi ce que
» vous voudrez, et ne vous fatiguez pas à me demander
» ce que je suis résolu à vous refuser. »

M. Millière parut ébranlé par ces raisons. Il monta
sur la table, réclama le silence, et dit à peu près ce qui
suit : « Citoyens, vous voulez que les membres du gou-
» vernement déchu donnent leurs démissions (Oui! oui!),
» cela est tout à fait inutile puisque vous les avez révo-
» qués. Ils ne sont plus rien; en leur demandant de
» signer leurs démissions vous exigez d'eux une lâ-
» cheté... » De violents murmures mêlés de signes d'approbation accueillirent ces paroles, et il y eut dans cette
tumultueuse assemblée ce que les sténographes de la
Chambre traduisent par ces mots : *Mouvements divers.*
M. Millière voulut en profiter. Il essaya de nous faire sortir; mais, malgré ses ordres et ses objurgations, ses soldats croisèrent la baïonnette sur lui et sur nous. Flourens,
qui fit la même tentative, ne fut pas plus heureux, et
nous revînmes reprendre notre place dans notre embrasure au milieu de nos gardes, qui ne se privaient pas du
plaisir de nous insulter. Un fort bel homme revêtu des
insignes de capitaine et se balançant sur sa chaise, les
réprimait paternellement. Et quand l'un d'eux disait :
Je voudrais bien qu'on me permît de les *descendre*, il
lui faisait comprendre qu'il ne perdrait rien à avoir un
peu de patience.

Je n'en finirais pas si je voulais raconter tous les incidents de cette nuit étrange et terrible pendant laquelle
notre plus grande souffrance était la douloureuse pensée
de l'humiliation de la France et du triste sort que lui
réservait cette révoltante saturnale. Je songeais avec
anxiété à l'armistice que j'avais préparé avec tant de sol-

licitude, et surtout à mon cher négociateur, sur le sort duquel j'avais les plus grandes craintes. J'ignorais comment son départ s'était effectué. J'aurais donné une partie de mon sang pour le savoir à l'abri. Un officier de garde nationale qui était près de moi parut me deviner, et, certain de me causer une vive peine, il me dit que M. Thiers avait été arrêté avant d'atteindre le pont de Sèvres. — En êtes-vous bien sûr? lui répondis-je en le regardant fixement. Il se troubla; et, sans être rassuré, je fus peu ému par sa méchante action.

Vers dix heures, j'eus le chagrin de voir M. Dorian s'approcher de moi. Il me tint les propos les plus affectueux, me priant de passer avec lui dans une salle voisine où nous pourrions causer et nous entendre. Son visage respirait la tristesse et la bonté. Il se baissa familièrement près de la chaise où j'étais assis, et s'efforça de me convaincre. Je fus profondément touché de le voir ainsi : « Vous me peinez, lui dis-je, beaucoup plus que
» vous ne pouvez le croire. Je vous conjure de me laisser
» ici. Je m'y trouve fort bien, et je ne veux converser
» avec qui que ce soit. Pour que j'aie le courage de vous
» refuser, il faut que ma résolution soit bien inébranlable,
» n'essayez pas de m'en faire changer. »

Il s'éloigna en m'exprimant ses regrets et m'envoya M. Delescluze, lequel me tourna le dos avec dédain lorsque je le sommai de me faire mettre en liberté.

L'un des personnages les plus grotesques de ces scènes vulgaires et lamentables était certainement un nommé Alix, qui eut, il y a vingt-cinq ans, un instant de célébrité avec les escargots sympathiques. Je l'avais vu à cette époque sans lui parler. C'était un jeune homme blond, d'une figure fine et distinguée. Je ne l'aurais pas reconnu sous le masque d'un petit vieillard remuant et bavard, qui, revêtu d'un uniforme de garde national et un parapluie sous le bras, faisait la police autour des prisonniers; il fallait voir sa gravité comique, son affectation d'importance, et le sérieux avec lequel il s'acquittait de sa tâche de geôlier improvisé. Il accompagnait son office de sentences philosophiques débitées avec emphase, et semblait croire que le lendemain il serait l'un des chefs de la République; il protégeait le général Leflô et le général Tamisier, et disait avec une dignité incomparable : On n'obtiendra rien de moi qui puisse compromettre ma responsabilité.

Il crut cependant pouvoir sans trop s'exposer permettre à un de ses hommes de nous apporter à manger. Il était dix heures et demie, je mourais de faim. J'acceptai avec reconnaissance un morceau de pain grossier et une tranche de cheval à moitié cuit, puis je m'appuyai contre la muraille de l'embrasure et je m'endormis.

La chaleur qui était devenue suffocante me réveilla; je voulus ouvrir la croisée pour respirer, à l'instant deux coups de feu retentirent ; je refermai la croisée après avoir vu le quai garni de gardes nationaux. Mon mouvement les avait effrayés, ils avaient cru à une attaque et s'étaient trop hâtés de la prévenir.

Tout ceci avait été l'affaire d'une seconde, et le tumulte qui se faisait dans la salle avait couvert le bruit du dehors. A ce moment, M. Jules Simon était violemment insulté, frappé même par un de nos gardiens : il protestait avec énergie. Heureusement le misérable qui avait porté la main sur lui fut emmené, et le prévôt Alix cria d'une voix stridente : Que personne ne touche plus à cette croisée, je le défends!

Mais une demi-heure après, vers une heure du matin, une clameur croissante parvint jusqu'à nous! Elle venait du dehors et se rapprochait. Un frisson courut dans toute la salle, chacun se mit à son poste, et le capitaine des volontaires de Belleville se retourna vers ses carabiniers en leur criant : Attention! Ils se dressèrent et apprêtèrent leurs armes.

Quelques minutes s'écoulèrent : puis nous entendîmes de violents coups de crosse ou de hache aux portes d'une salle voisine ; nos volontaires nous couchèrent en joue; je crus que tout était fini pour nous, mais ce ne fut qu'un éclair. Il me sembla tout aussitôt deviner que nos gardiens manquaient de la résolution nécessaire à l'exécution d'un crime. Les chefs se disputaient entre eux; les uns voulaient engager la bataille, les autres parlaient avec véhémence pour l'empêcher. Je compris qu'ils hésitaient et qu'ils n'oseraient pas nous frapper. D'ailleurs le bruit extérieur s'éloigna, les armes se relevèrent, le capitaine reprit son siége, et nous notre poste dans notre embrasure.

C'était bien cependant le secours qui nous arrivait, et nous touchions au terme de cette longue épreuve. Ce secours, nous le devions surtout à M. Picard. A peine avait-il franchi le seuil de l'hôtel de ville, il se fit conduire à l'état-major du gouverneur : aucun ordre n'en était parti, on attendait sans prendre de résolution, personne n'en voulait accepter la responsabilité. M. Picard ne s'arrêta pas un instant à ce vain formalisme, il ordonna de battre le rappel, de convoquer les légions et de les diriger immédiatement sur l'hôtel de ville. M. Jules Ferry et son frère Charles se mirent immédiatement à sa disposition et montrèrent autant de sang-froid que d'intrépidité. A mesure que les gardes nationaux se réunissaient, les commandants se massaient, occupaient les avenues et entouraient l'hôtel de ville. Lorsque le général Trochu fut délivré, il trouva l'attaque organisée et n'eut qu'à en compléter les détails. Il voulut toutefois ne rien précipiter, et en cela il agit avec sagesse. Quelque pénible que fût notre situation, je souhaitais, quant à moi, qu'elle se prolongeât jusqu'au jour. La veille et la fatigue amenaient un abattement graduel qui en dépit de leur surexcitation affaiblissait les factieux. J'en observais les progrès, et sachant par la rapide inspection que j'avais faite de ma croisée que le palais était investi, j'aurais voulu que les lueurs du matin achevassent de déconcerter nos ennemis et de les livrer à la répression. Mais au dehors, nos amis ignoraient cet état de choses; les bruits les plus sinistres les faisaient trembler sur notre sort. Temporiser davantage leur semblait un coupable abandon. Ce fut alors qu'on donna ordre au bataillon des mobiles de l'Indre qui tenait la caserne Napoléon de s'engager dans un souterrain communiquant avec l'hôtel de ville. Ces braves gens s'élancèrent courageusement dans cet étroit et obscur boyau. L'issue n'en était pas connue des insurgés; en moins d'une demi-heure, le bataillon avait gagné une cour intérieure, il était maître de la place.

Prévenue au dehors, la garde nationale s'ébranla, prête à commencer une attaque de front. Nous ignorions ces mouvements; mais il nous était facile de deviner, au trouble croissant des insurgés, que l'heure décisive était proche. Nous allons être attaqués, s'écria l'un d'eux. Il faut faire feu des croisées, dit un autre. Que les jeunes citoyens fumistes des bataillons se désignent, fit un troi-

sième, nous les placerons sur les toits. L'agitation était extrême, les ordres contradictoires s'entre-croisaient. Flourens, remonté sur la table, essayait de nouveau de haranguer ses volontaires. Cette fois il était radouci :
« Ne donnons pas à l'étranger, disait-il, le spectacle
» d'une lutte fratricide. Évitons l'effusion du sang ; mais
» faisons respecter notre droit. »

Tout à coup un grand tumulte éclate au dehors. Il retentit dans les escaliers, sous les péristyles, tout près de la porte de notre salle. Aux armes, aux armes ! crie d'une voix de stentor un chef insurgé en brandissant son sabre et en se jetant en avant. Les volontaires de Belleville saisissent leurs fusils, les abaissent sur nous ; ce fut une minute solennelle et grandiose, et je me demande encore par quel hasard aucun de ces hommes, dont plusieurs chancelaient d'ivresse, n'a lâché sa détente. Mais déjà la partie était gagnée, la garde nationale entrait en foule aux cris de : Vive la République ! les volontaires étaient honteusement chassés à coups de crosse et désarmés. Mille mains pressaient nos mains, chacun se disputait l'honneur de nous accompagner. Je ne pourrais citer tous ceux dont j'ai reçu des témoignages de sympathie. Charles Ferry et M. de Choiseul voulurent me donner le bras ; nous descendîmes au milieu d'acclamations frénétiques, et quoiqu'il fût trois heures du matin, je passai devant le front des bataillons rangés autour de l'hôtel. Un beau jeune homme m'offrit le cheval qu'il montait, et j'eus la prudence de le refuser. Ce jeune homme, que je voyais pour la première fois et qui un mois après devait tomber sous un obus prussien, était le commandant Franchetti, vrai chevalier, modèle de grâce et de vaillance, qui avait renoncé aux délices d'une vie élégante et facile pour équiper et commander une compagnie d'éclaireurs à cheval, qui pendant toute la campagne se distingua par la plus brillante bravoure.

Avant d'aller chercher un peu de repos auquel nous avions quelque droit, nous nous rendîmes, mes collègues et moi, chez le gouverneur. Nous arrêtâmes ensemble toutes les mesures que commandait la situation, et nous nous donnâmes rendez-vous pour le matin même, à sept heures, au ministère des affaires étrangères.

§

Telle fut cette funeste journée, que l'histoire désignera par sa date, 31 octobre. Je viens de raconter ce que j'en ai vu et su, sans avoir la prétention d'éclaircir tous les incidents qui peuvent encore en demeurer obscurs. Dans mon opinion, l'insurrection qui l'a rendue si tristement célèbre n'est pas née d'une conspiration. Elle a éclaté spontanément au choc électrique d'un orage qui grondait sourdement au sein d'une population égarée par la douleur et la colère. La criminelle habileté de quelques agitateurs en avait préparé les éléments, l'aveugle passion de la foule a amené l'explosion. Paris, qui la veille aurait lapidé les partisans de la Commune, leur a pendant presque toute la journée laissé libre carrière. Il ne s'est ravisé qu'au nom sinistre de Blanqui et à la nouvelle d'un attentat sur la personne des membres du gouvernement. J'ai souvent entendu taxer d'inutile témérité la froide obstination avec laquelle quelques-uns d'eux sont restés à leur poste, tenant jusqu'au bout tête à la sédition. Sans leur présence, dit-on, l'attaque eût été plus facile et plus prompte, la répression plus exemplaire. Il m'est impossible de partager cette appréciation ; il ne m'appartient pas de me prononcer sur le mérite de la résolution de mes collègues, puisque je m'y suis associé. Mais je reste convaincu qu'elle a sauvé la situation. Si la sédition n'avait pas rencontré à l'hôtel de ville la résistance qui, malgré son succès matériel, l'a paralysée, elle aurait certainement étendu son action au dehors ; et d'un autre côté, je doute que la garde nationale eût marché, s'il ne s'était pas agi de délivrer les membres du gouvernement dont la vie était si directement menacée.

Et que serait-il arrivé si la garde nationale, cédant au trouble que jetaient dans toutes les âmes les nouvelles de la capitulation de Metz, de l'armistice, de l'abandon du Bourget, eût laissé le gouvernement succomber ? Le Comité de salut public installé à l'hôtel de ville n'aurait pas obtenu le concours de l'armée, même alors que M. Dorian eût consenti à le présider. Dans la nuit du 31 octobre, le général Ducrot, qui occupait la Porte-Maillot, apprenant l'échec du gouvernement, n'attendit pas les ordres ; il fit prendre les armes à sa troupe, atteler ses canons et se mit en marche vers Paris ; il ne rétrograda que lorsqu'il sut que tout était fini. Mais qui ne sent qu'une lutte entre la garde nationale et l'armée anéantissait la défense et nous livrait à l'étranger ? Nous avons, le 31 octobre, échappé à ce malheur. J'ai longtemps cru qu'il nous serait épargné, et jusqu'au dernier jour du siége, j'ai donné le peu que j'avais d'intelligence, de force et de dévouement pour en préserver mon pays. Il serait toutefois inexact de dire qu'en écartant au 31 octobre le sanglant fantôme de la guerre civile, le gouvernement ait réussi à détourner toutes les conséquences que cette journée devait entraîner après elle. Nous allons en voir quelques-unes se produire avec une rigueur inexorable dans les événements ultérieurs, et devenir une source constante d'embarras en ajoutant une aggravation particulière à nos malheurs et à nos fautes.

**FIN DU TOME PREMIER.**

# PIÈCES JUSTIFICATIVES

# PIÈCES JUSTIFICATIVES.

### N° 1.

*Note sur le rôle de la diplomatie française dans les événements qui ont amené la guerre de 1870.*

Pendant que je terminais les derniers chapitres de ce travail, M. Benedetti faisait paraître, sous le titre de *Ma mission en Prusse*, un livre du plus haut intérêt, qui jette sur les événements qui ont précédé et amené la guerre un jour aussi curieux que décisif. Il prouve d'une manière victorieuse que le gouvernement de l'Empereur a été tenu au courant non-seulement de l'état militaire de la Prusse, mais de tous les faits politiques qui devaient ou détourner la France de la guerre, ou ne lui permettre de s'y engager qu'en prenant, au point de vue des alliances et des armements, les mesures les plus propres à soutenir une lutte redoutable. M. Benedetti a mis sous les yeux de ses lecteurs des dépêches, des documents confidentiels qui n'avaient jamais été publiés, et en cela il a rendu un grand service à la cause de la vérité, en même temps qu'il a si ce n'est complétement détruit, au moins singulièrement atténué les reproches dont il était l'objet. Dans sa dépêche du 25 août 1866, il évalue l'augmentation d'effectif apportée à l'armée prussienne par les annexions des pays conquis :

« Du jour, écrit-il, où ces territoires, dont la population, en
» nombre rond, atteint quatre millions cinq cent mille âmes,

» seront régis par les lois de recrutement en vigueur en Prusse,
» cette augmentation comportera quatre-vingt mille à quatre-
» vingt-dix mille soldats ; enfin, lorsque la fusion sera devenue
» également complète pour la landwehr, ce qui peut avoir
» lieu en peu d'années, l'effectif de guerre de la Prusse se mon-
» tera à huit cent mille combattants. »

Pendant le cours des années 1866 et 1867, notre ambassadeur a constamment informé le gouvernement des incidents politiques qui pouvaient l'éclairer sur les dispositions de la Prusse. Mais c'est surtout dans un long rapport du 5 janvier 1868, résumé de sa correspondance de l'année, qu'il a précisé avec une grande netteté ce que la France pouvait avoir à craindre ou à espérer, en même temps qu'il pressait le gouvernement de prendre un parti ou dans le sens de la paix ou dans le sens de la guerre. On trouvera dans ce remarquable document l'indication très-explicite des desseins de M. de Bismarck, poursuivant l'unification de l'Allemagne sans rien précipiter, mais sans se laisser détourner de son but et sans négliger aucune occasion de s'en rapprocher. M. Benedetti explique fort bien que le gouvernement prussien ne cherche pas un conflit avec nous, mais qu'il s'y exposerait s'il le fallait pour achever au sud du Mein le travail d'assimilation germanique réalisée au nord. « Quel est son objectif, écrit-il, quel
» but poursuit-il ? Ce n'est pas de nous attaquer, je l'ai dit et
» je le répète, au risque d'assumer une grande responsabilité,
» parce que telle est ma conviction profonde. Son but est de
» franchir le Mein et de réunir le sud de l'Allemagne au nord
» sous l'autorité du roi de Prusse, et j'ajoute qu'il se propose
» de l'atteindre, au besoin, par les armes, si la France venait
» à y mettre ouvertement obstacle. »

Un peu plus bas il poursuit en ces termes :

« En attendant que les circonstances viennent à son aide,
» M. de Bismarck ne néglige aucun moyen pour y disposer
» les hommes aussi bien que les choses. . . . . . . . . . . .
» Ce que je crois fermement, c'est que du jour où l'état de

» l'Europe le lui permettra et dès que les choses en Allemagne
» lui paraîtront arrivées au point où il les pousse, il exécutera
» rapidement le plan qu'il a conçu, et, soit au titre définitif
» d'Empereur, soit au titre temporaire de président de la Con-
» fédération germanique, le roi de Prusse sera proclamé sou-
» verain de l'Allemagne. »

C'est en face de ces éventualités que M. Benedetti essaye de faire comprendre au gouvernement impérial que le moment est venu de prendre un parti, de dissiper les défiances du cabinet de Berlin, ou de se préparer à un formidable conflit : voici en quels termes il pose la question :

« J'ai dit plus haut comment on envisage en Allemagne les
» sentiments de l'opinion publique en France et ceux mêmes
» du gouvernement de l'Empereur. On nous suppose des in-
» tentions hostiles, et je n'ai pas cru me tromper en ajoutant
» qu'on considère généralement un conflit entre les deux pays
» comme certain, sinon comme imminent. Toutes nos décla-
» rations pour démentir ces conjectures ou ces appréhensions
» sont restées infructueuses. Les réserves dont nous les avons
» quelquefois accompagnées ont au contraire contribué à les
» raffermir. La *Gazette du Weser,* journal officieux, était l'in-
» terprète des vœux du public allemand autant que l'organe
» du gouvernement prussien, quand, dans un article récent,
» auquel *le Constitutionnel* a cru devoir répondre, elle regret-
» tait que le gouvernement de l'Empereur n'ait pas affirmé de
» manière à lever tous les doutes sa résolution de ne pas s'im-
» miscer dans les affaires allemandes. C'est qu'en effet pour le
» gouvernement prussien, comme pour les partis qui l'ap-
» puient, il ne s'agit plus aujourd'hui de savoir comment il
» peut nous convenir d'apprécier le développement qui a été
» donné à la Confédération du Nord ; c'est de la conduite que
» nous tiendrons devant l'union du Nord et du Midi que l'on
» se préoccupe, et rien, ni dans notre langage ni dans nos
» actes, ne leur semble démontrer que nous n'y mettrons pas
» obstacle ; ils interprètent au contraire nos paroles, quelque

» mesurées qu'elles puissent être, et nos armements, comme
» des indications certaines d'un parti pris de nous y opposer.
» Ce qu'on nous demande, en un mot, c'est que nous n'entra-
» vions en aucune façon les arrangements qu'on veut absolu-
» ment prendre avec les États du Midi. »

« Si telle devait être notre résolution définitive, j'oserais
» dire qu'il conviendrait de ne pas négliger les occasions qui
» pourraient nous être offertes pour l'attester. Ce serait inau-
» gurer une politique de paix, et elle ne peut produire les bien-
» faits qu'il serait permis d'en attendre qu'en dissipant com-
» plétement les nuages qui subsistent entre la France et l'Al-
» lemagne. *L'incertitude qui agite profondément les esprits*
» *de ce côté-ci du Rhin est le moyen dont le gouvernement*
» *prussien se sert pour tenir éveillées les susceptibilités de*
» *l'esprit public.* Elle a un inconvénient encore plus grand,
» celui de resserrer chaque jour davantage les liens qui unis-
» sent la Prusse à la Russie, de solidariser les ambitions de
» l'une en Allemagne avec celles de l'autre en Orient, et de
» permettre au cabinet de Saint-Pétersbourg de susciter sur
» le Danube des complications qui conduiront à une guerre
» générale pendant que nous ferons à la paix des sacrifices con-
» sidérables sur le Rhin. L'imminence de ces complications
» tirera peut-être l'Angleterre de son indifférence, et pourra
» opérer une diversion ; je ne veux pas examiner ici les choses
» à ce point de vue, et je me borne à constater que la Russie
» se montrerait assurément moins entreprenante, que la Prusse,
» de son côté, ne l'encouragerait pas à réveiller la question
» d'Orient, par la simple raison qu'elle ne saurait elle-même y
» trouver aucun avantage, si elle ne croyait indispensable de
» payer de ce prix la liberté qu'elle revendique en Allemagne.

» *Une autre remarque, non moins digne d'être notée, c'est*
» *que la défiance dont nous sommes l'objet en Allemagne est*
» *un élément essentiel de l'autorité et du prestige acquis à*
» *M. de Bismarck ; elle groupe autour de lui tous les partis*
» *modérés et les porte à lui sacrifier les principes qu'ils re-*

» *présentent.* Votre Excellence n'ignore pas avec quelle habi-
» leté le président du conseil, soit à la veille des élections, soit
» avant une discussion importante, a su agiter le fantôme de
» l'intervention française, *et il n'aurait certes pas obtenu du
» pays des majorités si complaisantes, s'il ne lui eût pas été
» facile de leur persuader que l'ennemi veillait aux fron-
» tières. Que ces appréhensions s'effacent, et M. de Bis-
» marck rencontrera dans l'opinion libérale, prépondérante
» en Prusse autant que dans les autres États germaniques,
» la ferme volonté de soumettre tous les actes du gouverne-
» ment prussien à un contrôle sérieux d'où naîtront des con-
» flits intérieurs et une certaine limitation des pouvoirs im-
» menses conférés à la couronne.* Il faut rendre cette justice
» aux Allemands, c'est que les sentiments qu'ils nous témoi-
» gnent leur sont généralement inspirés par le souvenir et
» la crainte des invasions dont leur pays a été le théâtre;
» rassurés contre une si funeste calamité, ils emploieraient
» toutes leurs forces à peser sur leurs gouvernants pour les
» contraindre à accepter franchement, dans toutes leurs
» conséquences, les institutions des États libres.

» Ces diverses considérations seraient sans valeur si le gou-
» vernement de l'Empereur pensait que la France ne peut,
» sans en être amoindrie, acquiescer à l'union de l'Allemagne,
» et qu'un devoir de premier ordre nous oblige à la com-
» battre, malgré l'attitude de la Russie, malgré l'affaiblissement
» de l'Autriche, malgré l'état d'anarchie où les partis ont jeté
» l'Italie. Je comprends que, dans ce cas, nous attendions les
» événements, sans plus nous expliquer que nous ne l'avons
» fait jusqu'à présent, et que nous choisissions notre heure
» pour rappeler la Prusse à la stricte observation du traité de
» Prague. Si nous n'avons pas été partie à cet acte, nous en
» avons tracé les préliminaires, et nous les avons offerts aux
» puissances belligérantes, qui, en les acceptant, ont contracté
» avec nous l'obligation morale de ne pas en excéder les clau-
» ses. Les pourparlers ouverts à cette occasion n'ont aucun

» sens, ou ils signifient en effet que la France considérait
» comme compatibles avec ses intérêts les transactions dont
» elle posait les bases, et que les cours qui ont consenti à en
» faire les conditions de la paix ont, de leur côté, reconnu, en
» y adhérant, qu'elles devaient y conformer leurs prétentions.
» Cet engagement serait totalement méconnu par la réunion,
» sous une forme quelconque, des États du Nord de l'Alle-
» magne avec les États du Midi, pour lesquels les prélimi-
» naires de Nickolsburg stipulaient une *situation internatio-
» nale indépendante,* comme gage de la sûreté des puissances
» limitrophes.

» La question de droit, à mon sens, ne saurait donc être
» douteuse ; *mais il ne faut rien nous dissimuler, le senti-
» ment public en Allemagne a généralement pressé le gou-
» vernement prussien d'entrer dans la voie où il s'avance ;
» l'union d'abord, la liberté ensuite, tel a été le programme
» du parti national, comprenant toutes les nuances libérales
» modérées, dès qu'il a pu se rendre compte de la portée
» des succès obtenus par les armées prussiennes, et c'est
» avec des transports d'enthousiasme et de haine qu'il secon-
» derait le gouvernement du Roi dans une guerre contre la
» France pour en assurer l'entière exécution.* Il y a en Alle-
» magne des particularistes, qui ont à leur tête les princes
» déchus et la plupart de ceux qui ont plus ou moins conservé
» leur pouvoir souverain. Il règne dans plusieurs États secon-
» daires un éloignement invincible contre tout ce qui tient au
» gouvernement prussien. Dans le Hanovre et en Saxe, comme
» parmi les démocrates et les populations catholiques du Midi,
» ces sentiments sont plus ou moins partagés ; mais au début
» d'une guerre nationale, les plus obstinés parmi ceux qui les
» professent ne pourraient que s'abstenir d'y participer ; ils
» devraient s'effacer devant les masses, qui y applaudiraient,
» en s'imposant avec passion les sacrifices qu'on leur deman-
» derait. Cette situation subirait nécessairement l'influence
» d'une première bataille, et si elle était funeste à la Prusse,

» on verrait se manifester ouvertement les ressentiments qui
» sont nés de l'abus qu'elle a fait de la victoire. *Mais les po-*
» *pulations allemandes, en général, regarderaient la lutte,*
» *quelles que soient les circonstances au milieu desquelles*
» *elle éclaterait, comme une guerre d'agression de la France*
» *contre leur patrie; et si le sort des armes leur était favo-*
» *rable, leurs exigences ne connaîtraient plus de limites;*
» *elles égaleraient celles de la Prusse, qu'il a toujours été*
» *si difficile de satisfaire toutes les fois qu'elle a été victo-*
» *rieuse. C'est donc une guerre formidable, dans laquelle*
» *tout un peuple, au début, prendrait parti contre nous, que*
» *nous aurions à soutenir. Le gouvernement de l'Empereur*
» *ne saurait, par conséquent, mettre trop de soin à en peser*
» *d'avance toutes les chances, et à mûrement réfléchir avant*
» *de prendre la détermination que lui sembleraient exiger*
» *l'intérêt et le salut du pays.*

» J'arrête ici cet exposé, que je recommande encore plus à
» votre indulgence qu'à votre attention, et je le résume en
» quelques mots : L'union allemande s'accomplira prochaine-
» ment; devons-nous l'accepter? Dans ce cas, ne cachons pas
» que nous lui ferons un accueil bienveillant; rassurons la
» Prusse; elle s'éloignera de la Russie, et l'état industriel et
» commercial de l'Europe se relèvera de sa détresse. Dans le
» cas contraire, préparons-nous à la guerre sans relâche, et
» rendons-nous bien compte d'avance de quel concours peut
» nous être l'Autriche; calculons notre conduite de manière à
» résoudre l'une après l'autre la question d'Orient et celle
» d'Italie; nous n'aurons pas trop de toutes nos forces réunies
» pour être victorieux sur le Rhin; la campagne de 1866 a
» surabondamment démontré les dangers d'une lutte engagée
» des deux côtés des Alpes.

» Veuillez, etc. »

Ces citations dispensent de tout commentaire. Elles prouvent jusqu'à la dernière évidence que les renseignements les
plus précis ont été fournis au gouvernement de l'Empereur, et

qu'il n'a pu se tromper sur les dangers auxquels il exposait la France en provoquant une rupture avec la Prusse. Il a su qu'il se heurterait à une armée de huit cent mille hommes prêts à entrer en campagne; mieux que cela, à la nation tout entière, animée d'un enthousiasme indicible, dès qu'il s'agirait de repousser l'agression française. Et non-seulement il a négligé les sages avertissements qui lui étaient donnés, mais il les a dissimulés. Lorsque l'opposition se plaignait, avec raison, que le *Livre jaune* ne contînt aucune dépêche sur l'Allemagne, les ministres répondaient qu'ils ne publiaient rien, parce qu'il n'y avait entre nous et la Prusse aucune occasion, même lointaine, de conflit, et ils gardaient dans leurs archives ces graves renseignements qu'il eût été si utile à la nation de connaître. Plus tard, lorsque le moment décisif était venu, c'était avec le même aveuglement que le gouvernement de l'Empereur engageait la lutte, opposant à l'ennemi une force inférieure de près des trois quarts à celle qu'il attaquait, ne prenant pas même le soin d'armer ses places, laissant tout aller à l'aventure; si bien qu'il n'a fallu que quelques semaines pour nous précipiter au fond de l'abîme.

Le livre de M. Benedetti n'est pas moins instructif en ce qui concerne la candidature du prince de Hohenzollern et le dénoûment final des courtes négociations qui ont suivi l'inqualifiable déclaration du 6 juillet. Une première dépêche du 27 mars 1869 rend compte d'une démarche faite à Berlin par l'ambassadeur d'Espagne à Vienne, et de la supposition de pourparlers engagés avec le cabinet de Madrid au sujet du prince prussien. Celles du 31 mars et du 11 mai suivants font connaître les explications données par M. de Bismarck et les doutes très-sérieux que ces explications devaient faire naître. Le gouvernement était donc averti; il l'était si bien, que la première idée de cette combinaison était venue d'un membre de la famille impériale française : c'était précisément au mois de mars 1869. On ne donna pas suite à ce dessein, qui des deux côtés parut abandonné. Mais lorsqu'il fut repris en 1870, il eût été sage d'en paraître moins étonné. Avec moins d'éclat, on aurait eu plus d'autorité pour le combattre. Telle ne fut pas la politique du gouvernement de l'Empereur. Après avoir commis une première faute en défiant publiquement la Prusse, le ministre des affaires étrangères en commit une seconde non moins grave en expédiant M. Benedetti auprès du Roi à Ems. C'était courir au-devant de périlleuses difficultés, la suite ne l'a que trop prouvé. Du 3 au 14 juillet, l'échange de dépêches entre le ministre des affaires étrangères, l'ambassadeur de Prusse et celui de Madrid, a été de la plus grande activité. M. Benedetti publie quarante-neuf télégrammes ou rapports mettant au courant heure par heure de tous les incidents de la négociation. Ces pièces établissent : 1° que le roi de Prusse a entendu laisser à son parent une entière liberté, mais qu'ayant reçu communication de la décision prise par le prince Léopold de se désister de la candidature à la couronne d'Espagne, il a chargé notre ambassadeur de « faire savoir au gouvernement » de l'Empereur qu'il approuvait cette résolution ; » 2° qu'il s'est refusé, malgré notre insistance, à donner une garantie personnelle pour l'avenir, entendant se réserver sa liberté d'action suivant les circonstances ; 3° que le ministre des affaires étrangères a fait de ce refus le *casus belli* que lui et M. Émile Ollivier ont ensuite rattaché à une prétendue insulte qu'aurait subie notre ambassadeur.

Or, sur ce point décisif, j'ai invoqué le témoignage de cet ambassadeur lui-même, en reproduisant celles de ses dépêches qui ont été lues à la tribune. Aujourd'hui, c'est sa propre affirmation que j'oppose aux allégations ministérielles. Dans une lettre écrite à l'un de ses amis le 25 novembre 1870 et qui sert de préface à son livre M. Benedetti écrivait : « J'a-
» jouterai, puisque vous me le demandez, qu'il n'y a eu à
» Ems ni insulteur, ni insulté, et le Roi lui-même a été fort
» surpris quand il a eu connaissance des fables publiées par
» certains journaux qui croyaient cependant reproduire le
» récit de témoins oculaires. »

Mais ce n'est pas seulement sur cette affirmation que repose la démonstration du parti-pris du cabinet français. Les dépêches publiées par M. Benedetti ne permettent pas un instant de doute à cet égard : M. le duc de Gramont télégraphie le 7 juillet : « Nous savons par les aveux du prince lui-même
» qu'il a combiné toute l'affaire avec le gouvernement prus-
» sien, et nous ne pouvons pas accepter la réponse évasive
» avec laquelle M. de Thile cherche à sortir du dilemme qui
» lui a été posé. Il faut absolument que vous obteniez une
» réponse catégorique suivie de ses conséquences naturelles.
» *Or voici la seule qui puisse nous satisfaire et empêcher*
» *la guerre.*

» *Le gouvernement du Roi n'approuve pas l'acceptation*
» *du prince de Hohenzollern et lui donne l'ordre de revenir*
» *sur cette détermination prise sans sa permission.*

» Il restera ensuite à me faire savoir si le prince, obéissant
» à cette injonction, renonce officiellement et publiquement
» à sa candidature.

» Nous sommes très-pressés, parce qu'il faut prendre les
» devants dans le cas d'une réponse non satisfaisante, *et dès*
» *samedi commencent les mouvements de troupes, pour entrer*
» *en campagne dans quinze jours.*

» Vous citerez au Roi tous les exemples que vous con-
» naissez de certaines couronnes interdites à certains princes,
» pour des raisons d'ordre politique. Le duc de Nemours en
» Belgique, un prince anglais, russe ou français en Grèce, un
» Murat à Naples désavoué par l'Empereur, etc. J'insiste sur-
» tout sur la nécessité de ne pas laisser gagner du temps par
» des réponses évasives : il faut que nous sachions si nous
» avons la paix, ou si une fin de non-recevoir nous oblige à
» faire la guerre.

» Si vous obtenez du Roi qu'il révoque l'acceptation du
» prince de Hohenzollern, ce sera un immense succès et un
» grand service : le Roi aura de son côté assuré la paix de
» l'Europe.

» *Sinon c'est la guerre.*

» *Quant au prince, son règne en Espagne ne durera pas*
» *un mois. Mais la guerre provoquée par cette intrigue de*
» *M. de Bismarck, combien durera-t-elle et quelles en seront*
» *les conséquences ?*

» *Ainsi donc, pas d'ambages et pas de lenteurs. Jamais*
» *mission ne fut plus importante. Puissiez-vous y réussir,*
» *c'est mon vœu le plus ardent.*

» Tout à vous,
» Gramont. »

C'est donc un ultimatum que notre ambassadeur est chargé de signifier au roi de Prusse. On lui demande de désapprouver la candidature du prince de Hohenzollern et de donner à ce dernier l'ordre d'y renoncer. Sinon on entre immédiatement en campagne.

Et comme le Roi a réclamé un délai pour connaître la réponse du prince Léopold et celle du prince Antoine son père, le ministre français s'irrite et ne modère plus son impatience, il télégraphie le 10 juillet :

« Il faut employer tous vos efforts pour obtenir une réponse
» décisive; nous ne pouvons pas attendre, sous peine d'être
» devancés par la Prusse dans nos préparatifs. *La journée ne*
» *peut pas s'achever sans que nous commencions.*

» *Je sais de source certaine qu'à Madrid le régent désire*
» *la renonciation du prince de Hohenzollern;* dès que vous
» le pourrez, envoyez-moi un télégramme. »

Le même jour, il adressait à M. Benedetti la lettre particulière suivante :

» Mon cher Comte,

» J'ai reçu à dix heures et demie du matin votre télé-
» gramme d'hier soir. Il a été arrêté en route et tellement
» tronqué dans la partie la plus importante qu'il est presque
» impossible d'en rétablir le sens. Je vous envoie le comte Daru,

» en vous priant de le faire repartir immédiatement, car *nous*
» *ne pouvons plus attendre*. Pendant que le Roi vous remet
» d'heure en heure sous prétexte de se concerter avec le prince
» de Hohenzollern, on rappelle en Prusse les hommes en
» congé, et on gagne sur nous un temps précieux. A aucun
» prix nous ne pouvons donner à nos adversaires aujourd'hui
» ces mêmes avantages qui ont été si funestes à l'Autriche en
» 1866. Et d'ailleurs, je vous le dis nettement, l'opinion pu-
» blique s'enflamme et va nous devancer; *il nous faut com-*
» *mencer. Nous n'attendons plus que votre dépêche pour*
» *appeler les trois cent mille hommes qui sont à appeler.* Je
» vous en prie instamment : écrivez-nous, télégraphiez-nous
» quelque chose de bien clair. *Si le Roi ne veut pas conseiller*
» *au prince de Hohenzollern de renoncer, eh bien ! c'est la*
» *guerre tout de suite, et dans quelques jours nous sommes*
» *au Rhin.* Le Roi est désormais en cause. Après l'aveu qu'il
» a fait d'avoir autorisé l'acceptation, il faut qu'il la défende,
» ou du moins qu'il conseille et obtienne la renonciation. Mais,
» ce qui est pour nous plus important que la renonciation elle-
» même, c'est de savoir promptement à quoi nous en tenir.

» Ainsi donc, mon cher Comte, je vous prie de m'écrire
» par la poste, en chiffres, pour me confirmer vos télégram-
» mes, et surtout le plus tôt possible par le retour du comte
» Daru et du comte de Bourqueney.

» Pour vous mettre bien au courant de la situation, je
» vous envoie les derniers télégrammes que j'ai reçus de
» Madrid et de Saint-Pétersbourg. Celui de Madrid vous ser-
» vira pour mettre à l'aise la conscience du Roi, s'il se croit
» lié par les avances espagnoles auxquelles il s'est rendu avec
» si peu d'égards pour nous.

» Mille amitiés et tout à vous,

» Gramont. »

Le lendemain, le ministre envoyait un télégramme qui arrivait avant la lettre que je viens de transcrire :

» Vous ne pouvez vous imaginer à quel point l'opinion pu-
» blique est exaltée, elle nous déborde de tous côtés *et nous*
» *comptons les heures.* Il faut absolument insister pour ob-
» tenir une réponse du Roi, négative ou affirmative. *Il nous*
» *la faut pour demain, après-demain serait trop tard.*

» Le régent d'Espagne, après une conférence, a décidé
» d'envoyer au prince quelqu'un qui sera autorisé à voir le
» Roi, et même M. de Bismarck, pour demander le retrait de
» la candidature. Ce sera le général Dominguez ou M. Silvela.
» Vous pouvez vous servir de cette information, si vous le jugez
» nécessaire au succès de vos efforts ; mais il serait bien pré-
» férable pour le gouvernement de devoir le retrait de la can-
» didature à la seule intervention du Roi.

» Si vous réussissez, télégraphiez de suite, et venez à Paris ;
» apportez vous-même les détails de la négociation. »

Le 12 juillet, nouveau télégramme du ministre, demandant que le roi de Prusse s'associe à la déclaration de renonciation faite par le prince Antoine au nom de son fils Léopold et donne l'assurance qu'il n'autoriserait pas de nouveau cette candidature.

Le roi de Prusse, on le sait, a refusé cette déclaration. Il s'est borné à dire qu'il autorisait l'ambassadeur de France à faire savoir au gouvernement de l'Empereur qu'il approuvait la renonciation des princes de Hohenzollern. Cette assurance a d'abord paru suffisante, et M. le garde des sceaux a annoncé que tout était fini. Cette nouvelle a été accueillie à Paris avec une satisfaction dont le mouvement de hausse à la Bourse a été l'expression. M. de Gramont se faisait donc d'étranges illusions quand il se disait entraîné par l'opinion publique : l'opinion publique ne demandait que la paix. Le cabinet la méconnut en revenant sur sa première impression et en continuant à exiger du roi de Prusse une garantie que celui-ci refusait de donner. Il cherchait ainsi un prétexte de rupture, et d'avance il en prenait toute la responsabilité, puisque dans son impatience M. de Gramont parlait de commencer le lendemain. Le 13 juillet, à 9 heures 45 minutes du soir, il envoyait à M. Benedetti le télégramme suivant :

« J'ai reçu vos télégrammes d'aujourd'hui de midi et d'une
» heure.

» Ainsi que je vous l'avais annoncé, le sentiment français
» est tellement surexcité, que c'est à grand'peine que pour
» donner des explications nous avons pu obtenir jusqu'à ven-
» dredi.

» Faites un dernier effort auprès du Roi, dites-lui que nous
» nous bornons à lui demander de défendre au prince de Ho-
» henzollern de revenir sur sa renonciation. Qu'il vous dise :
« Je le lui défendrai. » Et qu'il vous autorise à me l'écrire, ou
» qu'il charge son ministre ou son ambassadeur de me le
» faire savoir, cela nous suffira. Si en effet le Roi ne nourrit
» pas d'arrière-pensée, ce n'est pour lui qu'une question se-
» condaire ; mais pour nous elle est très-importante, la parole
» seule du Roi peut constituer pour l'avenir une garantie
» suffisante.

» *J'ai lieu de croire que les autres cabinets nous trouvent*
» *justes et modérés.*

» *L'empereur Alexandre nous appuie chaleureusement.*

» Dans tous les cas, partez d'Ems et venez à Paris avec la
» réponse affirmative ou négative ; il faut que je vous aie vu
» vendredi avant midi. Si cela est nécessaire, prenez un train
» spécial. Continuez toujours à me télégraphier tout ce que
» vous avez à me faire connaître.

» Peut-être pourriez-vous, en recevant du Roi la nouvelle
» de la renonciation du prince de Hohenzollern, lui dire : « Sire,
» Votre Majesté se porte garant de la parole du prince de Ho-
» henzollern, car elle n'ignore point que, comme puissance,
» nous n'avons pas de rapports avec le prince, et que par con-
» séquent dans le pays notre abri officiel est dans la parole
» du Roi. »

Je ne sais si la commission nommée dans la séance du 15 juillet, et qui n'a eu que deux heures pour faire son travail, a eu connaissance de toutes ces dépêches. Aujourd'hui qu'elles sont mises au jour par M. Benedetti, il est permis de supposer que si la Chambre avait pris le temps de les lire, elle n'aurait pas voté la guerre.

Le gouvernement semblait si bien le comprendre ainsi, qu'il a fait intervenir dans la discussion l'allégation d'une prétendue offense faite à la nation, et c'est sur cette offense que le rapporteur s'est principalement appuyé pour conclure en faveur du gouvernement.

Or, M. Benedetti déclare qu'il n'y a eu *ni insulteur ni insulté* : tout s'est borné au télégramme qu'on va lire, et dans lequel il est impossible de voir une offense qui puisse entraîner une grande nation à se précipiter dans les hasards d'une guerre formidable, sans solliciter une explication, sans essayer une négociation.

### N° 2.

*Télégramme du gouvernement prussien à propos du refus du roi de Prusse de continuer avec M. Benedetti les négociations relatives à la candidature du prince de Hohenzollern.*

Je donne ici le texte du seul télégramme qui ait été envoyé par le ministère des affaires étrangères de Berlin. La traduction en a été faite par M. Stover, traducteur-interprète juré près le tribunal de la Seine. Cette pièce n'était point entre les mains des ministres le 15 juillet; elle n'a point été soumise à la Commission. Celle-ci n'a vu que des télégrammes de nos agents, annonçant qu'ils avaient lu le télégramme prussien. C'est sur l'interprétation donnée par eux à ce document que la Chambre a voté la déclaration de guerre.

Berlin, 13 juillet 1870.

« Les nouvelles de la renonciation du prince héréditaire de
» Hohenzollern ayant été communiquées par le gouvernement
» royal espagnol au gouvernement impérial français, l'ambas-
» sadeur français a encore demandé à Sa Majesté le Roi, à Ems,
» de l'autoriser à télégraphier à Paris que Sa Majesté s'enga-
» geait pour tout l'avenir à ne jamais donner son consentement
» dans les cas où les Hohenzollern reviendraient sur leur can-
» didature. Sa Majesté le Roi a refusé alors de recevoir de nou-
» veau l'ambassadeur français, et lui a fait dire, par son aide
» de camp de service, que Sa Majesté n'avait plus rien à com-
» muniquer à l'ambassadeur. »

N° 3.

*Rapport au roi de Prusse, par l'un de ses aides de camp, M. le lieutenant colonel, comte de Ratzivill.*

**Traduit de l'allemand.**

« Sa Majesté le Roi, à la suite d'un entretien qui avait eu
» lieu avec le comte Benedetti, sur la promenade des Bains,
» dans la matinée du 13 juillet, a bien voulu me charger, vers
» deux heures de l'après-midi, de porter au comte le message
» suivant :

» Que Sa Majesté avait, depuis une heure, par une lettre du
» prince de Hohenzollern, datée de Sigmaringen, la confirma-
» tion complète des nouvelles que le comte lui avait apprises
» le matin même, comme reçues directement de Paris, tou-
» chant la renonciation du prince Léopold à la candidature au
» trône d'Espagne.

» Qu'en conséquence Sa Majesté regardait cette affaire comme
» terminée.

» Le comte, après avoir entendu cette communication, m'a
» répondu que, depuis son entretien avec le Roi, il avait reçu
» une nouvelle *dépêche* de M. de Gramont, par laquelle il
» avait été chargé de demander une audience à Sa Majesté, et
» de lui exposer encore une fois le désir du gouvernement
» français :

» 1° Qu'elle approuvât la renonciation du prince de Hohen-
» zollern ;

» 2° Qu'elle donnât l'assurance qu'aussi, à l'avenir, cette
» candidature ne serait plus reprise.

» A cette demande, Sa Majesté a fait répondre au comte
» Benedetti, par mon intermédiaire, qu'Elle approuvait la re-

» nonciation dans le même sens et dans la même étendue où
» Elle avait approuvé l'acceptation de cette candidature;

» Que c'était du prince Antoine de Hohenzollern que Sa
» Majesté avait reçu la communication par écrit de la renoncia-
» tion; ce dernier y ayant été autorisé par le prince Léopold.

» Quant au second point, concernant l'assurance pour l'a-
» venir, Sa Majesté n'avait qu'à se reporter à ce qu'Elle avait
» dit Elle-même au comte dans la matinée.

» *Le comte Benedetti me remercia de cette réponse de Sa*
» *Majesté*, et me dit qu'il la transmettrait à son gouverne-
» ment, ainsi qu'il y était autorisé.

» Mais, pour le second point, ayant reçu de M. de Gra-
» mont, dans la dernière dépêche, des ordres formels, il se
» voyait forcé de maintenir sa demande touchant un nouvel
» entretien, *ne fût-ce que pour entendre encore une fois les*
» *mêmes paroles de Sa Majesté*, d'autant plus qu'il y avait
» dans cette dernière dépêche des arguments nouveaux qu'il
» eût voulu soumettre à Sa Majesté.

» Sur ce, Sa Majesté a fait répondre, pour la troisième fois,
» au comte Benedetti, par mon intermédiaire, après le dîner,
» vers six heures, qu'Elle croyait devoir refuser absolument
» d'entrer dans de nouvelles discussions sur ce dernier point
» (l'engagement obligatoire pour l'avenir); que ce qu'Elle avait
» dit dans la matinée était son dernier mot dans cette affaire,
» et qu'Elle ne pouvait que s'y reporter.

» Le comte Benedetti ayant appris qu'on ne pouvait pas
» compter avec certitude sur l'arrivée à Ems du comte de Bis-
» marck pour le lendemain, *a déclaré alors vouloir se conten-*
» *ter, pour sa part, de cette déclaration de Sa Majesté le Roi.*

» Ems, le 13 juillet 1870.

» *Signé* : A. Radzivill,
» lieutenant-colonel et aide de camp de S. M. le Roi. »

## N° 4.

*Rapport officiel sur ce qui s'est passé à Ems, rédigé sous la surveillance du Roi.*

J'emprunte aux citations faites par M. Benedetti dans son livre *Ma mission en Prusse*, le document suivant, qui complète les informations résultant des deux précédents :

« Le comte Benedetti sollicita, le 9 juillet, à Ems, une au-
» dience du Roi, qui lui fut aussitôt accordée. Dans cette au-
» dience, il demanda que le Roi donnât au prince héritier de
» Hohenzollern l'ordre de retirer son acceptation à la couronne
» d'Espagne. Le Roi répondit que dans toute cette affaire il
» ne devait être considéré que comme roi, et que par consé-
» quent il ne pouvait donner aucun ordre relativement à l'ac-
» ceptation de la candidature au trône. Le 11 juillet, l'ambas-
» sadeur de France demanda et obtint une seconde audience,
» dans laquelle il essaya d'exercer une pression sur le Roi
» (*ein pression auf den Kœnig auszuüben versuchte*) pour
» que celui-ci forçât le prince (*in den Prinzen dringe*) à re-
» noncer à la couronne. Le Roi répondit que le prince était
» entièrement libre de ses résolutions; que, du reste, il ne
» savait même pas où se trouvait actuellement le prince, qui
» projetait un voyage en Suisse. Sur la promenade des Sources
» (*Brünnen Promenade*), le 13 au matin, le Roi donna à
» l'ambassadeur un supplément de la *Gazette de Cologne*,
» qui venait de lui être remis, et contenant un télégramme
» privé, daté de Sigmaringen, annonçant la renonciation du
» prince. Le Roi fit observer qu'il n'avait pas encore reçu de
» lettre de Sigmaringen, mais qu'il en attendait pour le jour
» même. Le comte Benedetti dit à Sa Majesté que, dès la

» veille au soir il avait reçu de Paris avis de la renonciation
» du prince; et tandis que le Roi considérait par cela même
» l'affaire comme vidée, l'ambassadeur demanda d'une façon
» tout à fait inattendue au Roi d'énoncer l'assurance formelle
» qu'il ne donnerait jamais de nouveau son approbation, si
» cette candidature venait à se représenter. Le Roi repoussa
» catégoriquement cette prétention, et maintint son refus,
» lorsque le comte Benedetti appuya de nouveau et avec une
» insistance de plus en plus pressante sur sa proposition. Mal-
» gré cela, le comte Benedetti, au bout de quelques heures,
» demanda une troisième audience. Invité à en désigner l'ob-
» jet, il fit répondre qu'il désirait renouveler l'entretien du
» matin. Le Roi refusa une nouvelle audience, en se basant
» sur ce qu'il n'avait pas d'autre réponse à donner que celle
» déjà fournie, et que, du reste, toutes les négociations de-
» vaient désormais être traitées par les ministères. Le désir
» qu'avait le comte Benedetti de prendre congé du Roi, au
» moment du départ de Sa Majesté, fut satisfait, puisque, en
» partant pour Coblentz, le Roi salua le comte en passant, le
» 14 juillet, dans la gare. *Ainsi donc, l'ambassadeur eut trois*
» *audiences du Roi,* qui ont toujours conservé le caractère
» d'entretiens privés, puisque le comte Benedetti ne s'est ja-
» mais présenté comme chargé de mission ni comme négocia-
» teur (*niemals als Beauftragter, oder unterhändler sich*
» *gerüchte*) ».

## N° 5.

On sait par mon récit qu'en apprenant nos premiers désastres, le 8 août, lorsque tout pouvait encore se réparer, j'ai demandé avec instance que le commandement en chef fût enlevé à l'Empereur. Je n'ai cessé jusqu'au 4 septembre de supplier la majorité du Corps législatif de prendre cette mesure de salut. Dans les derniers jours, M. le ministre de la guerre nous a donné l'assurance que l'Empereur ne commandait plus en chef. Cette assertion est en complète contradiction avec l'extrait du rapport qu'on va lire, et avec la note qui l'accompagne, relevée par le *Journal des Débats* du 31 octobre 1871.

*Extrait d'une lettre du roi Guillaume à la reine de Prusse, du 3 septembre 1870, contenant l'historique de la capitulation de Sedan.*

.... Je fis cesser la canonnade et j'envoyai en parlementaire, avec le drapeau blanc, le lieutenant-colonel de Bronsart, de l'état-major général, proposer la capitulation à l'armée et à la place. Chemin faisant, il rencontra un officier bavarois qui venait m'annoncer qu'un parlementaire français avec le drapeau blanc s'était montré à la porte de la ville. « *Le lieutenant-colonel de Bronsart fut introduit dans la place, et, comme il demandait le général en chef, on le conduisit, à sa grande surprise, devant l'Empereur, qui voulut immédiatement lui remettre une lettre pour moi. L'Empereur demanda au lieutenant-colonel de quelle mission il était chargé. Sur la réponse qui lui fut faite :* « *sommer la place et l'armée de se rendre* », *il dit à notre parlementaire qu'il devait s'adresser pour cela au général de Wimpffen, lequel venait de prendre le commandement à la place de Mac-Mahon blessé,* — *et que lui-même il allait envoyer vers moi avec sa lettre son adjudant-général Reille.* »

Il était sept heures lorsque Reille et Bronsart arrivèrent

près de moi : ce dernier précédait un peu l'envoyé français, et c'est seulement par lui que j'appris avec certitude que l'Empereur était dans la place. Tu peux juger l'impression que cela produisit sur moi avant tout et par dessus tout ! Reille sauta à bas de son cheval et me remit la lettre de son empereur, ajoutant qu'il n'avait pas d'autre mission. Avant d'ouvrir la lettre, je lui dis : « Mais je demande comme première » condition que l'armée mette bas les armes. » La lettre commençait ainsi : « *N'ayant pas pu mourir à la tête de mes* » *troupes, je dépose mon épée à Votre Majesté* », s'en remettant pour tout le reste à ma disposition.

Ma réponse fut qu'une rencontre de cette sorte entre nous m'était pénible, et que je désirais l'envoi d'un plénipotentiaire avec lequel la capitulation serait conclue. Après que j'eus remis la lettre au général Reille, je lui adressai quelques paroles comme à une ancienne connaissance [1], et ainsi se termina cet épisode.

*Note extraite du* Journal des Débats, 31 *octobre* 1871.

« On assure que la commission d'enquête sur les capitulations vient de recevoir communication de documents nouveaux jusqu'ici. Il résulterait de ces documents que l'Empereur a conservé jusqu'au dernier moment le commandement suprême. Il est certain, en effet, que c'est lui qui, de sa propre autorité, a fait hisser le drapeau parlementaire, alors que les généraux voulaient tenter de se frayer un passage à travers les lignes ennemies.

» Si l'Empereur n'avait eu, en réalité, que le rôle effacé que lui a attribué si chevaleresquement le maréchal Mac-Mahon dans sa déposition devant la commission d'enquête, on se demande à quel titre il aurait pris sur lui de faire arborer le drapeau blanc. »

[1] Le général Reille avait été attaché par l'Empereur à la personne du roi de Prusse lors de son voyage à Paris, en 1867, pendant l'exposition universelle.

## N° 6.

*Procès-verbaux des deux séances tenues le 4 septembre par le Corps législatif dans la salle à manger de la présidence, l'une à cinq heures, l'autre à neuf heures du soir.*

Après la séance du Corps législatif, si brusquement interrompue par l'envahissement de la salle par le peuple et les gardes nationaux, une grande partie des députés se réunirent dans la salle à manger de la présidence du Corps législatif pour entendre le rapport de la commission nommée à l'effet d'examiner les diverses propositions faites à la séance de l'après-midi.

Voici le compte rendu sommaire de cette courte séance :

*Président* : M. ALFRED LE ROUX.

M. GARNIER-PAGÈS prononce un discours et engage la Chambre à s'unir au gouvernement provisoire installé à l'hôtel de ville.

M. BUFFET proteste avec énergie contre la violence dont la Chambre a été l'objet.

La commission chargée d'examiner les trois propositions dont l'urgence a été déclarée, est invitée à faire connaître ses conclusions.

M. MARTEL, rapporteur, s'exprime en ces termes :

Messieurs, votre commission a examiné les trois propositions qui vous ont été soumises. Après délibération, ces trois propositions ont été successivement mises aux voix, et c'est celle de M. Thiers qui a obtenu le plus grand nombre de suffrages.

Toutefois, votre commission a ajouté à cette proposition deux paragraphes : l'un de ces paragraphes fixe le nombre des membres qui devront composer la commission de gouvernement et de défense nationale ; l'autre déclare que cette commission nommera des ministres. En conséquence, voici le texte qui vous est proposé :

« Vu la vacance du pouvoir, la Chambre nomme une commission de gouvernement et de défense nationale. Cette commission est composée de cinq membres choisis par le Corps législatif. Elle nommera les ministres.

» *Dès que les circonstances le permettront, la nation sera appelée par une Assemblée constituante à se prononcer sur la forme de son gouvernement.* »

Une discussion s'engage sur cette rédaction, qui est définitivement adoptée, après que l'on a entendu MM. Thiers, Grévy et Dréolle.

On propose d'envoyer des délégués pour s'entendre avec les membres de la Chambre qui siégent à l'hôtel de ville.

Sont délégués à cet effet MM. Garnier-Pagès, Lefèvre-Pontalis, Martel, Grévy, de Guiraud, Cochery, Johnson, Barthélemy Saint-Hilaire.

Pour faciliter la conciliation, la Chambre déclare à ses délégués qu'ils peuvent considérer comme nombre provisoire le nombre de cinq membres devant composer la commission de gouvernement et de défense nationale.

Tous les bureaux, sauf le 5ᵉ, avaient nommé chacun leur commissaire ; ces commissaires étaient MM. Daru, Buffet, Gaudin, Martel, Jules Simon, Josseau, Le Hon, Dupuy de Lôme.

MARTEL, *rapporteur.*

Le soir, une nouvelle réunion de députés eut lieu dans cette même salle à manger de la présidence. Divers membres du nouveau gouvernement improvisé dans la journée à l'hôtel de ville y prirent part. Voici le compte rendu de cette séance :

4 septembre 1870, huit heures du soir.

En l'absence du président et des vice-présidents, M. Thiers est prié de présider la réunion.

Il s'assied, ayant à ses côtés les secrétaires du Corps législatif MM. Martel, Peyrusse, Josseau.

M. Thiers. — Messieurs, j'ai une présidence d'un moment. On m'annonce l'arrivée de MM. Jules Favre et Jules Simon, qui viennent nous apporter la réponse aux paroles de conciliation qui leur ont été portées par vos délégués. Nous allons entendre ces messieurs.

MM. Jules Favre et Jules Simon sont introduits.

Ils prennent place vis-à-vis de M. Thiers.

M. Jules Favre. — Nous venons vous remercier de la démarche que vos délégués ont faite auprès de nous. Nous en avons été vivement touchés. Nous avons compris qu'elle était inspirée par un sentiment patriotique. Si dans l'Assemblée nous différons sur la politique, nous sommes certainement tous d'accord lorsqu'il s'agit de la défense du sol et de la liberté menacée.

En ce moment, il y a des faits accomplis : un gouvernement issu de circonstances que nous n'avons pas pu prévenir, gouvernement dont nous sommes devenus les serviteurs. Nous y avons été enchaînés par un mouvement supérieur qui a, je l'avoue, répondu au sentiment intime de notre âme. Je n'ai pas aujourd'hui à m'expliquer sur les fautes de l'Empire. Notre devoir est de défendre Paris et la France.

Lorsqu'il s'agit d'un but aussi cher à atteindre, il n'est certes pas indifférent de se rencontrer dans les mêmes sentiments avec le Corps législatif. Du reste, nous ne pouvons rien changer à ce qui vient d'être fait. Si vous voulez bien y donner votre ratification, nous vous en serons reconnaissants. Si, au contraire, vous nous la refusez, nous respecterons les décisions de votre conscience, mais nous garderons la liberté entière de la nôtre.

Voilà ce que je suis chargé de vous dire par le gouvernement provisoire de la République, dont la présidence a été offerte au général Trochu, qui l'a acceptée.

Vous connaissez sans doute les autres noms. Notre illustre collègue qui vous préside n'en fait pas partie, parce qu'il n'a pas cru pouvoir accepter cette offre. Quant à nous, hommes d'ordre et de liberté, nous avons cru, en l'acceptant, accomplir une mission patriotique.

M. Thiers. — Le passé ne peut être équitablement apprécié par chacun de nous à l'heure qu'il est. C'est l'histoire seule qui pourra le faire.

Quant au présent, je ne peux vous en parler que pour moi. Mes collègues ici présents ne m'ont pas donné la mission de vous dire s'ils accordent ou s'ils refusent leur ratification aux événements de la journée.

Vous vous êtes chargés d'une immense responsabilité.

Notre devoir à tous est de faire des vœux ardents pour que vos efforts réussissent dans la défense de Paris, des vœux ardents pour que nous n'ayons pas longtemps sous les yeux le spectacle navrant de la présence de l'ennemi.

Ces vœux, nous les faisons tous par amour pour notre pays, parce que votre succès serait celui de notre patrie.

*Une voix.* — Quels sont les noms des personnes qui composent le nouveau gouvernement?

M. Jules Simon. — Les membres choisis l'ont été pour composer une commission chargée de la défense de la capitale, c'est vous dire que ce sont tous les députés de Paris, excepté le plus illustre d'entre eux, parce qu'il n'a pas accepté les offres qui lui ont été faites; mais il vient de vous dire la grandeur de la responsabilité dont nous nous sommes chargés, et il fait des vœux pour notre succès.

Dans ce choix il n'y a pas eu de préoccupations individuelles : il y a eu l'application d'un principe. S'il en était autrement, on verrait figurer dans cette commission les noms d'autres personnes que ceux des députés de Paris. Nous n'avous qu'une pensée, c'est celle de faire face à l'ennemi.

M. Peyrusse. — Paris fait encore une fois la loi à la France.

MM. Jules Favre et Jules Simon ensemble. — Nous protestons contre cette assertion.

M. Jules Favre. — Le gouvernement provisoire se compose donc de MM. Arago, Crémieux, Jules Favre, Jules Ferry, Gambetta, Garnier-Pagès, Glais-Bizoin, Pelletan, Rochefort. Ce dernier ne sera pas le moins sage : en tout cas, nous avons préféré l'avoir dedans que dehors. Je remercie M. le président de ce qu'il a bien voulu nous dire en exprimant des vœux devant vous pour le succès de notre entreprise. Ces paroles patriotiques nous relient à vos départements, dont le concours nous est nécessaire pour l'œuvre de la défense nationale.

M. le comte Le Hon. — Quelle est la situation du Corps législatif vis-à-vis du gouvernement provisoire?

M. Favre. — Nous n'en avons pas délibéré.

M. Thiers. — Je n'ai pas adressé de question à nos collègues sur le sort du Corps législatif, parce que si nous avons quelque chose à nous communiquer sur cette situation, il me parait que nous devons attendre que ces messieurs se soient retirés.

MM. Jules Favre et Jules Simon se retirent.

M. Thiers. — Messieurs, nous n'avons plus que quelques instants à passer ensemble. Mon motif pour ne pas adresser de question à MM. Jules Favre et Simon a été que si j'en faisais, c'était reconnaître le gouvernement qui vient de naître des circonstances. Avant de le reconnaître, il faudrait résoudre des questions de fait et de principes qu'il ne nous convient pas de traiter actuellement.

Le combattre aujourd'hui serait une œuvre antipatriotique. Ces hommes doivent avoir le concours de tous les citoyens contre l'ennemi. Nous faisons des vœux pour eux, et nous ne pouvons actuellement les entraver par une lutte intestine. Dieu veuille les assister ! Ne nous jugeons pas les uns les autres. Le présent est rempli de trop amères douleurs.

M. Roulleaux-Dugage. — Quel rôle devons-nous jouer dans nos départements?

M. Thiers. — Dans nos départements, nous devons vivre en bons citoyens, dévoués à la patrie. Aussi longtemps qu'on ne nous demandera rien de contraire à notre conscience et aux vrais principes sociaux, notre conduite sera facile. Nous ne nous dissolvons pas; mais, en présence de la grandeur de nos malheurs, nous rentrons dignement chez nous, car il ne nous convient ni de reconnaître ni de combattre ceux qui vont lutter contre l'ennemi.

*Une voix.* — Mais comment saura-t-on ce qui s'est dit ici?

M. Thiers. — Veuillez vous en rapporter à moi, vous qui m'avez fait l'honneur de me donner une présidence de quelques minutes dans ces douloureuses circonstances. Je m'entendrai avec M. Martel et vos secrétaires pour la rédaction d'un procès-verbal.

M. Buffet. — Ne devons-nous pas rédiger une protestation?

M. Thiers. — De grâce, n'entrons pas dans cette voie. Nous sommes devant l'ennemi, et, pour cela, nous faisons tous un sacrifice aux dangers que court la France : ils sont immenses. Il faut nous taire, faire des vœux, et laisser à l'histoire le soin de juger.

M. Pinard (du Nord). — Nous ne pouvons pas garder le silence devant la violence faite à la Chambre; il faut la constater!

M. Thiers. — Ne sentez-vous pas que si vous opposez ce souvenir comme une protestation, il rappellera aussitôt celui de la violation d'une autre Assemblée? Tous les faits de la journée ont-ils besoin d'une constatation?

M. le comte Daru. — Les scellés ont été mis sur la porte de la Chambre.

M. Thiers. — Y a-t-il quelque chose de plus grave que les scellés sur les personnes? N'ai-je pas été à Mazas? Vous ne m'entendez pas m'en plaindre.

M. Grévy. — Le gouvernement provisoire, auprès duquel vous m'aviez fait l'honneur de me déléguer avec la mission de lui parler comme à des collègues, n'avait pu nous donner sa réponse définitive. Il nous avait promis de délibérer pour nous la transmettre, en nous indiquant neuf heures du soir. Je ne comptais pas que cette heure aurait été devancée ; c'est pourquoi je ne suis pas venu ici plus tôt.

Nous sommes arrivés trop tard à l'hôtel de ville. Il y avait déjà un gouvernement provisoire qui s'y était installé. Nous y avons lu l'épreuve qu'on nous a montrée d'une proclamation qui nous a convaincus que notre mission était devenue sans objet.

M. Alfred Le Roux. — Je n'ai pu aussi venir plus tôt, parce que, ayant été chargé par vous de voir M. le général Trochu, j'ai dû me rendre auprès de lui. Je m'y suis rendu avec M. Estancelin. Là aussi nous avons reconnu qu'il était trop tard.

Mon devoir est maintenant de vous dire que j'ai été en cette circonstance, autant qu'il était en moi, votre fidèle interprète !

M. le duc de Marmier. — Vous me permettrez à moi, dont le père a longtemps commandé la garde nationale de Paris, de vous exprimer une pensée consolante, c'est celle que nos envahisseurs n'appartenaient pas à cette garde nationale, mais à celle de la banlieue.

M. Buquet. — Je proteste contre les actes qui viennent de s'accomplir, particulièrement contre toute idée de séparation. Je suis d'accord complétement avec les paroles de protestation que M. Buffet a fait entendre tout à l'heure dans notre séance de quatre heures contre la violence dont la représentation nationale a été l'objet. (Mouvement et agitation.)

MM. Buquet, Pinard, de Saint-Germain et quelques autres déclarent qu'ils protestent.

M. Thiers. — De grâce, ne rentrons pas dans la voie des récriminations ; cela nous mènerait trop loin, et vous devriez bien ne pas oublier que vous parlez devant un prisonnier de Mazas. (Mouvement.)

J'espérais que nous nous séparerions profondément affligés, mais unis. Je vous en supplie, ne nous laissons pas aller à des paroles irritantes! Suivez mon exemple. Je réprouve l'acte qui s'est accompli aujourd'hui ; je ne peux approuver aucune violence, mais je songe que nous sommes en présence de l'ennemi, qui est près de Paris.

M. Girault. — Je partage l'opinion de M. Buffet quand il a protesté dans la séance de quatre heures. Nous ne devons pas faire de politique ni nous diviser. Amenons le gouvernement à s'entendre avec la Chambre. De cette façon, nous serons d'accord avec les départements. Soutenons-nous et soutenons la France. Je vais aller à l'hôtel de ville. Si on ne veut pas m'écouter, je protesterai.

M. Thiers. — Voulez-vous renouveler toutes les discussions des dernières années? Je ne crois pas que ce soit convenable.

Je proteste contre la violence que nous avons subie aujourd'hui ; mais ce n'est pas le moment de donner cours aux ressentiments. Est-il possible de nous mettre en hostilité avec le gouvernement provisoire en ce moment suprême?

En présence de l'ennemi, qui sera bientôt sous Paris, je crois que nous n'avons qu'une chose à faire : nous retirer avec dignité. (L'émotion profonde de M. Thiers se communique à toute l'Assemblée.)

La séance est levée à dix heures.

N° 7.

*Proclamation du maire de Paris, annonçant la nomination des maires provisoires.*

Citoyens de Paris,

Le gouvernement de la Défense nationale n'entend usurper aucun des droits du peuple. Dans un délai aussi court que le permettront les circonstances, les citoyens seront appelés à élire leur municipalité. En attendant, et afin de pourvoir aux nécessités urgentes du service de la Cité dans une situation exceptionnelle, le maire de Paris nomme pour *maires provisoires* des 20 arrondissements les citoyens dont les noms suivent :

1er arrondissement. — Tenaille-Saligny, avocat à la cour de cassation.
2e arr. — Tirard, négociant.
3e arr. — Bonvalet, négociant.
4e arr. — Greppo, ancien représentant du peuple.
5e arr. — J.-B. Bocquet, ancien adjoint.
6e arr. — Hérisson, avocat à la cour de cassation.
7e arr. — Ribaucourt, docteur-médecin.
8e arr. — Carnot, ancien membre du gouvernement provisoire de 1848.
9e arr. — Ranc, homme de lettres.
10e arr. — Turpin, négociant [1].
11e arr. — Léonce Libert, professeur [2].

[1] N'a pas accepté. Il a été remplacé par M. O'Reilly, ancien secrétaire général de la préfecture de police.
[2] N'a pas accepté. Il a été remplacé par M. Coffard.

12⁰ arr. — Alfred Grivot, négociant à Bercy.
13⁰ arr. — Pernolet, ingénieur.
14⁰ arr. — Leneveu, rédacteur du *Siècle*.
15⁰ arr. — Corbon, ancien représentant du peuple.
16⁰ arr. — Henri Martin, historien.
17⁰ arr. — François Favre, homme de lettres.
18⁰ arr. — Clémenceau, docteur-médecin.
19⁰ arr. — Richard, fabricant.
20⁰ arr. — Braleret, commerçant.

Ces citoyens sont invités à entrer immédiatement en fonctions et à désigner chacun deux adjoints. Il est inutile de rappeler aux nouveaux administrateurs des mairies parisiennes qu'en face de l'ennemi marchant sur Paris, leur premier devoir est de veiller sans relâche à l'armement des citoyens et de se tenir, nuit et jour, prêts à seconder la défense nationale.

VIVE LA RÉPUBLIQUE!

*Le maire de Paris*,
ÉTIENNE ARAGO.

N° 8.

*Circulaire du ministre de l'intérieur.*

Monsieur le préfet, en acceptant le pouvoir dans un tel danger de la patrie, nous avons accepté de grands périls et de grands devoirs. Le peuple de Paris, qui, le 4 septembre, se retrouvait, après une si longue absence, ne l'a pas entendu autrement, et ses acclamations veulent dire clairement qu'il attend de nous le salut de la patrie.

Notre nouvelle République n'est pas un gouvernement qui comporte les dissensions politiques, les vaines querelles. C'est, comme nous l'avons dit, un gouvernement de défense nationale, une République de combat à outrance contre l'envahisseur.

Entourez-vous donc des citoyens animés, comme nous-mêmes, du désir immense de sauver la patrie et prêts à ne reculer devant aucun sacrifice.

Au milieu de ces collaborateurs improvisés, apportez le sang-froid et la vigueur qui doivent appartenir au représentant d'un pouvoir décidé à tout pour vaincre l'ennemi.

Soutenez tout le monde par votre activité sans limites, dans toutes les questions où il s'agira de l'armement, de l'équipement des citoyens et de leur instruction militaire.

Toutes les lois prohibitives, toutes les restrictions si funestement apportées à la fabrication et à la vente des armes ont disparu.

Que chaque Français reçoive ou prenne un fusil, et qu'il se mette à la disposition de l'autorité : *la patrie est en danger!*

Il vous sera donné jour par jour des avis concernant les détails du service. Mais faites beaucoup par vous-même, et appliquez-vous surtout à gagner le concours de toutes les volontés, afin que, dans un immense et unanime effort, la France doive son salut au patriotisme de tous ses enfants.

Recevez, etc.                                         Léon Gambetta.

## N° 9.

#### 6 septembre 1870.

*Note de l'Officiel sur l'attitude des députés de l'opposition.*

Le gouvernement de la défense nationale reçoit incessamment les adhésions chaleureuses des députés de l'opposition élus par les départements.

Tout le monde a compris que dans la crise que nous traversons, là où est le combat, là doit être le pouvoir.

C'est sur Paris que marche à cette heure l'armée envahissante.

C'est dans Paris que se concentrent les espérances de la patrie.

Pour affronter cette lutte suprême dans laquelle il suffit de persévérer pour vaincre, la population parisienne a choisi pour chefs les mandataires qu'elle avait déjà investis de sa confiance, et le général dévoué sur lequel repose spécialement l'organisation de la défense.

Rien de plus logique et de plus simple. Quand Paris aura fait son devoir, il remettra à la nation le mandat redoutable que la nécessité lui impose, en convoquant une Assemblée constituante.

Les députés des départements l'ont bien compris, aussi ne marchandent-ils au gouvernement de la défense nationale ni leurs conseils ni leur concours.

## N° 10.

*Circulaire du ministre des affaires étrangères.*

M. Jules Favre, vice-président du gouvernement, ministre des affaires étrangères, a adressé, en prenant possession de son ministère, la circulaire suivante aux agents diplomatiques de la France à l'étranger.

Monsieur,

Les événements qui viennent de s'accomplir à Paris s'expliquent si bien par la logique inexorable des faits, qu'il est inutile d'insister longuement sur leur sens et leur portée.

En cédant à un élan irrésistible, trop longtemps contenu, la population de Paris a obéi à une nécessité supérieure, celle de son propre salut.

Elle n'a pas voulu périr avec le pouvoir criminel qui conduisait la France à sa perte.

Elle n'a pas prononcé la déchéance de Napoléon III et de sa dynastie : elle l'a enregistrée au nom du droit, de la justice et du salut public.

Et cette sentence était si bien ratifiée à l'avance par la conscience de tous, que nul, parmi les défenseurs les plus bruyants du pouvoir qui tombait, ne s'est levé pour le soutenir.

Il s'est effondré de lui-même, sous le poids de ses fautes, aux acclamations d'un peuple immense, sans qu'une goutte de sang ait été versée, sans qu'une personne ait été privée de sa liberté.

Et l'on a pu voir, chose inouïe dans l'histoire, les citoyens auxquels le cri du peuple conférait le mandat périlleux de combattre et de vaincre, ne pas songer un instant aux adversaires qui la veille les menaçaient d'exécutions militaires. C'est en leur refusant l'honneur d'une répression quelconque qu'ils ont constaté leur aveuglement et leur impuissance.

L'ordre n'a pas été troublé un seul moment ; notre confiance dans la sagesse et le patriotisme de la garde nationale et de la population tout entière, nous permet d'affirmer qu'il ne le sera pas.

Délivré de la honte et du péril d'un gouvernement traître à tous ses devoirs, chacun comprend que le premier acte de cette souveraineté nationale enfin reconquise est de se commander à soi-même et de chercher sa force dans le respect du droit.

D'ailleurs, le temps presse : l'ennemi est à nos portes ; nous n'avons qu'une pensée, le repousser hors de notre territoire.

Mais cette obligation que nous acceptons résolûment, ce n'est pas nous qui l'avons imposée à la France ; elle ne la subirait pas si notre voix avait été écoutée.

Nous avons défendu énergiquement, au prix même de notre popularité, la politique de la paix. Nous y persévérons avec une conviction de plus en plus profonde.

Notre cœur se brise au spectacle de ces massacres humains dans lesquels disparaît la fleur des deux nations, qu'avec un peu de bon sens et beaucoup de liberté on aurait préservées de ces effroyables catastrophes.

Nous n'avons pas d'expression qui puisse peindre notre admiration pour notre héroïque armée, sacrifiée par l'impéritie du commandement suprême, et cependant plus grande par ses défaites que par les plus brillantes victoires.

Car, malgré la connaissance de fautes qui la compromettaient, elle s'est immolée, sublime, devant une mort certaine, et rachetant l'honneur de la France des souillures de son gouvernement.

Honneur à elle ! La nation lui ouvre ses bras ! Le pouvoir impérial a voulu les diviser, les malheurs et le devoir les confondent dans une solennelle étreinte. Scellée par le patriotisme et la liberté, cette alliance nous fait invincibles.

Prêts à tout, nous envisageons avec calme la situation qui nous est faite.

Cette situation, je la précise en quelques mots ; je la soumets au jugement de mon pays et de l'Europe.

Nous avons hautement condamné la guerre, et, protestant de notre respect pour le droit des peuples, nous avons demandé qu'on laissât l'Allemagne maîtresse de ses destinées.

Nous voulions que la liberté fût à la fois notre lien commun et notre commun bouclier ; nous étions convaincus que ces forces morales assuraient à jamais le maintien de la paix. Mais, comme sanction, nous réclamions une arme pour chaque citoyen, une organisation civique, des chefs élus ; alors nous demeurions inexpugnables sur notre sol.

Le gouvernement impérial, qui avait depuis longtemps séparé ses intérêts de ceux du pays, a repoussé cette politique. Nous la reprenons, avec l'espoir qu'instruite par l'expérience, la France aura la sagesse de la pratiquer.

De son côté, le roi de Prusse a déclaré qu'il faisait la guerre non à la France, mais à la dynastie impériale.

La dynastie est à terre. La France libre se lève.

Le roi de Prusse veut-il continuer une lutte impie qui lui sera au moins aussi fatale qu'à nous ?

Veut-il donner au monde du dix-neuvième siècle ce cruel spectacle de deux nations qui s'entre-détruisent, et qui, oublieuses de l'humanité, de la raison, de la science, accumulent les ruines et les cadavres ?

Libre à lui ; qu'il assume cette responsabilité devant le monde et devant l'histoire !

Si c'est un défi, nous l'acceptons.

Nous ne céderons ni un pouce de notre territoire, ni une pierre de nos forteresses.

Une paix honteuse serait une guerre d'extermination à courte échéance.

Nous ne traiterons que pour une paix durable.

Ici, notre intérêt est celui de l'Europe entière, et nous avons lieu d'espérer que, dégagée de toute préoccupation dynastique, la question se posera ainsi dans les chancelleries.

Mais fussions-nous seuls, nous ne faiblirons pas.

Nous avons une armée résolue, des forts bien pourvus, une enceinte bien établie, mais surtout les poitrines de trois cent mille combattants décidés à tenir jusqu'au dernier.

Quand ils vont pieusement déposer des couronnes aux pieds de la statue de Strasbourg, ils n'obéissent pas seulement à un sentiment d'admiration enthousiaste, ils prennent leur héroïque mot d'ordre, ils jurent d'être dignes de leurs frères d'Alsace et de mourir comme eux.

Après les forts, les remparts ; après les remparts, les barricades. Paris peut tenir trois mois et vaincre ; s'il succombait, la France, debout à son appel, le vengerait ; elle continuerait la lutte, et l'agresseur y périrait.

Voilà, monsieur, ce que l'Europe doit savoir. Nous n'avons pas accepté le pouvoir dans un autre but. Nous ne le conserverions pas une minute si nous ne trouvions pas la population de Paris et la France entière décidées à partager nos résolutions.

Je les résume d'un mot : devant Dieu qui nous entend, devant la postérité qui nous jugera, nous ne voulons que la paix. Mais si l'on continue contre nous une guerre funeste que nous avons condamnée, nous ferons notre devoir jusqu'au bout, et j'ai la ferme confiance que notre cause, qui est celle du droit et de la justice, finira par triompher.

C'est en ce sens que je vous invite à expliquer la situation à M. le ministre de la cour près de laquelle vous êtes accrédité, et entre les mains duquel vous laisserez copie de ce document.

Agréez, Monsieur, l'expression de ma haute considération.

*Le ministre des affaires étrangères,*
JULES FAVRE.

N° 11.

*Circulaire du ministre de l'intérieur.*

Monsieur le préfet, fonctionnaire institué dans un jour d'extrême péril par un gouvernement qui s'est donné le nom de gouvernement de la défense nationale, votre caractère et votre conduite se trouvent par là même aussi nettement définis que le comportent les pressantes nécessités du salut public.

La défense du pays avant tout! Assurez-la, non-seulement en préparant la mise à exécution sans retards ni difficultés de toutes les mesures votées sous le régime antérieur, mais en suscitant autour de vous les énergies locales, en disciplinant par avance tous les dévouements, afin que le gouvernement puisse les mettre à profit suivant les besoins du pays. Toute votre administration se réduit pour le moment à déterminer le grand effort qui doit être tenté par tous les citoyens en vue de sauver la France.

A cet égard, vous avez le droit de compter sur la ratification de toutes les mesures que vous aurez prises dans ce suprême intérêt. Si, comme je n'en doute pas, vous concentrez rapidement et tournez toutes les forces vives de la nation vers ce grand but, vous écarterez du même coup toutes les divisions, tous les conflits entre les diverses administrations, ce qui est d'une importance capitale dans une crise comme celle où nous sommes.

Pour ce qui est de vos relations avec l'ancien personnel du gouvernement déchu, maires, adjoints, conseillers municipaux et fonctionnaires, relevant exclusivement de l'ordre administratif, votre conduite est toute tracée dans les idées que je viens d'exposer. Ce qu'il faut à notre pays endormi et énervé depuis dix-huit ans, ce qui lui est nécessaire au jour de ce terrible réveil, c'est l'activité sans confusion, la vie, une vie régulière et organisée. Partout donc où se manifesteront des tendances à la propre initiative des citoyens assemblés dans leurs communes, encouragez-les en les réglant, si elles s'inspirent de l'esprit de patriotisme et de dévouement qui anime les représentants des pouvoirs publics.

Le gouvernement de la défense nationale a été composé par le peuple de ses propres élus : il représente en France le grand principe du suffrage universel. Ce gouvernement manquerait à son devoir comme à son origine s'il ne tournait pas dès l'abord ses regards sur les municipalités issues comme ses membres des urnes populaires. Partout où sont installés des conseils municipaux élus sous l'influence du courant libéral et démocratique, que les membres de ces conseils deviennent vos principaux auxiliaires. Partout au contraire où, sous la pression fatale du régime antérieur, les aspirations du citoyen ont été refoulées et où les conseils élus et les officiers municipaux ne représentent que des tendances rétrogrades, entourez-vous de municipalités provisoires et placez à leur tête les chefs qu'elles auront choisis elles-mêmes dans leur sein, si dans leur choix elles ont su obéir aux nécessités patriotiques qui pèsent sur la France.

En résumé, ne pensez qu'à la guerre et aux mesures qu'elle doit engendrer ; donnez le calme et la sécurité pour obtenir en retour l'union et la confiance ; ajournez d'autorité tout ce qui n'a pas trait à la défense nationale ou pourrait l'entraver ; rendez-moi compte de toutes vos opérations, et comptez sur moi pour vous soutenir dans la grande œuvre à laquelle vous êtes associé et qui doit nous enflammer tous du zèle le plus ardent, puisqu'il y va du salut de la patrie.

Recevez, etc.

*Le ministre de l'intérieur,*
GAMBETTA.

N° 12.

*Lettre du ministre des États-Unis.*

Monsieur, j'ai reçu la nuit dernière, à onze heures, la communication que vous m'avez fait l'honneur de m'adresser à la date du 5 courant, et par laquelle vous me faisiez savoir que, en vertu d'une résolution adoptée par les membres du gouvernement de la défense nationale, le département des affaires étrangères vous avait été confié.

J'ai à mon tour la satisfaction de vous annoncer que j'ai reçu de mon gouvernement un télégramme par lequel il me donne mission de reconnaitre le gouvernement de la défense nationale comme le gouvernement de la France.

En conséquence, je suis prêt à entrer en relations avec ce gouvernement, et, si vous le voulez bien, à traiter avec lui toutes les affaires ressortissant aux fonctions dont je suis revêtu.

En faisant cette communication à Votre Excellence, je la prie d'agréer pour elle-même et pour les membres du gouvernement de la défense nationale les félicitations du gouvernement et du peuple des États-Unis : ils auront appris avec enthousiasme la proclamation de cette république qui s'est instituée en France sans qu'une goutte de sang ait été versée, et ils s'associeront par le cœur et sympathiquement à ce grand mouvement, qu'ils espèrent et croient devoir être fécond en résultats heureux pour le peuple français et pour l'humanité tout entière.

Jouissant depuis près d'un siècle des innombrables bienfaits du gouvernement républicain, le peuple des États-Unis ne peut assister qu'avec le plus profond intérêt aux efforts de ce peuple français auquel le rattachent les liens d'une amitié traditionnelle et qui cherche à fonder les institutions par lesquelles on assurera à la génération présente, comme à la postérité, le droit inaliénable de vivre en travaillant au bonheur de tous.

En terminant, je tiens à dire à Votre Excellence que je me félicite d'avoir pour intermédiaire entre le gouvernement de la défense nationale et moi l'homme si distingué dont on apprécie tant, dans mon propre pays, le caractère élevé, et qui a consacré avec dévouement toutes les forces de son intelligence à la cause de la liberté humaine et des gouvernements libres.

Agréez, etc.

WASHBURN.

---

*Réponse du ministre des affaires étrangères.*

Monsieur,

Je considère comme un heureux augure pour la république française, d'obtenir comme premier appui diplomatique la reconnaissance du gouvernement des États-Unis.

Nul mieux que le représentant d'un peuple qui donne au monde le salutaire exemple d'une liberté absolue ne pouvait rappeler, dans des termes à la fois plus justes et plus élevés, les inappréciables bienfaits d'un gouvernement républicain.

Vous avez fondé vos sages et puissantes institutions sur l'indépendance et la vertu civique, et malgré les épreuves terribles traversées par vous, vous avez conservé avec une inébranlable fermeté votre foi dans ce grand principe de la liberté d'où découlent naturellement la dignité, les mœurs, la prospérité.

C'est à marcher sur vos traces que doivent aspirer les nations maîtresses de leurs destinées ; elles ne peuvent être vraiment libres qu'à la condition d'être dévouées, courageuses, modérées, et de prendre pour symbole l'amour du travail et le respect du droit de tous. Ce programme est celui du gouvernement qui vient de naître en France de la crise douloureuse provoquée par les folies du despotisme ; mais à l'heure où il se fonde, il ne peut avoir d'autre pensée que d'arracher la patrie à l'ennemi. Ici encore, il rencontre l'exemple de votre courage et de votre persévérance.

Vous avez soutenu une lutte gigantesque et vous avez vaincu. Forts de la justice de notre cause, repoussant tout esprit de conquête, ne voulant que notre indépendance et notre liberté, nous avons le ferme espoir de réussir.

Dans l'accomplissement de cette tâche, nous comptons sur l'appui de tous les hommes de cœur et de tous les gouvernements intéressés au triomphe de la paix. L'adhésion du cabinet de Washington nous donnerait à elle seule cette confiance. Les membres du gouvernement me prient de vous en témoigner toute leur reconnaissance et d'en transmettre l'expression à votre gouvernement.

Pour ma part, je suis heureux et fier du hasard qui me permet d'être le trait d'union entre deux peuples liés par tant de glorieux souvenirs et maintenant par tant de nobles espérances, et je vous remercie d'avoir, avec une si grande bienveillance pour ma personne, exprimé tout ce que je ressens pour la vôtre, ainsi que mon désir de consolider de plus en plus les relations d'estime affectueuse qui doivent nous unir pour toujours.

Agréez les assurances de la haute considération avec laquelle j'ai l'honneur d'être,

Monsieur,

Votre très-humble et très-obéissant serviteur,

Jules Favre.

## N° 13.

### 8 septembre 1870.

*Lettre du ministre de la Confédération suisse sur la situation des habitants de Strasbourg.*

Monsieur le ministre, la situation des habitants de la ville de Strasbourg a provoqué les sympathies d'un grand nombre de personnes en Suisse. Le conseil fédéral m'annonce que des comités se sont formés dans diverses parties de la Suisse pour venir en aide aux malheureuses populations de la ville assiégée et leur offrir l'hospitalité suisse. Ces comités ont sollicité le concours du gouvernement fédéral, qui vient de prendre la décision suivante :

Le département fédéral de l'intérieur est autorisé à se mettre en rapport avec les comités et à les seconder efficacement. Il pourvoira à l'installation des émigrants et à leur entretien pour autant que la charité privée ne suffirait pas. Le département des péages et du commerce donnera des directions pour l'entrée en franchise des bagages et des effets d'habillement. Le soin est laissé au comité d'envoyer une délégation à Strasbourg pour s'entendre avec le commandant de la place et les forces assiégeantes au sujet de la sortie et de la réception des habitants de la ville.

Mon gouvernement, en me chargeant de porter ces faits à la connaissance de Votre Excellence, m'annonce que la même communication est adressée aux gouvernements de la confédération de l'Allemagne du Nord et du grand-duché de Bade.

Je saisis avec empressement cette occasion pour vous prier d'agréer, etc.

Kern.

*Réponse du ministre des affaires étrangères.*

Paris, 9 septembre 1870.

Monsieur,

Par la lettre que vous m'avez fait l'honneur de m'écrire en date d'hier, vous avez bien voulu me donner connaissance des marques de sympathie que provoque en Suisse la situation des habitants de Strasbourg, ainsi que de la décision prise par le gouvernement fédéral de seconder la formation des comités de secours et les efforts de la charité privée.

Le gouvernement de la défense nationale a été profondément touché de cette communication, et les sentiments qu'elle lui a fait éprouver seront partagés par la France entière. Quant à ceux que la noble conduite du peuple suisse et la généreuse démarche du conseil fédéral inspireront à l'héroïque population de Strasbourg, je n'essayerai pas de les exprimer. De pareils actes font honneur à tous ceux qui en ont pris l'initiative; ils sont pour nous le plus précieux témoignage des dispositions amicales de la Suisse, et rien ne pouvait contribuer davantage à affermir les liens qui l'unissent depuis si longtemps à la France et à l'Alsace en particulier.

Je vous prie, Monsieur, de vouloir bien vous faire l'interprète de notre vive reconnaissance auprès du conseil fédéral et de tous ceux qui participent à l'œuvre des comités.

Recevez, etc.

JULES FAVRE.

## N° 14.

#### 8 septembre 1870.

*Lettre du ministre de la Confédération suisse au ministre des affaires étrangères, annonçant la reconnaissance par la Suisse de la République française.*

. . . . . . . . . . . . . . .

Je suis heureux de pouvoir vous informer que le conseil fédéral m'a autorisé à entrer immédiatement en relations officielles avec le gouvernement de la République française.

La Suisse a toujours reconnu le droit de libre constitution des peuples. La France s'étant constituée en république aux acclamations du pays tout entier, le conseil fédéral n'hésite pas un instant à appliquer ce principe au nouveau gouvernement de la France.

Le conseil fédéral est persuadé que les bonnes relations établies depuis si longtemps entre la France et la Suisse seront maintenues par la République française. De leur côté, les autorités fédérales contribueront de tout cœur à développer ces relations. L'amour commun de la liberté et l'analogie des institutions politiques affermiront, en les renforçant d'une manière puissante, les liens sympathiques qui unissent les deux nations.

Le conseil fédéral a la profonde conviction d'être l'interprète des sentiments du peuple suisse tout entier, en exprimant le vœu sincère que la nouvelle République sœur, née au milieu de graves circonstances, parviendra, dans un avenir prochain, à procurer à la France les bienfaits d'une paix honorable et à consolider à jamais la liberté et les institutions démocratiques. . . .

*Réponse du ministre des affaires étrangères.*

L'étroite amitié qui unit la France et la Suisse ne peut être que fortifiée par la communauté des institutions politiques ; plus heureux que nous, vous jouissez depuis longtemps d'une liberté fortement assise sur la sagesse des habitudes et la virilité des mœurs. Vos pères l'on conquise par d'héroïques sacrifices et vous l'avez conservée par vos vertus ; peut-être aussi a-t-elle été protégée par votre admirable sol, qui est à la fois le plus magique et le plus redoutable de l'Europe ; mais vous avez eu l'habileté de le peupler de libres citoyens armés dès l'enfance, et sachant être des héros quand il s'agit de le défendre.

Quand la France aura traversé la crise périlleuse que lui vaut l'Empire, elle comprendra qu'il est temps pour elle d'imiter votre exemple : elle sera libre et guerrière, et l'épée qu'elle retiendra dans sa main, vouée désormais à l'agriculture et à l'industrie, sera désormais le symbole du respect, du droit et de l'intégrité du sol national.

Je me félicite, monsieur le ministre, au milieu des pénibles préoccupations qui m'assiégent, de me consoler par ces patriotiques espérances. . . .

## N° 15.

### 8 septembre 1870.

*Lettre de M. le ministre d'Italie.*

Monsieur le ministre,

Le gouvernement du Roi..... m'a donné par le télégraphe l'instruction de me mettre immédiatement en communication officielle avec vous et d'entretenir avec les membres du gouvernement les rapports les plus conformes aux sympathies qui existent entre nos deux pays....

---

*Réponse du ministre des affaires étrangères.*

Personne n'est plus heureux que moi de recevoir la communication que me fait Votre Excellence. Vieil et sincère ami de l'Italie, fier des témoignages nombreux de son affection, j'attache le plus haut prix aux assurances qu'elle veut bien me donner par votre organe. A cette satisfaction s'ajoute celle que me causent les relations que les devoirs de ma charge me permettront d'entretenir avec une personne dont j'ai depuis longtemps pu apprécier la grâce bienveillante et les éminentes qualités....

## N° 16.

8 septembre 1870.

*Lettre de l'ambassadeur d'Espagne.*

Monsieur le ministre,

M. le ministre des affaires étrangères d'Espagne m'a envoyé par le télégraphe les instructions nécessaires pour entrer immédiatement en rapports officiels avec Votre Eccellence, et pour vous exprimer son désir de maintenir les bonnes relations qui heureusement existent entre l'Espagne et la France.

Je crois inutile d'ajouter que tous mes efforts seront, comme toujours, pour que ces relations se fortifient de plus en plus pour la prospérité et le bonheur des deux pays.

Veuillez agréer, etc.

S. DE OLOZAGA.

---

*Réponse du ministre des affaires étrangères.*

Monsieur l'ambassadeur,

Il m'est bien précieux de recevoir ce témoignage d'amitié et de confiance de la part des représentants d'un pays qui nous a montré naguère le chemin de la liberté. J'espère que nous nous y avancerons ensemble, étroitement unis par la communauté d'intérêts et d'espérances. C'est précisément à cette heure si cruelle pour la France qu'éclate avec évidence la sagesse d'une politique qui confondrait dans un même faisceau trois peuples vraiment frères, n'attendant, pour retrouver leurs titres de famille, que le signal de la liberté....

Veuillez agréer, etc.

JULES FAVRE.

N° 17.

12 septembre 1870.

*Lettre du chargé d'affaires de Portugal.*

Monsieur le ministre,

Le gouvernement de Sa Majesté Très-Fidèle, que je me suis empressé d'informer de la communication que Votre Excellence m'a fait l'honneur de m'adresser le 5 courant, relativement à la constitution du gouvernement de la défense nationale et de la nomination de Votre Excellence aux fonctions de ministre des affaires étrangères, m'a ordonné de me mettre immédiatement en rapports officiels avec Votre Excellence et de lui exprimer son désir d'entretenir avec le gouvernement de la défense nationale les bonnes relations qui heureusement existent entre le Portugal et la France.

Très-heureux et très-flatté d'être l'intermédiaire entre mon gouvernement et l'homme illustre chargé aujourd'hui de la direction des affaires extérieures de la France, j'apporterai dans l'accomplissement de cette mission tous mes efforts pour maintenir et consolider les meilleurs rapports entre nos deux gouvernements....

Agréez, etc.

*Signé* : Lancastre.

*Réponse du ministre des affaires étrangères.*

Monsieur le ministre,

Le haut prix que la France a toujours attaché aux relations amicales qu'elle entretient avec votre noble patrie me permet de vous donner l'assurance que le gouvernement de la défense nationale accueillera avec une vive satisfaction cette bonne nouvelle.

Je suis pour ma part très-heureux d'avoir la mission de la lui transmettre, et en mettant sur le compte de l'excès de votre bienveillance tout ce que vous voulez bien m'écrire d'obligeant, je vous prie d'être bien convaincu que je ferai tous mes efforts pour resserrer les liens qui unissent nos deux pays....

Agréez, etc.

*Signé* : Jules Favre.

## N° 18.

### 9 septembre 1870.

*Décret convoquant les colléges électoraux pour le 16 octobre.*

**LE GOUVERNEMENT DE LA DÉFENSE NATIONALE AU PEUPLE FRANÇAIS.**

Français,

En proclamant il y a quatre jours le gouvernement de la défense nationale, nous avons nous-mêmes défini notre mission.

Le pouvoir gisait à terre; ce qui avait commencé par un attentat finissait par une désertion. Nous n'avons fait que ressaisir le gouvernail échappé à des mains impuissantes.

Mais l'Europe a besoin qu'on l'éclaire. Il faut qu'elle connaisse par d'irrécusables témoignages que le pays tout entier est avec nous. Il faut que l'envahisseur rencontre sur sa route non-seulement l'obstacle d'une ville immense résolue à périr plutôt que de se rendre, mais un peuple entier, debout, organisé, représenté, une assemblée enfin qui puisse porter en tous lieux, et en dépit de tous les désastres, l'âme vivante de la patrie.

En conséquence,

Le gouvernement de la défense nationale décrète :

Art. 1er. Les colléges électoraux sont convoqués pour le dimanche 16 octobre, à l'effet d'élire une Assemblée nationale constituante.

Art. 2. Les élections auront lieu au scrutin de liste, conformément à la loi du 15 mars 1849.

Art. 3. Le nombre des membres de l'Assemblée constituante sera de sept cent cinquante.

Art. 4. Le ministre de l'intérieur est chargé de l'exécution du présent décret.

Fait à l'hôtel de ville de Paris, le 8 septembre 1870.

N° 19.

14 septembre 1870.

*Ordre du jour du général Trochu aux gardes nationaux et aux gardes mobiles de la Seine.*

Jamais aucun général d'armée n'a eu sous les yeux le grand spectacle que vous me donnez : trois cents bataillons de citoyens organisés, armés, encadrés par la population tout entière, acclamant dans un concert immense la défense de Paris et la liberté.

Que les nations étrangères qui ont douté de vous, que les armées qui marchent sur vous ne l'ont-elles entendu ! Elles auraient eu le sentiment que le malheur a plus fait en quelques semaines pour élever l'âme de la nation, que de longues années de jouissances pour l'abaisser. L'esprit de dévouement et de sacrifice vous a pénétrés, et déjà vous lui devez le bienfait de l'union des cœurs qui va vous sauver.

Avec notre formidable effectif, le service journalier de garde dans Paris ne sera pas de moins de 70,000 hommes en permanence. Si l'ennemi, par une attaque de vive force, ou par surprise, ou par la brèche ouverte, perçait l'enceinte, il rencontrerait les barricades, dont la construction se prépare, et ses têtes de colonnes seraient renversées par l'attaque successive de dix réserves échelonnées.

Ayez donc confiance entière, et sachez que l'enceinte de Paris, défendue par l'effort persévérant de l'esprit public et par trois cent mille fusils, est inabordable.

Gardes nationaux de la Seine et gardes mobiles,

Au nom du gouvernement de la défense nationale, dont je

ne suis que le représentant, je vous remercie de votre patriotique sollicitude pour les chers intérêts dont vous avez la garde.

A présent, à l'œuvre dans les neuf sections de la défense! De l'ordre partout, du calme partout, du dévouement partout! Et rappelez-vous que vous demeurez chargés, je vous l'ai déjà dit, de la police de Paris pendant ces jours de crise.

Préparez-vous à souffrir avec constance. A cette condition vous vaincrez.

N° 20.

18 septembre 1870.

*Protestation de l'Institut contre le bombardement de Paris.*

« Lorsqu'une armée française, en 1849, mit le siége devant Rome, elle prit soin d'épargner les édifices et ouvrages d'art qui décorent cette ville. Pour prévenir tout risque de les atteindre par ses projectiles, elle se plaça même dans des conditions d'attaque défavorables.

» Dans notre temps, c'est ainsi que l'on comprend la guerre. On n'admet plus pour légitime d'étendre la destruction au delà des nécessités de l'attaque et de la défense ; de soumettre, par exemple, aux effets de la bombe et de l'obus des bâtiments qui ne servent en rien de lieu fort.

» Moins encore admet-on qu'il soit permis de comprendre dans l'œuvre de ruine ces monuments empreints du génie même de l'humanité, qui appartiennent à l'humanité tout entière, qni forment, pour ainsi dire, le patrimoine commun des nations cultivées, et l'héritage sacré qu'aucune ne peut anéantir ou entamer sans impiété envers les autres et envers elle-même.

» Une armée allemande, en faisant le siége de Strasbourg, en soumettant la ville à un bombardement cruel, vient d'endommager gravement son admirable cathédrale, de brûler sa précieuse bibliothèque.

» Un tel fait, qui a soulevé l'indignation universelle, a-t-il été l'œuvre d'un chef secondaire, désavoué depuis par son souverain et son pays ? Nous voulons le croire. Nous répugnons à penser qu'un peuple chez' lequel les sciences, les lettres et les arts sont en honneur, et qui contribue à leur éclat, se refuse à porter dans la guerre ce respect des trésors de science, d'art et de littérature auquel se reconnaît aujourd'hui la civilisation.

» Et pourtant, on a lieu de craindre que les armées qui entourent en ce moment la capitale de la France ne se préparent à soumettre à toutes les chances d'un bombardement destructeur les monuments dont elle est remplie, les raretés de premier ordre, les chefs-d'œuvre de tout genre, produits des plus grands esprits de tous les temps et de toutes les contrées, l'Allemagne y comprise, que renferme dans ses musées, ses bibliothèques, ses palais, ses églises, cette antique et splendide métropole.

» Nous répugnons, encore une fois, à imputer aux armées de l'Allemagne, aux généraux qui les conduisent, au prince qui marche à leur tête, une semblable pensée.

» Si néanmoins, et contre notre attente, cette pensée a été conçue; si elle doit se réaliser, nous, membres de l'Institut de France, au nom des lettres, des sciences, des arts, dont nous avons le devoir de défendre la cause, nous dénonçons un tel dessein au monde civilisé comme un attentat envers la civilisation même; nous le signalons à la justice de l'histoire; nous le livrons par avance à la réprobation vengeresse de la postérité.

» Réunis en assemblée générale, comprenant les cinq académies dont l'Institut de France se compose : Académie française, Académie des inscriptions et belles-lettres, Académie des sciences, Académie des beaux-arts, Académie des sciences morales et politiques, nous avons voté la protestation qui précède à l'unanimité.

» Nous l'adressons à ceux de nos confrères qui n'assistaient pas à cette assemblée, soit qu'ils appartiennent à la France, soit qu'ils appartiennent à des nations étrangères, ainsi qu'à nos correspondants français ou étrangers; nous la leur adressons avec la confiance qu'ils y adhéreront et qu'ils y apposeront comme nous leur signature. Nous l'adressons, en outre, à toutes les académies : elle restera dans leurs archives. Nous la portons enfin, par la publicité, à la connaissance du monde civilisé tout entier. »

Baltard, président de l'Académie des beaux-arts, présidant l'Institut en 1870 ; E. Renan, président de l'Académie des inscriptions et belles-lettres ; Husson, président de l'Académie des sciences morales et politiques ; Elie de Beaumont et Dumas, secrétaires perpétuels de l'Académie des sciences.

Pont, Pellat, Egger, Dulaurier, E. Miller, J. Desnoyers, B. Hauréau, A. Couder, de Ségur, Faustin-Hélie, Lemaire, de Longpérier, A Maury, Huillard-Bréholles, Taylor, Auber, d'Haussonville, E. Legouvé, J. P. Rossignol, Ch. Sainte-Claire Deville, Ch. Giraud, A. Valette, L. Mathieu, A. Caussin de Perceval, C. Jourdain, Yvon Villarceau, E. Levasseur, Général Morin, Payen, de Slane, A. Cochin, H. Sainte-Claire Deville, Émile Augier, de Lafosse, de Quatrefages, E. Bersot, Roulin, Ed. Leblant, J. Dufaure, J. Pelletier, Blanchard, Chevreul, J. Sandeau, Ambroise Thomas, H. Bouley, Mignet, Guigniaut, Chasles, J. Decaisne, A. Dumont, Martinet, Vitet, Caro, Félicien David, H. Lefuel, L. Vaudoyer, H. Delaborde, Reybaud, Eug. Guillaume, Lenoir, Bussy, Liouville, Delisle, Patin, Cahours, Labrouste, Cavelier, Stan, Laugier, de Sacy, de Cailleux, Cuvillier-Fleury, Henriquel, de Wailly, Cauchy, Milne Edwards, Baudrillart, Laugier, Barbier, B. Saint-Hilaire, Bonassieux, Wallon, Balard, Vacherot, Duc, Bienaymé, Pils, Ch. Blanc, Félix Ravaisson, E. Renier, Brongniart, J. Simon, Wolowski, L. Cogniet, Bertrand, Wurtz, Brunet de Presle [1].

[1] A la séance de l'Académie des sciences du 18 septembre, le président, M. Liouville, donne lecture d'une lettre de M. Dupuy de Lôme, membre de cette académie, dans laquelle il déclare qu'étant absent pour le service du Comité de la défense, il n'a pu signer la protestation de l'Institut, à laquelle il se hâte d'adhérer.

Le président lit également des lettres de MM. Élie de Beaumont, Coste et Dumas, qui donnent aussi leur adhésion à la protestation.

N° 21.

17 septembre 1870.

*Circulaire du ministre des affaires étrangères.*

Monsieur, le décret par lequel le gouvernement de la défense nationale avance les élections a une signification qui certainement ne vous aura pas échappé, mais que je tiens à préciser. La résolution de convoquer le plus tôt possible une assemblée résume notre politique tout entière. En acceptant la tâche périlleuse que nous imposait la chute du gouvernement impérial, nous n'avons eu qu'une pensée : défendre notre territoire, sauver notre honneur et remettre à la nation le pouvoir qui émane d'elle, que seule elle peut exercer. Nous aurions voulu que ce grand acte s'accomplît sans transition, mais la première nécessité était de faire tête à l'ennemi, et nous devions nous y dévouer : c'est là ce que comprendront ceux qui nous jugent sans passion.

Nous n'avons pas la prétention de demander ce désintéressement à la Prusse; nous tenons compte des sentiments que font naître chez elle la grandeur des pertes éprouvées et l'exaltation naturelle de la victoire. Ces sentiments expliquent les violences de la presse, que nous sommes loin de confondre avec les inspirations des hommes d'État. Ceux-ci hésiteront à continuer une guerre impie dans laquelle ont déjà succombé plus de deux cent mille créatures humaines, et ce serait la continuer forcément que d'imposer à la France des conditions inacceptables.

On nous objecte que le gouvernement qu'elle s'est donné est sans pouvoir régulier pour la représenter. Nous le reconnaissons, c'est pourquoi nous appelons tout de suite une assemblée librement élue.

Nous ne nous attribuons d'autre privilége que de donner à notre pays notre cœur et notre sang et de nous livrer à son jugement souverain. Ce n'est donc pas notre autorité d'un jour, c'est la France immortelle qui se lève devant la Prusse. La France, dégagée du linceul de l'Empire, libre, généreuse, prête à s'immoler pour le droit et la liberté, désavouant toute politique de conquête, toute propagande violente, n'ayant d'autre ambition que de rester maîtresse d'elle-même, de développer ses forces morales et matérielles, de travailler fraternellement avec ses voisins aux progrès de la civilisation; c'est cette France qui, rendue à sa libre action, a immédiatement demandé la cessation de la guerre, mais qui en préfère mille fois les désastres au déshonneur.

Vainement ceux qui ont déchaîné sur elle ce redoutable fléau essayent-ils aujourd'hui d'échapper à la responsabilité qui les écrase, en alléguant faussement qu'ils ont cédé au vœu du pays. Cette calomnie peut faire illusion à l'étranger, où l'on n'est pas tenu de connaître exactement notre situation intérieure; mais il n'est personne chez nous qui ne la repousse hautement comme une œuvre de révoltante mauvaise foi.

Les élections de 1869 ont eu pour mot d'ordre : paix et liberté. Le plébiscite lui-même s'est approprié ce programme, en confiant au pouvoir impérial la mission de le réaliser. Il est vrai que la majorité du Corps législatif a acclamé les déclarations belliqueuses de M. le duc de Gramont; mais quelques semaines avant, elle avait accordé les mêmes acclamations aux déclarations pacifiques de M. Ollivier.

Il faut le dire sans récrimination : émanée du pouvoir personnel, la majorité se croyait obligée de le suivre docilement, même dans ses plus périlleuses contradictions. Elle s'est refusée à tout examen sérieux et a voté de confiance; alors le mal a été sans remède. Telle est la vérité. Il n'y a pas un homme sincère en Europe qui puisse la démentir et affirmer que, librement consultée, la France eût fait la guerre à la Prusse.

Je n'en ai jamais tiré cette conséquence que nous ne soyons pas responsables. Nous avons eu le tort, — et nous l'expions cruellement, — d'avoir toléré un gouvernement qui nous perdait. Maintenant qu'il est renversé, nous reconnaissons l'obligation qui nous est imposée de réparer, dans la mesure de la justice, le mal qu'il a fait. Mais si la puissance avec laquelle il nous a si gravement compromis se prévaut de nos malheurs pour nous accabler, nous lui opposerons une résistance désespérée, et il demeurera bien entendu que c'est la nation, régulièrement représentée par une assemblée librement élue, que cette puissance veut détruire.

La question ainsi posée, chacun fera son devoir. La fortune nous a été dure : elle a des retours imprévus. Notre résolution les suscitera. L'Europe commence à s'émouvoir, les sympathies nous reviennent. Celles des cabinets nous consolent et nous honorent. Ils seront vivement frappés, j'en suis sûr, de la noble attitude de Paris, au milieu de tant de causes de redoutables excitations. Grave, confiante, prête aux derniers sacrifices, la nation armée descend dans l'arène, sans regarder en arrière, ayant devant les yeux ce simple et grand devoir, la défense de son foyer et de son indépendance.

Je vous prie, Monsieur, de développer ces vérités au représentant du gouvernement près duquel vous êtes accrédité; il en saisira l'importance et se fera ainsi une juste idée des dispositions dans lesquelles nous sommes.

Recevez, etc.

*Le vice-président du gouvernement de la défense nationale, ministre des affaires étrangères,*

JULES FAVRE.

N° 22.

*Circulaire du ministre de l'intérieur.*

Monsieur le préfet, un décret du gouvernement de la défense nationale, en date du 16 septembre courant, ordonne qu'il soit procédé dans toutes les communes de France à une nouvelle élection des conseils municipaux, et porte que le nombre des conseillers à élire et le mode de l'élection sont réglés par la législation existante. Il est de mon devoir de vous faire connaître la pensée du gouvernement au sujet de ces élections nouvelles, qui dans les circonstances périlleuses où se trouve aujourd'hui le pays, sont destinées tout à la fois à témoigner des sentiments de résistance indomptable qui animent tous les Français contre l'ennemi, et de leur résolution énergique de fonder un gouvernement vraiment libre tout en défendant la patrie.

Je vous disais, dans une précédente circulaire, qu'au point de vue même de la défense nationale, votre première tâche était de réveiller le pays de cette longue torpeur de vingt années qui lui a été si fatale, d'encourager, en le réglant, l'esprit d'initiative, de susciter partout autour de vous les énergies locales, et de faire converger tous ces efforts disséminés vers le grand but que nous poursuivons tous : la délivrance du sol national. C'est pour satisfaire à ces besoins primordiaux de la France et pour vous seconder dans la tâche qui vous a été assignée, que le gouvernement de la défense a décidé le renouvellement des conseils municipaux dans toute l'étendue de la République. Il importe que tous les citoyens se pénètrent de cette idée, la seule juste et la seule féconde, que le salut de la patrie ne peut être attendu que de la vigueur et de la résolution de tous les Français.

Les conseils municipaux sont les premiers et les plus naturels organes de cette volonté suprême de la France : c'est pour cela que nous avons tous besoin, à tous les degrés de la hiérarchie des pouvoirs, d'être appuyés et secondés par des assemblées directement issues du suffrage universel et librement élues au milieu et sous l'influence des événements terribles qui ont fondu sur notre pays par l'imprévoyance et l'ineptie coupable du gouvernement déchu. Avec le concours de telles assemblées, l'action du gouvernement de la défense nationale sera tout ensemble plus facile et le plus efficace. Quand nous nous trouverons associés aux représentants les plus immédiats des populations, quelle force immense pour les pouvoirs publics, et surtout quelle inébranlable sécurité pour le pays !

Il faut considérer d'ailleurs, monsieur le préfet, qu'un des premiers actes du gouvernement de la défense nationale, en prenant possession du pouvoir, a été de convoquer le peuple français dans ses comices, à l'effet d'élire une assemblée nationale qui puisse porter en tous lieux, et en dépit de tous les désastres, l'âme vivante de la patrie. La constitution de cette assemblée, appelée à raison même des circonstances à faire face aux périls et aux responsabilités les plus redoutables, exige de la manière la plus impérieuse que l'élection de *ses membres soit remise au pays rendu à lui-même*, débarrassé des entraves de tout genre que le régime précédent avait imaginées pour asservir et corrompre le suffrage universel. De là la nécessité de constituer dans chaque commune de nouvelles municipalités, indépendantes de tous liens avec l'ancienne administration et pénétrées du sentiment de la grandeur et des difficultés de la situation présente, afin que les représentants du peuple apportent dans l'assemblée nouvelle les sincères résolutions de la France librement consultée.

Enfin, les membres du gouvernement de la défense nationale ne peuvent oublier, dans le poste où les a placés la confiance du peuple de Paris, les idées et les principes à la défense desquels ils ont de tout temps dévoué leurs efforts et qui leur ont valu, pendant tant d'années, la confiance de la France libérale et démocratique. L'établissement de communes libres, la constitution de municipalités désormais soustraites à l'influence exagérée du pouvoir central, douées d'une vie propre et capables par leur initiative de refaire la France en refaisant ses mœurs publiques, ont toujours été au premier rang des justes réclamations de l'opinion démocratique, dont l'opposition se faisait honneur d'être l'organe. L'occasion se présente d'appliquer ces idées et ces principes, et de donner une satisfaction trop longtemps attendue à ces réclamations légitimes : pourquoi ne pas la saisir? Il est hors de doute que les conseils municipaux élus en août dernier, dans la plupart des communes, portent la marque de l'ancienne administration; que les choix qui ont été faits l'ont été trop souvent sous la pression d'anciennes influences dont le joug peut et doit être aujourd'hui secoué, et que, dans tous les cas, la liberté vaut mieux que la contrainte administrative pour assurer la sincère représentation des intérêts du pays; pourquoi dès lors n'appellerions-nous pas les citoyens à reviser des choix faits par eux sous un régime aujourd'hui détruit et qui ne sont nullement en rapport avec les besoins nouveaux de la France et des communes elles-mêmes?

Considérez en effet que par l'extension nécessaire et progressive des attributions des conseils municipaux les fonctions des conseillers à élire auront une tout autre importance que celle des conseillers récemment élus. Nous voulons jeter les bases d'une véritable et complète réorganisation des forces de la France : il nous faut des hommes pénétrés comme nous de cet intérêt supérieur; nous voulons assurer, dans la mesure conciliable avec la constitution même de la nation, l'indépendance des corps municipaux, afin que l'activité, la vie arrivent à circuler dans toutes les parties du corps social. N'y a-t-il pas nécessité d'appeler à siéger dans les conseils des communes des hommes qui, ne relevant plus exclusivement de l'autorité abusive des préfets, soient prêts à accepter la juste responsabilité qui revient aux membres de conseils élus dans la plénitude de l'autorité du suffrage universel.

Telles sont les considérations, monsieur le préfet, qui ont déterminé le gouvernement de la défense nationale à procéder sans retard au renouvellement des conseils municipaux dans toute la France. Je vous prie de vous en bien pénétrer, et d'en faire le texte des instructions et commentaires de tous genres qui pourront vous être demandés pour l'exécution de cette grave mesure. Je n'ai nul besoin de vous rappeler que, dans la pratique comme dans la théorie, la liberté est le premier principe du gouvernement et de ses agents, et surtout la liberté électorale. Nous appliquons aujourd'hui les idées que nous avons toujours défendues. La France démocratique et libérale saura bien le reconnaître et y applaudir; et les républicains, portés au pouvoir par l'émotion populaire au milieu de périls qui vont sans cesse en grandissant, se devaient à eux-mêmes, aussi bien qu'à la noble cause qu'ils ont toujours servie, de ne pas abandonner ces idées, surtout en face d'un ennemi qui ose se vanter d'anéantir, avec la France, la démocratie moderne et ses principes.

Recevez, etc.

*Le membre du gouvernement de la défense nationale, délégué au département de l'intérieur,*

Léon Gambetta.

## N° 23.

6 septembre 1870.

*Proclamation de M. Louis Simon, de Trèves, à ses compatriotes.*

L'Empire est tombé. Il a été remplacé par un gouvernement provisoire, dont les membres ont voté contre la guerre. J'en connais plusieurs personnellement, et je sais qu'ils se sont toujours prononcés contre toute ingérence de la France dans le libre développement des affaires allemandes.

La guerre a perdu son caractère d'une guerre agressive entreprise par Napoléon, elle est devenue une guerre défensive de la nation française. Le gouvernement provisoire est dans la nécessité de la soutenir tant que l'invasion allemande l'y obligera.

L'Allemagne réclame des garanties contre le retour d'attaques de la France. La meilleure garantie se trouve dans la révélation de la puissance allemande et dans la pensée nouvelle qui préside aux destinées de la France.

Si l'Allemagne, au lieu de répondre à l'injustice par l'injustice, se montre juste, elle acquerra dans toute l'Europe, et même en France, une considération qui, se fondant sur sa propre force, formera le meilleur boulevard de son indépendance.

Si, au contraire, elle prétend arracher l'Alsace et la Lorraine à la France, et traiter ses habitants, en vertu du droit du plus fort, comme un troupeau de moutons, elle n'obtiendra aucune des garanties désirées, mais elle blessera sa propre liberté.

Strasbourg, qui, par ordre royal, a été si horriblement

maltraité, l'Alsace et la Lorraine ne sont pas seulement unies à la France d'une manière apparente par la fortune de la guerre et par des traités princiers : non, elles le sont très-profondément par la conquête de trois grandes révolutions.

Le peuple allemand, lui aussi, ne devrait pas oublier que le peuple français a conquis en 1789 les droits de l'homme, en 1830 le régime constitutionnel, et en 1848 le suffrage universel. Sans les aspirations héroïques de cette noble nation, l'ouvrier, le paysan et le bourgeois seraient encore dans les liens des priviléges féodaux.

Il saute aux yeux que les privilégiés détestent bien davantage la République française que Napoléon, qu'à l'époque du coup d'État ils ont salué comme le sauveur de la société.

Mais le peuple allemand, après avoir déposé ses armes dans les arsenaux, aura d'autant plus de difficultés à faire triompher ses propres prétentions, qu'il aura permis d'affaiblir davantage un peuple frère.

L'arbitraire et la force brutale sont des armes à deux tranchants dont on ne saurait se servir à l'extérieur sans se blesser à l'intérieur. Le peuple allemand réussira d'autant moins à faire triompher le droit de disposer de son propre sort qu'il l'aura violenté, ce même droit, en Alsace et en Lorraine.

Louis Simon (de Trèves).

N° 24.

16 septembre 1870.

*Dépêche du ministre des affaires étrangères à M. Thiers, envoyé extraordinaire de la République.*

Mon bien cher ancien collègue,

Votre dépêche du 14, expédiée par un courrier, m'a été remise, hier à minuit, à l'hôtel de ville, où le gouvernement était réuni et délibérait. Après en avoir pris deux fois lecture, j'en ai présenté l'analyse substantielle écoutée avec un vif intérêt. Mes collègues m'ont particulièrement chargé de vous remercier du dévouement que vous voulez bien mettre au service de la défense nationale. Ils auraient été charmés d'apprendre que, cédant à vos conseils, l'Angleterre se déterminât à agir directement en notre faveur. Sans doute, nous ne pouvons être tout à fait indifférents ni aux marques de sympathie qu'elle nous donne, ni au léger aide qu'elle nous procure. Mais nous étions en droit d'attendre mieux que cela. Notre ancienne alliance, les rapports si étroits qui nous unissent, son intérêt bien entendu nous permettaient d'espérer une attitude et un langage qui auraient fait réfléchir la Prusse. Vainement, en effet, se retranche-t-elle dans sa position insulaire. Elle joue dans le monde un rôle trop important pour ne pas être gravement atteinte par un état de choses qui bouleverse l'Europe et la condamne à des convulsions longues et terribles.

A cette heure, à la fois cruelle et décisive pour la France, on peut deviner le nouvel avenir qui commence à se dessiner. Nous expions durement nos fautes, et nos douleurs patriotiques nous donnent le droit de trouver le châtiment excessif. Mais, tout en murmurant, nous devons conserver autant que possible l'impartialité de notre jugement et chercher résolûment une issue à l'impasse dans laquelle nous nous sommes follement jetés. Quoi qu'il nous arrive, victorieux ou vaincus, nous avons à nous réformer radicalement. Nous venons de succomber beaucoup moins sous le nombre que sous le poids d'un système destructeur. Nous avons trop oublié qu'il n'y a dans le monde qu'une vraie force, la force morale. C'est d'elle que procède la force matérielle, surtout à une époque où la science a une si grande part dans les affaires. Nous avons abdiqué au profit de l'incapacité; du haut jusqu'en bas de l'échelle, tout a été vermoulu. Tout est donc à refaire, et nous devons changer tout à fait de voie. S'il en est ainsi, nous devons également, profondément, modifier notre politique extérieure, recherchant bien plus les idées qui nous rapprochent que les liens personnels ou les calculs d'équilibre. Nous ne pouvons plus nous opposer à l'unité de l'Allemagne; mais nous pouvons ramener cette unité à sa véritable forme, en étant à la fois libres et bien défendus sur notre sol. Avec cette politique nous avons peu à craindre de ses entreprises; mais il faut rechercher les puissances intéressées à la contenir.

Je reviens à l'Angleterre et à vos conversations avec lord Granville et M. Gladstone. J'ai senti en les lisant que vous étiez le vrai ministre des affaires étrangères, et je me suis félicité d'avoir eu la bonne pensée de recourir à vos hautes lumières. Nul n'aurait été écouté comme vous, nul n'aurait pu faire entendre aux ministres de la Reine les vérités à la fois grandes et dures que vous leur avez rappelées. Vous n'avez pas réussi complétement à les faire sortir de leur inertie; mais vous les avez émus, intéressés, et les bons offices qu'ils nous avaient promis se sont, grâces à vous, un peu plus accentués.

Chacun de vos raisonnements, exposés avec un si heureux relief dans votre récit, répondait, sans qu'il fût possible de les rétorquer, aux objections intéressées qui se répètent aujourd'hui d'un bout de l'Europe à l'autre; et je regrette de n'avoir pas essayé de vous devancer : je l'avais fait dans une circulaire dont le gouvernement m'a prié d'ajourner la publication.

Nous sommes tout à fait dans la vérité en affirmant que la nation ne voulait pas la guerre ; la Chambre ne la voulait pas davantage. Les élections de 1869 ont eu pour mot d'ordre : paix et liberté. Le plébiscite a eu la même signification et n'y a ajouté que la consécration du pouvoir de l'Empereur. La nation et la Chambre ont été trompées. Une fois engagées, elles ont suivi ; le point d'honneur a fait le reste. Maintenant, nous revenons sincèrement à notre programme, et nous n'en changerons plus. Deux événements cependant pourraient, devraient même nous y faire renoncer : une paix humiliante ou le retour d'un Bonaparte. Mutilée ou abaissée, la France ne rêverait que représailles. Confiée à un Bonaparte, elle serait de nouveau entraînée vers la guerre. L'Angleterre le comprend, et je ne désespère pas que ces inductions de bon sens ne prévalent ailleurs. Si la Prusse nous cherche cette difficulté, elle se retranche derrière un prétexte. Nous lui offrons le vote d'une Assemblée, elle ne peut avoir de garanties meilleures et plus régulières. C'est sur ce point qu'il faut insister, et vous l'avez fait avec un grand bonheur. La Prusse est vis-à-vis de la nation ; nous n'avons pas la prétention de la représenter, nous ne sommes que ses factionnaires montant la garde à sa porte et nous effaçant pour qu'on la consulte. Il faut donc nous faciliter le moyen d'établir cette relation. Il serait monstrueux que, malgré la trêve au moins morale créée par la chute de l'Empire, on s'abstînt de toute explication et l'on recommençât froidement les massacres humains déjà si horribles. C'est pourquoi je suis déterminé aux derniers sacrifices pour essayer de faire entendre ce que je crois être la voix de la raison. Je suis convaincu que Paris ne faiblira pas : l'esprit y est excellent. Nous allons couvrir nos rues de barricades, et tous nous nous y battrons. Mais avant cette lutte suprême n'épargnons aucun effort pour que la cause de l'humanité triomphe. Vous l'avez dit : mon sang bouillonne à l'idée de traverser les lignes prussiennes. L'image de nos légions vaincues, de nos officiers et de nos soldats tombés héroïquement et pour toujours, sera sans cesse devant mes yeux ; mais je serai soutenu, je l'espère au moins, par la grandeur de mon devoir. Cette ville de Paris, que je n'ai pas voulu quitter, je l'aime comme le cœur de la France, je l'aime comme la France elle-même, et si j'avais pu contribuer, moi si peu préparé à ce rôle, à la sauver d'un siége et d'un bombardement, je mourrais avec joie, ayant obtenu la plus belle récompense de toute ma vie. Vous avez donc eu raison de le dire : j'irais au quartier général, si l'accès m'en était ouvert. Grâce à vous, j'irai précédé d'une bonne parole de l'Angleterre, et peut-être me portera-t-elle bonheur ! Je suis donc prêt. Les lignes ennemies se forment, et il semble qu'on veuille commencer l'attaque sans autre préliminaire. Si ce pli vous trouve encore à Londres, insistez pour qu'on me donne la facilité d'accomplir cette mission. J'y attache une grande importance, et je crois que lord Lyons est de mon avis. Vous savez combien il a été obligeant pour moi : je lui en conserverai, quoi qu'il arrive, une éternelle reconnaissance.

Je vous offre, mon bien cher ancien collègue, l'expression de mes sentiments les plus affectueux.

*Signé* : Jules Favre.

## N° 25.

### 22 septembre 1870.

*Note sur le voyage du ministre des affaires étrangères à Ferrières.*

Avant que le siége de Paris commençât, le ministre des affaires étrangères a voulu connaître les intentions de la Prusse, jusque-là silencieuse.

Nous avions hautement proclamé les nôtres le lendemain de la révolution du 4 septembre.

Sans haine contre l'Allemagne, ayant toujours condamné la guerre que l'Empereur lui avait faite dans un intérêt exclusivement dynastique, nous avons dit : Arrêtons cette lutte barbare qui décime les peuples au profit de quelques ambitieux. Nous acceptons des conditions équitables. Nous ne cédons ni un pouce de notre territoire, ni une pierre de nos forteresses.

La Prusse répond à ces ouvertures en demandant à garder l'Alsace et la Lorraine par droit de conquête.

Elle ne consentirait même pas à consulter les populations ; elle veut en disposer comme d'un troupeau.

Et quand elle est en présence de la convocation d'une Assemblée qui constituera un pouvoir définitif et votera la paix ou la guerre,

La Prusse demande comme condition préalable d'un armistice l'occupation des places assiégées, le fort du mont Valérien, et la garnison de Strasbourg prisonnière de guerre.

Que l'Europe soit juge !

Pour nous l'ennemi s'est dévoilé. Il nous place entre le devoir et le déshonneur ; notre choix est fait.

Paris résistera jusqu'à la dernière extrémité. Les départements viendront à son secours, et, Dieu aidant, la France sera sauvée.

## N° 26.

### 21 septembre 1870.

*Rapport du ministre des affaires étrangères à ses collègues.*

Mes chers collègues,

L'union étroite de tous les citoyens, et particulièrement celle des membres du gouvernement, est plus que jamais une nécessité de salut public. Chacun de nos actes doit le cimenter. Celui que je viens d'accomplir, de mon chef, m'était inspiré par ce sentiment ; il aura ce résultat. J'ai eu l'honneur de vous l'expliquer en détail ; cela ne suffit point. Nous sommes un gouvernement de publicité. Si, à l'heure de l'exécution, le secret est indispensable, le fait, une fois consommé, doit être entouré de la plus grande lumière. Nous ne sommes quelque chose que par l'opinion de nos concitoyens ; il faut qu'elle nous juge à chaque heure, et pour nous juger elle a le droit de tout connaître.

J'ai cru qu'il était de mon devoir d'aller au quartier général des armées ennemies ; j'y suis allé. Je vous ai rendu compte de la mission que je m'étais imposée à moi-même ; je viens dire à mon pays les raisons qui m'ont déterminé, le but que je me proposais, celui que je crois avoir atteint.

Je n'ai pas besoin de rappeler la politique inaugurée par nous, et que le ministre des affaires étrangères était plus particulièrement chargé de formuler. Nous sommes avant tout des hommes de paix et de liberté. Jusqu'au dernier moment nous nous sommes opposés à la guerre que le gouvernement impérial entreprenait dans un intérêt exclusivement dynastique, et, quand ce gouvernement est tombé, nous avons déclaré persévérer plus énergiquement que jamais dans la politique de la paix.

Cette déclaration, nous la faisions quand, par la criminelle folie d'un homme et de ses conseillers, nos armées étaient détruites ; notre glorieux Bazaine et ses vaillants soldats bloqués devant Metz ; Strasbourg, Toul, Phalsbourg, écrasés par les bombes ; l'ennemi victorieux en marche sur notre capitale. Jamais situation ne fut plus cruelle ; elle n'inspira cependant au pays aucune pensée de défaillance, et nous crûmes être son interprète fidèle en posant nettement cette condition : pas un pouce de notre territoire, pas une pierre de nos forteresses.

Si donc, à ce moment où venait de s'accomplir un fait aussi considérable que celui du renversement du promoteur de la guerre, la Prusse avait voulu traiter sur les bases d'une indemnité à déterminer, la paix était faite ; elle eût été accueillie comme un immense bienfait ; elle fût devenue un gage certain de réconciliation entre deux nations qu'une politique odieuse seule a fatalement divisées.

Nous espérions que l'humanité et l'intérêt bien entendus remporteraient cette victoire, belle entre toutes, car elle aurait ouvert une ère nouvelle, et les hommes d'État qui y auraient attaché leur nom auraient eu comme guides la philosophie, la raison, la justice ; comme récompense les bénédictions et la prospérité des peuples.

C'est avec ces idées que j'ai entrepris la tâche périlleuse que vous m'avez confiée. Je devais tout d'abord me rendre compte des dispositions des cabinets européens et chercher à me concilier leur appui. Le gouvernement impérial l'avait complétement oublié ou y avait échoué. Il s'est engagé dans la guerre sans une alliance, sans une négociation sérieuse ; tout, autour de lui, était hostilité ou indifférence ; il recueillait ainsi le fruit amer d'une politique blessante pour chaque État voisin par ses menaces ou ses prétentions.

A peine étions-nous à l'hôtel de ville qu'un diplomate, dont il n'est point encore important de révéler le nom, nous demandait à entrer en relations avec nous. Dès le lendemain, votre ministre recevait les représentants de toutes les puissances. La République des États-Unis, la République helvétique, l'Italie, l'Espagne, le Portugal, reconnaissaient officiellement la République française. Les autres gouvernements autorisaient leurs agents à entretenir avec nous des rapports officieux qui nous permettaient d'entrer de suite en pourparlers utiles.

Je donnerais à cet exposé, déjà trop étendu, un développement qu'il ne comporte pas, si je racontais avec détail la courte mais instructive histoire des négociations qui ont suivi. Je crois pouvoir affirmer qu'elle ne sera pas tout à fait sans valeur pour notre crédit moral.

Je me borne à dire que nous avons trouvé partout d'honorables sympathies. Mon but était de les grouper et de déterminer les puissances signataires de la ligue des neutres à intervenir directement près de la Prusse en prenant pour base les conditions que j'avais posées. Quatre de ces puissances me l'ont offert; je leur en ai, au nom de mon pays, témoigné ma gratitude, mais je voulais le concours des autres. L'une m'a promis une action individuelle dont elle s'est réservé la liberté; l'autre m'a proposé d'être mon intermédiaire près de la Prusse; elle a même fait un pas de plus. Sur les instances de l'envoyé extraordinaire de la France, elle a bien voulu recommander directement mes démarches. J'ai demandé beaucoup plus, mais je n'ai refusé aucun concours, estimant que l'intérêt qu'on nous montrait était une force à ne pas négliger.

Cependant le temps marchait; chaque heure rapprochait l'ennemi. En proie à de poignantes émotions, je m'étais promis à moi-même de ne pas laisser commencer le siége de Paris sans essayer une démarche suprême, fussé-je seul à la faire. L'intérêt n'a pas besoin d'en être démontré. La Prusse gardait le silence, et nul ne consentait à l'interroger. Cette situation était intenable; elle permettait à notre ennemi de faire peser sur nous la responsabilité de la continuation de la lutte; elle nous condamnait à nous taire sur ses intentions. Il fallait en sortir. Malgré ma répugnance, je me déterminai à user des bons offices qui m'étaient offerts, et, le 10 septembre, un télégramme parvenait à M. de Bismarck, lui demandant s'il voulait entrer en conversation sur des conditions de transaction. Une première réponse était une fin de non-recevoir tirée de l'irrégularité de notre gouvernement. Toutefois, le chancelier de la Confédération du Nord n'insista pas, et me fit demander quelles garanties nous présentions pour l'exécution d'un traité. Cette seconde difficulté levée par moi, il fallait aller plus loin. On me proposa d'envoyer un courrier, ce que j'acceptai. En même temps on télégraphiait directement à M. de Bismarck, et le premier ministre de la puissance qui nous servait d'intermédiaire disait à notre envoyé extraordinaire que la France seule pouvait agir ; il ajoutait qu'il serait à désirer que je ne reculasse pas devant une démarche au quartier général. Notre envoyé, qui connaissait le fond de mon cœur, répondit que j'étais prêt à tous les sacrifices pour faire mon devoir; qu'il y en avait peu d'aussi pénibles que d'aller au travers des lignes ennemies chercher notre vainqueur, mais qu'il supposait que je m'y résignerais. Deux jours après, le courrier revenait. Après mille obstacles, il avait vu le chancelier, qui lui avait dit être disposé volontiers à causer avec moi.

J'aurais voulu une réponse directe au télégramme de notre intermédiaire ; elle se faisait attendre. L'investissement de Paris s'achevait. Il n'y avait plus à hésiter. Je me résolus de partir.

Seulement il m'importait que, pendant qu'elle s'accomplissait, cette démarche fût ignorée ; je recommandai le secret, et j'ai été douloureusement surpris, en rentrant hier, d'apprendre qu'il n'a pas été gardé. Une indiscrétion coupable a été commise. Un journal, *l'Électeur libre,* déjà désavoué par le gouvernement, en a profité ; une enquête est ouverte, et j'espère pouvoir réprimer ce double abus.

J'avais poussé si loin le scrupule de la discrétion, que je l'ai observée même vis-à-vis de vous, mes chers collègues. Je ne m'y suis pas résolu sans un vif déplaisir. Mais je connaissais votre patriotisme et votre affection ; j'étais sûr d'être absous. Je croyais obéir à une nécessité impérieuse. Une première fois je vous avais entretenus des agitations de ma conscience, et je vous avais dit qu'elle ne serait en repos que lorsque j'aurais fait tout ce qui était humainement possible pour arrêter honorablement cette abominable guerre. Me rappelant la conversation provoquée par cette ouverture, je redoutais des objections, et j'étais décidé ; d'ailleurs je voulais, en abordant M. de Bismarck, être libre de tout engagement, afin d'avoir le droit de n'en prendre aucun. Je vous fais ces aveux sincères ; je les fais au pays, pour écarter de vous une responsabilité que j'assume seul. Si ma démarche est une faute, seul j'en dois porter la peine.

J'avais cependant averti M. le ministre de la guerre, qui avait bien voulu me donner un officier pour me conduire aux avant-postes. Nous ignorions la situation du quartier général. On le supposait à Grosbois. Nous nous acheminâmes vers l'ennemi par la porte de Charenton.

Je supprime tous les détails de ce douloureux voyage, pleins d'intérêt cependant, mais qui ne seraient point ici à leur place. Conduit à Villeneuve-Saint-Georges, où se trouvait le général en chef commandant le 6ᵉ corps, j'appris assez tard dans l'après-midi que le quartier général était à Meaux. Le général, des procédés duquel je n'ai eu qu'à me louer, me proposa d'y envoyer un officier porteur de la lettre suivante, que j'avais préparée pour M. de Bismarck.

« Monsieur le comte,

» J'ai toujours cru qu'avant d'engager sérieusement les hostilités sous les murs de Paris, il était impossible qu'une transaction honorable ne fût pas essayée. La personne qui a eu l'honneur de voir Votre Excellence, il y a deux jours, m'a dit avoir recueilli de sa bouche l'expression d'un désir analogue.

# PIÈCES JUSTIFICATIVES.

Je suis venu aux avant-postes me mettre à la disposition de Votre Excellence. J'attends qu'elle veuille bien me faire savoir comment et où je pourrai avoir l'honneur de conférer quelques instants avec elle.

» J'ai l'honneur d'être, avec une haute considération,

» De Votre Excellence

» le très-humble et très-obéissant serviteur,

» JULES FAVRE. »

18 septembre 1870.

Nous étions séparés par une distance de quarante-huit kilomètres. Le lendemain matin, à six heures, je recevais la réponse que je transcris :

« Meaux, 18 septembre 1870.

« Je viens de recevoir la lettre que Votre Excellence a eu l'obligeance de m'écrire, et ce me sera extrêmement agréable si vous voulez bien me faire l'honneur de venir me voir, demain, ici à Meaux.

» Le porteur de la présente, le prince Biron[1], veillera à ce que Votre Excellence soit guidée à travers nos lignes.

» J'ai l'honneur d'être, avec la plus haute considération, de Votre Excellence le très-obéissant serviteur,

» DE BISMARCK. »

---

[1] Le véritable nom de cette famille est *Biren* et non *Biron*, comme l'a imprimé par erreur le rapport publié au *Journal officiel*. Cette erreur fut d'ailleurs constatée et relevée par la lettre rectificative suivante insérée dans la feuille officielle du 25 septembre :

« Monsieur le rédacteur,

» En lisant le rapport si patriotique et si émotionnant de M. le ministre des affaires étrangères, j'y vois le nom du prince Biron, chargé de guider M. le ministre au travers des lignes ennemies. Permettez-moi de réclamer contre cette usurpation de mon nom. Les Biren et les Biron n'ont jamais rien eu de commun. Tous ceux qui portent mon nom sont en France et défendent le pays.

» J'ai l'honneur, etc.  » Comte DE BIRON.

» Paris, 24 septembre 1870. »

A neuf heures l'escorte était prête, et je partais avec elle. Arrivé près de Meaux vers trois heures de l'après-midi, j'étais arrêté par un aide de camp venant m'annoncer que le comte avait quitté Meaux avec le Roi pour aller coucher à Ferrières[1]. Nous nous étions croisés; en revenant l'un et l'autre sur nos pas, nous devions nous rencontrer.

Je rebroussai chemin, et descendis dans la cour d'une ferme entièrement saccagée, comme presque toutes les maisons que j'ai vues sur ma route. Au bout d'une heure, M. de Bismarck m'y rejoignait. Il nous était difficile de causer dans un tel lieu. Une habitation, le château de la Haute-Maison, appartenant à M. le comte de Rillac, était à notre proximité : nous nous y rendîmes; et la conversation s'engagea dans un salon où gisaient en désordre des débris de toute nature.

Cette conversation, je voudrais vous la rapporter tout entière, telle que le lendemain je l'ai dictée à un secrétaire. Chaque détail y a son importance. Je ne puis ici que l'analyser.

J'ai tout d'abord précisé le but de ma démarche. Ayant fait connaître par ma circulaire les intentions du gouvernement français, je voulais savoir celles du premier ministre prussien. Il me semblait inadmissible que deux nations continuassent, sans s'expliquer préalablement, une guerre terrible, qui, malgré ses avantages, infligeait au vainqueur des souffrances profondes. Née du pouvoir d'un seul, cette guerre n'avait plus de raison d'être quand la France redevenait maîtresse d'elle-même; je me portais garant de son amour pour la paix, en même temps que de sa résolution inébranlable de n'accepter aucune condition qui ferait de cette paix une courte et menaçante trêve.

M. de Bismarck m'a répondu que, s'il avait la conviction qu'une pareille paix fût possible, il la signerait tout de suite. Il a « reconnu que l'opposition avait toujours condamné la guerre. Mais le pouvoir que représente aujourd'hui cette op-

---

[1] Dans le magnifique château du baron de Rothschild.

position est plus que précaire. Si dans quelques jours Paris n'est pris, il sera renversé par la populace... »

Je l'ai interrompu vivement pour lui dire que nous n'avions pas de populace à Paris, mais une population intelligente, dévouée, qui connaissait nos intentions, et qui ne se ferait pas complice de l'ennemi en entravant notre mission de défense. Quant à notre pouvoir, nous étions prêts à le déposer entre les mains de l'assemblée déjà convoquée par nous.

« Cette assemblée, a repris le comte, aura des desseins que rien ne peut nous faire pressentir. Mais, si elle obéit au sentiment français, elle voudra la guerre. Vous n'oublierez pas plus la capitulation de Sedan que Waterloo, que Sadowa, qui ne vous regardait pas. » Puis il a insisté longuement sur la volonté bien arrêtée de la nation française d'attaquer l'Allemagne et de lui enlever une partie de son territoire. Depuis Louis XIV jusqu'à Napoléon III, ses tendances n'ont pas changé, et, quand la guerre a été annoncée, le Corps législatif a couvert les paroles du ministre d'acclamations.

Je lui ai fait observer que la majorité du Corps législatif avait quelques semaines avant acclamé la paix; que cette majorité, choisie par le prince, s'est malheureusement crue obligée de lui céder aveuglément; mais que, consultée deux fois, aux élections de 1869 et au vote du plébiscite, la nation avait énergiquement adhéré à une politique de paix et de liberté.

La conversation s'est prolongée sur ce sujet, le comte maintenant son opinion, alors que je défendais la mienne; et comme je le pressais vivement sur ses conditions, il m'a répondu nettement que la sécurité de son pays lui commandait de garder le territoire qui la garantissait. Il m'a répété plusieurs fois : « Strasbourg est la clef de la maison, je dois l'avoir. » — Je l'ai invité à être plus explicite encore : — « C'est inutile, objectait-il, puisque nous ne pouvons nous entendre; c'est une affaire à régler plus tard. » — Je l'ai prié de le faire tout de suite; il m'a dit alors que les deux départements du Bas et du Haut-Rhin, une partie de celui de la Moselle avec

Metz, Château-Salins et Soissons, lui étaient indispensables, et qu'il ne pouvait y renoncer.

Je lui ai fait observer que l'assentiment des peuples dont il disposait ainsi était plus que douteux, et que le droit public européen ne lui permettait pas de s'en passer. — « Si fait, m'a-t-il répondu. Je sais fort bien qu'ils ne veulent pas de nous. Ils nous imposeront une rude corvée; mais nous ne pouvons pas ne pas les prendre. Je suis sûr que dans un temps prochain nous aurons une nouvelle guerre avec vous; nous voulons la faire avec tous nos avantages. »

Je me suis récrié, comme je le devais, contre de telles solutions. J'ai dit qu'on me paraissait oublier deux éléments importants de discussion : l'Europe, d'abord, qui pourrait bien trouver ces prétentions exorbitantes et y mettre obstacle; le droit nouveau ensuite, le progrès des mœurs, entièrement antipathique à de telles exigences. J'ai ajouté que, quant à nous, nous ne les accepterions jamais. Nous pouvions périr comme nation, mais non nous déshonorer. D'ailleurs, le pays seul était compétent pour prononcer sur une cession territoriale. Nous ne doutons pas de son sentiment, mais nous voulons le consulter. C'est donc vis-à-vis de lui que se trouve la Prusse; et, pour être net, il est clair qu'entraînée par l'enivrement de la victoire, elle veut la destruction de la France.

Le comte a protesté, se retranchant toujours derrière des nécessités absolues de garantie nationale. J'ai poursuivi : « Si ce n'est pas de votre part un abus de la force, cachant de secrets desseins, laissez-nous réunir l'Assemblée : nous lui remettrons nos pouvoirs; elle nommera un gouvernement définitif qui appréciera vos conditions.

« — Pour l'exécution de ce plan, m'a répondu le comte, il faudrait un armistice, et je n'en veux à aucun prix. »

La conversation prenait une tournure de plus en plus pénible. Le soir venait. Je demandai à M. de Bismarck un second entretien à Ferrières, où il allait coucher, et nous partîmes chacun de notre côté.

Voulant remplir ma mission jusqu'au bout, je devais revenir sur plusieurs des questions que nous avions traitées, et conclure. Aussi, en abordant le comte vers neuf heures et demie du soir, je lui fis observer que les renseignements que j'étais venu chercher près de lui étant destinés à être communiqués à mon gouvernement et au public, je résumerais, en terminant, notre conversation, pour n'en publier que ce qui serait bien arrêté entre nous. — « Ne prenez pas cette peine, me répondit-il, je vous la livre tout entière, je ne vois aucun inconvénient à sa divulgation. » Nous reprîmes alors la discussion, qui se prolongea jusqu'à minuit. J'insistai particulièrement sur la nécessité de convoquer une assemblée. Le comte parut se laisser peu à peu convaincre et revint à l'armistice. Je demandai quinze jours. Nous discutâmes les conditions. Il ne s'en expliqua que d'une manière très-incomplète, se réservant de consulter le Roi. En conséquence, il m'ajourna au lendemain onze heures.

Je n'ai plus qu'un mot à dire : car, en reproduisant ce douloureux récit, mon cœur est agité de toutes les émotions qui l'ont torturé pendant ces trois mortelles journées, et j'ai hâte de finir. J'étais au château de Ferrières à onze heures. Le comte sortit de chez lui à midi moins le quart, et j'entendis de lui les conditions qu'il mettait à l'armistice ; elles étaient consignées dans un texte écrit en langue allemande, et dont il m'a donné communication verbale.

Il demandait pour gage l'occupation de Strasbourg, de Toul et de Phalsbourg, et comme, sur sa demande, j'avais dit la veille que l'Assemblée devait être réunie à Paris, il voulait, dans ce cas, avoir un fort dominant la ville...., celui du mont Valérien, par exemple.

Je l'ai interrompu pour lui dire : « Il est bien plus simple de nous demander Paris. Comment voulez-vous admettre qu'une assemblée française délibère sous votre canon ? J'ai eu l'honneur vous dire que je transmettrais fidèlement notre entretien au gouvernement ; je ne sais vraiment si j'oserai lui dire que vous m'avez fait une telle proposition.

« — Cherchons une autre combinaison », m'a-t-il répondu. Je lui ai parlé de la réunion de l'Assemblée à Tours, en ne prenant aucun gage du côté de Paris.

Il m'a proposé d'en parler au Roi, et, revenant sur l'occupation de Strasbourg, il a ajouté : « La ville va tomber entre nos mains, ce n'est plus qu'une affaire de calcul d'ingénieur. Aussi je vous demande que la garnison se rende prisonnière de guerre. »

A ces mots j'ai bondi de douleur, et, me levant, je me suis écrié : « Vous oubliez que vous parlez à un Français, monsieur le comte : sacrifier une garnison héroïque qui fait notre admiration et celle du monde serait une lâcheté ; et je ne vous promets pas de dire que vous m'avez posé une telle condition. »

Le comte m'a répondu qu'il n'avait pas l'intention de me blesser, qu'il se conformait aux lois de la guerre, qu'au surplus, si le Roi y consentait, cet article pourrait être modifié.

Il est rentré au bout d'un quart d'heure. Le Roi acceptait la combinaison de Tours, mais insistait pour que la garnison de Strasbourg fût prisonnière.

J'étais à bout de force et craignis un instant de défaillir. Je me retournais pour dévorer les larmes qui m'étouffaient, et, m'excusant de cette faiblesse involontaire, je prenais congé par ces simples paroles :

« Je me suis trompé, monsieur le comte, en venant ici ; je ne m'en repens pas, j'ai assez souffert pour m'excuser à mes propres yeux ; d'ailleurs je n'ai cédé qu'au sentiment de mon devoir. Je reporterai à mon gouvernement tout ce que vous m'avez dit, et, s'il juge à propos de me renvoyer près de vous, quelque cruelle que soit cette démarche, j'aurai l'honneur de revenir. Je vous suis reconnaissant de la bienveillance que vous m'avez témoignée, mais je crains qu'il n'y ait plus qu'à laisser les événements s'accomplir. La population de Paris est courageuse et résolue aux derniers sacrifices; son héroïsme peut changer le cours des événements. Si vous avez l'honneur de la vaincre, vous ne la soumettrez pas. La nation tout entière est dans les mêmes sentiments. Tant que nous trouverons en elle un élément de résistance, nous vous combattrons. C'est une lutte indéfinie entre deux peuples qui devraient se tendre la main. J'avais espéré une autre solution. Je pars bien malheureux, et néanmoins plein d'espoir. »

Je n'ajoute rien à ce récit, trop éloquent par lui-même. Il me permet de conclure, et de vous dire quelle est, à mon sens, la portée de ces entrevues. Je cherchais la paix, j'ai rencontré une volonté inflexible de conquête et de guerre. Je demandais la possibilité d'interroger la France représentée par une assemblée librement élue, on m'a répondu en me montrant les fourches caudines sous lesquelles elle doit préalablement passer. Je ne récrimine point : je me borne à constater les faits, à les signaler à mon pays et à l'Europe. J'ai voulu ardemment la paix, je ne m'en cache pas, et, en voyant pendant trois jours la misère de nos campagnes infortunées, je sentais grandir en moi cet amour avec une telle violence que j'étais forcé d'appeler tout mon courage à mon aide pour ne pas faillir à ma tâche. J'ai désiré non moins vivement un armistice, je l'avoue encore, je l'ai désiré pour que la nation pût être consultée sur la redoutable question que la fatalité pose devant nous.

Vous connaissez maintenant les conditions préalables qu'on prétend vous faire subir. Comme moi, et sans discussion, vous avez été unanimement d'avis qu'il fallait en repousser l'humiliation. J'ai la conviction profonde que, malgré les souffrances qu'elle endure et celles qu'elle prévoit, la France indignée partage notre résolution, et c'est de son cœur que j'ai pu m'inspirer en écrivant à M. de Bismarck la dépêche suivante, qui clôt cette négociation :

« Monsieur le comte,

» J'ai exposé fidèlement à mes collègues du gouvernement de la défense nationale la déclaration que Votre Excellence a bien voulu me faire. J'ai le regret de faire connaître à Votre Excellence que le gouvernement n'a pu admettre vos propositions. Il accepterait un armistice ayant pour objet l'élection et la réunion d'une Assemblée nationale. Mais il ne peut souscrire aux conditions auxquelles Votre Excellence le subordonne. Quant à moi, j'ai la conscience d'avoir tout fait pour que l'effusion du sang cessât et que la paix fût rendue à nos deux nations, pour lesquelles elle serait un grand bienfait. Je ne m'arrête qu'en face d'un devoir impérieux, m'ordonnant de ne pas sacrifier l'honneur de mon pays déterminé à résister énergiquement. Je m'associe sans réserve à son vœu ainsi qu'à celui de mes collègues. Dieu, qui nous juge, décidera de nos destinées. J'ai foi dans sa justice.

» J'ai l'honneur d'être, monsieur le comte, etc.

» JULES FAVRE. »

23 septembre 1870.

J'ai fini, mes chers collègues, et vous pensez comme moi que, si j'ai échoué, ma mission n'aura pas été cependant tout à fait inutile. Elle a prouvé que nous n'avions pas dévié. Comme les premiers jours, nous maudissons une guerre par nous condamnée à l'avance; comme les premiers jours aussi, nous l'acceptons plutôt que de nous déshonorer. Nous avons fait plus : nous avons tué l'équivoque dans laquelle la Prusse s'enfermait, et que l'Europe ne nous aidait pas à dissiper. En entrant sur notre sol, elle a donné au monde sa parole qu'elle attaquait Napoléon et ses soldats, mais qu'elle respectait la nation. Nous savons aujourd'hui ce qu'il faut en penser. La Prusse exige trois de nos départements, deux villes fortes, l'une de cent, l'autre de soixante-quinze mille âmes, huit à dix autres également fortifiées. Elle sait que les populations qu'elle veut nous ravir la repoussent, elle s'en saisit néanmoins, opposant le tranchant de son sabre aux protestations de leur liberté civique et de leur dignité morale.

A la nation qui demande la faculté de se consulter elle-même, elle propose la garantie de ses obusiers établis au mont Valérien et protégeant la salle des séances où nos députés voteront. Voilà ce que nous savons, et ce qu'on m'a autorisé à vous dire. Que le pays nous entende et qu'il se lève, ou pour nous désavouer quand nous lui conseillons de résister à outrance, ou pour subir avec nous cette dernière et décisive épreuve. Paris y est résolu.

Les départements s'organisent et vont venir à son secours. Le dernier mot n'est pas dit dans cette lutte où maintenant la force se rue contre le droit. Il dépend de notre constance qu'il appartienne à la justice et à la liberté.

Agréez, mes chers collègues, le fraternel hommage de mon inaltérable dévouement.

*Le vice-président du gouvernement de la défense nationale, ministre des affaires étrangères,*

JULES FAVRE.

N° 27.

8 octobre 1870.

*Discours de M. Jules Favre aux officiers de la garde nationale sur la place de l'Hôtel de ville.*

Messieurs,

Cette journée est bonne pour la défense, car elle affirme une fois de plus et d'une manière éclatante notre ferme résolution de demeurer unis pour sauver la patrie. Cette union intrépide, dévouée dans une seule et même pensée, elle est la raison d'être du gouvernement que vous avez fondé le 4 septembre. Aujourd'hui, vous consacrez de nouveau sa légitimité. Vous entendez le maintenir, pour qu'avec vous il délivre le sol national de la souillure de l'étranger; de son côté, il s'engage envers vous à poursuivre ce noble but jusqu'à la mort, et pour l'atteindre, il est décidé à agir avec fermeté contre ceux qui tenteraient de l'en détourner.

Par un redoutable hasard de la fortune, Paris a l'honneur de concentrer sur lui l'effort des agresseurs de la France; il est son boulevard, il la sauvera par votre abnégation, par votre courage, par vos vertus civiques, et, si quelque téméraire essaye de jeter dans son sein des germes de division, votre bon sens les étouffera sans peine. Tous nous eussions été heureux de donner aux pouvoirs municipaux le fondement régulier d'une libre élection; mais tous aussi nous avons compris que lorsque les Prussiens menacent la cité, ses habitants ne peuvent être qu'aux remparts, et même au dehors, où ils brûlent d'aller chercher l'ennemi. Quand ils l'auront vaincu, ils reviendront aux urnes électorales; et, au moment où je vous parle, entendez-vous l'appel suprême qui m'interrompt!

C'est la voix du canon qui tonne et qui nous dit à tous où est le devoir.

Messieurs, un mot encore. Aux remercîments du gouvernement, qui est votre œuvre, votre cœur, votre âme, qui n'est quelque chose que par vous et pour vous, laissez-moi mêler un avis fraternel : Que cette journée ne fasse naître en nous aucune pensée de colère ou même d'animosité. Dans cette grande et généreuse population, nous n'avons pas d'ennemis. Je ne crois pas même que nous puissions appeler adversaires ceux qui me valent l'honneur d'être maintenant au milieu de vous. Ils ont été entraînés ; ramenons-les par notre patriotisme. La leçon ne sera pas perdue pour eux ; ils verront par votre exemple combien il est beau d'être unis pour servir la patrie, et désormais c'est avec nous qu'ils voleront à sa défense.

JULES FAVRE.

N° 28.

9 octobre 1870.

*Note remise à M. le général Burnside, le 10 octobre 1870.*

Le ministre des affaires étrangères soussigné a eu l'honneur, le 3 octobre dernier, de recevoir la visite de M. le général Burnside et de M. le colonel Forbes, accompagnés de Son Excellence M. Washburn, ministre des États-Unis à Paris. MM. Burnside et Forbes venaient du quartier général prussien et y retournaient. Ils ont proposé leurs bons offices dans le but d'établir, s'il était possible, entre la France et la Prusse des idées communes sur la cessation de la guerre, et demandé au soussigné s'il ne jugeait pas opportun de leur remettre une note sur ce sujet. En les remerciant de leur cordiale intervention, le soussigné n'a pas cru pouvoir remettre une telle note; mais le général lui ayant demandé s'il consentait à ce que sa conversation fût reportée à M. le comte de Bismarck, le soussigné a accepté cette offre, et brièvement indiqué deux points importants à examiner. Le premier, relatif à la conclusion de la paix, ayant pour base l'intégrité du territoire français ; le second, relatif à un armistice destiné à rendre possible la convocation d'une assemblée.

Le 9 octobre, le soussigné a eu de nouveau la visite du général Burnside, accompagné comme la première fois. M. Burnside a fait connaître au soussigné qu'il avait eu quatre entrevues avec M. de Bismarck, qui s'était entendu avec le Roi, et il a bien voulu communiquer la substance des conversations échangées dans ces entrevues.

Après avoir paru écarter toute combinaison d'armistice, le comte de Bismarck s'y était rallié, il en comprenait la nécessité pour la convocation d'une assemblée, mais il demandait les conditions suivantes :

1° Armistice d'une durée de quarante-huit heures pour faire les élections. Libre circulation, pour cet objet, de Paris à Tours et de Tours à Paris.

2° Consentement de la Prusse aux libres élections dans les départements envahis, moins ceux de l'Alsace et de la Lorraine.

3° Exclusion de l'armistice des opérations devant Metz.

4° Refus de ravitaillement pendant l'armistice.

Le soussigné, en renouvelant au général l'expression de sa gratitude pour ses bienveillantes intentions, ne lui a point dissimulé qu'il regardait ces conditions comme inacceptables, et néanmoins, ne fût-ce que pour témoigner de ses sentiments de déférence envers celui qui les lui transmettait, il a promis de consulter le gouvernement et de faire connaître sa décision.

Après avoir entendu le rapport du soussigné, le gouvernement a été unanimement d'avis, sur le premier point, que le délai de quarante-huit heures pour procéder aux élections est absolument illusoire.

Dans l'état où la guerre a mis les voies de communication en France, les élections et la réunion d'une assemblée exigeraient un délai beaucoup plus long. L'armistice consenti pour consulter la nation serait donc absolument inutile, si on ne lui donnait une durée suffisante. Cet armistice devrait se prolonger jusqu'à la solution donnée par l'Assemblée.

Sur le deuxième point, le gouvernement ne saurait admettre l'exclusion de l'Alsace et de la Lorraine du droit de se faire représenter à l'Assemblée, et cela par deux raisons également concluantes. Ce serait d'abord consentir implicitement la cession de ces provinces; en second lieu accepter la doctrine, contrairement au droit public, qu'on peut disposer des populations sans leur aveu.

Sur le troisième point, l'armistice doit être ou n'être pas.

S'il est convenu, il s'appliquera à toutes les opérations militaires des belligérants.

Sur le quatrième point, l'armistice compose nécessairement le ravitaillement, sans quoi il favorise exclusivement l'intérêt de l'assiégeant.

Le soussigné, en exposant sommairement ces considérations, suivant lui décisives, tenait à bien établir que si, par les bons offices du général Burnside, une proposition a été faite dans un but de rapprochement ultérieur, le gouvernement de la défense nationale ne la repousse que parce qu'elle est subordonnée à des conditions qui en rendent l'exécution absolument impossible.

## N° 29.

27 septembre 1870.

*Circulaire de M. de Bismarck.*

Le rapport adressé par M. Jules Favre à ses collègues, le 21 courant, relativement à l'entretien qu'il a eu avec moi, m'engage à faire à Votre Excellence une communication qui vous permettra de donner une idée exacte de la marche de ces entretiens; il faut avouer qu'en général M. Favre s'est efforcé de faire un récit exact de ce qui s'est passé entre nous. S'il n'y a pas toujours entièrement réussi, il faut l'attribuer à la longueur de notre conférence et aux circonstances particulières dans lesquelles elle a eu lieu. Je dois cependant élever des objections à la tendance générale de son exposé, et insister sur ce fait que le sujet principal que nous avions à discuter n'était point celui de la conclusion d'un traité de paix, mais celui d'un armistice qui devait précéder ce traité. Relativement aux demandes que nous devions faire avant de signer un traité de paix définitif, j'ai déclaré expressément à M. Jules Favre que je me refusais à entamer *le sujet de la nouvelle frontière réclamée par nous, jusqu'à ce que le principe d'une cession de territoire eût été ouvertement reconnu par la France.* Comme conséquence de cette déclaration, *la formation d'un nouveau département de la Moselle contenant les circonscriptions de Sarrebourg, Château-Salins, Sarreguemines, Metz et Thionville, fut mentionnée par moi comme conforme à nos intentions; mais en même temps, je n'ai nullement renoncé à notre droit de faire de nouvelles stipulations dans un traité de paix proportionnées aux sacrifices qui nous seraient imposés par la prolongation de la guerre.*

Strasbourg, place désignée par M. Favre comme la clef de

la maison, expression qui laissait toujours à douter si la France était la maison en question, fut expressément déclarée par moi être la clef de notre maison, que nous désirions ne pas laisser par conséquent entre des mains étrangères.

Notre première conversation au château de la Haute-Maison ne dépassa pas les limites d'une conversation académique, sur le présent et sur le passé, dont la substance s'est trouvée renfermée dans la déclaration de M. Jules Favre, qu'il était prêt à nous céder « *tout l'argent que nous avons* », tandis qu'il se refusait à admettre l'idée d'une cession de territoire. *Quand j'ai parlé d'une cession comme étant tout à fait indispensable*, il a déclaré que les négociations de la paix n'auraient aucune chance de succès, et a soutenu que céder une portion quelconque du territoire serait humiliant et déshonorant pour la France. Je n'ai pu le convaincre que les conditions que la France avait imposées à l'Italie et demandées à l'Allemagne, sans avoir de guerre avec l'un ou l'autre de ces pays, conditions que la France nous aurait imposées, à nous, si nous eussions été vaincus, et qui ont été la conséquence inévitable de presque toutes les guerres, même dans les temps modernes, ne sauraient être honteuses pour un pays ayant succombé après une courageuse résistance, et j'ai ajouté que l'honneur de la France ne différait pas essentiellement de celui des autres nations. Je n'ai pas réussi non plus à persuader à M. Favre que la restitution de Strasbourg n'impliquait pas davantage un déshonneur à la France que la cession de Landau et de Sarrelouis, et que les conquêtes violentes et injustes de Louis XIV n'étaient pas plus étroitement liées à l'honneur de la France que celles de la première République ou celles du premier Empire.

Notre conférence prit un tour plus pratique à Ferrières, où nous avons discuté exclusivement la question d'un armistice, fait qui réfute l'allégation d'après laquelle j'aurais déclaré que je n'accepterais d'armistice dans aucune circonstance. La manière dont M. Jules Favre me fait dire, relativement à cette question et à d'autres : « Il faudrait un armistice, et je n'en veux à aucun prix », et autres choses analogues, me forcent à rectifier ces assertions, et à ajouter que dans des conversations pareilles je ne me suis jamais servi et je ne me sers jamais d'une locution indiquant que *moi je désire personnellement, exige* ou *approuve* quoi que ce soit. Je parle toujours des intentions et des demandes du gouvernement dont je suis le représentant.

Dans cette conversation, les deux parties sont convenues de considérer la nécessité de donner à la nation française de choisir des représentants qui seuls seraient en position d'accorder au gouvernement actuel les pouvoirs suffisants pour lui permettre de conclure une paix sanctionnée par le droit international; comme motif d'un armistice, j'ai appelé l'attention sur le fait qu'un armistice était toujours un désavantage militaire pour une armée engagée dans une marche victorieuse; que dans le cas actuel c'est un gain des plus importants en fait de temps pour la défense de la France et la réorganisation de son armée, et que par conséquent nous ne pouvions accorder un armistice si on ne nous offrait pas des avantages militaires équivalents. A ce propos, j'ai mentionné la reddition des forteresses qui empêchaient nos communications avec l'Allemagne, car une trêve devant prolonger la période pendant laquelle nous devions alimenter notre armée, des concessions pour faciliter le transport des vivres devaient en être les conditions préliminaires.

Strasbourg, Toul et d'autres places de moindre importance formèrent le sujet de cette discussion. En ce qui concerne Strasbourg, j'ai fait remarquer que les glacis ayant été entamés, la prise de la ville ne pourrait tarder, et que nous pensions que la situation militaire rendrait la reddition de la garnison nécessaire, tandis qu'on permettrait à ceux qui gardaient les autres places d'en sortir avec les honneurs de la guerre.

Une autre question difficile se rapportait à Paris; comme

nous avions entièrement cerné la ville, nous ne pouvions permettre l'entrée de nouveaux approvisionnements qu'à condition qu'ils n'affaibliraient pas notre position militaire et ne prolongeraient pas le temps nécessaire pour réduire la ville par la famine. Après avoir consulté les autorités militaires, j'ai offert par ordre de S. M. le Roi les alternatives suivantes relativement à Paris.

Ou la position de Paris doit nous être concédée par la reddition d'une partie dominante de la défense, et dans ce cas nous sommes prêts à permettre la libre communication avec Paris, et à ne pas empêcher l'alimentation de la ville.

Ou on ne pourrait pas nous concéder la position devant Paris ; mais dans ce cas nous ne pourrions consentir à abandonner l'investissement, et nous devrions insister sur la continuation du *statu quo* militaire devant cette ville, puisque autrement nous nous trouverions en face de Paris approvisionné de nouveau en armes et en vivres.

M. Favre a expressément rejeté la première alternative relative à la reddition d'une partie des défenses de Paris, ainsi que la condition de garder comme prisonnière de guerre la garnison de Strasbourg. Il a promis de consulter ses collègues sur la seconde alternative du maintien du *statu quo* militaire devant Paris. Ce programme, que M. Favre a rapporté avec lui à Paris, comme le résultat de nos négociations, et qui y a été discuté, ne contient donc rien au sujet d'une paix future, mais seulement au sujet d'un armistice de quinze jours ou de trois semaines pour préparer les voies à l'élection d'une assemblée nationale dans les conditions suivantes :

1° La continuation du *statu quo* dans ou devant Paris.

2° La continuation des hostilités à Metz et autour de Metz, dans un certain rayon dont l'étendue sera déterminée.

3° La reddition de Strasbourg, dont la garnison deviendrait prisonnière de guerre, et celles de Toul et de Bitche, dont on permettrait aux garnisons de sortir avec les honneurs de la guerre.

Je crois que notre conviction, que nous avons fait des offres très-conciliantes, sera partagée par tous les cabinets neutres.

Si le gouvernement français s'est décidé à ne pas profiter de l'occasion présentée, de procéder à l'élection d'une assemblée nationale, même dans les parties occupées par nous, cela démontre sa résolution de ne pas se débarrasser des difficultés qui empêchent la conclusion d'une paix conforme au droit international, et à ne pas écouter l'opinion publique du peuple français. Des élections libres et générales tendraient à des résultats favorables à la paix. Telle est la conviction qui s'impose à nous, et qui n'a pas échappé à l'attention de ceux qui exercent le pouvoir à Paris.

Je prends la liberté de prier Votre Excellence de porter la présente circulaire à la connaissance du gouvernement auprès duquel elle est accréditée.

De Bismarck.

N° 30.

17 octobre 1870.

*Réponse du ministre des affaires étrangères.*

Monsieur,

Je ne sais quand cette dépêche vous parviendra. Depuis trente jours Paris est investi, et sa ferme résolution de résister jusqu'à ce qu'il ait obtenu la victoire peut prolonger quelque temps encore la situation violente qui le sépare du reste du monde. Néanmoins, je n'ai pas voulu retarder d'un jour la réponse que mérite le rapport rédigé par M. le comte de Bismarck sur l'entrevue de Ferrières ; je constate d'abord qu'il confirme en tous points mon récit, sauf en ce qui concerne un échange d'idées sur les conditions de la paix, qui, suivant M. de Bismarck, n'auraient pas été débattues entre nous.

J'ai reconnu que sur ce sujet le chancelier de la Confédération du Nord m'avait opposé, dès les premiers mots, une sorte de fin de non-recevoir tirée de ma déclaration absolue « que je ne consentirais à aucune cession de territoire » ; mais mon interlocuteur ne peut avoir oublié que sur mon insistance il s'expliqua catégoriquement, mentionna, pour le cas où le principe de la cession territoriale serait admis, les conditions que j'ai énumérées dans mon rapport : l'abandon par la France de Strasbourg avec l'Alsace entière, de Metz et d'une partie de la Lorraine.

Le chancelier fait observer que ces conditions peuvent être aggravées par la continuation de la guerre. Il me l'a en effet déclaré, et je le remercie de vouloir bien le mentionner lui-même. Il est bon que la France sache jusqu'où va l'ambition de la Prusse ; elle ne s'arrête pas à la conquête de deux de nos provinces, elle poursuit froidement l'œuvre systématique de notre anéantissement. Après avoir solennellement annoncé au monde par la bouche de son roi qu'elle n'en voulait qu'à Napoléon et à ses soldats, elle s'acharne à détruire le peuple français. Elle ravage son sol, incendie ses villages, accable ses habitants de réquisitions, les fusille quand ils ne peuvent satisfaire à ses exigences, et met toutes les ressources de la science au service d'une guerre d'extermination.

La France n'a donc pas d'illusion à conserver. Il s'agit pour elle d'être ou de n'être pas. En lui proposant la paix au prix de trois départements qui lui sont unis par une étroite affection, on lui offrait le déshonneur. Elle l'a repoussé. On prétend la punir par la mort, voilà la situation bien nette.

Vainement lui dit-on : il n'y a pas de honte à être vaincu, encore moins à subir les sacrifices imposés par la défaite; vainement ajoute-t-on encore que la Prusse peut reprendre les conquêtes violentes et injustes de Louis XIV : de telles objections sont sans portée, et l'on peut s'étonner d'avoir à y répondre. La France ne cherche pas une impuissante consolation dans l'explication trop facile des causes qui ont entraîné son échec : elle accepte ses malheurs et ne les discute pas avec son ennemi. Le jour où il lui a été donné de reprendre la direction de ses destinées, elle a loyalement offert une réparation. Seulement cette réparation ne pouvait être une cession de territoire. Pourquoi? Parce que c'était un amoindrissement? Non; parce que c'était une violation de la justice et du droit dont le chancelier de la confédération du Nord ne semble tenir aucun compte. Il nous renvoie aux conquêtes de Louis XIV. Veut-il revenir au *statu quo* qui les a immédiatement précédées? Veut-il réduire son maître à la couronne ducale placée sous la suzeraineté des rois de Pologne? Si dans la transformation que l'Europe a subie, la Prusse est devenue d'un État insignifiant une puissante monarchie, n'est-ce pas à la conquête qu'elle le doit? Mais avec les deux siècles qui ont favorisé cette vaste recomposition s'est opéré un changement plus profond et d'un ordre plus élevé que celui qui déterminait jusqu'ici les morcellements de territoire. Le droit humain est sorti des régions abstraites de la philosophie. Il tend de plus en plus à prendre possession du monde, et c'est lui que la Prusse foule aux pieds quand elle essaye de nous arracher deux provinces en reconnaissant que les populations repoussent énergiquement sa domination.

A cet égard, rien ne précise mieux sa doctrine que ce mot rappelé par le chancelier de la Confédération du Nord : Strasbourg est la clef de notre maison. C'est donc comme propriétaire que la Prusse stipule, et cette propriété, elle l'applique à des créatures humaines dont elle supprime par ce fait la liberté morale et la dignité individuelle. Or, c'est précisément le respect de cette liberté, de cette dignité qui interdit à la France de consentir à l'abandon qu'on lui demande. Elle peut subir l'abus de la force, elle n'y ajoutera pas l'abaissement de sa volonté.

J'ai eu le tort de ne pas faire sur ce point suffisamment comprendre ma pensée quand j'ai dit, ce que je maintiens, que nous ne pouvons sans nous déshonorer céder l'Alsace et la Lorraine. J'ai caractérisé par là, non l'acte imposé au vaincu, mais la faiblesse d'un complice qui donnerait la main à l'oppresseur et consommerait une iniquité pour se racheter lui-même. M. le comte de Bismarck ne trouvera pas un Français digne de ce nom qui pense et agisse autrement que moi.

Et c'est pourquoi je ne puis reconnaître qu'une proposition d'armistice sérieusement acceptable nous ait été faite. Je désirais avec ardeur qu'un moyen honorable nous fût offert de suspendre les hostilités et de convoquer une assemblée. Mais j'en appelle à tous les hommes impartiaux, le gouvernement pouvait-il accéder au compromis qui lui était proposé? L'armistice n'eût été qu'une dérision s'il n'avait rendu possible de libres élections. Or, on ne lui donnait qu'une durée effective de quarante-huit heures. Pendant le surplus de la période de quinze jours ou trois semaines, la Prusse se réservait la continuation des hostilités, en sorte que l'Assemblée eût délibéré sur la paix et la guerre pendant la bataille qui aurait décidé du sort de Paris. De plus, l'armistice ne s'étendait pas à Metz; il excluait le ravitaillement et nous condamnait à consommer nos vivres pendant que l'armée assiégeante aurait largement vécu par le pillage de nos provinces. Enfin, l'Alsace et la Lorraine n'auraient pas nommé de députés, par la raison vraiment inouïe qu'il s'agissait de prononcer sur leur sort; la Prusse ne leur reconnaissant pas ce droit, nous demandait de tenir la poignée du sabre avec lequel elle le tranche.

Voilà les conditions que le chancelier de la Confédération du Nord ne craint pas d'appeler « très-conciliantes », en nous accusant « de ne pas saisir l'occasion de convoquer une Assemblée nationale, témoignant ainsi notre résolution de ne pas nous débarrasser des difficultés qui empêchent la conclusion d'une paix conforme au droit national, et de ne pas écouter l'opinion publique du peuple français. »

Eh bien! nous acceptons, devant notre pays comme devant l'histoire, la responsabilité de notre refus. Ne pas l'opposer aux exigences de la Prusse eût été à nos yeux une trahison. J'ignore quelle destinée la fortune nous réserve ; mais ce que je sens profondément, c'est qu'ayant à choisir entre la situation actuelle de la France et celle de la Prusse, c'est la première que j'ambitionnerais. J'aime mieux nos souffrances, nos périls, nos sacrifices, que l'inflexible et cruelle ambition de notre ennemi. J'ai la ferme confiance que la France sera victorieuse. Fût-elle vaincue, elle resterait encore si grande dans son malheur qu'elle demeurerait un objet d'admiration et de sympathie pour le monde entier. Là est sa force véritable, là sera peut-être sa vengeance. Les cabinets européens, qui se sont bornés à de stériles témoignages de cordialité, le reconnaîtront un jour; mais il sera trop tard. Au lieu d'inaugurer la doctrine de haute médiation conseillée par la justice et l'intérêt, ils autorisent, par leur inertie, la continuation d'une lutte barbare qui est un désastre pour tous, un outrage à la civilisation. Cette sanglante leçon ne sera pas perdue pour les peuples. Et qui sait? L'histoire nous enseigne que les régénérations humaines sont par une loi mystérieuse étroitement liées à d'ineffables malheurs. La France avait peut-être besoin d'une épreuve suprême : elle en sortira transfigurée, et son génie brillera d'un éclat d'autant plus vif qu'il l'aura soutenue et préservée de défaillances en face d'un puissant et implacable ennemi.

Lorsque vous pourrez, Monsieur, vous inspirer de ces réflexions, dans vos rapports avec le représentant du gouvernement près duquel vous êtes accrédité, la fortune aura prononcé son arrêt. En voyant cette grande population de Paris assiégée depuis un mois, si résolue, si calme, si unie, j'attends avec un cœur ferme et confiant l'heure de sa délivrance.

Recevez, etc.

JULES FAVRE.

## N° 31.

### 22 octobre 1870.

*Lettre du ministre de l'intérieur au maire de Paris sur la mobilisation de la garde nationale.*

Monsieur le maire,

Le décret du 16 octobre et l'instruction de M. le commandant supérieur des gardes nationales de la Seine, du 19, ont tracé les règles qui doivent présider à la formation des bataillons de volontaires mobilisables. Ces règles avaient déjà été exposées dans la lettre de M. le gouverneur de Paris du 16 octobre; mais au moment de les appliquer, je crois utile de les bien préciser et d'aller au-devant de quelques difficultés qui pourraient jeter de l'incertitude dans les esprits.

En plaçant sous la main de l'autorité militaire des bataillons de volontaires pris dans les rangs de la garde nationale, le gouvernement s'est conformé au vœu de la garde nationale elle-même, légitimement impatiente de concourir, avec l'armée et la garde nationale mobile, à l'œuvre offensive que nécessite la tactique de l'ennemi.

Fournissant à la défense un effectif de 344,000 baïonnettes, la garde nationale peut, sans s'affaiblir, offrir un contingent de guerre dont la coopération sera précieuse, peut-être décisive. Toutefois, elle n'a jamais entendu perdre son caractère essentiellement civique, et le gouvernement veut le lui conserver. C'est pour la délivrance de Paris qu'il accepte son action, en lui rappelant, ce qui est dans le cœur de tous, que sauver notre foyer du contact de l'étranger, c'est délivrer la France entière de son étreinte. La Prusse a voulu l'immoler dans nos murs. Elle se flattait de les franchir au pas de course

Elle les regarde depuis trente-trois jours et s'arrête devant leurs défenseurs. C'est maintenant à nous de lui prouver la force nouvelle que nous avons puisée dans le sentiment de notre droit, dans notre union, dans le retour de la discipline, dans la confiance virile que nous inspirent des chefs aussi prudents que braves.

Pour cela, les généreux dévouements ne suffisent pas. Nous avons à lutter contre la science mise au service d'une froide ténacité. Sachons lui opposer un effort semblable, accru par notre courage naturel et les nécessités de notre salut. Lancer des hommes valeureux, mal armés, contre des troupes médiocres munies d'engins perfectionnés, c'est les vouer à une défaite certaine; et comme, grâce aux désordres du régime précédent, un tiers seulement de la garde nationale a reçu des fusils à tir rapide, on ne peut lui demander une mobilisation qui dépasserait cette proportion, beaucoup plus que suffisante, d'ailleurs, pour l'œuvre à accomplir.

De là la nécessité de l'échange d'armes que faciliteront l'esprit fraternel et l'amour du devoir. C'est par les soins de MM. les maires de Paris que cette opération s'accomplira. Ils prouvent chaque jour que leur patriotisme a le don de résoudre des problèmes plus difficiles. Le gouvernement compte sur leur intelligente fermeté. L'échange aura lieu d'abord dans le même bataillon; puis, si cela devient nécessaire, de bataillon à bataillon et d'arrondissement à arrondissement, par le concours combiné de MM. les maires, de M. le maire de Paris et de l'état-major de la garde nationale.

Mais, préalablement, il faudra procéder à la formation des bataillons mobilisables. Les articles 1 et 2 du décret du 16 octobre indiquent que le recrutement s'en effectuera par voie d'inscription volontaire sur un registre ouvert dans chaque mairie. L'instruction du 19 a modifié cette dernière disposition en autorisant l'inscription dans le bataillon, centre véritable de tous les éléments qui peuvent le mieux préparer ce travail.

PIÈCES JUSTIFICATIVES. 451

Le gouvernement s'est vivement préoccupé de cette question des inscriptions volontaires et ne l'a résolue qu'après un mûr examen. Il aurait pu, avec la loi du 21 mars 1831, maintenue en ce point par celle de 1851, prendre dans l'ordre qu'elle fixe tous les hommes de 20 à 25 ans. Il a préféré faire appel aux volontaires, estimant que l'honneur et le danger stimuleraient puissamment les âmes, et que la patrie serait servie avec d'autant plus d'héroïsme que le sacrifice qui lui serait fait ne serait pas obligatoire. D'ailleurs, les labeurs imposés aux corps mobilisés exigent des aptitudes physiques et morales qu'une libre vocation ne peut manquer d'affermir. Il ne s'agit pas pour eux de partager complétement le rôle de la troupe, mais de la seconder, de l'appuyer dans ses manœuvres, de la remplacer au besoin dans les postes avancés; la vigueur, la décision, la patience sont indispensables à l'accomplissement d'une telle tâche. Ceux-là en seront certainement les modèles qui s'offriront de leur plein consentement pour la remplir.

Le décret ne détermine pas le nombre des compagnies fournies par chaque bataillon. La fixation de leur effectif à 150 hommes permet de croire que les bataillons nombreux en donneront plusieurs. Nous réservons, d'ailleurs, par l'article 3 de l'instruction, les droits des compagnies formées en une des sorties, et qui en respectant le principe de l'inscription individuelle, sont prêtes à entrer dans cette combinaison. Toutes ces compagnies seront constituées par les soins d'un conseil de famille de bataillon. Elles seront ensuite groupées en bataillon par un comité d'arrondissement. L'instruction du 19 octobre règle la composition de ces deux institutions.

Nous les avons empruntées non à la loi, muette à cet égard, mais à une pratique intelligente et sage, adoptée par la garde nationale de la Seine. S'inspirant peut-être des articles 79 et 80 de la loi de 1831, qui confient à un conseil l'administration de la légion et du bataillon, la garde nationale de la Seine a institué par compagnie un conseil auquel elle a donné le nom très-heureux de conseil de famille, dont le capitaine est le président de droit, et qui se compose des officiers et des délégués des gardes nationaux. Ces conseils se sont donné la mission de régler les différends intérieurs et surtout de soulager les infortunes cachées. Ils ont rendu et rendent encore de très-utiles services; on ne saurait trop les encourager. Le gouvernement les étend aux bataillons et y appelle naturellement les capitaines commandants, un délégué par compagnie sous la présidence du chef de bataillon. Cette autorité paternelle sera chargée de l'organisation des compagnies, réunies elles-mêmes en bataillon par le comité d'arrondissement composé du maire président et des chefs de bataillon de l'arrondissement.

Les élections auront lieu dans chaque compagnie et dans chaque bataillon suivant les formes ordinaires, ce qui me donne l'occasion de rappeler, ainsi qu'a bien voulu déjà le faire M. le commandant supérieur, qu'aux termes de l'article 37 de la loi du 13 juin 1851, les chefs de bataillon sont élus par les officiers du bataillon et par un nombre égal de délégués nommés dans chaque compagnie. Nous n'avons pas à examiner si ce mode d'élection est préférable à celui du suffrage direct, il est imposé par la loi, et notre devoir est de nous soumettre à ses prescriptions tant qu'elles demeureront en vigueur. Les bataillons ainsi formés et pourvus de tous les objets d'équipement indiqués dans le décret et dans l'instruction seront placés sous le commandement immédiat des chefs de secteurs chargés de les instruire et de les diriger : c'est assez dire qu'en devenant ainsi des hommes de guerre, ils ne cesseront pas d'être des volontaires concourant avec l'armée exclusivement aux opérations du siége, et que leur service spécial prendra fin avec ce siége lui-même. Ce que le gouvernement attend d'eux, c'est une participation effective à la défense des dehors de l'enceinte, des forts qui la protégent et des points stratégiques destinés à appuyer le mouvement qui rompra l'ennemi. Cette noble et glorieuse entreprise, complément de celle qui déjà donne à Paris un titre immortel d'honneur dans l'histoire, mettra en relief la vaillance, l'ardeur, l'intelligence guerrière de cette intrépide jeunesse qui frémit d'indignation à la vue des lignes prussiennes qui nous étouffent. Nous les avons contenues, nous avons à les briser; mais pour le tenter avec succès, il faut s'y préparer par l'instruction, la discipline, la foi dans les chefs. La garde nationale de Paris doit se pénétrer de l'importance de ces dispositions : elles sont indispensables à la victoire.

Les fautes de l'Empire lui imposent un devoir patriotique que certes elle n'avait pas prévu, qu'elle accepte cependant avec une simplicité pleine de grandeur qui l'illustrera devant le monde et devant la postérité. Elle répond ainsi héroïquement aux mépris et aux défiances de certains hommes d'État incapables de comprendre la vertu civique. On ne saurait trop le redire, la garde nationale est fille de la liberté; 1789 est la date de son acte de naissance : le premier Empire la désarma, la Restauration la licencia ; rétablie en 1830, victorieuse en 1848, elle tomba sous les coups de la réaction impériale, et lorsque, menacée par la folle entreprise de la guerre actuelle, la France, par l'organe des députés de l'opposition, demandait les armes qui pouvaient la sauver, le pouvoir et la majorité sa complice lui opposaient d'insultants refus ; à la dernière heure, ils proposaient un armement hypocrite des hommes de trente à quarante ans. Il a fallu les coups de foudre répétés d'une implacable fortune pour que l'institution pût renaître, et que Paris, saisissant les armes dédaignées par la troupe, courût aux remparts pour faire reculer l'ennemi. Mais, dans ces quelques jours, que de prodiges d'activité et de patriotisme ! En même temps que la cité se transformait, hérissant son enceinte d'approches inexpugnables, les hommes dévoués qui siégent dans ses municipalités s'épuisaient en courageux efforts pour habiller et équiper les citoyens accourus en foule au signal de la liberté reconquise. Ils fournissaient 172,346 vareuses, 156,178 pantalons, 210,503 képis, 158,503 couvertures, 137,648 paires de souliers. C'est plus que la moitié de cette immense tâche. Le reste est en voie d'achèvement. Encore un peu, Paris aura dans son sein 344,000 combattants armés, équipés, sans parler des trente-six bataillons du génie prêts à se dévouer comme leurs camarades, et concourant à la défense par de rudes et utiles travaux. Tel est le rempart vivant que la capitale oppose aux envahisseurs, et ce n'est pas seulement sa force numérique, ce n'est pas sa ceinture d'acier, c'est son âme qui défie l'ennemi et rend la patrie invincible. Paris uni pour mourir dans un sublime élan peut sans forfanterie espérer la victoire. Il l'aurait remportée sous le feu de ses murailles; il ira la chercher au delà. Seulement, ce serait de sa part une illusion dangereuse que de se dissimuler les périls de cette entreprise. Les connaitre et les envisager d'un œil ferme, c'est déjà les amoindrir. Arrêter l'ennemi à ses portes était un avantage immense; il l'a mis à profit pour se recueillir, s'instruire et s'armer. Devenu docile et grave par raison et par esprit de sacrifice, il comprend que l'obéissance et la méthode doivent doubler ses forces; et résolu à tout pour chasser l'étranger, il modère son ardeur et consent à suivre ceux qui le guident au lieu de se précipiter au-devant de leurs pas. C'est là le plus utile triomphe de la puissance morale qui nous gouverne seule depuis six semaines et qui sera notre salut. Je demande à chacun de mes concitoyens de lui rendre hommage en se commandant à lui-même, en devenant son premier juge, en prenant sa raison et son intérêt comme les éléments les plus sûrs de la discipline à laquelle je les convie.

Les bataillons de volontaires vont donner l'exemple de ces mâles vertus que tant de fois nous avons invoquées contre les railleries du despotisme. Ils accepteront sans murmure la fatigue des exercices, l'austérité du commandement. Sobres, vigilants, dévoués, ils iront au-devant de l'épreuve et par là même l'abrégeront. A côté d'eux leurs camarades rivaliseront d'esprit patriotique et militaire, et tous ensemble, enflammés par le saint amour de la patrie, ils auront la gloire de relever la

France un instant abattue, et d'inaugurer dans le monde une nouvelle ère de civilisation et de liberté.

Quant à moi, je mourrai plus que récompensé de mes efforts, s'il m'est donné, après l'honneur insigne d'avoir été un jour le compagnon de leurs travaux, d'applaudir à leur victoire, qui sera celle de la France et de l'humanité.

Agréez, monsieur le maire, l'expression de mes affectueux sentiments.

Jules Favre.

### N° 32.

#### 12 septembre 1870.

*Première lettre de M. Michel Chevalier à M. Gladstone.*

Les deux lettres suivantes ont été adressées à M. Gladstone par M. Michel Chevalier, qui a bien voulu me les communiquer : elles m'ont paru utiles à publier, pour montrer, par l'opinion d'un homme aussi éminent, que la France n'entendait faire à la Prusse aucune concession territoriale. Elles établissent en même temps que le premier ministre de la Grande-Bretagne a été mis en demeure d'agir non-seulement par le gouvernement, mais encore par ceux qui, placés en dehors de toute sphère officielle, ne lui donnaient que des conseils désintéressés. Si un jour l'Angleterre se repent de l'inaction de ses hommes d'État, elle saura que les avertissements ne leur ont pas manqué.

Cher et illustre confrère,

Vous voulez bien m'écrire le 6 : *We pledge ourselves to watch with anxiety for any opportunity of being useful* (Nous nous engageons à saisir avec empressement toutes les occasions d'être utile). Permettez que je vous demande instamment d'examiner si cette *opportunity of being useful* (cette occasion d'être utile) n'existe pas remarquablement en ce moment. C'est le cas d'être *useful* (utile) à la France, tout en assurant à la Prusse une paix glorieuse.

Après la bataille de Sadowa, il n'y eut qu'un cri en Europe pour qu'un médiateur vînt offrir ses services. L'affaire de Sedan est un désastre bien plus grand que Sadowa.

L'esprit de l'Europe, son sentiment prononcé et vrai, c'est qu'il est d'intérêt général que chacun de ses États, même des petits, soit à l'abri de la destruction ou de l'aplatissement par une autre puissance. Il est d'intérêt européen au premier chef que la France reste une grande puissance. C'est l'intérêt anglais aussi, et très-fort.

Réduire, en 1870, la France entière à l'état de pays conquis, comme fut la Prusse en 1806, ce serait une grande calamité pour la France, ce serait un malheur pour l'Europe entière et pour l'Angleterre en particulier.

En 1806, l'Angleterre le sentit pour la Prusse. Pourquoi et comment ne le sentirait-elle pas pour la France en 1870 ? En 1806, l'Angleterre avait peu lieu d'aimer la Prusse ; mais par esprit politique, elle reconnut la gravité du cas. En 1870, l'Angleterre a lieu d'être attachée à la France. Elle a trouvé en elle, depuis un assez grand nombre d'années, une amie fidèle et sûre. Depuis six ans, les intérêts ont fortifié et resserré l'alliance.

Dans votre désir, conforme, comme tout ce que vous faites, à la sagesse, de tenir la balance égale entre les deux parties, vous craignez une chose que vous exprimez ainsi : *Would it be consistant with friendship to both if we were to interpose before a state of things arrived, in which we could reckon at least with the hope of a fundamental approximation of views between the respective sides, and in which the adoption by us of the propositions of one would not form a positive cause of offence to the other ?* (Peut-il être conciliable avec l'amitié des deux nations, que nous nous interposions dans un état de choses arrivé, dans lequel nous pourrions compter au moins sur l'espoir d'un rapprochement des vues solides entre les deux parties respectives et dans lequel notre adoption pour les propositions de l'une de ces deux parties ne formerait pas une cause positive d'offense pour l'autre?) Il me semble, cher et illustre confrère, que dans l'état présent des choses cette crainte doit disparaître. La France sait sa situation au vrai. Elle admet pleinement qu'il ne lui appartient pas de faire des propositions qui, dans la bouche d'un autre que dans la sienne, puissent être interprétées comme une *positive cause of offence* (une cause positive d'offense) par la Prusse. La base ne peut être que celle-ci : pas de démembrement de son vieux territoire : assurément une telle base n'a rien d'offensant pour la Prusse.

En 1807, quand se fit le traité qui régla le sort de la Prusse, Napoléon lui enleva Magdebourg. Il eut tort, de plus d'une façon. Mais si une grande puissance se fût interposée pour lui demander de laisser Magdebourg à la Prusse, il ne lui fût pas venu à l'idée, tout hautain qu'il était, de regarder la démarche comme une *offense*.

La France sincèrement réconciliée avec l'Angleterre, je parle du peuple français, attend en ce moment une démarche caractérisée de son ancienne ennemie, devenue, à ses propres yeux, son alliée. Elle serait profondément désappointée si cette démarche n'avait pas lieu, d'autant qu'elle entend dire que d'autres gouvernements sont disposés à agir. Si dans un pareil état des choses, alors que d'autres gouvernements montreraient de la bonne volonté, l'Angleterre restait dans l'inaction, le principe de l'alliance anglaise perdrait beaucoup de terrain en France. Vous en seriez vivement contrarié, vous qui avez tant coopéré à cimenter cette alliance. Les bons esprits des deux pays ne le seraient pas moins. Mais le mal serait fait.

Si les neutres laissent la Prusse poursuivre ses avantages, il existera, à la suite et par l'effet de cette guerre, une puissance exerçant la domination sur le continent, comme Louis XIV et Napoléon I$^{er}$ ont voulu l'exercer. L'Angleterre, qui a empêché la domination de Louis XIV et de Napoléon I$^{er}$, serait, sans l'avoir voulu, considérée dans le monde comme ayant contribué par son inaction à l'élévation de cette puissance dominatrice.

La Prusse, une fois en possession de la domination sur le continent, comme elle le sera si la France est écrasée et démembrée, n'en restera pas là. Elle prendra la Hollande et achèvera le Danemark. Si alors l'Angleterre vient lui faire des objections, elle répondra : « Ces deux pays nous sont nécessaires : quand on a la vallée du Rhin, on a besoin d'en avoir la clef, c'est-à-dire les embouchures. Quand on a une grande marine d'un grand commerce dans la Baltique, on a besoin d'en posséder l'entrée. Elle pourra ajouter que l'interposition de l'Angleterre en pareil cas est une *positive cause of offence* (une cause positive d'offense), mille fois plus que dans le cas de l'Alsace et de la Lorraine. Car la conquête de l'Alsace et de la Lorraine par la Prusse est une affaire de caprice. Nancy est aussi française que Paris, et les deux capitales de l'Alsace, Strasbourg et Mulhouse, à peu près autant. L'Allemagne n'a aucun intérêt à s'incorporer l'Alsace et la Lorraine, qui sont en dehors de sa topographie et de son hydrographie, au lieu que le Danemark et la Hollande, et peut-être la Belgique (notamment Anvers) sont dans la topographie et l'hydrographie naturelle et commerciale de l'Allemagne.

L'Angleterre a une admirable occasion de s'attacher la France, car celle-ci aura une éternelle reconnaissance pour la puissance qui lui aura tendu une main amie : elle est subitement frappée par la fatalité. Le gouvernement qui disposait de ses destinées l'a précipitée, de la manière la plus irréfléchie, dans cette guerre contre un adversaire qui dispose de moyens immenses et contre lequel il est à peu près impossible d'improviser une défense proportionnée. La dégager de là serait un service incomparable rendu à la nation elle-même. L'occasion n'est pas moins parfaite pour servir la cause de la paix que vous aimez tant, car si la France était aujourd'hui démembrée, elle resterait en Europe une cause de guerre. Elle n'aspirerait qu'à se venger ; ce serait une autre Pologne, mais autrement formidable que celle des bords de la Vistule.

Voilà, cher et illustre confrère, quelques raisons que j'ose vous recommander, que je vous supplie d'examiner. Vous n'êtes pas seulement Anglais, vous êtes Européen, vous êtes *humain;* vous portez à la France une sympathie toute particulière qu'elle vous rend. Ce sont des motifs d'intervenir pour mettre fin à ce conflit, si épouvantablement meurtrier qu'il révolte l'humanité. Mais même comme homme d'État anglais, chef du gouvernement de votre pays, vous êtes, permettez-moi de vous le dire, profondément et directement intéressé à empêcher que la France ne soit écrasée, et à faire en sorte qu'elle termine cette guerre comme il convient à une grande puissance sur laquelle la main du destin s'est appesantie et qui est digne d'avenir, et après tout certaine de l'avoir pour elle.

Je vous réitère,

*Signé :* Michel Chevalier.

N° 33.

18 septembre 1870.

*Deuxième lettre de M. Michel Chevalier à M. Gladstone.*

Cher et illustre confrère,

Je vous demande la permission de joindre un mot encore à ce que je vous ai déjà soumis, et je m'en tiendrai là, voulant ménager vos précieux instants.

Beaucoup de vos compatriotes me semblent avoir les deux opinions suivantes : 1° que les événements dont le sol français est le théâtre ne concernent que la France et la Prusse, et que les étrangers doivent en rester les spectateurs passifs, sinon indifférents ; 2° que les événements démontrent que la France est une nation en décadence dans le genre de l'Espagne, et qu'il en résulte que la grandeur qu'on lui attribuait il y a quelques mois encore n'était qu'une apparence.

Laissez-moi examiner ces deux assertions, je vous prie.

Les événements qui s'accomplissent concernent beaucoup plus que la France et la Prusse, ils concernent toute l'Europe à un haut degré ; ils sont pour l'Europe les plus considérables qui se soient vus depuis 1815.

On constitua en 1815 un équilibre européen pour la sécurité et l'indépendance de chacun et de tous, par opposition à ce qu'avait établi Napoléon I$^{er}$, dont le système dominateur asservissait tous les États du continent.

Ce qui se fait aujourd'hui par les mains de la Prusse et par l'abaissement qu'elle consomme de la France, c'est la réédification, au profit de la Prusse, du système napoléonien renversé en 1815.

Une fois la France abattue, si elle l'est, la domination absolue de la Prusse sur l'Europe continentale sera un fait positif, au moins à l'ouest de la Vistule. Tout y passera de vive force : la Hollande et l'Autriche d'abord, le Danemark, les royaumes scandinaves et la Belgique ensuite, l'un après l'autre. L'Italie, qui n'est rien militairement, — elle l'a prouvé en 1866, — acceptera d'être subordonnée. La Russie courra grand risque pour ses provinces allemandes. La puissante Albion pourra faire son deuil d'Héligoland, partie du sol sacré de la Germanie. Qui résisterait à la Prusse, une fois la France écrasée ? Elle aura l'armée la plus nombreuse et la plus aguerrie, une armée enivrée par des victoires prodigieuses. Elle aura ce qui manquera à la Russie et obligera celle-ci à caler doux : le nerf de la guerre, l'argent, qu'elle aura fait payer par la France vaincue. Comme mobiles pour étendre sa domination et pour l'affermir, la Prusse aura deux grandes forces de l'ordre moral : la passion du pangermanisme, qu'elle a eu l'art d'insuffler aux imaginations allemandes et qui est devenue pour les Allemands un feu dévorant, — et la pensée mystique du roi Guillaume qu'il a une mission divine, celle de constituer le pangermanisme à l'état de puissance politique, depuis les bouches du Rhin jusqu'à la Livonie et la Courlande.

Le roi Guillaume est un Mahomet pangermanique. Ce genre d'homme est tout ce qu'il y a de plus redoutable quand il a trouvé un peuple pour le suivre, comme c'est le cas ici, et comme ce sera le cas bien plus si Paris est pris et la France subjuguée.

Quand de pareils faits s'accomplissent ou se préparent énergiquement, il semble qu'il ne serait pas plus prudent aux tiers de demeurer spectateurs passifs, qu'il ne l'était, au point de vue de l'indépendance de l'Europe, en 1805, à la Prusse de regarder faire Napoléon I$^{er}$ contre l'Autriche, et, en 1806, à l'Autriche de le regarder faire contre la Prusse. Les deux puissances qui eurent alors le sentiment des intérêts et de l'indépendance de l'Europe furent l'Angleterre et la Prusse.

Je vous avoue, cher et illustre confrère, qu'il y a une chose qui me confond et me stupéfait : c'est qu'une partie de vos compatriotes se montrent animés envers la France des sentiments de 1810. Il y a lieu, en effet, de revenir aujourd'hui aux appréhensions de 1810, mais en changeant d'objectif, en les appliquant à la Prusse, car c'est la Prusse qui fait le danger de l'Europe aujourd'hui, ce n'est pas la France.

Par sa situation insulaire et par ses forces maritimes, l'Angleterre a moins à redouter de la dictature de la Prusse que les États du continent. Mais quand la Prusse sera l'arbitre du continent, avec la roideur qui est dans son génie, les rapports de l'Angleterre avec le continent seront ce qu'il plaira à la Prusse, qui n'est ni accommodante ni commode. Que d'efforts ne faudrait-il pas alors pour réparer le mal qu'il serait facile de prévenir aujourd'hui ou de beaucoup circonscrire.

Quant à l'assertion d'après laquelle la déroute de la France dans cette guerre prouverait sa décadence, elle est dénuée de tout fondement. Ces effroyables échecs prouvent seulement que la prolongation du gouvernement personnel pendant dix-huit ans a été pour elle un grand malheur. Qu'on l'aide à se tirer de là. Elle redeviendra ce qu'elle était naguère. Au milieu de ces affreux revers, elle garde l'étoffe d'une grande et puissante nation, telle que vous la connûtes en 1854 et 1855, quand elle vous prêta un précieux concours en Orient. Ce n'est point une puissance qui s'affaisse sur elle-même, c'est une nation que la fatalité accable et qui se relèvera, surtout si ses anciens alliés l'assistent. Elle se relèvera pour leur avantage comme pour le sien.

Permettez-moi maintenant une chose, j'en conviens, bien téméraire : celle de vous communiquer une idée, de vous soumettre une mesure.

Les événements qui se passent et ceux qui sont possibles et imminents étant si graves et intéressant à un si haut degré l'Europe entière et l'Angleterre elle-même, ne serait-ce pas le cas de réunir le Parlement pour qu'il en délibérât? De la part d'un gouvernement aussi parlementaire que le vôtre ne serait-ce pas naturel? Vous y trouveriez l'avantage de dégager votre responsabilité. N'y a-t-il pas aussi quelque lieu de supposer que cet acte, très-pacifique et très-impartial en lui-même, donnerait à réfléchir au cabinet de Berlin et aux Allemands, et leur recommanderait une modération qu'ils méconnaîtraient s'ils étaient absolument livrés à eux-mêmes. La sagesse et l'esprit pratique des délibérations du Parlement britannique, la première assemblée délibérante des deux hémisphères, sans blesser en rien l'orgueil des imaginations germaniques, les contiendraient dans leurs écarts.

Veuillez croire, cher et illustre confrère, à ma haute considération et à mes sentiments tout dévoués.

*Signé :* Michel Chevalier.

La réunion imminente de la Constituante chez nous est une raison de plus pour la réunion du Parlement.

FIN DES PIÈCES JUSTIFICATIVES.

# TABLE DES MATIÈRES.

|  | Pages |
|---|---|
| Chapitre Iᵉʳ. Du 30 juin au 4 septembre. | 1 |
| — II. La journée du 4 septembre. | 64 |
| — III. Les négociations diplomatiques après le 4 septembre. | 103 |
| — IV. Voyage et entrevue de Ferrières. | 153 |
| — V. Organisation intérieure du gouvernement. — Envoi d'une délégation à Tours. | 207 |
| — VI. Politique intérieure. — Commencement des opérations du siége. — Départ de M. Gambetta. | 241 |
| — VII. Événements du mois d'octobre. — Négociations. — Menées insurrectionnelles. — Journée du 31. | 263 |

## PIÈCES JUSTIFICATIVES.

N° 1. Note sur le rôle de la diplomatie française dans les événements qui ont amené la guerre. . . . . . . . . . . . . . . 349

N° 2. Télégramme du gouvernement prussien à propos du refus du roi de Prusse de continuer avec M. Benedetti les négociations relatives à la candidature du prince de Hohenzollern. . . . . . . . . . . . . . . . . . . . . . . . 364

N° 3. Rapport au roi de Prusse, par l'un de ses aides de camp, M. le lieutenant colonel comte de Ratzivill. . . . . . 365

N° 4. Rapport officiel sur ce qui s'est passé à Ems, rédigé sous la surveillance du Roi. . . . . . . . . . . . . . . . . . 367

N° 5. Extrait d'une lettre du roi Guillaume à la reine de Prusse, du 3 septembre 1870, contenant l'historique de la capitulation de Sedan. . . . . . . . . . . . . . . . . . . . 369

## TABLE DES MATIÈRES.

N° 6. Procès-verbaux des deux séances tenues le 4 septembre par le Corps législatif dans la salle à manger de la présidence, l'une à cinq heures, l'autre à neuf heures du soir. . . . 371

N° 7. Proclamation du maire de Paris annonçant la nomination des maires provisoires. . . . . . . . . . . . . . . . . . 379

N° 8. Circulaire du ministre de l'intérieur. . . . . . . . . . . . 381

N° 9. Note de l'*Officiel* sur l'attitude des députés de l'opposition. 382

N° 10. Circulaire du ministre des affaires étrangères. . . . . . . 383

N° 11. Circulaire du ministre de l'intérieur. . . . . . . . . . . . 387

N° 12. Lettre du ministre des États-Unis. . . . . . . . . . . . . 389
Réponse du ministre des affaires étrangères. . . . . . . . 390

N° 13. Lettre du ministre de la Confédération suisse sur la situation des habitants de Strasbourg. . . . . . . . . . . . . 392
Réponse du ministre des affaires étrangères. . . . . . . . 393

N° 14. Lettre du ministre de la Confédération suisse au ministre des affaires étrangères, annonçant la reconnaissance par la Suisse de la République française. . . . . . . . . . . 394
Réponse du ministre des affaires étrangères. . . . . . . . 395

N° 15. Lettre du ministre d'Italie. . . . . . . . . . . . . . . . . 396
Réponse du ministre des affaires étrangères. . . . . . . . 396

N° 16. Lettre de l'ambassadeur d'Espagne. . . . . . . . . . . . 397
Réponse du ministre des affaires étrangères. . . . . . . . 397

N° 17. Lettre du chargé d'affaires de Portugal. . . . . . . . . . 398
Réponse du ministre des affaires étrangères. . . . . . . . 399

N° 18. Décret convoquant les colléges électoraux pour le 16 octobre. . . . . . . . . . . . . . . . . . . . . . . . . . . 400

N° 19. Ordre du jour du général Trochu aux gardes nationaux et aux gardes mobiles de la Seine. . . . . . . . . . . . . 401

N° 20. Protestation de l'Institut contre le bombardement de Paris. 403

N° 21. Circulaire du ministre des affaires étrangères. . . . . . . 406

N° 22. Circulaire du ministre de l'intérieur. . . . . . . . . . . . 409

N° 23. Proclamation de M. Louis Simon, de Trèves, à ses compatriotes. . . . . . . . . . . . . . . . . . . . . . . . . . 413

N° 24. Dépêche du ministre des affaires étrangères à M. Thiers, envoyé extraordinaire de la République. . . . . . . . . 415

N° 25. Note sur le voyage du ministre des affaires étrangères à Ferrières. . . . . . . . . . . . . . . . . . . . . . . . . 419

| | |
|---|---|
| No 26. Rapport du ministre des affaires étrangères à ses collègues. | 420 |
| No 27. Discours de M. Jules Favre aux officiers de la garde nationale sur la place de l'Hôtel de ville. | 434 |
| No 28. Note remise à M. le général Burnside, le 10 septembre 1870. | 436 |
| No 29. Circulaire de M. de Bismarck. | 439 |
| No 30. Réponse du ministre des affaires étrangères. | 444 |
| No 31. Lettre du ministre de l'intérieur au maire de Paris sur la mobilisation de la garde nationale. | 449 |
| No 32. Première lettre de M. Michel Chevalier à M. Gladstone. | 456 |
| No 33. Deuxième lettre du même au même. | 461 |

www.ingramcontent.com/pod-product-compliance
Lightning Source LLC
Chambersburg PA
CBHW060516230426
43665CB00013B/1542